CW01430865

Sicilia

Primera edición en este formato: octubre de 2025
Título original: *Sicily: A Short History from the Ancient Greeks to Cosa Nostra*

© John Julius Norwich, 2015
© de la traducción, Joan Eloi Roca, 2019
© de esta edición, Futurbox Project, S. L., 2025
Todos los derechos reservados, incluido el derecho de reproducción total o parcial de la obra.

Ninguna parte de este libro se podrá utilizar ni reproducir bajo ninguna circunstancia con el propósito de entrenar tecnologías o sistemas de inteligencia artificial. Esta obra queda excluida de la minería de texto y datos (Artículo 4(3) de la Directiva (UE) 2019/790).

Diseño de cubierta: Taller de los Libros
Imagen de cubierta: *Mount Etna volcano, eruption in 1669* - ©Antiquarian Images/ Mary Evans/Age Fotostock

Publicado por Ático de los Libros
C/ Roger de Flor n.º 49, escalera B, entresuelo, despacho 10
08009, Barcelona
info@aticodeloslibros.com
www.aticodeloslibros.com

ISBN: 979-13-87592-34-9
THEMA: NH
Depósito Legal: B 17125-2025
Preimpresión: Taller de los Libros
Impresión y encuadernación: Liberdúplex
Impreso en España — *Printed in Spain*

Cualquier forma de reproducción, distribución, comunicación pública o transformación de esta obra solo puede ser efectuada con la autorización de los titulares, con excepción prevista por la ley. Diríjase a CEDRO (Centro Español de Derechos Reprográficos) si necesita fotocopiar o escanear algún fragmento de esta obra (www.conlicencia. com; 91 702 19 70 / 93 272 04 47).

JOHN JULIUS NORWICH

SICILIA

Una breve historia desde los
griegos hasta la Cosa Nostra

Traducción de
Joan Eloi Roca

**ÁTICO DE
LOS LIBROS**

Barcelona - Madrid

A mis hijos y mis nietos

Índice

Índice

Prefacio

Descubrí Sicilia hace más de medio siglo, casi por error. En junio de 1961 trabajaba en el departamento de Oriente Medio del Ministerio de Asuntos Exteriores británico cuando Iraq invadió Kuwait. *(Plus ça change…)* Esto provocó una crisis; Gran Bretaña envió tropas y el resultado fue que no pude irme de vacaciones hasta mediados de octubre. En consecuencia, si mi esposa y yo queríamos disfrutar de un poco de sol y calor, teníamos que viajar bastante al sur, y por ese motivo —y solo por ese motivo—, nos decidimos por Sicilia. Sería la primera vez para los dos, y ni ella ni yo sabíamos nada sobre la isla. Condujimos hasta Nápoles y subimos el coche al *ferry* nocturno con destino a Palermo. Nos invadió cierta emoción de madrugada, cuando pasamos frente al volcán de Estrómboli, que emitía un resplandor cálido aproximadamente cada medio minuto, como si fuera un ogro que fumaba un puro inmenso; al cabo de unas pocas horas, cuando los primeros rayos de sol iluminaban el Mediterráneo, llegamos a la Conca d'Oro, la llanura en la que está la ciudad. Aparte de la belleza del entorno, recuerdo que me sorprendió percibir un cambio inmediato en el ambiente. El estrecho de Mesina tiene solo unos pocos kilómetros de anchura y la isla es parte de Italia. Sin embargo, de algún modo, al llegar sientes que has entrado en un mundo distinto.

Durante las siguientes dos semanas exploramos ese mundo tan a fondo como pudimos. Verlo todo era imposible —la isla tiene casi 26 000 kilómetros cuadrados y la mayor parte de las carreteras no estaban todavía asfaltadas—, pero abarcamos cuanto pudimos. Fue, creo, no solo la calidad, sino la extraordinaria variedad de cuanto vimos lo que más me impresionó: los antiguos griegos, luego los romanos, los bizantinos, los árabes y, finalmente, el barroco; pero, de todos ellos, fueron los normandos los que me robaron el corazón. Recordaba que se los mencionaba brevemente en un párrafo de la *Historia de Europa*, de H. A. L. Fisher, pero no estaba preparado para las maravillas que me aguardaban; por mencionar solo dos ejemplos: la Capilla Palatina de Palermo, de planta latina pero con las paredes decoradas con asombrosos mosaicos bizantinos y un techo totalmente árabe —un techo de estalactitas de madera del que estaría orgullosa cualquier mezquita—; y, mejor aún, el enorme mosaico del siglo XII del Cristo Pantocrátor de la catedral de Cefalú, la más espectacular proclamación de cristianismo que existe en el mundo.

Una vez los hube visto, no pude quitarme esos monumentos normandos de la cabeza y, a mi regreso a Londres, acudí directamente a la Biblioteca de Londres. Para mi asombro, no había prácticamente nada publicado sobre ellos en inglés; encontré, eso sí, dos volúmenes titulados *Histoire de la Domination Normande en Italie et en Sicile,* publicados en 1907 en París por M. Ferdinand Chalandon, que se describía a sí mismo como un *archiviste-paléographe*. El señor Chalandon había trabajado con diligencia ejemplar; había estudiado todas las fuentes, viajado a incontables bibliotecas monásticas, anotado textos, aportado bibliografías e incluso —algo muy raro en los libros franceses de esa época— un índice onomástico y de materias. Lo único que le faltó fue encontrar sentido a lo que había escrito. A lo largo de seiscientas páginas, un hecho seguía a otro; nunca hubo la menor sugerencia de que encontrara nada bello, sorprendente o especialmente notable. Por ende, los dos volúmenes provocaban un aburrimiento rayano en la atrofia. Por otra parte, había llevado a cabo prácticamente todo el trabajo de recopilación de información, así que lo único que tenía que hacer yo era darle una forma interesante y legible.

A pesar de todo, seguía siendo un desafío complicado y, como comprobé de inmediato, un trabajo a tiempo completo. No tuve otra opción que dimitir de mi puesto en el ministerio de Exteriores y dedicarme a escribir con ahínco. No he dejado de hacerlo desde entonces; pero fueron mis dos volúmenes sobre la historia de los normandos los que me dieron el impulso que necesitaba para empezar. Mientras trabajaba en ellos, muchos me preguntaron cuál era el tema de mi libro; solo en una ocasión encontré a alguien que supiera de qué hablaba y, cincuenta años después, todavía me hago la misma pregunta: ¿cómo es posible que una historia tan maravillosa del paso de la pobreza a la riqueza, protagonizada por los mismísimos hermanos y primos de los normandos que hicieron picadillo a los ingleses en 1066, sea todavía tan poco conocida en Inglaterra? Hoy en día, que tanta gente viaja a Sicilia de vacaciones, la situación quizá haya mejorado, pero la gran mayoría de turistas está más interesada en hacer fotos que en escuchar a sus guías, así que yo no pondría la mano en el fuego por ello.

Seguía trabajando en el primer volumen, *Los normandos en el sur* —que se publicaría en 1967— cuando me pidieron que hiciera un documental sobre el tema para la BBC. Hoy parece increíble que fuera en blanco y negro, pero así fue y, aunque no era muy bueno, quizá no estuvo tan mal como primer intento. Lo cierto es que no nos lo pusieron nada fácil. El anciano sacerdote a cargo de la Capilla Palatina, monseñor Pottino, se propuso ponernos tantos palos en las ruedas como pudiera. Primero se negó a permitirnos encender ninguna luz, argumentando que podría disolver el yeso sobre el que estaban fijados los mosaicos. Le dijimos que solo necesitábamos unos treinta segundos y que las luces se apagarían mucho antes de que causaran ningún daño al yeso. Luego miró nuestro trípode. No, no, no se podían meter trípodes en la capilla, pues podrían rayar el suelo. No quisimos mencionarle los cientos de zapatos de tacón que lo pisaban cada día, pero sacamos un artilugio llamado alargador en el que se incrustaban las patas del trípode, de modo que lo que tocaba el suelo era una superficie plana. Impertérrito, monseñor Pottino siguió negando con la cabeza; no ofreció en ningún momento una disculpa ni mostró el menor atisbo de sonrisa. Entonces, nuestro director, que hablaba un italiano perfecto, perdió la paciencia. «Este hombre —dijo mientras señalaba y hacía que me muriera de vergüenza— es un vizconde. En consecuencia, es miembro de la Cámara de los Lores. Cuando regrese a Londres informará a la Cámara de lo mal que ha sido tratado». Monseñor Pottino lo miró con pena. *Io sono marchese:** eso fue lo único que dijo. Fue juego, set y partido para monseñor; sabíamos que nos habían derrotado.

Ese monseñor es el único siciliano verdaderamente antipático que he conocido; no obstante, a mi parecer, en ningún lugar de la isla se encuentra uno con la desbocada jovialidad de la Italia continental. Y hay algo inmediatamente perceptible, sobre todo en los pueblos: la curiosa ausencia de mujeres. Rara vez se las ve en las cafeterías; estas están dominadas por completo por los hombres, que, cuando juegan a las cartas, lanzan cada naipe sobre la mesa como si fuera el as de espadas decisivo y les fuera la vida en ello. No suelen oírse risas. En ocasiones me pregunto si esto se debe al pasado islámico de Sicilia, pero hay muchos factores que tener en cuenta: los siglos de abyecta pobreza, la serie interminable de victorias y la frecuente crueldad de los conquistadores, por no hablar de los desastres naturales (terremotos, plagas y hasta erupciones volcánicas). Incluso en el oeste de la isla, el monte Etna nunca parece estar lejos.

Escribir esta historia que el lector tiene en sus manos me ha resultado más difícil de lo que esperaba. En primer lugar, me sorprendió y me dejó un poco conmocionado lo mucho que ignoraba. Tras varias visitas como guía en viajes y cruceros, conocía, al menos de paso, la mayor parte de la isla; pero lo cierto es que creía que sabía mucho más de lo que realmente sabía. Después de todo, los guías y conferenciantes solo se quedan en la superficie de las cosas —de hecho, no tienen tiempo para más—, y más allá del trágicamente corto período normando en los siglos XI y XII, descubrí que me quedaba mucho trabajo por hacer: tenía una formidable cantidad de lecturas en las que sumergirme. Y, además, debía enfrentarme a otro problema: desde la Edad Media en adelante, Sicilia siempre había pertenecido a algún foráneo. Tras las Vísperas sicilianas, en 1282, se había convertido en una colonia de la Corona de Aragón; luego, du-

---

* «Soy marqués».

rante los siguientes cuatro siglos, más o menos, *no pasó prácticamente nada*. Los virreyes se sucedieron, los barones siguieron explotando al campesinado, pero hubo tan pocos acontecimientos importantes que una narración cronológica detallada deviene imposible. Incluso la gran historia en tres volúmenes de Moses Finley y Denis Mack Smith cubre ese período en poco más de cien páginas; en este libro, dos capítulos han resultado más que suficientes.

En el siglo XVIII, después de la firma del Tratado de Utrecht, las cosas se animaron bastante. Hubo siete años de dominio piamontés y catorce de austríaco, y luego regresaron los españoles, en esta ocasión eran los Borbones españoles, que se italianizarían más y más con el paso del tiempo y que acabaron detestando a sus primos de Madrid. Sicilia, sin embargo, se convirtió de nuevo en una mera provincia, y el centro de atención derivó inevitablemente hacia Nápoles, bajo cuya égida permaneció durante la mayor parte de los siguientes ciento treinta años. Como es natural, tenemos que seguirla: los reyes de Nápoles eran también reyes de Sicilia, y la siempre fascinante historia de Nelson y los Hamilton —que no puede omitirse bajo ningún concepto— empieza en un reino y acaba en el otro. Durante las Guerras Napoleónicas, los Borbones son reemplazados durante un breve período por el cuñado del emperador, el levemente ridículo Joaquín Murat; luego, regresan para quedarse otro medio siglo, tras el cual el *Risorgimento* acaba definitivamente con ellos.

La historia de Sicilia —como he comentado en más de una ocasión— es una historia triste, porque Sicilia es una isla triste. Los visitantes que vienen durante una semana o quince días, como hace la mayoría, no se percatarán de ello. Verán que el sol brilla, el mar hará gala de un increíble color azul y los monumentos les provocarán asombro y admiración. Si estos visitantes son lo bastante sabios como para viajar a Cefalú, se encontrarán cara a cara con una de las obras de arte más impresionantes del mundo.* Pero la tristeza está ahí, y todos los sicilianos lo saben.

* Si toman el *ferry* para cruzar el estrecho de Mesina y un taxi hasta el museo arqueológico de la Magna Grecia, encontrarán dos más: ese mágico

Este libro es, entre otras cosas, un intento de analizar sus causas. Si fracasa, será porque tales causas son muchas y muy diversas; y quizá también porque yo no soy siciliano, y, para los que no somos sicilianos, esta bella isla siempre será un enigma.

Hoy es mi octogesimoquinto cumpleaños, y quizá ya nunca regrese a Sicilia. Este libro es, por lo tanto, también una despedida. A pesar de su tristeza, la isla me ha hecho muy feliz y ha marcado el principio —y quién sabe si también el final— de mi carrera literaria. Las páginas que siguen tienen muchos defectos, desde luego, pero han sido escritas con profunda gratitud y con amor.

John Julius Norwich, Londres, septiembre de 2014

---

par de estatuas griegas de guerreros desnudos conocidas como Bronces de Riace.

SICILIA

MAR TIRRENO

Islas Egadas

Trapani • Erice

Castellammare del Golfo

Monreale • Monte Pellegrino • **Palermo**

• Bagheria

Termini Imerese

Partinico • Misilmeri

Segesta

Himera

Calatafimi

Motya

Caccamo

Salemi

Marsala

Corleone

Lercara Friddi

Bisacquino

Castelvetrano

Río Belice

Mazara del Vallo

Selinunte

Caltabellotta

Casteltermini • Mussomeli

Sciacca

Río Platani

Racalmuto

Eraclea Minoa

Agrigento

Naro

Porto Empedocle

MAR MEDITERRÁNEO

Licata

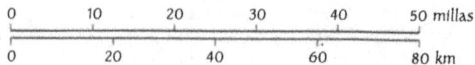

0   10   20   30   40   50 millas

0   20   40   60   80 km

«Somos viejos, Chevalley, viejísimos. Hace por lo menos veinticinco siglos que llevamos sobre los hombros el peso de unas civilizaciones tan magníficas como heterogéneas: todas ellas nos llegaron de fuera, ya completas y perfeccionadas, ninguna germinó entre nosotros, a ninguna le marcamos el tono; somos blancos como usted, Chevalley, como la reina de Inglaterra, y sin embargo hace mil quinientos años que somos colonia. No lo digo por quejarme: en gran parte es culpa nuestra; pero no por ello nos sentimos menos despojados y exhaustos». [...]

«Esta violencia del paisaje, esta crueldad del clima, esta crispación permanente de todo lo que nos rodea, incluso estos monumentos del pasado, magníficos pero incomprensibles, porque no los hemos edificado nosotros, que nos asedian como bellísimos fantasmas mudos; todos estos gobiernos que llegaron con sus armas desde lugares desconocidos para encontrarse con nuestro sometimiento un día, nuestro odio al siguiente y nuestra incomprensión todo el tiempo, y que solo se expresaron a través de unas obras de arte cuyo sentido se nos escapa y de unos recaudadores de impuestos bien palpables cuyos esfuerzos jamás beneficiaron esta tierra; todas estas cosas han influido en nuestro carácter, que sigue estando signado por las fatalidades del mundo exterior, amén de nuestro temperamento tremendamente insular».

Giuseppe Tomasi di Lampedusa
El gatopardo

Introducción

«Sicilia —dijo Goethe— es la clave de todo». Es, en primer lugar, la isla más grande del Mediterráneo. También ha demostrado ser, a lo largo de los siglos, la más desgraciada. Peldaño entre Europa y África; puerta entre Oriente y Occidente; vínculo entre el mundo latino y el griego, y bastión, cámara de compensación y punto de observación a la vez, han combatido por ella y luego ocupado sucesivamente todas las grandes potencias que a lo largo de los siglos han pugnado por extender su dominio por el Mediterráneo. Ha pertenecido a todas ellas y, sin embargo, no ha formado parte propiamente de ninguna; el número y la diversidad de sus conquistadores, además de prevenir el desarrollo de un fuerte carácter individual propio, la han dotado de un legado caleidoscópico de experiencias que le han permitido no ser nunca completamente asimilada. Incluso hoy, a pesar de la belleza de su paisaje, de sus fértiles campos y de la perpetua bendición de su clima, se percibe por doquier cierto cariz melancólico, una especie de pena eterna de la que la pobreza, la Iglesia, la mafia y el resto de chivos expiatorios modernos quizá son manifestaciones, pero, desde luego, no la causa. Es la pena de una larga y desdichada experiencia, de las oportunidades perdidas y las promesas incumplidas. La pena, quizá, de una bella mujer que ha sido traicionada demasiadas veces y ya ha perdido la capacidad de amar o no cree en el matrimonio. Fenicios y griegos, cartagineses y romanos, godos y bizantinos, árabes y normandos, alemanes, españoles y franceses; todos han dejado su marca en ella. Hoy, un siglo y medio después de haber llegado a su hogar italiano, Sicilia es probablemente menos infeliz de lo que lo ha sido en muchos siglos, pero, aunque ya no está perdida, sigue pareciendo solitaria, en busca permanente de una identidad que no es capaz de encontrar.

Hasta el origen del nombre es un misterio. Si, como se ha sugerido, deriva del griego *sik*, que se utiliza para referirse a las plantas y frutas que crecen rápidamente, puede que quiera decir «isla de la fertilidad», pero nadie lo sabe a ciencia cierta. Su antiguo nombre era Trinacria, que hacía referencia a la forma ligeramente triangular de Sicilia; esta silueta también se recogía en su antiguo símbolo, el trisquel, de tres piernas concéntricas, curiosamente parecido al emblema de la isla de Man, excepto porque las piernas sicilianas están desnudas mientras que sus equivalentes manesas visten armaduras y calzan botas con espuelas. El trisquel siciliano tiene, además, una cabeza de Medusa en el centro, con serpientes y todo. La gorgona es sorprendentemente popular en Sicilia, a pesar del hecho de que no nació allí ni de que la isla tampoco fue el lugar donde Perseo le cortó la cabeza. (En el admirable museo arqueológico de Siracusa hay una antigua escultura grande y un poco tosca, con enormes colmillos y una larga lengua, que los guías suelen identificar como Medusa, pero yo estoy casi seguro de que se equivocan: no tiene serpientes). La isla es también el escenario de diversos relatos de la mitología griega, entre ellos el rapto de Perséfone por Hades, rey del inframundo, que se cree que tuvo lugar a orillas del lago Pergusa,* cerca de Enna. La propia Enna —quizá la ciudad más espectacular de Sicilia, encaramada sobre un peñasco y visible desde kilómetros de distancia en todas direcciones— era la sede de un magnífico templo dedicado a la madre de Perséfone, la diosa Deméter (o Ceres), erigido por Gelón, el tirano de Siracusa, a quien encontraremos de nuevo en las páginas siguientes. Como se recordará, Deméter buscó en vano a su hija y, al descubrir finalmente la verdad, se enfureció y condenó a Sicilia a la esterilidad. Por fortuna, Zeus intervino y decretó que Perséfone pasara ocho meses al año con su madre, durante los cuales la vegetación florecería. Con la llegada del otoño, sin embargo, tendría que regresar al inframundo.

Polifemo, el cíclope, era también siciliano. (Quizá, al ser un enorme gigante con un solo ojo, se tratara del propio mon-

---

* Se recomienda a los visitantes que intenten evitar el lago Pergusa a toda costa. Hoy está rodeado por un circuito de carreras y carece por completo de carisma.

te Etna). Estaba enamorado de la nereida Galatea y se enfadó tanto cuando ella escogió a Acis, un mero mortal, que lo mató en las laderas del volcán (donde el dios Hefesto tenía su forja), aplastándolo con una roca. Galatea no pudo revivir a su amante, así que lo convirtió en un río que discurriría del Etna hasta el mar, donde ambos se reencontrarían de nuevo. Acis sigue siendo recordado hoy en los nombres de Acireale y no menos de otras ocho pequeñas ciudades y pueblos cercanos. Frente a Aci Trezza y a Aci Castello, un grupo de tres grandes rocas emerge del mar; estas, conocidas como las *scogli dei Ciclopi,* son las rocas que, en otra ocasión, Polifemo arrojó contra Odiseo y sus hombres, que habían escapado de su cueva mediante un ardid. Odiseo no tuvo mucha suerte en Sicilia: poco después, se salvó de nuevo por los pelos en el cruce del estrecho de Mesina, cuando la hija de Poseidón, Caribdis, puso en práctica su truco favorito, que consistía en absorber toda el agua con un enorme remolino. (Su vecina, Escila, transformada en monstruo de seis cabezas, vivía frente a ella en el lado continental del estrecho).

Pero este no es un tratado de mitología griega. Es momento de regresar al mundo actual, más prosaico. Las celebradas palabras de *El gatopardo,* de Giuseppe di Lampedusa, que se citan en el epígrafe de este libro —y que dirige el príncipe don Fabrizio Salina a un oficial piamontés en 1860, algunos meses después de que Garibaldi conquistase la isla— resumen a la perfección la historia de la isla y explican las incontables diferencias que distinguen a los sicilianos de los italianos, a pesar de la casi negligible distancia que los separa. Ambos se diferencian lingüísticamente, pues los sicilianos hablan esencialmente otro idioma más que un dialecto, uno en el que la habitual «o» final se sustituye por la «u» y que resulta incomprensible para la mayoría de los italianos. Para los topónimos, les apasionan las palabras de cuatro sílabas con una entonación «tam-ta-ta-tam-ta»: Caltanissetta, Acireale, Calascibetta, Castelvetrano, Misterbianco, Castellammare, Caltagirone, Roccavaldina… La lista es larguísima.* (Lampedusa le da a la hacienda de Don Fabrizio

---

* Una vez compuse una estrofa para el «Aria del champán» de *Don Giovanni (Fin ch'han dal vino, calda la testa…),* hecha casi exclusivamente con

el maravilloso nombre de Donnafugata). Italianos y sicilianos difieren también étnicamente, pues un sorprendente número de estos últimos tienen el cabello de un rojo intenso y ojos azules, características tradicionalmente atribuidas a sus antepasados normandos, aunque es más probable que el mérito sea más de los británicos que participaron en las Guerras Napoleónicas y, más recientemente, de los estadounidenses y británicos que estuvieron en la isla en 1943. Incluso la gastronomía es distinta, con un respeto inmenso hacia el pan —del que existen setenta y dos variedades distintas— y una pasión ilimitada por el helado, que toman incluso para desayunar.

El vino es también una especialidad de la casa; Sicilia es una de las regiones viticultoras más importantes de toda Italia. Es por todos sabido que la primera vid nació bajo los pies de Dioniso mientras bailaba en la falda del Etna. Esta planta evolucionó y se convirtió en el famoso mamertino, el vino favorito de Julio César. En 1100, Roger de Hauteville creó la bodega de la Abazzia S. Anastasia, cerca de Cefalú; todavía sigue en funcionamiento. Casi setecientos años después, en 1773, John Woodhouse desembarcó en Marsala y descubrió que el vino local, que envejecía en toneles de madera, se parecía mucho a los vinos generosos, también llamados fortificados, extremadamente populares en Inglaterra por aquel entonces. Se llevó consigo unos cuantos a casa, donde fueron recibidos con entusiasmo, y luego volvió a Sicilia, que hacia finales de siglo ya estaba produciendo vino a gran escala. Lo siguieron unos pocos años más tarde los miembros de la familia Whitaker, a cuyos descendientes recuerdo muy bien y cuya Villa Malfitano, un tanto opresiva, todavía puede visitarse en Palermo los días laborables por la mañana. También puede visitarse el cercano Villino Florio, un espectáculo del *art noveau* y, a mi parecer, muy preferible a la anterior.

No hay conversación sobre Sicilia en que alguien no pregunte por la mafia; y las preguntas sobre la mafia son notoriamente difíciles de responder, sobre todo porque consigue estar en todas partes y en ninguna parte a la vez. Volveremos sobre

nombres de lugares sicilianos de cinco sílabas, pero —quizá afortunadamente— hace tiempo que ese texto se ha perdido.

ella con más detenimiento en el capítulo 16; aquí, lo importante es decir que no se trata de un puñado de bandidos: el visitante extranjero corriente estará tan seguro en Sicilia como en cualquier otro lugar de Europa Occidental.* Desde luego, es muy poco probable que entre de algún modo en contacto con la organización. Solo si decide asentarse en la isla y empieza a negociar la compra de una propiedad puede que reciba la visita de un caballero extremadamente educado y bien vestido —que podría pasar perfectamente por un abogado de los buenos— que le explicará por qué quizá la situación no sea tan sencilla como parecía al principio.

Finalmente, unas pocas palabras sobre los escritores sicilianos. Dos sicilianos han ganado el premio Nobel de Literatura: Luigi Pirandello y Salvatore Quasimodo (el seudónimo de Salvatore Ragusa). La obra de Pirandello *Seis personajes en busca de un autor* fue uno de los primeros ejemplos del Teatro del Absurdo y provocó tal escándalo en su estreno en Roma en 1921 que su autor tuvo que escapar del teatro por una puerta trasera; desde entonces, sin embargo, se ha convertido en un clásico y se representa por todo el mundo. Pirandello, por su parte, se convirtió en un apasionado fascista y disfrutó del apoyo entusiasta de Mussolini. Los poemas de Quasimodo son enormemente populares en Italia y han sido traducidos a más de cuarenta idiomas. Pero si quiere sentir la auténtica Sicilia, no acuda a estos dos gigantes, sino a Leonardo Sciascia (pronunciado Shasha) y a Giuseppe Tomasi di Lampedusa. Sciascia nació en 1921 en la pequeña ciudad de Racalmuto, entre Agrigento y Caltanissetta, y vivió allí la mayor parte de su vida. Sus mejores novelas —*El día de la lechuza; A cada cual, lo suyo,* y *Los tíos de Sicilia*— son historias de detectives excelentes con un marcado sabor sicilia-

---

* Los viajeros que requieran más garantías pueden tranquilizarse leyendo a una tal señorita E. Lowe, que publicó en 1855 una obra titulada *Unprotected Females in Sicily, Calabria and the Top of Mount Aetna (Jovencitas solas en Sicilia, Calabria y la cima del monte Etna).* La autora ascendió personalmente el volcán, y se quitó las enaguas una a una a medida que ascendía. Su madre llevaba botas de agua de gutapercha, pero dejaban pasar agua, por lo que no tuvieron mucho éxito.

no, pero también analizan los trágicos males que sufre esta isla, como la corrupción política y —como siempre— la mafia. Más ligeras, pero igual de irresistiblemente sicilianas, son las novelas negras de Andrea Camilleri, que en los últimos tiempos se han adaptado en una magnífica serie de televisión sobre su héroe, el comisario Salvo Montalbano, jefe de policía de la ficticia ciudad de Vigata. Esta saga de novelas goza de tal popularidad que Porto Empedocle, la localidad natal de Camilleri, ha cambiado recientemente su nombre por Porto Empedocle Vigata.

En cuanto a Giuseppe Tomasi di Lampedusa, para mí está en una categoría aparte. *El gatopardo* es sin duda alguna el mejor libro sobre Sicilia que he leído jamás; de hecho, creo que está entre las grandes novelas del siglo xx. A los interesados, recomiendo con fervor la admirable biografía de David Gilmour, *The Last Leopard*. En la bibliografía se recogen obras interesantes para aquellos que deseen leer más.

Pero los libros no pueden contarlo todo. Sospecho que quizá sea imposible para alguien que no es siciliano penetrar totalmente los misterios de la isla; el resto debemos conformarnos con hacer lo que podamos, y mi esperanza es que esta breve historia sea mi contribución a ello.

1

Griegos

Como es lógico en una isla ubicada prácticamente en el mismo centro del Mediterráneo, Sicilia posee abundantes yacimientos prehistóricos. Por ejemplo, en la isla de Levanzo, frente a Trapani, hay una gran caverna conocida —nadie sabe por qué— como la Grotta del Genovese, cubierta por murales neolíticos de bisontes, ciervos e incluso peces que no fueron descubiertos hasta 1950. Otras pinturas, mucho más antiguas pero un poco menos espectaculares, se descubrieron unos pocos años después en el monte Pellegrino, ese gran promontorio que se eleva a solo uno o dos kilómetros de Palermo en la carretera a Mondello. Los interesados encontrarán toda la información que necesitan —y probablemente mucha más— en el museo arqueológico. En cualquier caso, para aquellos de nosotros dispuestos a dejar la prehistoria a los prehistoriadores, la primera cultura con la que nos encontramos es la micénica, que se expandió a partir del año 1600 a. C. Fue probablemente alrededor del 1400 a. C. cuando Sicilia fue integrada en una extensiva red de rutas comerciales cuyo centro era Micenas, en el noroeste del Peloponeso, y que llegaba hasta Chipre e incluso más allá. Pero aquello era demasiado bueno como para durar. Micenas fue destruida —nadie sabe exactamente cómo ni por qué— alrededor del 1200 a. C., el comercio disminuyó rápidamente y los sicilianos volvieron a sus antiguas costumbres.

¿Quiénes eran estos sicilianos exactamente? Es difícil de decir. Los historiadores hablan de los sicanos, los ausones y los élimos, de quienes Tucídides —que escribió durante el siglo v a. C.— nos dice que eran refugiados de Troya (como eran, según la tradición, los propios romanos). Pero sabemos muy poco de ellos. Para nosotros, el pueblo de importancia capital son los griegos, que llegaron a Sicilia a mediados del siglo VIII a. C. Con ellos, al fin, la isla entra en la era histórica. Sus primeros asentamientos se encontraban en la costa sur, donde no hay prácticamente puertos naturales, pero entonces no los necesitaban. Su costumbre en aquellos primeros tiempos era varar sus barcos en la playa, de modo que lo que buscaban eran grandes franjas de arena, y las hallaron, especialmente en Naxos, donde los colonos de Calcis, en la isla de Eubea, desembarcaron ya en el 734 a. C., en Acragante (la actual Agrigento) y en Gela, donde se fundó el primer asentamiento griego-siciliano en el 688 a. C. En los años siguientes, desalojaron gradualmente —aunque sin eliminarlos— a los habitantes indígenas y, con ellos, a una serie de puestos comerciales fenicios; llevaron el olivo y la vid a la isla y la comunidad que crearon floreció rápidamente. Sicilia se convirtió pronto en uno de los principales centros culturales del mundo civilizado, hogar de poetas como Estesícoro de Hímera —a quien los dioses cegaron por componer invectivas contra Helena de Troya— y filósofos, como el gran Empédocles de Acragante, autor de valiosos textos sobre la transmigración de las almas y que, tras finalizar un largo y tedioso aprendizaje como arbusto, de repente abandonó su cuerpo mortal para pasar a estadios superiores una mañana del año 440 a. C., cuando otra rama del conocimiento científico hizo que se adentrara hasta las profundidades del cráter del Etna.

Para entonces, los griegos habían colonizado la mayor parte del Mediterráneo oriental. También lo habían civilizado con su arte y su arquitectura, su literatura y su filosofía, su ciencia y sus matemáticas y sus habilidades manufactureras. Pero —y todo lo que se insista en este punto no será nunca bastante— la Magna Grecia, que es como se llamó, nunca fue una nación ni un imperio en el sentido en que lo sería Roma. En lo político, estaba simplemente compuesta por una serie de pequeñas ciudades-Estado; hacia el 500 a. C., había unas mil quinientas, que se extendían desde el mar Negro hasta la costa de Cataluña. Sumamente orgullosas de ser griegas, todas apoyaban las manifestaciones panhelenísticas, en particular los Juegos Olímpicos;

eso no era óbice para que estuvieran a menudo en guerra entre ellas, para lo cual, en ocasiones, formaban ligas y alianzas temporales, sin dejar de ser por ello esencialmente independientes. En aquellos tiempos, Atenas no era de ningún modo la capital más de lo que lo era, por ejemplo, Halicarnaso, en Asia Menor, donde había nacido Heródoto; Siracusa, la colonia corintia de Sicilia, que era el lugar de nacimiento de Arquímedes, o la isla de Samos, hogar de Pitágoras. San Pablo se jactaría de su condición de ciudadano romano; algo así jamás se podría haber dicho de Grecia, que —en cierto modo, como el mundo árabe en la actualidad— era más un concepto que una nacionalidad. No había ninguna definición precisa: si te sentías griego y hablabas griego, griego es lo que eras.

Una consecuencia de esta amplia diáspora es que hay tantos espléndidos yacimientos griegos en Italia, Sicilia y Asia Menor como en el área que hoy conocemos como Grecia. La mayor parte, inevitablemente, se ha perdido, y, sin embargo, solo en Sicilia, en Selinunte —la antigua Selinus— hay al menos siete templos de los siglos VI y V a. C. en un aceptable estado de preservación, aunque la mayoría de ellos continúan en pie solo gracias a un largo y ambicioso programa de reconstrucción llevado a cabo durante el último medio siglo. De los nueve de Agrigento, cinco son todavía más impresionantes y, especialmente durante la puesta de sol, sobrecogedoramente bellos. El más bonito de todos es Segesta, erigido en unas colinas a las que se llega en coche en un momento desde Palermo (pero, gracias a Dios, lo bastante lejos de la autopista como para que no se vea). Está, de hecho, inacabado —los resaltos que se utilizaron para mover los bloques de piedra no se quitaron nunca—, pero proyecta una imagen general de serena perfección, de ser todo lo que un monumento dórico del siglo V a. C. debe ser. En lo alto de la ladera opuesta hay también un teatro del siglo III muy bien conservado, desde el que uno puede mirar al templo y maravillarse de que un edificio tan sublime se haya mantenido intacto durante dos mil quinientos años.

Por último, la catedral de Siracusa es una de las pocas que fueron construidas cinco siglos antes del nacimiento de Cristo.

Su espléndida fachada barroca no delata lo que aguarda dentro y el interior cuenta una historia muy distinta. Las columnas que sostienen el edificio son las del templo dórico original dedicado a Atenea, erigido por el tirano Gelón para celebrar su victoria sobre Cartago en el 480 a. C. y famoso por su magnificencia en todo el mundo antiguo. Durante la dominación romana, sus grandes tesoros fueron robados por el gobernador Verres, inefablemente corrupto, contra el cual pronunció Cicerón sus célebres invectivas. Los bizantinos fueron los primeros en convertir el edificio en una iglesia cristiana; los árabes la convirtieron en una mezquita. Los normandos y los españoles hicieron también sus respectivas contribuciones; una serie de terremotos estuvo a punto de destruirla y se llevó a cabo una gran reconstrucción en 1693, tras el derrumbamiento de la fachada normanda. Las viejas columnas, sin embargo, sobrevivieron a todas las tribulaciones y siguen en pie para demostrar de nuevo ese curiosísimo fenómeno histórico-religioso: que una vez un lugar es reconocido como sagrado, sigue siendo sagrado por mucho que cambie la fe dominante.

Pero ¿quién era, puede que se pregunte el lector, este tirano Gelón que lo empezó todo? De entre todos los tiranos —hombres que gobernaban sus ciudades prácticamente como dictadores y cuyo papel en la historia de la Sicilia griega es quizá demasiado importante—, Gelón podía jactarse de tener los antepasados más distinguidos. Heródoto afirma que sus ancestros habían fundado la ciudad de Gela. Los prototipos de este tipo de tiranos aparecen por primera vez en el siglo VI a. C.: Panecio en Leontinos, Falaris de Acragante y uno o dos más. Sobre Panecio no sabemos casi nada, y de Falaris, muy poco, excepto que disfrutaba comiendo bebés y niños pequeños y que poseía un enorme toro de bronce hueco dentro del cual solía asar a aquellos que no le gustaban. Sabemos mucho más sobre Pantares de Gela, cuya cuadriga salió victoriosa en los Juegos Olímpicos del 512 o el 508 y cuyos hijos, Cleandro e Hipócrates, lo sucedieron en el gobierno. Fue a la muerte de Hipócrates —fallecido en combate con los sículos en las laderas del monte Etna— en el 491 cuando Gelón, su antiguo comandante de

Antiguas columnas griegas sostienen la nave de la catedral de Siracusa. Estas columnas son las del templo dórico original en honor a Atenea, lo cual ilustra un hecho curioso: que una vez un lugar es reconocido como sagrado, sigue siendo sagrado por mucho que cambie la fe dominante.

caballería, se hizo con el poder. Gobernó en su ciudad nativa durante seis años y, entonces, en el 485, se trasladó a Siracusa acompañado de más de la mitad de la población. Dicho traslado fue razonable, quizá incluso inevitable. Gela, como hemos visto, no tenía puerto, pero a estas alturas ya nadie varaba los barcos en la playa si podía evitarlo y, en todo el mundo griego, había pocos puertos mejores que el de Siracusa.

Pero Siracusa era mucho más que su puerto. También poseía una isla, separada de la costa por no más de cien metros, que podía servir como una enorme fortaleza autosuficiente. Fue allí donde los primeros colonos griegos fundaron su ciudad, a la que llamaron Ortigia por uno de los sobrenombres de Artemisa. De forma milagrosa, la isla poseía un manantial de agua dulce,*

---

* El agua era tan buena y copiosa que, en junio de 1798, Nelson la utilizó para aprovisionar a su flota de catorce barcos. Escribió a *sir* William Hamilton que, vista la procedencia del agua, estaba seguro de que le aguardaba la victoria. Dos meses después, derrotó a los franceses en la bahía de Abukir.

al parecer inagotable, a orillas del mar; dedicaron esta fuente a Aretusa, una de las ninfas que asistían a la diosa.

Durante los años siguientes, Gelón transformó su nueva conquista en una poderosa y próspera ciudad. Le ayudó mucho en esta labor un estúpido ataque sobre Siracusa lanzado por otra ciudad griega, Mégara Hiblea, a unos diecisiete o veinte kilómetros al norte costa arriba. Heródoto nos cuenta lo sucedido:

> [...] habiéndosele entregado a los megarenses, colonos en Sicilia a quienes tenían sitiados, entresacó a los más ricos, que por haber sido los motores de la guerra contra él mismo temían de él su ruina y muerte, y lejos de castigarles, trasladándolos a Siracusa, los alistó por sus ciudadanos. No lo hizo empero así con el bajo pueblo de los megarenses, al cual, trasportado a Siracusa, por más que no tuviese culpa alguna en aquella guerra, ni temiese en nada del vencedor, vendió Gelón por esclavo, con la expresa condición de que hubiese de ser sacado de Sicilia, tomando entrambas resoluciones la máxima en que estaba de que el pueblo bajo era malo para vecino.*

Al cabo de no mucho tiempo, Gelón, junto con su aliado, el Terón de Acragante, un hombre inmensamente rico, habían extendido su poder sobre la mayor parte de la Sicilia griega. Solo Selinunte y Mesene (Mesina) conservaron su independencia; y fue Anaxilao de Mesene quien tomó el único rumbo posible si quería que su pueblo escapase a la absorción. Pidió ayuda a Cartago.

Llegados a este punto —y antes de continuar—, quizá sea buena idea hablar un poco sobre Cartago. Esta era una ciudad de origen fenicio, y los fenicios —los cananeos del Antiguo Testamento— eran un pueblo realmente curioso. A diferencia de sus contemporáneos en Egipto, parece que hicieron pocos

---

* Heródoto, *Los nueve libros de la Historia*, CLVI, traducción de Bartolomé Pou. *(N. del T.)*

o ningún esfuerzo por fundar un solo estado unificado y cohesionado. El Antiguo Testamento se refiere a la gente de Tiro y Sidón, y en 1 Reyes, leemos que Hiram, monarca de Tiro, envía al rey Salomón madera y artesanos hábiles para construir el Templo en Jerusalén. Su gente había desarrollado una memorable industria local: recoger las conchas de los caracoles marinos *murex,* un molusco que secretaba un fuerte tinte púrpura que valía mucho más que su peso en oro.* Pero lo que más les interesó siempre fueron las tierras que había hacia el oeste, con las cuales, sin embargo, comerciaban más como una confederación informal de comunidades mercantiles que como algo parecido a una nación. Hoy los recordamos sobre todo como marineros, un pueblo que navegó hasta el último rincón del Mediterráneo y, en ocasiones, incluso más allá; que fundó colonias no solo en Sicilia, sino en las islas Baleares y a lo largo de la costa del norte de África. Más allá del estrecho de Gibraltar, establecieron importantes asentamientos en la costa atlántica de Marruecos y en el promontorio de Cádiz; quizá incluso cruzaron el canal de la Mancha en busca del estaño de Cornualles.

En cuanto a Cartago, había conseguido su independencia alrededor del 650 a. C. y, hacia el siglo v, se había convertido en una formidable ciudad-Estado, la más importante e influyente de lejos de todos los asentamientos fenicios en el Mediterráneo, y ocupaba el espacio del actual Túnez. La gente siempre se sorprende al mirar el mapa y ver que Túnez no está al sur de Sicilia, sino directamente al oeste, y que la distancia entre ambas es de apenas 155 kilómetros. Cartago tenía un gobierno muy centralizado y eficiente. No era, en breve, una presencia que pudiera ignorarse. Respondió a la petición de auxilio de Mesene a una escala mucho mayor de lo que nadie esperaba o alcanzó a comprender. La respuesta no fue inmediata, simplemente porque los cartagineses se habían tomado el asunto en serio. No les interesaba ayudar puntualmente a algún tirano de poca monta

---

* El púrpura sería el color imperial hasta la caída de Bizancio, en 1453. El principal inconveniente de la industria de los *murex* era el espantoso olor que generaba; las montañas de conchas descartadas siempre se ubicaban a sotavento de la ciudad.

que se encontrara en apuros; aspiraban a algo mucho más ambicioso. Pasaron los siguientes tres años reuniendo un enorme ejército, no solo con soldados del norte de África, sino también de España, Córcega y Cerdeña, mientras que, al mismo tiempo, construían una flota también descomunal; en el año 480, bajo el mando de su sufete, o principal magistrado, Amílcar Magón, desembarcaron en Palermo. Desde allí, avanzaron hacia el este, siguiendo la costa hacia Hímera, y atacaron.

Lo que sucedió a continuación es casi tan incomprensible como el propio tamaño y la escala de la expedición. Terón —el principal aliado de Gelón—, que había seguido atentamente el viaje de la flota cartaginesa y estaba ahora listo para resistir a los invasores, se encontró al principio en una insostenible inferioridad numérica, sin embargo fue capaz de contener la situación hasta que Gelón llegó desde Siracusa con un ejército comparable en tamaño al de Amílcar pero incomparablemente mejor equipado y adiestrado. Mientras tanto, para su sorpresa, los cartagineses se vieron completamente solos. De Anaxilao y los mesenos —en respuesta a cuya petición habían acudido— no había ni rastro; tampoco recibieron ayuda alguna procedente de Selinunte. Amílcar murió en la desesperada batalla que sucedió a continuación, aunque, según algunos, se quitó la vida arrojándose a unas llamas abrasadoras; sus barcos, varados e indefensos en la playa, fueron reducidos a cenizas. Tomaron como esclavos a un gran número de prisioneros y Cartago se vio obligada a pagar una enorme indemnización, que Gelón utilizó con muy buen criterio para construir no solo su gran templo de Atenea, sino dos templos menores más en uno de los nuevos barrios de Siracusa, dedicados a Deméter y a Perséfone (la diosa de la fertilidad y la cosecha, y su hija, la reina de los muertos).

Tras la batalla de Hímera —que, según nos cuenta Heródoto, se libró el mismo día que la gran victoria ateniense contra los persas en Salamina— fue como si la expedición cartaginesa jamás hubiera existido. Cartago se retiró a lamerse las heridas; no hizo ningún intento de vengarse ni de reemprender las hostilidades y permaneció apartada y tranquila durante los siguientes setenta años. Se permitió a Anaxilao continuar en Mesene como hasta entonces; desde luego, se sintió lo bastante seguro como para viajar hasta Olimpia, donde ganó una carrera de carros tirados por mulos, un deporte poco emocionante. Parece que se resignó a la hegemonía de Siracusa; uno o dos años más tarde, su hija se casó con Hierón, hermano menor de Gelón y su sucesor en el trono. En cuanto al propio Gelón, murió en el 478 a. C. Durante muchos años, fue la figura más poderosa de todo el mundo griego y, quizá, de toda Europa. A pesar de la crueldad de la historia que nos contaba Heródoto, lo cierto es que, para ser un tirano, se mostró inusualmente justo y misericordioso; se nos dice que, como una de las condiciones del tratado de paz, insistió en que los cartagineses abandonaran su tradición de celebrar sacrificios humanos, cosa que hicieron, aunque a regañadientes. Gelón fue profunda y sinceramente llorado no solo en Siracusa, sino en muchas otras ciudades de la Magna Grecia.

La inmensa popularidad y respeto que se había ganado Gerón debería haber favorecido a Hierón, pero de algún modo, no fue así. Hierón tenía buenas intenciones, pero carecía de la habilidad y la inteligencia de su hermano. Alguna inseguridad profunda que debía padecer le llevó a crear una formidable policía secreta, que no hizo sino granjearle una mayor impopularidad todavía. Como Gelón, movió poblaciones enteras: trasladó, por ejemplo, a los habitantes de Naxos* y Catania a Leontinos, y refundó Catania bajo un nuevo nombre —Etna— y la pobló de inmigrantes del Peloponeso. También era ambicioso: en el 474 a. C., en respuesta a una llamada de Cumas, envió una flota a la bahía de Nápoles, donde infligió una derrota aplastante a los etruscos.

Quizá su rasgo más atractivo fuera su amor por las artes: Píndaro y Simónides, junto con muchos otros poetas y filósofos menores, fueron acogidos en su corte de Siracusa, así como el dramaturgo Esquilo,† pero, de algún modo, la magia había des-

---

* Que no debe confundirse, por supuesto, con la isla del Egeo. Ahora conocido como Giardini-Naxos, está en la costa a unos pocos kilómetros al sur de Taormina.

† Se dice que, mientras era huésped de Hierón en Gela, Esquilo sufrió un

aparecido. Es la inherente debilidad de las autocracias el hecho de que su éxito dependa exclusivamente de su carácter y de la fuerza del autócrata de turno. La monarquía hereditaria puede asumir a algún mal dirigente ocasional; la tiranía, en cambio, se hunde. Hierón, por desgracia para él, no estuvo a la altura. Sobrevivió lo bastante para ganar una carrera de carros en el 468 a.C., pero murió al año siguiente. Fue brevemente sucedido por otros dos hermanos suyos, que reinaron sin pena ni gloria y fueron derrocados uno tras otro.

Llegados a este punto, está claro que se abría la oportunidad de que cualquier aventurero intentara hacerse con el poder mediante un golpe de Estado; pero, por algún motivo, la tiranía pasó entonces súbitamente de moda. No fue solo Siracusa —la ciudad más importante de Sicilia con creces— la que revirtió a una forma de democracia, sino que casi todas las pequeñas tiranías de la isla (cuyas fortunas no tenemos ni tiempo ni espacio para tratar aquí con detalle) siguieron su ejemplo. Este cambio de opinión generó sus propios problemas: tantas poblaciones locales habían sido desarraigadas y transportadas a otras ciudades que era casi imposible determinar quién merecía el derecho a votar y quién no, y el resultado fue medio siglo de considerable confusión. Fue por esto, quizá, por lo que en el 415 a.C. los atenienses se sintieron con ánimos de lanzar contra Siracusa lo que Tucídides describió como la mayor y más costosa flota que jamás había zarpado de una sola ciudad griega: más de doscientos cincuenta barcos y unos cuarenta mil hombres.

Por razones que no están del todo claras, Atenas llevaba mostrando un interés un tanto siniestro por Sicilia desde la década de 450 a.C., cuando había firmado un extrañísimo tratado de amistad con Segesta, una hazaña diplomática comparable, quizá, a un pacto hoy entre China y Paraguay. Le siguieron toda una serie de tratados similares y cuando, en el 427, Leontinos pidió ayuda para resistir un ataque de Siracusa, los atenienses

---

singular percance con un águila que volaba sobre él y que confundió su cabeza blanca con una piedra y lanzó una tortuga sobre ella para romper el caparazón del animal. El pájaro acertó de pleno y mató a Esquilo. No se sabe si la tortuga sobrevivió.

enviaron inmediatamente veinte barcos. Esa era una contribución que habría resultado generosa en cualquier época, pero durante el cuarto año de la guerra del Peloponeso, cuando Atenas luchaba por su propia supervivencia, era poco menos que pasmosa. Tucídides afirma, de modo no demasiado convincente, que su objetivo era impedir que se enviara grano a sus enemigos.

La guerra del Peloponeso, que fue básicamente un conflicto entre Atenas y Esparta, tuvo pocas consecuencias en Sicilia hasta el 415; el año anterior, no obstante, habían estallado las hostilidades entre las dos ciudades occidentales de Segesta y Selinunte. Segesta, que era a todas luces la más débil de las dos, tras haber pedido ayuda a Acragante, Siracusa y Cartago y haberse negado las tres, envió una embajada a Atenas. Esta seguía técnicamente en guerra, pero los combates habían dado paso a un período de tensa tregua y contaba con gran cantidad de hombres de armas aburridos a los que había que dar trabajo. También contaba con un joven y deslumbrante senador llamado Alcíbiades —un viejo pupilo del gran Pericles—, que defendió con entusiasmo la idea de lanzar una operación a gran escala contra Sicilia. No tenía a los sicilianos en muy alta estima y, en un largo discurso al Senado, explicó por qué:

> [...] en manera alguna conviene que revoquéis el decreto que habéis hecho para ejecutar esta empresa de Sicilia por miedo o temor a tener que lidiar con muchas y diversas gentes, porque aunque en Sicilia hay muchas ciudades, los pobladores son de diversas naciones, que ya están acostumbradas a mudanzas y alborotos, y ninguno hay de ellos que quiera tomar las armas para defender su patria [...] y no es de creer que una multitud de gentes diferentes se pueda poner de acuerdo para defenderse de sus contrarios, antes cada cual estará dispuesto a hacer lo que se le antoje.*

---

* Tucídides, VI.17, traducción de Diego Gracián. (*N. del T.*)

Los atenienses le creyeron y lanzaron la expedición.

La situación de Segesta se olvidó casi de inmediato, pues los atenienses tenían cosas más importantes que hacer. Puede que tuvieran en mente la subyugación de toda Sicilia, pero estaba claro que su primer objetivo debía ser la ciudad más importante de la isla: Siracusa. Así pues, pusieron rumbo allí, pero el ejército apenas había desembarcado cuando sus comandantes empezaron a pelearse entre ellos. Alcíbiades, que era, con diferencia, el más capaz, fue obligado a presentarse en Atenas para hacer frente a acusaciones de profanación y no participó en los combates. Quizá, de haber seguido con el ejército, la expedición habría acabado de otra manera. Ninguno de sus colegas generales parecía tener una estrategia general de ataque; vacilaron durante semanas y, con ello, dieron tiempo de sobra a Siracusa para preparar una firme resistencia… y para pedir ayuda a Esparta. Esta ciudad, con su ejército sumamente bien entrenado, y Corinto, con su magnífica armada, respondieron enseguida y, pronto, los atenienses se encontraron con que la conquista de Sicilia, e incluso la de Siracusa, no sería tan fácil como creían.

Es más, a diferencia de Atenas, Siracusa contaba con un excelente comandante militar. Su nombre era Hermócrates. Tucídides lo describe como un hombre muy inteligente, ducho en la guerra y muy valiente, y Jenofonte dice de él que era metódico, diligente y, como general, inusualmente accesible para sus hombres. En el 415 se contaba entre los primeros en advertir a sus compatriotas del peligro que suponía Atenas e hizo un serio intento por unificar toda Sicilia —en alianza con Cartago— contra Atenas mientras aún había tiempo. No lo consiguió. Muchos lo tacharon de alarmista y otros lo criticaron por belicista; y parece que quedaba algo más que un vestigio de estas críticas, pues los siracusanos se negaron en redondo a confiarle el mando supremo y lo eligieron solo como uno de los tres generales que debían compartir la autoridad entre ellos. Este necio sistema implicaba que, hasta cierto punto, tenía las manos atadas.

Los combates continuaron durante dos años enteros y, al menos en dos ocasiones, los atenienses tuvieron la ciudad prácticamente a su alcance. En el 414, Siracusa evitó por los pelos una revuelta general de esclavos y, más adelante, Hermócrates fue obligado a entablar negociaciones de paz; solo la oportuna llegada, con sustanciales refuerzos, del general espartano Gilipo salvó la situación. En un principio, el espartano no gozó de popularidad en Siracusa, pero pronto se demostró como un perfecto profesional, y Hermócrates se tragó su orgullo y lo aceptó como comandante. Fueron estos dos hombres juntos los que finalmente consiguieron la derrota de Atenas, una derrota que Atenas tardaría mucho en superar.

Pero hubo también otras causas. Con el paso del tiempo, los soldados atenienses empezaron a añorar cada vez más su hogar y se extendió entre ellos el desánimo, lo que a su vez los hizo más vulnerables a las epidemias, especialmente de malaria, una enfermedad desconocida en Atenas pero endémica en Sicilia. Al final, los comandantes atenienses aceptaron que habían fracasado y dieron la orden de retirada. Pero era demasiado tarde. Los siracusanos y sus aliados lanzaron un repentino ataque en el último momento; la flota ateniense quedó atrapada dentro del puerto y fue aniquilada. Lo que aconteció después fue poco menos que una masacre. Tras ello, los dos principales generales atenienses, Nicias —a pesar de que estaba muy enfermo— y Demóstenes, fueron ejecutados, y unos siete mil de sus hombres fueron hechos prisioneros y obligados a trabajar en las temibles canteras de caliza que todavía hoy pueden visitarse en las afueras de la ciudad. Aún se observan las marcas de sus picos en la roca. En los meses siguientes, muchos de ellos murieron de frío o insolación. Muchos otros fueron marcados en la frente con un hierro para caballos y, luego, vendidos como esclavos. (La afirmación de Plutarco de que un puñado de afortunados fueron liberados porque sabían recitar uno o dos coros de Eurípides es, casi con toda certeza, falsa). Tucídides lo resumió de la siguiente manera: «De todos los acontecimientos bélicos sucedidos en Grecia que conocemos por tradición, fue el más glorioso para los vencedores y el más desastroso para los derrotados».[*]

* Traducción de Francisco Rodríguez Adrados. *(N. del T.)*

Sicilia había vencido y, de momento, estaba a salvo de invasores extranjeros; pero la guerra del Peloponeso no había terminado, y Hermócrates, ahora sin empleo, asumió el mando de una flota de veinte trirremes para combatir con Esparta en el Egeo. Durante dos años todo fue bien, pero, en el 410, la suerte se volvió en su contra. Quizá tenía menos talento como almirante que como general, pero, en cualquier caso, en el transcurso de una cruenta batalla frente a Cícico, en el mar de Mármara, una flota ateniense destruyó todos sus barcos. En su regreso a Sicilia, se encontró con que Siracusa le había cerrado las puertas, probablemente porque, a pesar de su impecable historial en el pasado, los ciudadanos todavía desconfiaban de su evidente ambición y temían que intentara convertirse en el tirano de la ciudad. Es posible que sus temores estuviesen justificados, pero nunca lo sabremos a ciencia cierta: en el año 407, mientras intentaba entrar a la fuerza en la ciudad, fue rodeado y asesinado.

Entre los que estuvieron junto a Hermócrates ese fatídico día había un joven alto y pelirrojo de veinticuatro años llamado Dionisio. Un biógrafo reciente asume que procedía «de una familia adinerada pero humilde»; se dice que comprendió cuál sería su destino el día en que un enjambre de abejas se posó en la crin de su caballo.*

De hecho, no sabemos casi nada de su familia ni de sus orígenes, solo que estaba destinado a alcanzar toda la gloria que su anterior líder había pretendido e incluso mucha más. Si Dionisio hubiera vuelto la vista atrás hacia los acontecimientos recientes, sin duda le habría quedado claro que el fracaso de la expedición ateniense y la casi derrota que había sufrido antes su ciudad tenían su origen en la misma causa: la incapacidad real o provocada de sus líderes. Cada uno de los generales atenienses tenía sus propias ideas sobre cómo debía dirigirse la guerra, mientras que el más veterano de ellos, Nicias, estaba demasiado enfermo como para ejercer realmente el mando. Además, Sira-

---

* Las abejas y la miel siempre han tenido un significado especial en Sicilia, desde que Dédalo, el padre del desventurado Ícaro, dedicó a Artemisa un panal de miel.

cusa tenía en Hermócrates a un general de extraordinario talento, pero se había negado con tozudez a entregarle el liderazgo. ¿Cómo se había podido llegar a esos extremos? El problema radicaba, debió de razonar el joven, en el sistema democrático. La democracia implicaba desunión; un gran líder solo podía trabajar a pleno rendimiento y hacer realidad sus mayores ambiciones si tenía un poder absoluto.

Habría sido bonito decir que la ignominiosa partida de los atenienses restauró la paz en Sicilia. Pero, ay, no fue así, ni mucho menos. Las viejas hostilidades entre Selinunte y Segesta resurgieron y, en el 410, una Segesta desesperada solicitó de nuevo ayuda, en esta ocasión a Cartago. Los cartagineses accedieron; es de suponer que ya habían olvidado su catastrófica intervención en la isla setenta años antes. En ese primer año solo pudieron congregar una pequeña fuerza reunida apresuradamente, pero en el año 409 enviaron un ejército de un tamaño considerable bajo el mando del general Aníbal,* quien en poco más de una semana redujo Selinunte a un montón de escombros humeantes. Los ciudadanos que no habían huido fueron masacrados. Aníbal continuó su avance hacia Hímera, donde sus hombres perpetraron otra masacre antes de regresar al norte de África para pasar el invierno.

Los cartagineses se estaban animando; no habían terminado todavía con Sicilia. En la primavera del año 406 regresaron con un ejército todavía mayor y un nuevo objetivo, Acragante, perennemente próspera gracias a la neutralidad que había mantenido cuidadosamente en los conflictos anteriores. Los siracusanos salieron en su defensa, pero, para su disgusto y a pesar de sus iracundos reproches, los hombres de Acragante apenas levantaron un dedo. Hacía mucho tiempo que la vida era demasiado fácil para ellos; quizá se habían acostumbrado demasiado a los lujos por los que eran célebres y a las comodísimas camas y mullidas almohadas que exportaban a todo el mundo griego. Un decreto militar contemporáneo prohibía a los soldados tener más de tres mantas y dos almohadas mientras estaban de

* Que no debe confundirse con el gran Aníbal Barca, que dirigió a los cartagineses en la Segunda Guerra Púnica.

guardia; dadas las circunstancias, resultaba difícil imaginar que fueran a ofrecer mucha resistencia. En consecuencia, se abandonó la ciudad —sus habitantes se trasladaron a Leontinos—, que luego fue saqueada y expoliada por los victoriosos cartagineses. Entre las incontables obras de arte con las que regresaron a casa se dice que estaba el toro de bronce en el que el tirano Falaris había asado a sus víctimas.

Los acontecimientos en Acragante no podían sino tener consecuencias negativas en Siracusa, donde la situación política, que no era muy sencilla para empezar, se tornó todavía más confusa; y fue en este momento cuando Dionisio vio su oportunidad. Sin demasiada dificultad —pues ya era una de las figuras emergentes de la administración— consiguió que lo eligieran para formar parte de la junta de generales de la ciudad, desde la cual solo había un corto paso al mando supremo, que, huelga decir, llegado el momento no tuvo ningún escrúpulo en asumir. Cartago seguía en pie de guerra —en los siguientes meses, Gela sufriría un destino similar al de Acragante— y era más que probable que Siracusa fuera la siguiente de la lista. Y, desde luego, lo era; pero, de repente, los cartagineses cambiaron de opinión y regresaron a casa. No sabemos qué les impulsó a ello. El antiguo cronista Diodoro habla con un tono lúgubre de un estallido de peste, pero es muy poco probable que eso hubiera intimidado a los cartagineses, y mucho menos que se hubieran contagiado; sin embargo, quizá las habilidades diplomáticas de Dionisio bastaron para persuadirlos de que un ataque sobre su ciudad no valía la pena.

En cualquier caso, poco después se firmó un tratado de paz oficial, en el cual Siracusa reconoció por primera vez la existencia de una provincia cartaginesa en Sicilia. Los asentamientos cartagineses, todos en el extremo occidental de la isla, serían propiedad exclusiva de Cartago. Los pueblos conquistados podían regresar a sus hogares a condición de que no fortificaran sus ciudades y pagaran un tributo anual. En Siracusa, por el contrario, Cartago no tenía ningún poder; Dionisio ya controlaba la ciudad. Había empezado la segunda era de los tiranos sicilianos.

Para no confiar su cuello a un barbero, llegó hasta el extremo de enseñar a sus propias hijas a afeitarlo. Así, desempeñando un oficio vil y servil, las hijas del rey, como barberillas, rasuraban la barba y el cabello de su padre. Pero también a ellas mismas, cuando se hicieron adultas, les quitó el hierro y decidió que le quemaran la barba y el cabello con cáscaras de nuez candente. Tenía dos esposas, Aristómaca, conciudadana suya, y Dóride, de Locros; de noche se presentaba ante ellas después de haber examinado y escrutado todo y, habiendo rodeado él su dormitorio con un ancho foso y habiéndole acoplado para poderlo atravesar un puentecito de madera, él mismo, después de haber cerrado la puerta de su dormitorio, lo retiraba.*

Este fragmento de las *Disputaciones tusculanas* de Cicerón —escrito, debe decirse, unos cuatro siglos después de la muerte de Dionisio— probablemente no debería tomarse como una anécdota histórica, sino como un ejemplo de las extravagantes historias que surgen alrededor de los dirigentes exuberantes, especialmente cuando permanecen en el poder lo bastante como para adquirir un estatus semiicónico. Dionisio I de Siracusa gobernó nada menos que treinta y ocho años, un período de tiranía que Diodoro describe como «el más fuerte y largo de la historia conocida». ¿Cómo lo hizo? Desde luego, poseía todas las características obvias para ser un líder: valor, confianza en sí mismo, una aguda inteligencia, determinación y elocuencia, esta última siempre de gran importancia en el mundo griego. Pero, claramente, había algo más, que se manifestaría más adelante también en unos pocos —muy pocos— hombres, como Alejandro Magno, Julio César y Napoleón. Podemos llamarlo carisma, madera de estrella o lo que queramos. Es, de hecho, algo imposible de definir; lo único que podemos decir con seguridad es que lo reconocemos cuando lo vemos, y que Dionisio de Siracusa lo tenía a espuertas.

* Marco Tulio Cicerón, *Disputaciones tusculanas,* traducción de Alberto Medina González. *(N. del T.)*

Es fascinante ver con qué delicadeza —no hay otra palabra para definirlo— se hizo Dionisio con el poder. No se alió ni con la aristocracia (a la cual no pertenecía de ningún modo) ni con el pueblo; nunca se permitió que lo vieran como un rebelde, y mucho menos como un revolucionario. Sus declaraciones se basaban principalmente en la seguridad de la ciudad y de cuantos vivían en ella. El enemigo seguía prácticamente a las puertas; podía producirse otro ataque en cualquier momento y, tras la nefasta actuación en Acragante y Gela de los demás generales siracusanos —varios de los cuales, según hicieron correr sus agentes, habían iniciado negociaciones secretas con Cartago—, Dionisio sugirió modestamente que él y solo él merecía el mando supremo. Para reforzar todavía más su posición, se había casado con la hija de Hermócrates,* a cuyo cuñado casó con su propia hermana. Solo cuando se estableció firmemente actuó contra sus potenciales enemigos.

El siguiente paso de Dionisio fue apropiarse de toda la isla de Ortigia —que tiene casi un kilómetro cuadrado y siempre fue la parte más selecta de Siracusa, pues contenía el templo de Atenea, de relativamente reciente construcción— y convertirla en su propia fortaleza personal, que incluía las casas de sus mejores amigos y socios, junto con grandes barracones para su ejército permanente de mercenarios y parte de su flota.† La isla contaba con la ventaja adicional de que estaba conectada a la península con un puente que —como el célebre puentecito de su dormitorio— podía inutilizarse si era necesario.

Tenía un propósito por encima de todos los demás: ampliar sus dominios al tiempo que acumulaba tanto poder y riqueza como fuera posible. Definir cuáles eran esos dominios no es

---

* Las dos damas mencionadas por Cicerón en el pasaje citado fueron adquisiciones posteriores, con las que se casó en el 399 o el 398. Ambos matrimonios, según se nos dice, se consumaron en una sola noche. Las hijas resultantes se bautizaron como Prudencia, Virtud y Justicia (Sofrosina, Arete y Dikaiosyne), quizá para compensar que una de sus madres se llamaba Doris.

† En la calle XX Settembre se pueden ver todavía los restos de la principal entrada de Dionisio, la Porta Urbica.

sencillo; sin duda, era tirano de bastante más que Siracusa. Su autoridad se extendía por toda Sicilia, con la excepción de la parte más occidental (que continuaba en manos cartaginesas), por buena parte del sur de Calabria (la punta del pie italiano) y por la Basilicata (el arco de ese pie), junto con las tierras de alrededor del Po e incluso uno o dos enclaves al otro lado del Adriático, en la costa dálmata. Un tratado que selló con Atenas en el 367 a. C. le aseguró ayuda ateniense en el caso de una guerra contra Dionisio, sus descendientes «o contra cualquier lugar en el que gobierne Dionisio»; este es uno de los pocos acuerdos internacionales en toda la historia firmado personalmente con un jefe de Estado en lugar de con el Estado en sí mismo.

Su principal enemigo era, por supuesto, Cartago. Tras unos pocos años consolidando su posición en Sicilia, empezó a prepararse en serio para la guerra y llevó a la isla a un gran número de especialistas en construcción de barcos, artesanos e ingenieros militares que le proveyeron de máquinas de asedio y catapultas, nunca antes vistas allí. A finales del 398 estaba listo. Incluso antes de hacer una declaración oficial de guerra, atacó y saqueó la pequeña colonia de comerciantes cartagineses en Siracusa y destruyó todos los barcos que tuvieron la mala suerte de estar en el puerto. La mayoría del resto de ciudades griegas de la isla siguieron rápidamente su ejemplo. Su primer gran objetivo era Motia,* una pequeña isla frente a la costa occidental que albergaba a la mayor y más poblada colonia cartaginesa de Sicilia. Los defensores cortaron la calzada elevada que la unía a la península y, gracias a ello, la isla consiguió defenderse hasta finales del verano del 397; sin embargo, al final ya no pudo resistir más y pagó un precio muy alto por su desafío. La mayor parte de su población fue masacrada y todos los griegos que habían permanecido fieles a Cartago fueron crucificados.

Durante el año siguiente, los combates se extendieron a toda Sicilia. De Cartago llegó un gran ejército y una numerosa

---

* La actual Mozia. La isla fue propiedad de la familia Whitaker (véase la introducción), cuya villa es hoy un excelente museo arqueológico. Contiene el celebrado Efebo de Motia, una estatua del siglo v de un joven que se ha atribuido de forma no concluyente a Fidias.

armada, y unas pocas ciudades firmaron la paz; la mayoría, no obstante, combatieron con todas sus fuerzas. Mesene fue arrasada, y parecía que Siracusa sería la siguiente en caer, pero la ciudad se salvó, una vez más, porque una plaga se cebó con el ejército invasor. Dionisio tomó la iniciativa en la guerra y atacó de inmediato y los cartagineses se rindieron. Se les permitió regresar a casa sanos y salvos a cambio de trescientos talentos, que era todo el dinero que tenían. Sus aliados, entre los que se contaban varios contingentes de mercenarios del norte de África y España, quedaron abandonados a su suerte.

La victoria de Siracusa no puso fin a las guerras greco-púnicas. Se produjeron nuevas invasiones en el 393 y el 392, pero no consiguieron nada; en los años siguientes a 383, en cambio, Cartago se resarció con creces. Nadie conoce exactamente la ubicación exacta de Cronión, donde Dionisio sufrió su primera gran derrota (en la que perdió gran parte de su ejército y a su hermano Leptines). Se vio obligado a pagar una indemnización de mil talentos y a aceptar diversas fronteras nuevas, que le privaron de Selinunte y de buena parte de Acragante. En el 368, intentó vengarse y recuperó Selinunte, pero murió en el invierno de ese año sin haber terminado el trabajo. Hay diferentes teorías sobre su muerte. Según una crónica, sus médicos lo envenenaron a instancias de su hijo y sucesor; según otra, murió tras celebrar con excesivo entusiasmo la noticia de que una de sus obras, *El rescate de Héctor,* había ganado el primer premio en un festival dramático no demasiado importante de Atenas.

Siempre se había considerado a sí mismo un hombre de letras; en el 388, su corte fue honrada con la visita del mismísimo Platón, y el historiador Filisto y el poeta Filóxeno de Citera eran residentes habituales, aunque este último fue enviado en una ocasión a las canteras como castigo por haber sido demasiado duro con la poesía de su señor. Fue liberado al poco, a petición de varios de sus amigos, pero, ay, justo a tiempo para escuchar otra sesión de lectura de la poesía de Dionisio. Filóxeno la soportó en silencio hasta que el déspota le preguntó una vez más su opinión.

—Me vuelvo a la cantera —murmuró como respuesta.

Dante relega a Dionisio —un poco injustamente— al séptimo círculo del infierno, donde está inmerso en el Flegetonte, un río de fuego y sangre hirviendo. De hecho, el primer o el segundo círculo habría sido más que suficiente. Era ambicioso, carismático y ostentoso. Y quizá también cruel, aunque no más que la mayoría de los dirigentes contemporáneos y, se sospecha, bastante más inteligente. Nunca consiguió su principal objetivo: expulsar definitivamente a los cartagineses de Sicilia; de haberlo hecho, se ha sugerido que fácilmente podría haber conquistado la mayor parte de Italia y haber puesto fin al creciente poder de Roma. Al morir, sin duda alguna controlaba la isla casi en su totalidad, por no hablar de sus grandes dominios en el continente. El mayor monumento construido por él que ha llegado hasta nuestros días es lo que queda de la línea de fortificaciones que rodean su ciudad, completada en cuatro años entre el 401 y el 397 y que culmina en el todavía impresionante Castello Eurialo; su nombre se ha preservado para los turistas con una expresión acuñada por el pintor Caravaggio: «la Oreja de Dionisio». Esta es una curiosa latomía o cueva artificial gracias a la cual se dice que escuchaba a sus esclavos mientras estos trabajaban en las canteras. Casi es innecesario mencionar que, por supuesto, no existe ninguna forma concebible en que realmente pudiera haberlos escuchado a través de ese hueco en la caliza.

2

Cartagineses

Para desgracia de casi todos los déspotas y dictadores, estos rara vez traspasan su fuerza a sus sucesores. Hierón fracasó después de Gelón; del mismo modo, Dionisio II demostró ser solo un pálido reflejo de su padre. Toda la antigua energía había desaparecido; el nuevo gobernante, aunque no había cumplido los treinta años, era un borracho que amaba el placer, pasaba demasiado tiempo en Locris* (en Calabria, la ciudad de su madre) y tendía a dejar los asuntos de Estado —junto con el mando y la gestión de un gran número de mercenarios, que ahora formaban una casta aparte— en manos de otros. El viejo déspota, no obstante, había tenido una suerte excepcional con su yerno, Dion, el marido de su hija Arete, un excelente administrador con inclinaciones filosóficas que le sirvió con lealtad toda su vida y habría hecho lo mismo por su hijo si no le hubiera disgustado tanto la vida disoluta del joven. En un intento de reformarlo, Dion incluso invitó a su viejo maestro, Platón —que ahora tenía más de sesenta años— a Siracusa, pero de nada sirvió: al joven Dionisio no le gustaron nada todos esos intentos de llevarlo por el buen camino y, poco después, envió a Dion al exilio.

El exilio, que transcurrió en Atenas, no le supuso dificultades: Dion era un hombre rico y era completamente feliz dedi-

---

* Platón se refería a Locris con el nombre de «la flor de Italia»; pero, ay, ya no queda nada de esa flor. La actual Locri es un hervidero de la 'Ndrangheta, una asociación criminal calabresa con vínculos muy estrechos con la mafia siciliana. Allí, durante las elecciones primarias del 16 de octubre de 2005, el vicepresidente de la asamblea regional calabresa, Francesco Fortugno, fue abatido a tiros mientras votaba.

cando su tiempo a mantener tranquilas discusiones filosóficas. Todo habría ido bien, de hecho, si Platón se hubiera callado. Por desgracia, el filósofo creyó que tenía que pedir a Dionisio que reconsiderara el exilio de su discípulo y le permitiera regresar; Dionisio montó en cólera, envió a Platón de vuelta a Atenas y confiscó inmediatamente todas las propiedades sicilianas de su tío. Aquello fue la gota que colmó el vaso: a partir de ese momento, Dion empezó a planear la caída del tirano. En el 357, zarpó rumbo a Sicilia con mil mercenarios, pero, en lugar de dirigirse primero a Siracusa, acudió a Minoa, en la costa suroeste. Esta era una colonia de Cartago; es de suponer que estaba ansioso por asegurarse, si no el apoyo militar cartaginés, al menos una benevolente neutralidad de la ciudad. Solo después marchó hacia Siracusa, que estaba a unos buenos trescientos veinte kilómetros al este. No encontró oposición por el camino —al contrario, incorporó a bastantes partidarios que deseaban sacudirse el yugo de Siracusa— y se topó con sorprendentemente poca cuando llegó a la propia ciudad. Dionisio, como ocurría a menudo, se encontraba lejos, en Calabria, con su mamá, y la guarnición de mercenarios no movió un dedo para detener a los invasores. Al final, una flota del continente —bajo el mando del septuagenario comandante supremo de Dionisio, Filisto— causó algunos daños, pero poco después esta tuvo que enfrentarse a veinte trirremes bajo el mando de Heráclides, amigo y aliado de Dion. En la furiosa batalla naval que se produjo, Filisto fue derrotado. Algunas fuentes afirman que se suicidó; según otras, fue torturado hasta la muerte. Todas están de acuerdo en que su cuerpo fue después arrastrado por las calles de la ciudad y arrojado al pie de las murallas para que lo devoraran los perros salvajes.

La guerra, sin embargo, no terminó ahí. Dionisio regresó de Italia, pero comprendió que la situación era insostenible y volvió rápidamente a Locris, donde se estableció como tirano local. Dion hizo todo lo posible para restaurar el orden en Siracusa y estableció un gobierno basado en las ideas platónicas, con él al frente detentando el cargo de una especie de rey-filósofo. No sirvió de nada: tuvo que contemplar con impotencia cómo un aventurero tras otro trataban de establecer su autoridad mientras las hordas de mercenarios vendían sus espadas indiscriminadamente al mejor postor. El caos se extendió rápidamente a otros pueblos y ciudades y, con ello, todo el imperio de Dionisio empezó a desmoronarse. Heráclides se peleó con Dion; Dion lo ordenó ejecutar, y luego, en el 354 a. C., él mismo fue asesinado. De nuevo, era temporada alta para los aventureros y la confusión continuó hasta el 346, cuando Dionisio II se marchó finalmente de Italia y recuperó brevemente el trono de su padre.

No le duraría mucho. Uno de aquellos aventureros, un tal Hicetas, que se había establecido como tirano de Leontinos, pidió ayuda a Corinto. Unos cuatrocientos años antes, los primeros colonos de Siracusa habían sido corintios; Corinto era, pues, teóricamente su metrópolis, pero nunca antes había interferido en los asuntos siracusanos. Tampoco existía motivo alguno para que empezara a hacerlo ahora. Agotada tras unos cincuenta años de guerra con varios de sus vecinos y con una preocupante escasez de fondo, no tenía nada que ganar si se embarcaba en una nueva aventura. A pesar de todo, respondió a la petición de ayuda con el envío de una fuerza sumamente modesta —es probable que menos de tres mil hombres— bajo las órdenes de un desconocido y anciano general llamado Timoleón. Esta fue una elección curiosa. Timoleón era conocido principalmente por ser un fratricida, aunque uno bastante honorable. Diodoro sostiene que el mismo Timoleón había desenvainado la espada para impedir que su hermano Timófanes se convirtiera en tirano de la ciudad; Plutarco ofrece una versión más caritativa de la historia, en la que el general no intervino al ver, con lágrimas en los ojos, como otros dos hombres mataban a su hermano. En cualquier caso, parece que, desde ese momento, sus compatriotas lo miraron con cierta desconfianza, y su nombramiento fue recibido con sorpresa por casi todos.

A Timoleón tampoco le dieron la bienvenida como a un héroe cuando, en el 344 a. C., desembarcó con sus hombres en la playa al sur de Taormina; aunque la fortuna le sonrió. Marchó hacia Siracusa, donde Dionisio II, atrincherado en Ortigia, se rindió al instante a cambio de que le permitiera viajar sano y salvo a Corinto. (Su familia, a la que había dejado en Locris, tuvo menos suerte: los habitantes de la ciudad se rebelaron contra ellos y los asesinaron a todos). Timoleón no mostró la menor piedad con sus aventureros-tiranos vecinos; durante los siguientes dos o tres años, todos fueron capturados y ejecutados de diversas formas. Mamerco, que se había hecho con la tiranía de Catania, fue crucificado; el desventurado Hipo, que se había apropiado de Mesene, fue torturado hasta la muerte en el teatro local para gran diversión de las docenas de niños a los que la escuela dio el día libre para asistir a la función. Ni siquiera Hicetas, que había solicitado ayuda en primera instancia, fue perdonado; él y toda su familia corrieron el mismo destino que el resto de tiranos.

Pero Corinto no fue la única que recibió una petición para que ayudara a calmar los tumultuosos asuntos sicilianos. Otra de estas peticiones, como quizá era inevitable, se dirigió a Cartago. El primer ejército cartaginés, que llegó a la isla por el motivo que fuera, se negó a combatir y regresó a casa sin haber derramado una gota de sangre, ni suya ni de nadie; el segundo —que Plutarco estima que constaba de setenta mil hombres— fue puesto bajo el mando del principal general de Cartago, Asdrúbal, pero una lluvia torrencial acabó con él en el río Crimiso (casi con toda certeza el actual Belice Destro) en el 340. Los supervivientes se retiraron a su viejo asentamiento, en el extremo oeste de la isla, y ya nadie disputó a Timoleón la condición de señor de Sicilia.

Era un logro admirable, sobre todo porque Timoleón carecía de cualquier tipo de legitimidad para detentar el poder en Siracusa ni en cualquier otro lugar. Lo había tomado con tal crueldad y falta de escrúpulos como aquellos a los que había vencido y luego exterminado. La diferencia radicó en lo que hizo con él. En ninguna parte de esta extraordinaria historia se percibe el menor rastro de que se moviera por ambición o interés personal. Una vez se aseguró de que nadie cuestionaba su autoridad, puso en marcha una serie de reformas radicales. Ya había acabado con todos los tiranos de tres al cuarto; ahora destruyó el palacio-fortaleza de Dionisio I en Ortigia —pues constituía un indeseable símbolo del antiguo régimen—, convocó a un cuerpo de legisladores de Corinto para que cambiaran la constitución de la ciudad —que siguió siendo una oligarquía, pero ahora con un consejo mucho mayor, de seiscientos miembros, lo que le permitió disfrutar de una base mucho mayor que antes— y, finalmente, importó un número considerable de inmigrantes extranjeros —Plutarco sugiere que sesenta mil—, no solo de Italia, sino de toda la Magna Grecia, y les concedió una cantidad de tierras generosa, ampliando radicalmente de ese modo la superficie cultivada. En gran medida gracias a Timoleón, Sicilia alcanzó a producir tanto grano que se convertiría en el principal granero de Roma. Entonces, en el que quizá sea el más sorprendente de todos sus actos, en el 338 o el 337, se retiró con tranquilidad y sin hacer aspavientos, alegando que ya era anciano y estaba perdiendo la vista. A su muerte, el erario público costeó su tumba y, en lugar de rendirle homenaje con un monumento en el ágora, construyeron en su honor un gimnasio conocido como el Timoleoneum.

Los veinte años que siguieron a la muerte de Timoleón estuvieron marcados por una nueva prosperidad, debida, en gran parte, al dramático aumento de la producción agrícola que él había propiciado. Por toda la isla se erigieron templos, teatros y edificios públicos; no obstante, también se levantaron por doquier fortificaciones. Sicilia no estaba todavía unida, ni lo estaría durante mucho tiempo. Paulatinamente, las disensiones empezaron a aflorar de nuevo; Cartago y Corinto se hicieron notar una vez más. No se trataba tanto de que fuese necesario otro hombre fuerte, sino de que, más pronto que tarde, era inevitable que llegara. Así pues, se preparó la escena para el último, y muchos dirían que el más monstruoso, de todos los tiranos de la Sicilia griega.

> Agatocles llegó a rey de Siracusa a partir no solo de una condición particular, sino incluso ínfima y abyecta. Hijo de un alfarero, acompasó su conducta criminal a cada período de su vida; mas con todo, combinó sus desenfrenos con tal grado de

virtud de ánimo y cuerpo que, entrado en la milicia, llegó a ser pretor de Siracusa pasando por
todas las graduaciones. Ya consolidado en el puesto, decidió convertirse en príncipe, manteniendo
mediante la violencia y sin obligaciones hacia los
demás lo que por acuerdo se le había concedido
[...].

Una mañana reunió al pueblo y el senado de
Siracusa, como si tuviesen que deliberar sobre
asuntos referentes a la república; a la señal conve-
nida, hizo que sus soldados dieran muerte a todos
los senadores y a los más ricos del pueblo. Una
vez muertos, se adueñó y mantuvo el principado
de la ciudad sin la menor oposición. Y pese a la
doble derrota y el posterior asedio a manos de los
cartagineses, no solo pudo mantener la ciudad,
sino que dejando una parte de la milicia para defenderla del cerco, con la restante pasó al asalto
de África, y en poco tiempo liberó Siracusa del
asedio y redujo Cartago a una situación de extrema penuria, al punto de forzarlos a negociar con
él, contentándose con las posesiones de África y
dejando Sicilia para Agatocles [...]

No cabe llamar virtud, empero, a dar muerte
a sus ciudadanos, traicionar a los aliados, faltar a
la palabra, a la clemencia, a la religión; procedimientos así permiten adquirir poder, mas no gloria. Pues, de considerar la virtud de Agatocles para
desafiar y vencer los peligros, la entereza de su
ánimo para soportar y superar adversidades, no se
ve en qué pueda juzgársele inferior a ningún otro
eminente capitán. No obstante, su feroz crueldad,
su inhumanidad rabiosa de desenfreno, impiden
que sea celebrado entre los hombres eminentes.*

* Nicolás Maquiavelo, *El príncipe*, traducción de Antonio Hermosa An-
dújar. *(N. del T.)*

Nicolás Maquiavelo, quien escribió estas líneas, no era un hombre que se escandalizara con facilidad, pero incluso él concede que Agatocles fue demasiado lejos. No ocultó que su padre era un alfarero inmigrante que lo había criado para que lo siguiera en el oficio. Y muy bien podría haber sido así; a finales del siglo IV, el este de Sicilia era uno de los principales productores de cerámica de figuras rojas y muchos de los que la trabajaban eran considerados artistas más que artesanos. Pero, por muy distinguidos que fueran, los alfareros profesionales no solían convertirse en oficiales del ejército y, por ello, es bastante más probable que su padre fuera una figura similar a Josiah Wedgwood: un empresario adinerado que regentaba una lucrativa fábrica en la que trabajaban esclavos. Nacido en el 361 a. C., a la edad de veintiocho años, Agatocles se casó con una viuda rica y, durante los siguientes quince años, llevó la vida de lo que luego se llamaría *condottiere,* un soldado de fortuna; no fue hasta el 317, cuando tenía cuarenta y cuatro años, cuando apareció con un ejército de mercenarios a las puertas de Siracusa. Su llegada coincidió con una insurrección popular cuidadosamente programada, durante y después de la cual —según Diodoro— diez mil resultaron muertos o exiliados. Luego, convocó a la asamblea —o lo que quedaba de ella—, que rápidamente le confirió la autoridad suprema.

Timoleón había sido un oligarca; Agatocles era un hombre del pueblo. Incluso después de la masacre en Siracusa, parece que los ciudadanos lo veían como uno de los suyos; se nos dice también que era tan popular en la ciudad que no necesitaba guardaespaldas. En el resto de lugares de Sicilia, empero, fue odiado y temido a medida que amplió su poder sobre la isla. La guerra con Cartago devino inevitable y, en el año 311, Acragante escapó a la destrucción gracias a que el general cartaginés Amílcar infligió una severa derrota a los siracusanos en la batalla del río Hímera;* pero la reacción de Agatocles fue valiente e inesperada. Dejó Siracusa bajo el mando de su hermano Antander

---

* Que no debe confundirse con Hímera de la costa norte, lugar de una guerra anterior con Cartago en el 480 a. C. (véase páginas 33-34). El río Hímera desemboca en la costa suroeste, cerca de Licata.

y, el 14 de agosto del año 310, zarpó del puerto con una flota de sesenta barcos con catorce mil hombres a bordo y desembarcó en el cabo Bon —en el extremo noroccidental de Túnez— seis días después. Fue el primer europeo en invadir el norte de África con una fuerza militar.

La situación, pues, era curiosa. Ahora, tanto Siracusa como Cartago tenían un ejército hostil a las puertas. Amílcar se vio obligado a enviar a muchas de sus propias fuerzas de vuelta para defender la metrópolis, lo que incrementó su vulnerabilidad peligrosamente. Antander lanzó un súbito ataque desde la ciudad y lo apresó; el desafortunado general fue torturado hasta que murió y, después, se envió su cabeza a Agatocles, en África. A este último, por el contrario, las cosas le iban bastante bien. Se estaba dedicando a arrasar y saquear las tierras indefensas que se extendían entre el cabo Bon y Cartago, pero era consciente de que nunca podría tomar la gran ciudad púnica con las fuerzas que tenía a su disposición, así que miró a su alrededor en busca de medios para aumentarlas.

Alejandro Magno, que había fallecido, a la edad de treinta y tres, solo trece años antes, había dejado su inmenso imperio para que se lo repartieran sus generales, y uno de ellos, llamado Ofelas, era ahora gobernador de la Cirenaica, a unos mil seiscientos kilómetros al este, en la costa de lo que hoy es Libia. A pesar de la distancia, Agatocles estableció contacto con él y le sugirió que ambos debían aunar fuerzas y declarar la guerra a Cartago. Luego, añadió, tras la victoria, prácticamente garantizada, Ofelas podría quedarse todo el norte de África y los siracusanos, Sicilia. Al gobernador le encantó la idea, congregó su ejército —unos diez mil soldados de infantería, junto con un número desconocido de caballería y carros— y partió hacia Cartago.

Cualquiera que haya viajado por tierra entre Bengasi y Túnez sabrá que, al menos hasta que la carretera gira hacia el norte a lo largo de la costa tunecina, esos mil seiscientos kilómetros son los más aburridos de todo el Mediterráneo, desprovistos de encanto alguno. Cuando Ofelas finalmente llegó a su destino, debía de estar físicamente exhausto y, casi con toda probabilidad, no de muy buen humor. Pero Agatocles, a quien todo eso le importaba un bledo, lo hizo asesinar prácticamente en cuanto llegó, sin duda para hacerse con el control del recién llegado ejército. Su campaña empezó bastante bien, con la captura de la pequeña colonia fenicia de Útica junto con Hippo Acra (la moderna Bizerta); sin embargo, para su disgusto, Cartago se mantuvo inexpugnable. Agatocles todavía se preguntaba qué hacer a continuación cuando, a principios del 307, una rebelión general de las ciudades griegas sicilianas liderada por Acragante lo obligó a regresar urgentemente a Siracusa. Sofocó la rebelión con su habitual brutalidad y volvió a África, pero, una vez allí, se encontró con que su ejército, a quien hacía tiempo que no pagaba, estaba a punto de amotinarse. La aventura africana había llegado a su fin. No quedaba más alternativa que firmar la paz con Cartago —cosa que hizo, muy a regañadientes, en el año 306—, regresar a Sicilia y poner sus asuntos en orden.

Dos años después, Agatocles hizo algo que no había hecho ninguno de los tiranos que lo habían precedido: adoptó el título de rey. No cabe duda de que a muchos de sus súbditos más viejos les debió de parecer terrible, pero los tiempos habían cambiado. En el nuevo mundo helenístico que había surgido tras la muerte de Alejandro, al menos dos de sus antiguos generales —Ptolomeo en Egipto y Seleuco en Asia Menor y Mesopotamia— se hacían llamar reyes; si Agatocles quería tratar con estos monarcas en igualdad de condiciones, no tenía más opción que seguir su ejemplo.

Agatocles murió en el 289 a. C. Hubo quien creyó que fue una muerte natural, pero es mucho más probable que lo envenenara su nieto Arcágato para sucederlo. No lo logró, y la situación derivó en una anarquía, como suele ocurrir casi siempre en estos casos. Sicilia se vio de nuevo desmembrada por sus tiranos de tres al cuarto —uno de ellos, Fintias de Acraganto, destruyó Gela en el 282, borrándola por completo del mapa durante unos mil quinientos años.* Entonces, marchó en dirección a Siracusa, pero fue derrotado; los siracusanos cometieron el error

* Fue restablecida por Federico II en 1230 bajo el nombre de Terranova. Volvió a su antiguo nombre en 1927.

de perseguirlo hacia el oeste de la isla, donde los cartagineses, que temían perder sus territorios sicilianos, enviaron un ejército, y los combates se recrudecieron.

Pero en ese momento llegó un nuevo invasor; quizá también fuera un aventurero, aunque distinto a cualquier otro que los sicilianos habían visto hasta entonces. El rey Pirro era el gobernante de Epiro, y su ambición no conocía límites. Afirmando que descendía tanto de Aquiles y Hércules, en el 280 a. C. dirigió su atención hacia Italia, la mayor parte de la cual ya estaba bajo el dominio de Roma. La ciudad de Tarento —en el arco de la bota italiana— se resistía y pidió ayuda a Pirro, algo que le vino de perlas. El rey llevó consigo un ejército de veinte mil hombres y se enfrentó a los romanos en la cercana Heraclea, donde salió victorioso por un margen muy escaso y sufrió casi tantas bajas como su enemigo. Plutarco nos cuenta la historia:

> Con los dos ejércitos retirados, es fama que Pirro contestó lo siguiente a uno de los que habían acudido a felicitarle: «Una victoria más sobre los romanos y estaremos completamente perdidos». No en vano había perdido buena parte del ejército que había llevado consigo, así como a todos sus amigos y generales, excepción hecha de unos pocos, a los que no era posible reemplazar por otros; veía además que sus aliados de allí daban señales de agotamiento, mientras que a los romanos, cuyo campamento se iba llenando de hombres rápida y fácilmente como si de una fuente que manara desde el interior de la ciudad se tratara, con las derrotas no les flaqueaba [...] el valor, sino que, por el contrario, la ira les confería incluso nuevos bríos y ambición de cara a la guerra.[*]

Incapaz de seguir haciendo frente a los romanos, Pirro aceptó el desafío menor de intervenir en Sicilia. Aunque su ejército

---

[*] Plutarco, *Vidas paralelas*, traducción de Óscar Martínez García. *(N. del T.)*

se vio reducido a solo diez mil hombres, desembarcó con éxito en Taormina, donde se encontró una situación muy distinta a la que había vivido en Italia.

Por qué los sicilianos tomaron afecto tan de inmediato a Pirro es todavía un misterio. Era nuevo, distinto y carismático, pero, aun así, resulta bastante sorprendente leer que su instantánea popularidad le permitió triplicar sus fuerzas y acrecentar su flota a doscientos barcos. Con ese ejército y armada no tuvo dificultad alguna en derrotar a un contingente grande e indisciplinado de mercenarios italianos en paro conocidos como los mamertinos ni en desalojar a los cartagineses de toda la isla excepto de su bastión en Lilibeo (la actual Marsala). La asedió durante dos meses y, luego, abandonó el sitio dejándolo por imposible, cosa que, de hecho, así era, pues Cartago todavía controlaba la ruta marítima entre las dos ciudades y podía enviar tantas provisiones como fueran necesarias. Sus monedas, tanto de oro como de plata, dejan claro que, salvo por esta excepción, gobernó toda la isla; pero muy pronto se aburrió, y en el 276, regresó a la península itálica, solo para que los romanos le infligieran una severa derrota en Benevento al año siguiente. En la subsiguiente procesión triunfal que se celebró en la capital se exhibieron los elefantes capturados a Pirro, los primeros que se vieron en Italia.*

En el año 272, los romanos tomaron Tarento. La otrora desconocida república era ahora señora de toda la península itálica e iba camino de convertirse en la mayor potencia del mundo civilizado. Pero ese no fue el final de la Sicilia griega; un tal Hierón —debemos, supongo, llamarlo Hierón II— se hizo con el poder en Siracusa y lo conservó, con el título de rey, durante los siguientes cincuenta y cuatro años, hasta su muerte en el 215 a. C., a la edad de noventa y dos. Este mero hecho ya marca una diferencia

---

* A uno le encantaría saber cómo y dónde los adquirió Pirro. En cualquier caso, eran —como los que traería luego Aníbal— presumiblemente africanos, y los elefantes africanos, a diferencia de los indios, siempre se han considerado imposibles de adiestrar. ¿Conocían Pirro y Aníbal algún secreto que nosotros ignoramos?

radical con respecto a sus predecesores. Hierón solo gobernó
en la parte oriental de Sicilia y no intentó aumentar sus dominios. Prefirió concentrarse en enriquecer su reino —y, por
supuesto, a sí mismo— mediante el fomento de la agricultura
y el desarrollo de mercados de exportación para sus productos,
especialmente en Egipto y, después, en Roma.

Era, además, un constructor. Quizá su logro más impresionante sea un inmenso altar —con sus casi doscientos metros de
longitud, el mayor del mundo— dedicado a Zeus. Se utilizaba
principalmente para el sacrificio de toros; según se nos dice, en
un solo día podían sacrificarse —y así se hacía— unos cuatrocientos cincuenta. Solo sus cimientos han llegado hasta nosotros,
pues los españoles desmantelaron la superestructura en 1526 debido a la necesidad de piedra para construir un nuevo puerto. Se
cree que el altar tenía unos quince metros de altura; no obstante,
los cimientos por sí solos ya resultan impresionantes.

Nadie, sin embargo, comprendía mejor que Hierón lo de-
licado de la posición en la que se encontraba ahora Sicilia, atrapada entre Cartago y Roma. Claramente, no tenía otra elección
que inclinarse hacia uno de los dos bandos, y por eso, en el 263
a. C. firmó un tratado con Roma mediante el cual esta garantizaba su autoridad. Hierón respetó fielmente este acuerdo durante los cuarenta y ocho años restantes de su vida y, en paralelo, aumentó las exportaciones de grano a su nueva aliada, con
lo que hizo que Sicilia avanzara por el camino que la llevaría a
convertirse en el granero de Roma. En cuanto a la propia Roma,
solo un obstáculo se interponía entre ella y el dominio total del
Mediterráneo occidental, y con él, el de toda la Magna Grecia.
Ese obstáculo era Cartago, una espina clavada en el costado romano durante más de cien años, del 264 al 146, período en el
cual Roma se vio obligada a combatir en dos guerras púnicas*
distintas para eliminar la amenaza que suponía la ciudad africana. Fueron estas dos grandes guerras las que pusieron a Roma
en el centro del escenario mediterráneo y, puesto que pronto
quedó claro que resultaría imposible derrotar a Cartago com-

---

* «Púnicas», el calificativo con el que estas dos guerras siempre han sido
conocidas, comparte raíz con «Fenicia».

batiendo solo en tierra, la convertirían también en una gran potencia naval.

Roma venció en la primera guerra púnica, que se prolongó hasta el 241, pero a costa de enormes pérdidas (quinientos barcos y al menos cien mil hombres). La guerra también causó terribles sufrimientos en el oeste y el sur de Sicilia, que resultaron los principales campos de batalla. (Tras haberse declarado categóricamente partidario de Roma, el territorio de Hierón en el este permaneció intacto y continuó proveyendo grano a los romanos, como siempre había hecho). Tras el asedio de Acragante en el 261, los romanos vendieron a veinticinco mil de sus habitantes como esclavos. Kamarina (actual Camarina), a unos ochenta kilómetros de distancia costa abajo, perdió una cantidad similar. En Panormus (Palermo), trece mil fueron vendidos y a otros catorce mil solo se les permitió recuperar la libertad tras el pago de un elevado rescate. Cartago contribuyó también a los daños: destruyó completamente Selinunte y transfirió a todos sus habitantes a Lilibeo, aunque este promontorio de incalculable valor se entregó luego a Roma en el 241, cuando los cartagineses por fin decidieron retirar todas sus fuerzas de la isla. La primera guerra púnica había terminado. Toda Sicilia, con la única excepción de Siracusa, había quedado en manos romanas.

La segunda, que empezó en el 218, fue más importante y mucho más interesante. También la ganaron los romanos, pero no antes de que el general cartaginés, Aníbal, demostrara ser el mejor líder militar que el mundo había conocido desde Alejandro, y quizá incluso uno de los más grandes de todos los tiempos. Aníbal nunca pisó Sicilia, pero dominó de forma tan completa los últimos años del siglo III a. C. que merece que le dediquemos más que una mención en este libro. Según la tradición, su padre, Amílcar —que había logrado prácticamente en solitario crear la infraestructura de una próspera colonia cartaginesa en lo que hoy es España, con capital en la moderna Cartagena—, le había hecho jurar odio eterno a Roma. Desde el momento en que accedió al liderazgo de Cartago, en el 221, se mostró decidido a vengar la derrota que había sufrido su país veinte años antes y estaba seguro de que sus nuevos territorios en España, con su enorme riqueza y población, le permitirían hacerlo. Salió de España en la primavera del 218, con un ejército de unos cuarenta mil hombres, y siguió la ruta terrestre hacia Roma por el sur de Francia; luego, ascendió por el valle del Ródano y, a continuación, giró hacia el este, rumbo a Besanzón y el paso de los Alpes en Montgenèvre. Su infantería había sido reclutada principalmente en España, aunque los oficiales eran cartagineses, y su caballería procedía de ese territorio y el norte de África, e incluía treinta y siete elefantes. El famoso cruce de los Alpes tuvo lugar a principios de otoño y fue seguido por dos victorias en sendas batallas en un período muy corto de tiempo; a finales de año, Aníbal controlaba prácticamente todo el norte de Italia. En una tercera victoria, en abril del 217, destruyó al ejército romano después de atraparlo en un desfiladero entre el lago Trasimeno y las colinas circundantes.

No tenía sentido marchar sobre Roma; la ciudad estaba defendida por unas murallas impresionantes y Aníbal no tenía maquinaria de asedio capaz de atacarlas. Por lo tanto, continuó el avance península abajo, hasta Apulia y Calabria, donde la población, en su mayor parte griega, no tenía especial cariño a los romanos y, según pensó, era posible que desertaran y se pasaran a su bando. Pero se llevaría una decepción. En lugar de los aliados que había esperado, se encontró frente a otro ejército romano, mucho mayor y mejor equipado que el suyo, que lo había seguido hacia el sur; y el 3 de agosto del 216 a. C., en Cannas, junto al río Ofanto —unos quince kilómetros al suroeste de la moderna Barletta— se entabló la batalla. El resultado fue otra victoria para Aníbal, quizá la más gloriosa de su vida, y la derrota más devastadora que los romanos habían sufrido en toda su historia. Gracias al genio militar del cartaginés, los legionarios fueron rodeados y hechos pedazos allí mismo. Al terminar el día, más de cincuenta mil cadáveres romanos yacían en el campo. Los cartagineses perdieron solo 5700 hombres.

Aníbal había destruido ahora a todos los ejércitos de Roma con la excepción de las tropas que permanecían en la capital para su defensa; a pesar de todo, no estaba más cerca de conseguir la destrucción de la República, su objetivo final. Su mejor arma, la magnífica caballería española y norteafricana —a estas alturas ya totalmente equina, dado que todos los desventurados elefantes habían sucumbido al frío y la humedad— no podía hacer nada contra las murallas de la ciudad. Por otro lado, le animaba el saber que su hermano —otro Asdrúbal— podría estar reclutando un segundo ejército, esta vez con maquinaria de asedio adecuada, que se reuniría con él en cuanto estuviera listo. Hizo marchar a su ejército hasta Capua —en aquellos momentos, la segunda ciudad más grande de Italia y sorprendentemente amistosa—, estableció allí su cuartel general y se dispuso a esperar.

Tuvo que esperar mucho tiempo, pues Asdrúbal tenía problemas. Los romanos, que no perdieron tiempo en aprovechar la ausencia de Aníbal, habían invadido España a los pocos meses de su partida con un ejército formado por dos legiones, unos quince mil soldados, al mando de un joven general llamado Cneo Cornelio Escipión, a quien pronto se le unió su hermano Publio. La consecuencia inmediata de esta invasión fue una larga lucha entre las fuerzas romanas y cartaginesas; el resultado final fue una presencia romana en España que duraría más de seiscientos años. Tras la muerte de los dos Escipiones en el 211, fueron reemplazados por un pariente suyo, también llamado Publio, que tomó Cartagena tras un breve asedio. Con la captura de su capital española, los cartagineses perdieron el nervio para seguir luchando y, hacia el 206 a. C., el último de ellos había abandonado la península ibérica.

Mientras había estado ocupado con los romanos en España, Asdrúbal no había podido organizar una expedición en auxilio de su hermano. Hasta el 206, cuando supo que había perdido, no empezó a considerar tal empresa y cuando, en el 205, condujo a sus hombres por el sur de Francia y a través de los Alpes, fue directo al desastre: en el río Metauro, justo frente a Ancona, se encontró con un ejército romano que los aniquiló. Aníbal se enteró de lo ocurrido al recibir en su campamento de Capua la cabeza cortada de su hermano. Permaneció en Italia otros cuatro años, pero habría hecho mejor regresando a Cartago; en el resto del

Mediterráneo, el joven Publio Escipión había pasado ahora a la ofensiva.

En el 204, Escipión y su ejército desembarcaron en la costa del norte de África en Útica, a menos de treinta kilómetros al oeste de Cartago, donde derrotaron a un ejército local de veinte mil soldados y se apostaron en la bahía de Túnez, amenazando a la propia metrópolis. En la primavera del 203, Aníbal, ahora seriamente alarmado, se apresuró de vuelta a Cartago y, al año siguiente, lideró a un ejército de 37 000 hombres y 80 elefantes contra los invasores. Los dos bandos se enfrentaron finalmente cerca de un pueblo llamado Zama, donde, tras una larga y durísima batalla, Aníbal sufrió la única gran derrota de su extraordinaria carrera. La victoria romana fue completa. El botín fue España: a Cartago solo le quedaba ceder formalmente la península ibérica a sus conquistadores. El propio Aníbal —que había escapado por los pelos de morir en Zama— viviría hasta el 183 a. C., cuando bebió veneno para evitar que el enemigo al que tanto odiaba lo capturara. El victorioso Escipión, por su parte, recibió como recompensa el merecido título de «Africano». Fue él, más que ninguno de sus compatriotas, quien aseguró que fuera Roma, y no Cartago, la dueña del Mediterráneo en los siglos siguientes.

En la segunda guerra púnica, la Sicilia romana constituyó una importantísima barrera entre Aníbal, en Italia, y su base en Cartago. Era también el trampolín perfecto desde el cual los romanos podían lanzar incursiones contra África desde Lilibeo y contra Italia desde Mesina. No tuvieron problemas mientras Hierón estuvo vivo, pero, tras su muerte en el 215 a. C., todo cambió. El nieto y sucesor del anciano, Hierónimo, firmó un tratado con Cartago y, aunque prácticamente fue asesinado de inmediato, Siracusa permaneció del lado cartaginés. Los romanos enviaron un ejército bajo el mando de su principal general, Marcelo, que sitió la ciudad; pero dos años después, seguían sin poder tomarla ni bloquear de manera efectiva los barcos cartagineses que llevaban suministros. Al parecer, este fracaso se debió, en gran medida, a un solo hombre, el matemático y físico Arquímedes, quien, tras haber pasado la mayor parte de su vida a las órdenes del tirano prorromano Hierón, puso ahora su creatividad y genio al servicio de la causa cartaginesa. Entre sus inventos se cuenta la «garra de Arquímedes», un enorme brazo parecido a una grúa con un gran gancho de metal en su extremo. Este gancho se dejaba caer contra un barco enemigo y, luego, se izaba de nuevo para arrastrar al barco fuera del agua. Otro invento —que solo conocemos por el escritor romano Luciano, que vivió en el siglo II d. C.— fue un conjunto de espejos de bronce o cobre, diseñados para concentrar y dirigir los rayos del sol a los barcos atacantes.* Pero ni siquiera Arquímedes podía hacer milagros y, en el 212, al fin, Siracusa cayó. Se dice que Marcelo pidió que llevaran de inmediato al gran hombre ante él, con intención de ponerlo a salvo, pero Arquímedes solicitó al soldado que había de llevarlo que le permitiera acabar con el problema en el que estaba trabajando. Es posible que el soldado no entendiera bien lo que le dijo, y lo mató allí mismo. Lo único que sabemos con certeza es que Siracusa fue saqueada y que Arquímedes no estuvo entre los supervivientes.

Su tumba, en la que, siguiendo sus instrucciones, se representaron una esfera y un cilindro, quedó desatendida y pronto desapareció entre la vegetación circundante. Ciento treinta y siete años después, sin embargo, fue descubierta de nuevo, nada menos que por el propio Cicerón. «Cuando era *quaestor* en Sicilia», escribió:

> Siendo yo cuestor, logré descubrir su sepulcro,[†] desconocido para los siracusanos, y cuya existencia ellos negaban, que estaba rodeado y cubierto por completo de zarzas y matorrales [...]. Mientras yo estaba recorriendo con la mirada toda la zona —pues junto a la puerta de Agrigento hay un gran número de sepulcros—, reparé en una columnita que apenas se elevaba por encima de los

* Experimentos recientes han demostrado que ambos inventos son factibles.

† Se cree que el lugar se encuentra directamente debajo del centro comercial I Papiri.

matorrales, en la que había la figura de una esfera
y un cilindro. Yo dije de inmediato a los siracusanos —también me acompañaban las autoridades— que, según creía, aquello era exactamente
lo que buscaba. Enviados muchos hombres con
hoces, limpiaron y despejaron el lugar. Cuando se
nos abrió un acceso al mismo, nos acercamos a la
parte frontal del pedestal. Se veía una inscripción
con las partes finales de los versos corroídas casi
hasta la mitad.*

Si es cierto que Marcelo intervino, con éxito o no, en favor de Arquímedes, su acto fue, como mínimo, poco corriente.
Cierto grado de saqueo tras la toma de una ciudad era normal
y esperado; por lo demás, se llevó prácticamente todo lo que
había en Siracusa con un mínimo valor artístico. Se arrancaron
estatuas y bustos de las paredes de los templos y se tomaron
cuadros de edificios públicos y privados sin distinción. Según
Livio, este fue el momento en que los romanos abrieron los ojos
por primera vez al esplendor del arte griego. Es muy posible
que así fuera, pero el pueblo de Siracusa estaba furioso, hasta el
punto de que, en el 210 —el mismo año, por cierto, en que el
cónsul romano Marco Valerio le dijo al Senado que «no quedaba ningún cartaginés en Sicilia»—, persuadieron a los romanos
para que reemplazaran a Marcelo. Al parecer, el Senado ordenó
su relevo con mucho gusto; Marcelo no era más popular en
Roma de lo que lo era en Sicilia. Seguía resentido porque le habían negado el triunfo que esperaba tras la conquista de Siracusa y tuvo que contentarse con una «ovación», lo que le pareció
un insulto. Su carrera estaba acabada, y lo sabía.

Las guerras púnicas tuvieron traumáticas consecuencias.
Llevaron a la República romana en varias ocasiones al borde
del desastre y se cobraron las vidas de entre doscientos y trescientos mil de sus hombres. Sin embargo, al otro lado de una
estrecha franja de mar, la ciudad de Cartago permanecía en pie

* Cicerón, *Disputaciones tusculanas*, 23,64, traducción de Alberto Medina
González. (*N. del T.*)

y su población, de unos tres cuartos de millón, se recuperaba de su reciente derrota con asombrosa rapidez: para todo patriota romano, era un aviso, un reproche y una advertencia. ¿Cómo podía tolerarse su existencia? *Delenda est Cartago,* 'Cartago debe ser destruida': Catón el Viejo pronunció estas palabras al final de cada discurso que hizo en el Senado hasta que, con el tiempo, se convirtieron en un lema. Lo único que quedaba por determinar era cómo debía acometerse la tarea. Al final, en el 151 a. C., cuando los cartagineses se atrevieron a defender su ciudad de las depredaciones de un caudillo local, los romanos dieron con un pretexto. Roma decidió tratar esta reacción perfectamente natural como un *casus belli* y, en el 149, envió de nuevo un ejército invasor. Esa vez, los cartagineses se rindieron incondicionalmente... hasta que oyeron los términos de la paz con Roma: que su ciudad fuera totalmente destruida y que sus habitantes no pudieran construir casas en ningún lugar a menos de quince kilómetros del mar. Consternados, decidieron resistir. El resultado fue un terrible asedio de dos años tras el cual, en el 146, la destrucción de la ciudad de la que los habían prevenido tuvo lugar. No quedó piedra sobre piedra. Se obedecieron las órdenes de Catón: Cartago había sido destruida.

Y Sicilia era, a todos los efectos y propósitos, una provincia romana.

3

Romanos, bárbaros, bizantinos y árabes

Tras la terriblemente complicada historia de los tiranos griegos
de Sicilia y de las guerras púnicas que las siguieron, el relato
de la dominación romana de Sicilia es relativamente tranquilo.
No se planteaba que los sicilianos fueran «aliados» o «semiciu-
dadanos», como los romanos se referían de vez en cuando a los
pueblos semisometidos del continente. El hecho decisivo era
que hablaban griego, no latín; su isla, pues, no era solo una provincia, sino una provincia extranjera, y sus gentes, ciudadanos
de segunda clase que tenían que pagar impuestos y hacer lo que
les decían. Esos impuestos eran elevados pero no sangrantes. Se
basaban en el principio del diezmo: una décima parte de la cosecha de grano debía enviarse directamente a Roma, y existían
impuestos similares sobre la fruta, las hortalizas, las aceitunas
y el vino. Había, por supuesto, muchas otras exigencias, que
se hacían cuando eran necesarias o cuando el gobierno de la
República o la administración así las consideraban, lo cual no
siempre coincidía; no obstante, en general y durante la mayor
parte del tiempo, la vida era tolerable para los sicilianos. La
obvia excepción fue el mandato del inicuo gobernador Cayo
Verres, al que, antaño, gracias a los discursos de Cicerón, todos
los escolares ingleses conocían muy bien. Volveremos a ello a
su debido tiempo, aunque quizá valga la pena apuntar aquí que
eso sucedió entre el 73 y el 71 a. C., unos ciento cuarenta años
después del final de las guerras púnicas. ¿Qué sucedió entre tanto, quizá se pregunte?

No hay mucho sobre lo que informar, aunque lo cierto es
que sabemos bastante poco de Sicilia en el siglo II a. C. Hay po-

cos cronistas contemporáneos, y los que hay no nos aportan demasiada información; y el simple hecho de que, en su mayoría, estos se centren en cuestiones administrativas e impositivas sugiere que no hubo grandes acontecimientos políticos que narrar. Una cosa es segura: los romanos no trataron a Sicilia con mucho respeto. El monstruoso complejo de inferioridad al que siempre sucumbían cuando se enfrentaban a la cultura griega los llevó a una explotación a una escala colosal. Unas pocas ciudades griegas consiguieron retener un mínimo de independencia, pero la mayor parte de la isla fue ocupada por los *latifundia:* grandes explotaciones agrícolas, propiedad de terratenientes romanos ausentes, que establecieron un patrón de propiedad agraria que arruinaría la agricultura siciliana durante los siguientes dos mil años. La libertad, mientras tanto, prácticamente desapareció, pues en los campos trabajaban grupos de esclavos desnudos que sembraban y recogían el grano para Roma.

Por lo tanto, no resulta sorprendente que durante la segunda mitad del siglo se produjeran dos grandes revueltas de esclavos. Decenas de miles de hombres, mujeres y niños habían sido vendidos como esclavos durante las guerras sicilianas del siglo III a. C. y decenas de miles más como consecuencia de las guerras en el continente en el siguiente siglo. Mientras tanto, el caos reinaba en el oriente helenístico. La ordenada distribución de territorios entre los generales de Alejandro era cosa del pasado; diversas dinastías se disputaban ahora el control de Asia Menor, Egipto y Siria. Eso conllevaba prisioneros, tanto militares como políticos, una gran proporción de los cuales fueron vendidos, junto con sus familias, por los comerciantes de esclavos; nunca más se supo de ellos. Y en Sicilia, cuya agricultura todavía estaba en vías de desarrollo, un trabajador fuerte y saludable se pagaba muy bien.

La población de esclavos de la isla era, en consecuencia, peligrosamente grande, pero las autoridades no lo veían como algo alarmante. Después de todo, las masivas revueltas de esclavos eran acontecimientos muy poco corrientes. Casi por definición, los esclavos —marcados, apaleados y frecuentemente encadenados en reatas— estaban en todo momento desmoralizados por la vida que llevaban, y las condiciones en que se los mantenía imposibilitaban la comunicación y la planificación de cualquier respuesta por su parte. Además, debe recordarse que muchos de los que acabaron en Sicilia eran personas inteligentes y educadas, y casi todas ellas hablaban griego. Y, en ocasiones, estas actuaban movidas únicamente por la desesperación.

La primera revuelta comenzó, por lo que se deduce,* en el 139 a. C., en las tierras de un tal Damófilo de Enna, «cuyas fiestas sobrepasaban en suntuosidad y coste a las de los persas» y a quien sus esclavos, como es comprensible, decidieron asesinar. Antes de hacerlo, empero, consultaron a otro esclavo, un sirio llamado Euno, considerado por los demás un mago o, como mínimo, un adivino con poderes oraculares. ¿Bendecirían los dioses, le preguntaron, ese asesinato? La respuesta de Euno fue tan categórica como cualquiera de ellos habría deseado. Él mismo marchó personalmente sobre Enna seguido por otros cuatrocientos esclavos. Los asesinatos, violaciones y saqueos se prolongaron durante horas. Damófilo y la arpía de su esposa, Megallis, estaban en su villa de campo, pero fueron arrastrados hasta la ciudad; a él lo asesinaron de inmediato; ella fue entregada a sus propias esclavas, quienes primero la torturaron y, luego, la arrojaron desde un tejado. Mientras tanto, Euno fue proclamado rey, con su amante —también esclava— como reina junto a él.

Una vez iniciada, la revuelta se propagó rápidamente. Un tal Cleón, un pastor cilicio que trabajaba cerca de Agrigento, se unió a Euno acompañado de cinco mil hombres; pronto llegaron a Morgantina y, después, a Taormina. Para entonces, probablemente alcanzaban ya los cien mil, aunque nunca lo sabremos con seguridad. Otro misterio es por qué, a diferencia de la eficiencia que mostraron en Italia al combatir rebeliones similares, aunque mucho más pequeñas, los romanos actuaron con una lentitud incomprensible a la hora de enviar tropas para restaurar el orden. Desde luego, tenían otras preocupaciones en casa y en

* Son necesarias estas y otras palabras de cautela. Los libros de Diodoro relevantes sobre esta época se han perdido; lo único que nos queda es una serie de fragmentos del siglo x.

las provincias, pero lo cierto es que, a lo largo de su historia, los romanos subestimaron en repetidas ocasiones a Sicilia; al parecer, el hecho de que, en puridad, fuera una isla y no formara parte de la península itálica hizo que no la tuvieran en alta estima. De haber considerado objetivamente la escala y la importancia de los acontecimientos y enviado un ejército lo bastante numeroso de soldados bien adiestrados tan pronto como recibieron las primeras noticias de la revuelta, Euno y sus seguidores no habrían tenido la menor posibilidad de vencer. Sin embargo, la revuelta no fue aplastada hasta el 132 a. C., siete años después de su inicio. Los prisioneros que se hicieron en Taormina fueron torturados; sus cuerpos, vivos o muertos, fueron arrojados desde las almenas de la ciudadela. Su líder, que había huido, conservó la libertad durante un tiempo, pero, luego, fue capturado y enviado a una prisión, donde murió poco después. La inmensa mayoría de los rebeldes, no obstante, fueron liberados. Ya no constituían un peligro y, después de todo, si la vida tenía que volver a ser como antes, los esclavos eran una mercancía vital.

A diferencia de la primera, la segunda revuelta tuvo una causa específica más allá de la insatisfacción general. Empezó en el 104 a. C., cuando Roma estaba de nuevo sometida a una terrible presión, en esta ocasión por parte de las tribus germánicas del norte. Para lidiar de forma más eficiente con ellas, solicitó ayuda militar a Nicómedes III, rey de Bitinia, en Asia Menor.[*] El monarca contestó que, por desgracia, no podía prescindir de ninguno de sus jóvenes debido a las actividades de los comerciantes de esclavos, que estaban capturando a muchos de ellos y que, de hecho, estaban protegidos por las autoridades romanas. Al conocer tal noticia, un horrorizado Senado ordenó que todos aquellos «aliados» de Roma convertidos en esclavos fueran liberados de inmediato. Era sencillo imaginar el efecto que tendría este decreto cuando entrara en vigor en Sicilia. Una enorme multitud de esclavos se congregó frente al gobernador en Siracusa exigiendo la emancipación inmediata. Este concedió la libertad a unos ochocientos, pero entonces comprendió que,

---

[*] ¿No había, uno se pregunta, algún lugar más cercano en que obtener dicha ayuda?

si continuaba, destruiría por completo la base de la economía siciliana. Dejó su pluma y ordenó que la creciente multitud se dispersara y que todo el mundo volviera a su casa. Como era previsible, la gente se negó. Y, de este modo, se dio inicio a la segunda revuelta de esclavos.

Puesto que el decreto de Roma —y la negativa del gobernador a aplicarlo— afectaba a todos los esclavos de Sicilia, pronto estallaron protestas por toda la isla. El primer líder de la revuelta fue otro cilicio llamado Atenión, que reunió una fuerza de unos doscientos hombres en la región entre Segesta y Lilibeo, sin embargo pronto se vio superado en velocidad y clase por un tal Salvio, cuyos orígenes desconocemos —puede que no fuera ni siquiera un esclavo— pero que poseía no solo considerables habilidades militares, sino también grandes ambiciones políticas. Para Salvio, dirigir un gran levantamiento no fue suficiente; tuvo que coronarse a sí mismo rey con el nombre griego de Trifón y luego se vistió con una toga púrpura y se construyó un palacio con foso (del que no queda ni rastro). La relación entre este y Atenión cambió —en un momento dado, el cilicio fue encarcelado—, pero, cuando Salvio murió en combate, fue Atenión quien lo sucedió en el trono.

Los romanos habían aprendido la lección. En esa ocasión reaccionaron con presteza y, aunque al principio estuvieron mal comandados, tras la llegada de un tal Manlio Aquilio en el 100 a. C. —que había sido el segundo cónsul de Roma durante el año anterior—, la revuelta fracasó rápidamente, pues los rebeldes no consiguieron capturar ni una de las principales ciudades de la isla. Los últimos escasos centenares de rebeldes que se rindieron lo hicieron solo tras recibir garantías de que se les perdonaría la vida. Como era predecible, los romanos rompieron su promesa: los cautivos fueron enviados a Roma y sentenciados a ser devorados por animales salvajes en el circo. En un último gesto de desafío, antes de convertirse en entretenimiento para las masas, los rebeldes se suicidaron o se mataron unos a otros antes del inicio del espectáculo.

La mayoría de los rebeldes había muerto en los combates. Para el resto no era necesario un castigo mayor que el que les esperaba: recuperar su condición de esclavos era más que suficiente. Solo un cuarto de siglo tras el final de la segunda revuelta, Sicilia recibió a su nuevo gobernador: Cayo Licinio Verres.[*] Desde el principio de su carrera, Verres había sido un hombre corrupto. En el 80 a. C. —después de haber evitado a duras penas una condena por malversación— fue enviado a Cilicia, donde él y su superior inmediato, el gobernador Dolabela, saquearon la provincia todo cuanto pudieron. Dos años más tarde, ambos fueron convocados a rendir cuentas en Roma, donde se procesó a Dolabela. El gobernador fue condenado, principalmente a causa del testimonio de Verres, quien, de ese modo, se aseguró el perdón y, en el 74 a. C., tras haber sobornado a diestro y siniestro para convertirse en pretor —una alta magistratura—, abusó de los poderes que le otorgaba su cargo durante un año antes de ser nombrado gobernador de Sicilia. Una vez allí, se encontró con que prácticamente era el dictador de una rica y próspera isla, una exquisita fruta lista para ser devorada.

En solo tres años, Sicilia sufrió más expolios por parte de Verres de los que había experimentado durante las guerras púnicas y las guerras serviles juntas. Creó impuestos y tasas, confiscó, sedujo, violó, torturó, encarceló, robó y saqueó no solo templos, sino también casas privadas, tanto de sicilianos como de ciudadanos romanos. Tuvo que construirse un barco especial, con mayor capacidad, para transportar su botín de vuelta a Roma. Su mandato en el cargo coincidió con otro levantamiento de esclavos, el de Espartaco en la península Itálica. Aunque Sicilia no se vio directamente afectada por tales acontecimientos, Verres elegía a algún esclavo importante de un terrateniente rico, lo acusaba de sedición y de conspirar para unirse a Espartaco, lo sentenciaba a morir crucificado y comunicaba a su dueño que solo un elevado soborno aseguraría su liberación. Otro de sus trucos era inventarse un esclavo, una figura puramente imaginaria, acusarlo de actividades subversivas y, por último, inculpar a algún rico de esconderlo. De nuevo, la víctima solo podía escapar a la cárcel mediante un soborno.

---

[*] El nombre intermedio es probable, pero no seguro.

Como es lógico, los sicilianos se escandalizaron, y tan vehementes fueron sus protestas que, en el año 70 a.C., Verres fue convocado a Roma y procesado. Para llevar la acusación, los sicilianos contrataron los servicios del gran Marco Tulio Cicerón. Cicerón, que había servido como *quaestor** en el oeste de Sicilia cinco años antes, había impresionado a todos por su honestidad e integridad. Se tomó su tarea muy en serio y pasó muchas semanas en la isla recopilando pruebas y hablando con testigos. Luego, regresó a Roma, donde ganó el caso sin el menor esfuerzo. Sus discursos como acusación han pasado a la historia y muestran, no obstante, cuán distinta era la justicia romana de la moderna. Solo el primer discurso es relativamente corto, aunque hoy en día nos habría parecido bastante largo. El segundo habría durado varias horas y, al leerlo, uno compadece a los desventurados miembros del jurado que tuvieron que permanecer sentados hasta su final. El caso, sin embargo, es que Cicerón no se anduvo con ambages:

> Lo arrastran al precipicio las venganzas de los ciudadanos romanos, a parte de los cuales sacrificó con el hacha, a parte mató en la cárcel, a parte crucificó mientras imploraban sus derechos de hombres libres y de ciudadanos [...]. Por otra parte, las religiones y las ceremonias de todos los lugares sagrados y de los templos ha violado [...]
>
> No se busca solo el que, una vez condenado, se restituyan sus bienes a quienes se les han arrebatado, sino que hay que expiar los sacrilegios a los dioses inmortales y hay que lavar con su castigo las torturas de ciudadanos romanos y la sangre de muchos inocentes.
>
> En verdad, hemos traído ante vuestro tribunal, no a un ladrón, sino a un saqueador; no a un adúltero, sino a un salteador del pudor; no a un sacrílego, sino a un enemigo de lo sagrado y de

---

* Supervisor financiero.

todo lo que sea religión; no a un asesino profesional, sino al más cruel carnicero de ciudadanos y
aliados; de forma que, a mi parecer, no ha habido,
desde que los hombres pueden recordar, otro criminal más atroz.*

Por fortuna, de los siete discursos solo dos se pronunciaron.
El efecto del primero fue tan devastador que el abogado defensor, Quinto Hortensio, le dio un simple consejo a su cliente:
que huyera de inmediato. Al cabo de uno o dos días, mientras
el juicio seguía técnicamente en marcha, Verres estaba camino
de Massilia (la moderna Marsella). Allí vivió, exiliado, durante
veinticinco años. Jamás regresó a Roma.

Algunos considerarán las páginas siguientes una digresión, pues
se refieren a la historia de Roma —y, además, a su parte más
conocida— en lugar de a Sicilia. Consuélense estos pensando
que son pocas y que vale la pena volver a contar la historia, pues
tuvo un gran impacto en los acontecimientos posteriores, que a
su vez afectaron a todo el desarrollo del Mediterráneo.

Empieza con los tres militares que, juntos, dominaron la
Roma republicana: Cneo Pompeyo Magno, Marco Licinio
Craso y Cayo Julio César. Pompeyo era un soldado de tomo y
lomo, y muy ambicioso; Creso era un hombre rico y un general excelente cuando así lo deseaba, pero prefería quedarse en
Roma, intrigando tranquilamente para alcanzar sus objetivos
políticos y financieros. Su mayor logro militar fue la supresión
de la revuelta de los esclavos liderada por Espartaco en el 73
a. C. Cuando finalmente dio caza al propio Espartaco en Apulia, lo ejecutó allí mismo; después crucificó a seis mil esclavos
rebeldes a lo largo de la vía Apia.

En ese año, Julio César tenía veintisiete años. En Roma,
gozaba ya de la reputación de un cultivado intelectual y un
formidable orador en el Senado, un generoso organizador de

---

* Marco Tulio Cicerón, *Verrinas,* Segunda sesión, Discurso I, traducción
de Miguel Rodríguez-Pantoja Márquez. Se han modificado algunas ex-
presiones. *(N. del T.)*

espectáculos que, por consiguiente, siempre estaba endeudado, y un libertino, cuyas aventuras sexuales —tanto con hombres como con mujeres— eran legión pero no habían impedido que fuera elegido pontífice máximo, es decir, jefe de todos los sacerdotes romanos. En breve, tenía talento y era fascinante, pero en último término no era fiable. Cuando en el año 59 a. C. fue elegido cónsul, buscó a Pompeyo y a Craso y les propuso una coalición. Ambos aceptaron encantados y, tres años después, en Lucca, se reunieron y decidieron dividir el mundo romano en tres áreas de influencia. El oriente sería para Craso, que dirigiría una expedición más allá del Éufrates contra el Imperio parto de Persia; el occidente sería para Pompeyo, sobre el cual recaería la responsabilidad de gobernar Hispania durante cinco años —aunque a través de subordinados, de modo que pudiera permanecer en Roma como jefe de la administración *de facto*—, y el centro sería para César, que regresaría a la Galia, donde había estado luchando desde el final de su consulado, para extender y consolidar sus conquistas.

Por supuesto, este arreglo no tenía futuro. Craso fue derrotado por los arqueros montados partos y luego murió, junto con más de cinco mil de sus legionarios. Mientras tanto, Pompeyo y César eran cada vez más conscientes de que Roma no era lo bastante grande para los dos. Pompeyo, sin embargo, contaba con una clara ventaja, pues estaba en Roma. Cuando César —que estaba en Rávena— recibió la noticia de que su rival había asumido el mando de todos los ejércitos de la República, supo que (en sus propias palabras) la suerte estaba echada. La noche del 10 de enero del 49 a. C., él y la única legión que había llevado consigo cruzaron el corto río Rubicón, que marcaba la frontera sudoriental de la Galia Cisalpina. El enfrentamiento era inevitable: había estallado la guerra civil.

César encontró poca oposición. Ciudad tras ciudad le abrió sus puertas sin ofrecer resistencia; cuando al fin tuvo que luchar, sus veteranas tropas se demostraron superiores a cuanto les plantó batalla. Pronto Pompeyo se vio obligado a huir a Dalmacia. César no lo siguió; en su lugar, partió por tierra hacia Hispania, el centro del poder de su rival en occidente, y cruzó los Pirineos con un ejército de cuarenta mil hombres. Setenta mil legionarios, bajo el mando de tres de los mejores generales de Pompeyo, se enfrentaban a él, pero los superó tácticamente una y otra vez hasta que capitularon.

Con sus enemigos dispersos, César no tuvo problemas en ser reelegido cónsul en el 48 a.C. Luego, fue a por Pompeyo, que para entonces se encontraba en Grecia; allí, el 9 de agosto, en la sofocante llanura de Farsalia, en Tesalia, los dos ejércitos se encontraron al fin. César —con la ayuda del joven tribuno Marco Antonio, que comandaba su ala izquierda— venció de nuevo con facilidad. Pompeyo, según se nos dice, fue uno de los primeros en retirarse. Escapó a la costa y, desde allí, a Egipto, donde lo asesinaron poco después. César tenía ahora el poder absoluto. Había llenado el Senado de sus fieles, controlaba al Estado a través de ellos y, a través del Estado, todo el mundo civilizado. Rápidamente, nació a su alrededor un culto a la personalidad. Se distribuyeron bustos con su retrato por toda Italia e incluso más allá; hasta se acuñó su perfil en monedas, una innovación hasta entonces desconocida en Roma. Pero nada de eso le granjeó una mayor popularidad. Con todo el poder concentrado en manos de César, el camino de ascenso había quedado bloqueado para los jóvenes políticos ambiciosos, a quienes empezaron a molestar su arrogancia, caprichos y, quizá más que ninguna otra cosa, su inmensa riqueza. También le criticaron sus largas ausencias durante las campañas, que consideraban innecesarias e irresponsables. Después de todo, tenía ya cincuenta y seis años y se sabía que era epiléptico; sin duda, había llegado el momento de dejar el liderazgo de las guerras futuras en manos de sus generales. Pero César no estaba de acuerdo. A principios del año 44 a.C. anunció una nueva expedición al oriente para vengar la muerte de Craso y para dar una lección a los partos. La comandaría personalmente y partiría el 18 de marzo.

Para los patricios romanos, ya era bastante malo que los gobernase un dictador, pero la perspectiva de que dos de sus secretarios les dieran órdenes durante los siguientes dos años, o quién sabe si más, era intolerable. Y así nació la gran conspiración. Su artífice y líder fue Cayo Casio Longino, originalmente partidario de Pompeyo, aunque más tarde había recibido el perdón de César. Junto a Casio estaba su cuñado Marco Bruto, a quien César había nombrado gobernador de la Galia Cisalpina. Entre los dos, Casio y Bruto reunieron a unos sesenta conspiradores y, el 15 de marzo, se dispusieron a actuar.

En esa fecha, solo tres días antes de su partida hacia el oriente, César asistió a una reunión del Senado en la gran sala adjunta al teatro de Pompeyo. Los conspiradores se habían asegurado de que uno de ellos entretuviese a su principal lugarteniente, Marco Antonio, con una conversación. Según parece, Publio Casca fue el primero en atacar, y su daga le cortó la garganta al dictador. Acto seguido, César se vio rodeado por sus atacantes; todos ellos lo apuñalaron frenéticamente, apartando a empujones a sus colegas para hundir sus dagas en cualquier parte de su cuerpo a la que pudieran llegar. Su víctima se defendió lo mejor que pudo, pero no tuvo la menor oportunidad. Se cubrió la cabeza sangrante con la toga y cayó sobre el pedestal de la estatua de Pompeyo.

Al verlo muerto, el pánico se apoderó enseguida de los asesinos, que huyeron del edificio y dejaron el cuerpo donde había caído. Pasó un rato hasta que tres esclavos llegaron con una litera y lo llevaron a su casa, con uno de los brazos, según se dice, colgando y arrastrándose por el suelo. Más tarde, cuando lo examinaron los doctores, contaron veintitrés heridas distintas; no obstante, consideraron que solo una de ellas había sido fatal.

Solo seis meses antes de su muerte, Julio César había adoptado formalmente a su sobrino nieto, Cayo Octavio, como hijo suyo. Aunque solo tenía diecinueve años, Octaviano —como se lo solía llamar en sus años preimperiales— había sido preparado para la fama desde muy joven. Tres años antes, lo habían nombrado pontífice máximo; desde entonces, había luchado valientemente con César en Hispania. Por consiguiente, a pesar de su juventud, tras la muerte de su tío abuelo debió de esperar que accedería al poder, pero Marco Antonio, el principal lugarteniente de César, se movió rápido y —falsificando sin escrúpulos algunos documentos de su antiguo señor— se hizo con el control del Estado.

Octaviano no se resignó y decidió oponerse a Marco Antonio; gracias en buena parte al apoyo de Cicerón —que detestaba a los autócratas en general y a Marco Antonio en particular y que pronunció una serie de discursos contra él—, obtuvo paulatinamente la mayoría en el Senado. Roma quedó una vez más dividida y la guerra civil parecía inevitable; pero, en noviembre del 43 a. C., se produjo una incómoda reconciliación entre los dos y, junto a otro de los generales de César, Marco Emilio Lépido, los tres hombres formaron oficialmente un triunvirato de cinco años con dos objetivos principales: primero, vengar a César y, segundo, volver a poner en pie al Gobierno.

Hasta entonces, estas batallas de titanes se habían combatido en la Galia Transalpina y en la Cisalpina, en Hispania y en Grecia. Incluso se había organizado una breve campaña en el norte de África, donde el rey Juba de Numidia, aliado de Pompeyo, se había anotado una victoria importante sobre Curión, un general de César, en la batalla del río Bagradas. En cualquier caso, milagrosamente, Roma había ignorado a Sicilia, pero, a partir de ahora, la isla dejaría de disfrutar de tal aislamiento. El hombre que volvería a convertirla en un campo de batalla era Sexto Pompeyo, el benjamín de Pompeyo Magno. Sexto se había reunido con Pompeyo tras su derrota en Farsalia y había viajado con él a Egipto, donde había presenciado el asesinato de su padre en el 48 a. C. Más tarde, se había unido a la resistencia contra César. Había combatido en el norte de África y con su hermano Cneo en Hispania. Allí, César —tras una de sus expediciones relámpago en la que había recorrido con su ejército dos mil cuatrocientos kilómetros en menos de un mes— los había derrotado en la batalla de Munda. Tras el combate, Cneo había sido capturado y ejecutado; Sexto, sin embargo, seguía en libertad. Todavía estaba en Hispania cuando recibió las noticias de la muerte de César. En medio de la confusión, sin saber qué depararía el futuro, reunió un ejército y una pequeña flota y zarpó rumbo a Sicilia.

Estaba claro que el triunvirato estaba decidido a aplastar cualquier tipo de oposición y, por lo tanto, tarde o temprano irían a por él. La prioridad de los triunviros, sin embargo, era encargarse de los asesinos de César (Bruto, Casio y sus seguidores). Sexto era consciente de que no había prisa alguna; sabía muy bien que tenía tiempo para prepararse para el enfrentamiento. Empezó en el extremo noreste de la isla y, pronto, se adueñó de Mesina; tras esto, parece que las demás ciudades costeras —incluida Siracusa— aceptaron su autoridad sin resistirse. Hacia el verano del año 44 a. C., su autoridad se aceptaba en la mayor parte de Sicilia y, llegados a esas fechas, el número de sus efectivos había aumentado dramáticamente. Entre ellos se contaban distinguidos romanos, senadores y équites, hombres como Tiberio Claudio Nerón, su esposa, Livia —que se divorciaría de él y se casaría con Octaviano en el 39 a. C.—, y su hijo, el futuro emperador Tiberio. También estaban los antiguos seguidores de Pompeyo, más todos aquellos que habían caído en desgracia a ojos del triunvirato, cantidades ingentes de esclavos fugados e, inevitablemente, la habitual cantidad de chusma y aventureros que nunca desaprovechaban una oportunidad de ejercer la piratería para lucrarse. Pues lo que hacía Sexto era piratería pura y dura. No solo detuvo todos los envíos de grano a Roma, sino que estableció un bloqueo naval en el sur de Italia y envió barcos al Adriático para evitar que llegaran suministros al ejército que perseguía a Bruto y Casio en los Balcanes.

Hubo que esperar hasta octubre del 42 a. C., a las dos batallas de Filipos, para que los dos principales conspiradores se quitaran la vida. A partir de ese momento, los triunviros deberían haber podido centrar su atención en el rebelde que era ahora su principal enemigo, pero lo cierto es que causaron pocos problemas a Sexto. Tan pocos que, al año siguiente, en el 40 a. C., conquistó Cerdeña. Un año después, más poderoso todavía, accedió a firmar un tratado de paz con ellos en Miseno, en la bahía de Nápoles. La razón que le dieron es que necesitaban tener las manos libres para dirigir otra campaña contra los partos, que en esta ocasión lideraría Marco Antonio; el motivo real del pacto, no obstante, fue el malestar del pueblo de Roma, al que un bloqueo de cinco años había llevado al hambre. Los términos del tratado fueron tan generosos como Sexto podría haber deseado. Los triunviros reconocían su autoridad sobre Sicilia, Córcega y Cerdeña; a cambio, él accedía a levantar el bloqueo, a reemprender los envíos frecuentes de grano y a no acoger a más esclavos fugitivos.

Quizá era demasiado bueno para ser verdad. En cualquier caso, no duró mucho. Pronto se reanudaron las hostilidades y, en el 38 a. C., Octaviano inició una invasión a gran escala de Sicilia, que frustró el mal tiempo. Al año siguiente, volvió a intentarlo, pero no tuvo más éxito. Esa vez fue derrotado en una batalla naval frente a Mesina y se vio obligado a retirarse de nuevo. Pero, en el 36 a. C., llegó finalmente la victoria. La consiguió el más distinguido almirante de Roma, Marco Vipsanio Agripa, que comandó dos flotas distintas —una de Octaviano y la otra de Marco Antonio— a Sicilia, mientras una tercera, armada por el tercer triunviro, Lépido, zarpaba desde el norte de África. Se sucedieron varias batallas en las que se combatió desesperadamente; en agosto, Agripa derrotó a Sexto en una batalla naval cerca de la moderna Milazzo, mientras que Octaviano fue derrotado —y gravemente herido— frente a Taormina. Pero el encuentro decisivo tuvo lugar el 3 de septiembre, cerca del puerto de Nauloco. Los barcos de Agripa eran más modernos y grandes que los de Sexto y, además, contaban con un arma secreta, el *harpax,* un rezón disparado por una catapulta que arponeaba a un barco enemigo y luego lo atraía mediante un torno para el abordaje. Al final de la batalla, de los poco más de doscientos barcos con los que había empezado Sexto, solo conservaba diecisiete. Él mismo tomó los de Villadiego y escapó a Asia Menor, donde fue capturado en Mileto al año siguiente. Su ejecución se llevó a cabo allí mismo, sin juicio previo. Puesto que era un ciudadano romano, esta actuación sumaria, sin recurso a la justicia, era ilegal, pero, por otro lado, él mismo había desafiado a la ley durante mucho tiempo. Roma ya se había cansado de él.

La última gran contribución del triunviro Lépido fue el armamento de una flota africana contra Sexto Pompeyo. Por mutuo acuerdo, Lépido quedó entonces relegado definitivamente a una posición secundaria. Los dos triunviros restantes se dividieron el mundo romano entre ellos. Marco Antonio se quedó la parte oriental y Octaviano, la occidental.

La pequeña ciudad de Tarso, en Cilicia, es quizá más conocida hoy por ser el lugar de nacimiento de san Pablo. Unos cuarenta años antes de que Pablo viniera al mundo, sin embargo, fue el escenario de otro acontecimiento que tuvo un efecto todavía mayor en el mundo que hoy conocemos. Fue en Tarso, en algún momento en el verano del 41 a. C., donde Marco Antonio vio por primera vez a la reina Cleopatra VII. Seis años antes, Julio César la había convertido primero en su amante y, luego, la había establecido en el trono de Egipto, junto con el hombre que era a la vez su hermano y su cuñado, Ptolomeo XIV. Al cabo de poco tiempo, siguiendo la tradición desbocadamente incestuosa de los Ptolomeo, se convirtió también en su marido; pero ni siquiera este triple parentesco bastó para granjearle el cariño de la reina, que, en el 44 a. C., lo mandó asesinar. Ahora, Cleopatra reinaba sola, pero necesitaba otro protector romano, y había acudido a Tarso, sabedora de que allí lo encontraría.

A pesar del testimonio de Shakespeare —y del famoso comentario de Pascal, quien dijo que, si su nariz hubiera sido un poco más corta, toda la historia del mundo habría sido distinta—, parece que Cleopatra fue una mujer atractiva más que una belleza clásica. Plutarco, en su vida de Antonio, admite que «la belleza de Cleopatra no era, en sí misma, excesivamente exuberante como para subyugar a primera vista». Sin embargo, «provocaba placer el simple sonido de su voz».* En cualquier caso, no tuvo muchas dificultades en engatusar a Antonio del mismo modo que había conquistado al propio César, ni tampoco en persuadirlo para que ordenara el asesinato de su hermana Arsínoe, a la que nunca había perdonado que hubiera establecido un régimen rival en Alejandría. (Arsínoe fue la última de sus cinco hermanos en sufrir una muerte violenta. Dos de ellos murieron directamente por iniciativa personal de Cleopatra). Para Antonio fue un placer ayudarla y, como recompensa, recibió la invitación para pasar el invierno en Alejandría. El resultado de la visita fueron unos gemelos. Tras ello, la pareja no volvió a verse en tres años, pero, en el 37 a. C., él la invitó a visitarlo en

* Plutarco, *Vidas paralelas, Antonio,* traducción de Juan Pablo Sánchez Hernández. *(N. del T.)*

su capital oriental, Antioquía, y allí mantuvieron una relación permanente de la que, al año siguiente, nació otro hijo.

En Roma, Octaviano —cuya hermana Octavia se había casado recientemente con Antonio— estaba comprensiblemente furioso por el comportamiento de su cuñado, y empezó a preocuparle el evidente poder que Cleopatra ejercía sobre él. En el año 32 a. C., después de que Antonio se divorciara formalmente de Octavia, su hermano le declaró la guerra. El 2 de septiembre del 31 a. C., las dos flotas se encontraron en Accio, justo frente al extremo norte de la isla de Léucade. Octaviano obtuvo una victoria decisiva y persiguió a la derrotada pareja hasta Alejandría, aunque aún pasaría un año entero hasta que tuviera lugar la escena final del drama. El vencedor no entró en la ciudad hasta el 1 de agosto del 30 a. C., tras lo cual decretó que, en adelante, Egipto sería provincia de Roma y quedaría bajo su control personal directo. Cleopatra se atrincheró en su mausoleo privado e hizo correr la noticia de que se había suicidado; al enterarse, Antonio se clavó su espada en el vientre, pero, al descubrir que las noticias eran falsas, hizo que lo llevaran ante ella. Plutarco nos dice que ambos mantuvieron una última conversación antes de que él muriera.

La forma en que murió Cleopatra está mucho menos clara. Probablemente se envenenó a sí misma, pero ¿cómo? Plutarco nos cuenta la historia del áspide que luego escribiría también Shakespeare, pero añade que «la verdad, nadie la sabe». En cualquier caso, los argumentos a favor de la teoría de la picadura de la serpiente son sólidos. La cobra egipcia —que representaba a Amón-Ra, el dios sol— había sido un símbolo de la realeza desde los días de los primeros faraones, que llevaban su imagen como diadema en sus coronas; es difícil, pues, imaginar una forma de morir más regia. Una prueba más concluyente es que Suetonio nos dice que Octaviano después dijo que, en cuanto se enteró del suicidio de Cleopatra, hizo llamar a los encantadores de serpientes y les ordenó que succionaran el veneno de la herida. Si finalmente llegaron, fue demasiado tarde.

La batalla de Accio tuvo dos consecuencias trascendentales. En primer lugar, hizo que el centro político del Imperio se fijara firmemente en Italia y Occidente. Según el acuerdo al que había llegado con Octaviano tras la batalla de Filipos, las tierras del Mediterráneo oriental, en la mayor parte de las cuales se hablaba griego, habían sido territorio de Marco Antonio, y de haber salido este victorioso, ciertamente habría seguido favoreciéndolas de todos los modos posibles. Bajo Octaviano, sin embargo, Roma siguió reinando suprema, y continuaría haciéndolo durante los siguientes tres siglos, hasta que Constantino el Grande la abandonara en el 330 por su nueva capital, Constantinopla.

La segunda consecuencia de la batalla fue que estableció a Octaviano, a la edad de treinta y dos años, como señor indiscutible del mundo conocido. El problema que se le planteaba ahora era cómo proceder para consolidar mejor su posición. La República estaba, a todos los efectos, muerta, eso estaba claro; pero la descarnada autocracia de Julio César se había demostrado fatal para él, de modo que su sobrino nieto estaba decidido a no cometer el mismo error. Durante algún tiempo, al menos en apariencia, había que observar las viejas formas republicanas. Todos los años entre el 31 y el 23 a. C., Octaviano detentó el consulado, que le sirvió como base constitucional de su poder; pero su asunción, el 16 de enero del 27 a. C., al nuevo título de Augusto fue una indicación más que clara de hacia dónde iban las cosas.

Es imposible, pues, establecer una fecha definida para el nacimiento del Imperio romano. Fue un proceso gradual, y quizá fuera mejor así. En su juventud, Augusto —como debemos llamarlo a partir de ahora— estaba ciertamente sediento de poder; una vez lo consiguió, no obstante, se suavizó y se convirtió en un estadista. El resto de sus logros son más difíciles de evaluar. Reorganizó la administración y el ejército; estableció bases navales permanentes por todo el Mediterráneo, del que Roma era ahora dueña y señora por completo: entre el 200 a. C. y el 200 d. C. hubo una mayor densidad de tráfico comercial que en ningún otro momento de los siguientes mil años.* Pero, sobre

---

* No es sorprendente que el nombre en latín más común para el Mediterráneo sea *Mare Nostrum,* «nuestro mar». Antes del Imperio romano, ninguna potencia había estado en situación de hacer semejante afirmación, ni ninguna ha podido hacerla después.

todo, moldeó la antigua República, le dio la nueva forma que su enorme expansión había hecho necesaria y, de algún modo, supo reconciliar con ello a todas las clases de la sociedad romana y concitar su apoyo para su nuevo régimen. Se dice de él que encontró una Roma edificada con ladrillo y la convirtió en una ciudad de mármol, pero hizo mucho más que eso: encontró una república y la dejó convertida en un imperio, un imperio del que, en adelante, Sicilia sería una parte integral.

Tras quitarse de en medio a Sexto Pompeyo, Augusto se cobró su venganza. Quizá las heridas que había sufrido en la batalla frente a Taormina le hicieron ser más vengativo, pero, por el motivo que fuere, parece que determinó que los sicilianos pagaran caro su apoyo al innombrable Sexto. Impuso a la isla una enorme multa y las ciudades que habían mostrado resistencia tuvieron motivos de sobra para arrepentirse de su osadía. Toda la población de Taormina fue deportada; seis mil esclavos, cuyos propietarios habían muerto o desaparecido durante el combate, murieron empalados.

Como siempre, Sicilia se recuperó, pero no volvió a ser la de antes. Había, en primer lugar, un elemento romano mucho

Teatro griego de Taormina, construido originariamente en el siglo VII a. C. pero reconstruido en la época romana. El monte Etna se ve en la lejanía.

mayor que anteriormente. Se entregaron grandes extensiones de tierras en los alrededores de Catania al almirante Agripa, el principal responsable de la derrota de Sexto, en agradecimiento; a su muerte, todas esas fincas retornaron al emperador. Otros oficiales importantes y veteranos de las legiones fueron premiados de forma similar según su rango, a menudo con tierras al norte y este del monte Etna, el centro de los problemas en el pasado. Se podía confiar en su lealtad; y también hicieron su contribución a la lenta pero constante romanización de la isla. Por un decreto imperial, todos los italianos gozaban ahora de la plena ciudadanía romana; pero no los sicilianos. Tras la visita oficial del emperador en el 22 o el 21 a. C., Augusto concedió a seis ciudades —Taormina (ahora, suponemos, perdonada), Catania, Siracusa, Tindari,* Termini y Palermo— el estatus de *colonia,* lo cual convirtió a todos sus habitantes en ciudadanos romanos. (El hecho de que la inmensa mayoría de los habitantes de estas poblaciones fueran griegos que no hablaban una palabra de latín sin duda debió de generar algunos problemas, pero ignoramos cómo se resolvieron).

En los restos de la antigua Ostia, el puerto de Roma, se puede ver todavía un gran suelo de mosaico del siglo I a. C. que celebra las cuatro principales provincias de las que Roma recibía su grano. Sicilia está, por supuesto, entre ellas, junto a Hispania, África y Egipto. No hay sugerencia más clara de que la isla ya no era el único granero de la ciudad; los grandes avances de la economía agraria del norte de África, unidos a la reciente adquisición de Egipto por parte de Augusto, habían cambiado la situación. No obstante, todavía era, con casi total certeza, la principal fuente de grano —y, desde luego, la más cercana con diferencia—, y eso bastaba para garantizar su prosperidad mientras la situación política lo permitiera.

Y, durante unos cuatro siglos, así fue o, al menos, eso es lo que parece. Lo cierto es que no sabemos prácticamente nada de la historia de Sicilia durante la mayor parte de la primera mitad del milenio de la era cristiana. Los escritores de los dos prime-

* Ahora un yacimiento arqueológico pequeño y relativamente poco importante en la costa, entre Patti y Milazzo.

ros siglos, como Tácito y Suetonio, apenas la mencionan. Da
la impresión de que hubo un estallido menor de bandolerismo
en la década del 260, pero, más allá de eso, parece que la isla se
portó extraordinariamente bien. Era un lugar próspero; puede
observarse cuánto visitando los restos de la gran villa del Casale,
a unos seis kilómetros y medio de la moderna ciudad de Piazza
Armerina. Construida en el primer cuarto del siglo IV, pocos de
sus muros siguen en pie; lo que corta el aliento es la calidad y la
cantidad de los mosaicos de sus suelos, que cubren unos 3 500
metros cuadrados. Nunca se ha identificado al propietario de esta
extraordinaria residencia; claramente, era un hombre de enorme
riqueza y distinción, que quizá la construyó como pabellón de
caza. Hay multitud de escenas de caza y pesca, de vida animal
y marina, de bailes y banquetes y del cultivo de los viñedos. Incluso hay varias de la mitología griega, entre ellas Orfeo con su
laúd, los trabajos de Hércules y Ulises en la cueva de Polifemo.
Cualquiera que conozca el Museo del Bardo en Túnez sabrá de
la asombrosa magnificencia de los mosaicos de los suelos en el

Mosaico de la villa Casale, 300-320 d. C., posiblemente construido originariamente como un pabellón de caza. Todavía se conservan 3 500 metros
cuadrados de mosaicos, con casi toda seguridad obra de artistas africanos.

norte de África romano. Los de la villa Casale son casi con toda seguridad obra de artistas africanos; lo sorprendente es que no hay nada ni remotamente comparable a ellos en el resto de la isla.

Durante estos primeros siglos, los visitantes que ocasionalmente pasaban por Sicilia, entre ellos el emperador Calígula, llegaban desde Roma para disfrutar de las bellezas de Siracusa —que, a pesar de los múltiples saqueos que había sufrido, había conservado algo de su reputación como centro cultural— o para contemplar los horrores del monte Etna; los únicos otros emperadores que se sabe que pisaron Sicilia fueron Adriano (que fue a todas partes) y Septimio Severo, gobernador de la isla en su juventud. Por lo visto, incluso la histórica decisión de Constantino el Grande de trasladar la capital del imperio a Constantinopla dejó a los sicilianos indiferentes y, cuando en el 395, el Imperio volvió a dividirse y una serie de emperadores títeres asumieron el reino de Italia —la mayoría desde Rávena—, apenas repararon en ello.

El otro gran logro de Constantino —hacer del cristianismo la religión oficial del Imperio romano— tuvo el mismo impacto en Sicilia que en el resto de los territorios, y la nueva fe ganó adeptos rápidamente. En tiempos de Cristo, la vieja religión griega era la prevalente, aunque también existían santuarios en honor a divinidades orientales como Cibeles y el egipcio Serapis. En Taormina había un templo dedicado a Isis.* Sin embargo, desde principios del siglo IV, el cristianismo se extendió rápidamente por la isla. Nadie que visite Siracusa debe perderse las antiguas e inmensas catacumbas de Santa Lucía y San Juan, en uso entre el siglo III y VI y solo superadas por las de la propia Roma. Mientras tanto, comenzó en serio la conversión de edificios paganos en iglesias —el antiguo templo de Atenea en Siracusa fue consagrado como iglesia bastante antes del año 600— y la organización de la Iglesia creció al mismo ritmo. Un tal obispo Cresto de Siracusa asistió al Concilio de Arlés ya en el año 314 y el obispo Pascasino de Lilibeo participó en el Concilio ecuménico de Calcedonia en el 451. (Es muy interesante

* Más tarde se convirtió en una iglesia cristiana dedicada, curiosamente, a San Pancracio.

que este último pronunciase su oración en latín y solicitase un intérprete de griego para el resto de la asamblea). En el 447, el papa León I dirigió una carta «a los obispos de Sicilia» y, para tiempos de Gregorio Magno, a finales del siglo VI, había al menos doce, uno de ellos en la isla de Lípari.

Era evidente que a Gregorio le interesaba Sicilia. Fundó no menos de seis monasterios en la isla, pero sus cartas muestran que estaba también profundamente preocupado por la terca resistencia del bajo clero a aceptar el celibato. No es difícil comprender por qué. La mayoría de los sicilianos todavía hablaban griego y, aunque espiritualmente estaban subordinados al papa de Roma, quizá observaban el rito griego, en el que se *exige* que los sacerdotes corrientes se casen (a diferencia de lo que ocurre con los monjes y los obispos, que lo tienen prohibido). Es natural que, tras la conquista bizantina, la influencia griega aumentase, aunque, por extraño que parezca, los sicilianos siguieron construyendo casi todas sus iglesias siguiendo la planta basilical, con nave, posiblemente naves laterales, escalones para subir al presbiterio y, por lo general, un ábside semicircular al final. Las iglesias griegas de planta en cruz inscrita son relativamente escasas.

Por lo que sabemos, alrededor de esta época hubo también una notable inmigración judía. A finales del siglo VI, Gregorio ordena a su representante local que intente convertir a estos judíos ofreciéndoles impuestos y alquileres más bajos; por otra parte, también lo vemos ordenando severamente al obispo de Palermo que devuelva las sinagogas que había convertido a la fuerza en iglesias y que devuelva todos sus muebles. Es una peculiaridad de los judíos de la isla que no crearon cementerios propios, como los que suelen encontrarse en Roma. Está claro que no les importaba compartir los cementerios con los cristianos y, muy a menudo, lo único que distingue sus lápidas es una menorá tallada toscamente en la piedra.

En el siglo V d. C. llegaron los bárbaros. De sus numerosas y diversas tribus, solo nos interesan tres: los godos, los hunos y los vándalos. Estas tres, en momentos distintos, supusieron una amenaza grave para el Imperio, aunque solo una de ellas mostró interés por Sicilia. Difícilmente las tres podrían haber sido más distintas. A finales del siglo IV, los godos se habían convertido en un pueblo relativamente civilizado y la mayoría de ellos eran cristianos arrianos.* Aunque su rama occidental —los visigodos— seguía liderada por cabecillas locales, la rama oriental, conocida como los ostrogodos, ya había evolucionado y se había convertido en un próspero reino centroeuropeo. Los hunos, por otra parte, eran salvajes: una horda pagana indisciplinada de origen mongol que había llegado desde las estepas de Asia central y arrasado todo a su paso. En cuanto a los vándalos —el último de los grandes pueblos bárbaros que ensombreció el triste siglo V—, tuvieron relativamente poca influencia directa sobre el Imperio romano, pero su efecto en el Mediterráneo fue mayor que el de los otros dos pueblos juntos.

Los primeros en atacar fueron los godos. El cabecilla visigodo Alarico sitió Roma en tres ocasiones entre el 408 y el 410. En el primer asedio, la rindió por hambre, y los romanos tuvieron que pagar un enorme rescate. El segundo terminó cuando accedieron a deponer al emperador; el tercero resultó en el saqueo de la ciudad. Luego llegaron los hunos. Se habían abierto camino violentamente a través de Europa en el 376; su primer contacto con el mundo civilizado, sin embargo, no había tenido un gran efecto en ellos. La inmensa mayoría vivía y dormía aún al raso y desdeñaba todo tipo de agricultura e incluso la comida cocinada, aunque les gustaba ablandar la carne cruda colocándola entre el costado de sus caballos y sus propios muslos mientras cabalgaban. En cuanto a la ropa, preferían las túnicas confeccionadas con piel de ratones cosidas de un modo rudimentario. Vestían estas prendas continuamente y no se las quitaban hasta que se caían ellas solas. Su hogar era la silla de montar; rara vez desmontaban, ni siquiera para comer ni dormir. Su líder, Atila, era un ejemplo típico de su raza: bajo de estatura, atezado y chato, con

* Seguidores de Arrio, un presbítero de Alejandría, que sostuvo que Jesucristo no era coeterno y de la misma sustancia que Dios Padre, sino que había sido creado por este para la salvación del mundo. Así pues, aunque era un hombre perfecto, el Hijo siempre debía estar subordinado al Padre, pues su naturaleza era humana y no divina.

ojos pequeños y brillantes en una cabeza demasiado grande para su cuerpo y una barba rala y desordenada. A los pocos años de su accesión, era conocido en toda Europa como «el azote de Dios» y más temido de lo que lo ha sido ningún otro hombre antes o después que él, con la excepción, quizá, de Napoleón.

Hasta el 452 no lanzó a su ejército sobre Italia. Todas las grandes ciudades del Véneto fueron pasto de las llamas; Pavía y Milán fueron saqueadas sin piedad. Luego giró al sur, hacia Roma... y se detuvo de súbito. Por qué lo hizo sigue siendo un misterio. Tradicionalmente suele atribuirse el mérito al papa León I el Magno, de quien se dice que viajó al norte para encontrarse con él y lo convenció de no avanzar más;* pero eso parece poco probable. En cualquier caso, Roma se salvó. Un año después, durante la noche que siguió a su matrimonio con otra de sus innumerables mujeres, sus esfuerzos le provocaron una súbita hemorragia. Mientras se desangraba, toda Europa emitió un suspiro de alivio..., aunque, como pronto se vería, la tranquilidad no duraría mucho.

Y así llegamos a los vándalos, que fueron los únicos bárbaros que se hicieron a la mar. Esta tribu germánica, auténticos fanáticos arrianos, había huido hacia el oeste de los hunos aproximadamente medio siglo atrás y, en el 409, después de invadir y asolar una gran parte de la Galia, se habían asentado en España. Allí permanecieron hasta el 428, cuando su recién coronado rey Genserico condujo a todo su pueblo a través del Mediterráneo hasta el norte de África. Solo once años después, conquistó Cartago,† el último bastión imperial en la costa, que convirtió en una especie de fortaleza pirata. Las cosas pintaban bastante mal para Sicilia. Genserico la saqueó en el 440 y, de nuevo, en el 456, pero no fue hasta el 468 —cuando tenía casi

---

* Donde mejor se reproduce esta escena es en *Attila,* de Verdi, a pesar de que el papa León aparece disfrazado —como exigió el censor— como «un anciano romano».

† Después de su destrucción en el 146 a. C., Cartago había permanecido prácticamente desierta durante más de un siglo, hasta que en el 29 a. C. Augusto la había convertido en la capital de su provincia romana de África.

ochenta años— cuando se adueñó por completo de la isla. En cualquier caso, la retuvo solo durante ocho años, con lo que no le hizo ni mucho bien ni mucho daño.

Lo que nos lleva al 476. El Imperio romano de Occidente agonizaba, y ese fue el año en que expiró finalmente. La abdicación de su último emperador, el patético niño Rómulo Augústulo —su mismo nombre era un doble diminutivo— no debe sorprendernos. Lo derrocó otro bárbaro germánico llamado Odoacro, que se negó a aceptar la antigua pluralidad de emperadores y reconoció solo la autoridad del emperador bizantino Flavio Zenón, en Constantinopla. Lo único que solicitó a Zenón fue el título de patricio, bajo el amparo del cual se proponía gobernar Italia en nombre del emperador. Una de sus primeras decisiones fue comprar Sicilia a Genserico a cambio de un tributo anual.

Cinco años antes, en el 471, un chico de diecisiete años llamado Teodorico había sucedido a su padre como líder principal de los godos orientales. Aunque había recibido poca o ninguna educación formal durante los diez años de su infancia que había pasado como rehén en Constantinopla —se dice que toda su vida firmó su nombre recorriendo con la pluma una bandeja bañada en oro en la que se había perforado una plantilla— había adquirido una comprensión instintiva de la forma de pensar y de actuar bizantina, que le sería de gran valor en los años siguientes. Su principal objetivo al acceder al poder, como el de tantos otros líderes bárbaros antes que él, era conseguir y asegurar un hogar permanente para su pueblo. A este fin dedicaría la mayor parte de los siguientes veinte años, luchando en ocasiones con y, en otras, contra el Imperio, discutiendo, negociando, amenazando y convenciendo según fuera necesario hasta que, por fin, en algún momento del 487, Zenón y él llegaron a un acuerdo. Teodorico llevaría a su pueblo a Italia, derrocaría a Odoacro y gobernaría como un reino ostrogodo bajo soberanía imperial. Y así fue como, a principios del 488, se produjo el gran éxodo: hombres, mujeres y niños, con sus caballos y sus animales de carga, sus reses y sus ovejas, iniciaron un lento avance por las llanuras del centro de Europa en busca de pastos más verdes.

Odoacro se resistió, pero su ejército no era rival para el de los godos. Se retiró a Rávena, donde Teodorico lo asedió hasta que el obispo local negoció un armisticio. Entonces, se acordó que ambos gobernarían Italia conjuntamente y que incluso compartirían el palacio imperial. Esta solución parecía notablemente generosa por parte de Teodorico, pero pronto quedó claro que no tenía la menor intención de cumplir su palabra. El 15 de marzo del 493 invitó a Odoacro junto con su hermano, su hijo y sus principales oficiales a un banquete. En cuanto su invitado se sentó en el lugar de honor, Teodorico se plantó frente a él y, con un tremendo tajo de su espada, partió el cuerpo de Odoacro desde la clavícula hasta el muslo. Los otros invitados fueron rápidamente despachados por los guardias que los rodeaban. A la esposa de Odoacro la encerró en la cárcel, donde murió de hambre; a su hijo, a quien había entregado como rehén a los ostrogodos, lo ejecutó. Por último, Teodorico dejó a un lado las pieles que constituían la vestimenta tradicional de su pueblo, se vistió —cosa que Odoacro nunca había hecho— con el púrpura imperial y se dispuso a gobernar Italia.

Y lo hizo, a pesar del violentísimo comienzo de su reinado, de forma tranquila y eficiente durante los siguientes treinta y tres años, y el extraordinario mausoleo que se hizo construir —y que sigue en pie en el noreste de Rávena— simboliza a la perfección, con su arquitectura medio clásica y medio bárbara, al coloso que tuvo un pie en cada una de estas dos civilizaciones. Ningún otro gobernante germánico que estableció su trono sobre las ruinas del Imperio romano de Occidente fue ni siquiera una fracción del estadista que fue Teodorico ni tuvo su claridad de ideas política. Cuando murió, el 30 de agosto del 526, Italia perdió al mejor de sus líderes del principio de la Edad Media, sin parangón hasta la llegada de Carlomagno.

En el año 533, el emperador Justiniano lanzó su gran campaña para recuperar el Imperio romano de Occidente. Tenía muy claro que un Imperio sin Roma era absurdo; y tuvo la suerte de contar con el mejor general de toda la historia de Bizancio, un tracio romanizado —como el propio emperador— llamado

Belisario. Belisario llegó a Sicilia en el 535 y, prácticamente, fue recibido en cualquier lugar con los brazos abiertos. La única excepción fue Palermo, todavía un puerto pequeño de importancia muy secundaria.* El gobernador local de la ciudad trató de resistir, pero Belisario ordenó a su flota que entrara en el puerto y se acercara tanto a la ciudad que los mástiles de los barcos quedaran por encima de las murallas de esta. Entonces mandó que izaran a los penoles botes llenos de soldados, desde donde dispararían a placer a los defensores.

Sicilia volvía a ser una provincia imperial, regida por gobernadores bizantinos que a menudo eran enviados desde Constantinopla. En un momento dado, de hecho, estuvo a punto de convertirse en mucho más. A mediados del siglo VII, el emperador bizantino Constante II, llamado el Barbado, comprensiblemente preocupado por el futuro de sus provincias orientales bajo el torbellino de la expansión del islam, tomó la importante decisión de inclinar la balanza de su imperio hacia Occidente y trasladar su capital para reflejar este cambio. Roma era la elección obvia, pero, tras una deprimente visita de doce días a esa ciudad en el 663 —fue el primer emperador en casi trescientos años en pisar la metrópolis—, abandonó la idea y prefirió la más afín atmósfera griega de Siracusa.

Para los sicilianos, los siguientes cinco años fueron una interminable pesadilla. El honor de que su isla fuera elegida como capital del Imperio romano no era nada en comparación con las extorsiones de los recaudadores de impuestos romanos —para satisfacer a los cuales, según se nos dice, los maridos tuvieron que venderse como esclavos, las esposas se vieron obligadas a ejercer la prostitución y los niños acabaron separados de sus padres. Tampoco sabemos cuánto tiempo habrían continuado estas exacciones si el emperador no hubiera tenido pronto un súbito, violento y un tanto humillante fin. Hasta donde sabemos, no hubo nin-

* A pesar de su privilegiada posición geográfica, Palermo no se convirtió en una metrópolis hasta la ocupación árabe. Esto explica por qué la ciudad no posee prácticamente ningún monumento clásico —templos, teatros ni simples ruinas— de la escala de los que se encuentran por doquier en la isla.

gún plan para asesinarlo, ni mucho menos una vasta y compleja conspiración; pero, el 15 de septiembre del 668, mientras se enjabonaba tranquilamente en su baño, uno de sus ayudantes —en lo que no tenemos más opción que asumir que fue un ataque de incontrolable nostalgia— lo atacó por la espalda y lo mató con la jabonera. Para entonces, los árabes estaban dirigiendo su ofensiva principal hacia Asia Menor y la propia Constantinopla, así que el hijo y sucesor de Constante, Constantino IV, se vio obligado a regresar de inmediato al Bósforo. La paz volvía a reinar en Sicilia.

Esta paz continuó, en general, durante el siglo VIII, a lo largo del cual Sicilia, como la vecina Calabria, se convirtió en un puerto seguro para refugiados del movimiento iconoclasta que sacudió el Imperio;* pero en el siglo IX, se rompió. Los árabes ya habían esperado bastante. En ese momento, ocupaban toda la costa del norte de África y habían empezado a hostigar la isla con incursiones esporádicas. Entonces, en el 827, surgió la oportunidad de establecer una ocupación permanente. El gobernador bizantino local, llamado Eufemio, había sido recientemente despedido de su puesto y llamado de vuelta a Constantinopla tras haber mantenido una poco decorosa relación con una monja local. En respuesta, se alzó en rebelión, se proclamó a sí mismo emperador y pidió ayuda a los árabes. Estos desembarcaron con un gran ejército y, enseguida, se asentaron, sin prestar demasiada atención a Eufemio —que pronto terminó su vida de forma violenta—, y, tres años después, tomaron Palermo y la convirtieron en su capital. El progreso a partir de ahí se produjo a un ritmo lento. Mesina cayó en el 843 y Siracusa sufrió un largo y terrible asedio, durante el cual los defensores se vieron reducidos a practicar el canibalismo. La ciudad no se rindió hasta el 878. Tras ello, parece que los bizantinos admitieron la derrota. Unos pocos puestos aislados en la parte oriental de la isla resistieron algo más de tiempo —el último, Rometta, hasta

---

* En el 726, el emperador León III había decretado la destrucción de todos los iconos aduciendo que constituían idolatría. Esto causó consternación —particularmente en los monasterios— y mucha gente prefirió huir, con cuantos iconos pudo cargar, antes que destruirlos. El decreto siguió vigente —con un breve interludio— hasta el 842.

mediados del siglo X—, pero ese día de junio en que la bandera del Profeta se alzó sobre Siracusa, Sicilia se convirtió, a todos los efectos, en parte del mundo musulmán.

Una vez las guerras de conquista hubieron terminado y el caos llegó a su fin en la isla, la vida continuó de forma bastante plácida para las comunidades de cristianos griegos. Aunque tenían que soportar cierto grado de discriminación como ciudadanos de segunda clase, normalmente se les permitía conservar su libertad a cambio del pago de un tributo anual que muchos debieron preferir a los altísimos impuestos y el servicio militar obligatorio que imponía el Imperio romano. Además, los sarracenos mostraron, como hicieron a menudo a lo largo de su historia, un grado de tolerancia religiosa que permitió que las iglesias y monasterios y también la larga tradición de erudición helenística prosperaran tanto como en sus mejores momentos. La isla también se benefició de sus nuevos conquistadores de otras formas. Estos llevaron consigo un sistema de agricultura totalmente nuevo, basado en innovaciones como los bancales y los acueductos con sifón para la irrigación. Introdujeron el algodón, el papiro, el melón, el pistacho, la palmera datilera, los cítricos y suficiente caña de azúcar como para hacer posible, al cabo de muy pocos años, un sustancioso mercado de exportación. Bajo los bizantinos, Sicilia no había tenido ningún papel importante en el comercio europeo, pero con la conquista sarracena pronto se convirtió en uno de los principales centros comerciales del Mediterráneo, y los bazares de Palermo estaban abarrotados de comerciantes cristianos, musulmanes y judíos.

Y, sin embargo, la estabilidad estaba manifiestamente fuera de las muchas bendiciones que sus conquistadores árabes habían otorgado a Sicilia. Al enfriarse los vínculos de lealtad que unían al emir de Palermo y a sus cabecillas locales con el califato del norte de África, los propios emires perdieron su cohesión, empezaron a dividirse cada vez más y a enfrentarse entre ellos; así, la isla se vio de nuevo convertida en un campo de batalla de facciones enfrentadas. Fue este constante declive político lo que hizo que los griegos volvieran a Sicilia en gran número… junto con sus aliados normandos.

4

Normandos

A principios del siglo IX, los normandos habían completado prácticamente el proceso por el cual, en apenas cien años, habían pasado de ser una banda de bárbaros paganos casi iletrados a convertirse en un estado cristiano civilizado y semiindependiente. Fue una hazaña espectacular. Había hombres vivos cuyos padres recordaban a Rollón el Caminante, el vikingo rubio que había llevado sus drákares Sena arriba y que en el 911 había recibido del rey francés Carlos el Simple como feudo la mayor parte del este de la moderna Normandía. Al cabo de un año, un considerable número de sus súbditos, encabezados por el propio Rollón, ya se había bautizado. En una o dos generaciones, todos eran cristianos. Y lo mismo sucedió con la lengua. Antes de finales del siglo X, el nórdico antiguo se había extinguido sin dejar rastro.

Inteligentes, adaptables y todavía bendecidos con la inagotable energía de sus antepasados vikingos, los primeros aventureros normandos estaban bien provistos para el papel que interpretarían en la historia de Europa. También poseían otra cualidad sin la cual su gran reino del sur jamás podría haber nacido: eran enormemente prolíficos, lo que resultó en una población en constante explosión demográfica y que contaba con números cada vez mayores de hijos menores sin compromisos que se marchaban al sur en busca de *Lebensraum*. ¿Y qué mejor excusa para partir en un viaje de ese tipo que un peregrinaje? No es sorprendente que, al alba del segundo milenio —cuando, después de todo, el mundo no había llegado a su fin como se había predicho y una ola de alivio recorría aún toda Europa—, los grandes caminos de peregrinación estuvieran abarrotados y que partidas enteras de peregrinos estuvieran compuestas exclusivamente de normandos.

Algunos de estos viajaron a Roma, otros a la gran iglesia de Santiago de Compostela, pero el destino más atractivo de todos era, como es natural, Jerusalén, que, para todos los normandos, tenía un atractivo adicional: esta peregrinación les permitía, o bien en el camino de ida o en el de vuelta (o, de hecho, en ambos), visitar la cueva del arcángel Miguel, quien, puesto que era el patrón de su propio gran santuario de Mont-Saint-Michel, siempre fue una figura muy querida para los normandos. Los barcos que se dirigían a Palestina a menudo se encontraban en Bríndisi o Bari, y desde cualquiera de estos puertos había solo un trayecto muy corto por la costa adriática para ir a dar gracias a otro santuario, escondido en lo más profundo de la roca de la península de Monte Gargano. Siglos antes del nacimiento de Cristo, este era ya un lugar sagrado; tenía, pues, miles de años de santidad ininterrumpida a su espalda cuando, en el 493 d. C., el arcángel se apareció allí a un granjero local y le dejó su gran espuela de hierro. Así fue como el Monte Sant'Angelo, nombre que recibía habitualmente, se convirtió en uno de los grandes centros de peregrinaje de Europa. Y fue allí, en el verano del 1016, donde un forastero vestido de manera curiosa se acercó a un grupo de peregrinos normandos y se presentó como Melo, un noble lombardo. Su pueblo, les dijo, había habitado el sur de Italia durante cinco siglos, pero una parte considerable del territorio lombardo estaba ahora bajo dominio bizantino. Melo había dedicado su vida a la causa de la independencia lombarda, que —con la ayuda de quizá un par de cientos de fornidos jóvenes normandos como ellos mismos— podría lograrse fácilmente. Contra un ejército lombardo-normando, aquellos griegos no tendrían nada que hacer, y los lombardos, por su parte, no olvidarían a sus aliados.

Por supuesto, los normandos aceptaron su propuesta de inmediato. ¿Cómo no iban a hacerlo? Era la oportunidad perfecta: una tierra fértil y rica a la que estos jóvenes habían sido invitados a entrar —más aún, casi se les había implorado que fueran—, una tierra que les ofrecía infinitas posibilidades para demostrar su valía y hacer fortuna. Le explicaron a Melo que habían viajado a Apulia como peregrinos desarmados y, por ello, no estaban equipados para embarcarse de inmediato en una campaña. Primero debían regresar a Normandía, donde permanecerían solo el tiempo necesario para hacer los preparativos adecuados y reclutar compañeros de armas. Volverían al año siguiente, en números mucho mayores, se unirían a sus nuevos amigos lombardos y darían comienzo a la gran aventura.

El sur de Italia era un caldero en constante ebullición. Rodeado y dominado por los continuos enfrentamientos de dos imperios, tres religiones —pues los musulmanes de Sicilia avanzaban a un ritmo constante— y entre una serie de ciudades independientes, semiindependientes o rebeldes, era un lugar en que un brazo fuerte y una espada afilada siempre encontrarían trabajo. Y, puesto que los normandos se consideraban a sí mismos mercenarios, siempre dispuestos a acudir al mejor postor, y que el gobernador bizantino sabía reconocer a unos buenos guerreros cuando los veía, no puede sorprendernos mucho que, unos cinco años después de su llegada, un contingente bien pertrechado de normandos cabalgase hasta Apulia para defender los legítimos dominios de Bizancio contra los continuos y viles ataques de los alborotadores lombardos.

Y sucedió que unos cuarenta años después de aquella primera conversación en la cueva del arcángel, los normandos se convirtieron en la fuerza más poderosa del sur de Italia, gracias, en buena medida, a la familia de un oscuro barón normando que vivía en la península de Cotentin llamado Tancredo de Hauteville. Tancredo fue notable solo por su determinación y su enorme descendencia. Sus dos sucesivas esposas le dieron al menos tres hijas y no menos de doce hijos, de los cuales cinco acabaron en Italia y tres fueron líderes de primer orden. Uno de ellos, Roberto Guiscardo* se convertiría en el aventurero militar más deslumbrante que existió entre Julio César y Napoleón.

* El sobrenombre Guiscardo procede del latín *Viscardus* y significa 'con recursos', 'astuto', 'zorro'.

Sicilia no interesó mucho a la primera generación de inmigrantes normandos. Había demasiadas oportunidades buenas mucho más cerca. En el 1035, sin embargo, la guerra civil que había estado cociéndose durante algunos años estalló al fin. El emir Al Ajal de Palermo se enfrentó a un ejército insurgente capitaneado por su hermano Abu Hafs y reforzado por seis mil soldados africanos bajo el mando de Abdulá, hijo del califa zirí de Cairuán. Desesperado por conseguir ayuda, Al Ajal apeló al emperador bizantino Miguel IV. En Constantinopla, Miguel vio que se le presentaba una oportunidad de oro. Las constantes incursiones en el Mediterráneo oriental de piratas árabes con base en Sicilia estaban haciendo estragos en la economía bizantina. Y no solo eran las ciudades costeras las que sufrían los ataques; los comerciantes de la ciudad se quejaban de que los piratas estaban por todas partes: el precio de las importaciones subía peligrosamente y el comercio exterior empezaba a resentirse. Y el emperador tenía otra razón. Para todos los griegos, Sicilia era parte del Imperio bizantino; de hecho, una considerable parte de la población de la isla todavía hablaba griego. Que siguiera ocupada por los infieles era una ofensa no solo a la seguridad imperial, sino al orgullo nacional. Había que expulsar a los árabes.

Antes de que el emperador hubiera tenido tiempo de enviar nada más que una fuerza simbólica, recibió la noticia de que Al Ajal había sido asesinado. La revuelta se extendía ahora rápidamente por toda Sicilia y los musulmanes, irremediablemente divididos una vez más, no parecían capaces de ofrecer mucha resistencia ante un ataque bizantino en masa. Se iniciaron los preparativos y, a principios de verano del 1038, la expedición zarpó. Se confió su mando a uno de los mejores generales bizantinos de la época, un gigante llamado Jorge Maniaces. Era, tanto en carácter como en apariencia, mayor que la vida misma. El historiador contemporáneo Miguel Pselo escribió:

> Yo mismo vi a este hombre y me maravillé [...].
> Al mirarlo, sus hombres echaban atrás la cabeza
> como si contemplaran la cima de una colina o una

alta montaña. Su rostro no era ni gentil ni amable, sino que recordaba a una tormenta; su voz era
como el trueno y sus manos parecían hechas para
derribar murallas o echar abajo puertas de bronce.
Saltaba como un león y su ira era terrible.

La expedición no se dirigió directamente a Sicilia, sino
que primero pasó por Salerno para recoger allí más soldados
del príncipe lombardo Guaimario. Este se mostró encantado
de poder ayudar: el constante aumento de aventureros normandos sin oficio, aburridos, violentos y totalmente desprovistos de
principios que andaban buscando brega y vivían del pillaje se
estaba convirtiendo en un grave problema para él. Trescientos
de los más jóvenes y tercos recibieron órdenes de unirse a la expedición del emperador y, junto con cierto número de italianos
y lombardos, subieron a bordo de los barcos bizantinos. Entre
aquellos que partieron estaban los Hauteville.

En algún momento a finales del verano del 1038, Jorge Maniaces desembarcó con su ejército en suelo siciliano. Al principio, barrió cuanto se opuso a él. Mesina cayó casi de inmediato, seguida poco después por Rometta, la fortaleza clave que
dominaba la costa norte hasta Palermo. Durante los dos años
siguientes, los cronistas no nos dicen nada, pero parece claro
que Siracusa cayó en el 1040, tras un contundente asedio. Los
normandos, desde luego, tuvieron un papel importante en estos
acontecimientos: Guillermo, el mayor de los hermanos Hauteville, había descabalgado personalmente al emir de la ciudad y
lo había dejado muerto en el suelo, ganándose de ese modo el
apodo de *Bras-de-Fer*, 'brazo de hierro'. Pero el principal mérito de los éxitos bizantinos debe atribuirse al propio Maniaces,
por la efectividad de su inteligencia y la velocidad y energía de
su dirección militar. Por ello, que se reclamase su presencia en
Constantinopla en ese momento es algo todavía más trágico.

La culpa fue básicamente suya. No había hecho el menor
esfuerzo por ocultar su desprecio hacia Esteban, el almirante de
la flota, un antiguo calafateador de barcos que, gracias a un matrimonio ventajoso muchos años atrás, se había despertado una

mañana convertido en cuñado del emperador. Las constantes
peleas entre ambos habían sido muy desiguales, pues el almirante tenía un miedo horrible al general y no medía ni la mitad que
él; algunos días después de la toma de Siracusa, Maniaces perdió
los estribos con Esteban y lo sacudió hasta que le castañetearon
los dientes. Aquello supuso un terrible error. Esteban envió un
mensaje urgente a su cuñado imperial acusando a su colega de
traición. Se exigió que Maniaces se presentara en Constantinopla, donde fue arrojado sin ceremonias a una celda. Su sucesor,
un eunuco llamado Balbi, se demostró tan incapaz como Esteban; los griegos perdieron impulso y empezaron a retirarse,
aunque sin los normandos. Había surgido una disputa sobre la
división del botín, del que los Hauteville y sus amigos afirmaban —probablemente, con razón— haber recibido menos de
lo que les correspondía. Estos habían abandonado el ejército
griego de inmediato y regresado a la península.

Allí, su poder continuó en alza, y no es sorprendente que,
dadas las circunstancias, a mediados de siglo la situación preocu-
para seriamente al papado. Los normandos estaban ahora prácticamente a las puertas de su casa; no había nada que impidiera
que marcharan sobre la propia Ciudad Santa. El papa León IX
resolvió actuar primero. Reclutó un ejército y lo comandó en
persona contra ellos. Las dos huestes se encontraron el 17 de
junio del 1053 cerca de Civitate, a orillas del río Fortore, y el
papa fue derrotado. Los normandos lo trataron con la mayor de
las cortesías y lo llevaron a Benevento, donde lo mantuvieron
durante cerca de un año mientras se diseñaba un *modus vivendi*
para el futuro. No hace falta que nos detengamos aquí en los
detalles de este acuerdo; baste decir que solo seis años después,
en la pequeña ciudad de Melfi, el papa Nicolás II nombró a
Roberto Guiscardo duque de Apulia, Calabria... y Sicilia.

Caben dudas sobre en qué título se amparó el papa para conceder tan generosamente a los normandos una serie de territorios
que nunca habían sido reclamados por él ni por sus predecesores. La cesión de Apulia y Calabria ya era algo bastante cuestionable, pero, por lo que respecta a Sicilia, Nicolás se encontraba

en un terreno todavía menos estable, pues la isla nunca había estado bajo el control papal. Es improbable, en cualquier caso, que consideraciones de este tipo quitaran el sueño a los normandos. Con esa tercera investidura, lo que había hecho el papa era extender una invitación abierta a Roberto. Sicilia, verde y fértil y prácticamente a un tiro de piedra desde el continente, era un objetivo evidente, el fin natural del gran barrido hacia el sur que habían llevado a cabo los normandos a lo largo de la península. Era también una guarida de piratas sarracenos, una perenne amenaza para las ciudades de las costas sur y oeste de Italia. Mientras Sicilia permaneciera en manos de los musulmanes, ¿cómo iba el duque de Calabria y Apulia a garantizar la seguridad de sus recién legalizados dominios?

La progenie de Tancredo de Hauteville debía de parecer casi infinita a las poblaciones locales. A estas alturas, no menos de siete de sus hijos habían dejado huella en Italia y, aun así, ese manantial célebre de gente no parecía dar señales de agotarse, pues ahora apareció en escena un octavo hermano, Roger. Este era el benjamín de los Hauteville y, por aquel entonces, tenía unos veintiséis años, pero, como guerrero, era tan bueno como cualquiera de sus hermanos y, como estadista, mejor que todos ellos. Su hermano Roberto supo reconocer de inmediato sus cualidades. Como acababa de llegar, Roger aún no tenía responsabilidades territoriales, así que, como es evidente, sería el lugarteniente ideal para la expedición a Sicilia que se avecinaba.

A principios de la primavera del 1060, Roberto y Roger obligaron a rendirse a la guarnición bizantina de Regio, la ciudad calabresa frente a Sicilia en el estrecho de Mesina. Ahora, la única ciudad italiana que continuaba en manos griegas era Bari, en el Adriático, demasiado lejos como para interferir: el camino estaba despejado. El papa había dado su bendición, el Imperio occidental se veía tan impotente como el oriental para intervenir. Incluso en la propia Sicilia, la situación parecía relativamente favorable. En muchas áreas, la población local aún era cristiana —aunque ortodoxa— y era probable que diera la bienvenida a los invasores como libertadores. En cuanto a los musulmanes, sin duda eran guerreros valientes, pero ahora estaban más divididos que nunca. No parecía que la conquista normanda de Sicilia fuera a tomar mucho tiempo.

Al final, de principio a fin, se prolongó treinta y un años, un contraste más que notable con la conquista normanda de Inglaterra solo seis años antes, que barrió la resistencia sajona en cuestión de meses. Esta enorme diferencia no puede atribuirse de forma exclusiva al valor de los ejércitos sarracenos; se debió principalmente a los rebeldes barones de Apulia, que dividieron los recursos y las energías de Roberto en unos momentos en que Sicilia los necesitaba desesperadamente. Y, sin embargo, por paradójico que resulte, fueron estas distracciones apulianas las que hicieron que Sicilia fuera el reino extraordinario y espectacularmente organizado en que se convertiría más adelante. Con Roberto obligado a pasar más y más tiempo en la península, su hermano se hizo con un mayor control de la campaña de Sicilia, hasta que Roger asumió finalmente la supremacía efectiva. Eso llevaría a la división de los dominios de Roberto y, por lo tanto, permitió a Roger, que no tenía responsabilidades en Apulia, dedicar a la isla toda la atención que merecía.

El 10 de enero del 1072, los hermanos efectuaron su entrada oficial en Palermo. La subyugación de la isla aún no se había completado, ni mucho menos. Subsistían emiratos independientes en Siracusa y Trapani, pero, en adelante, la pacificación total era solo cuestión de tiempo. Como duque de Sicilia, Roberto Guiscardo reclamó la soberanía de la isla, pero, dado que debía cuidar de sus dos principales ducados, no pudo permanecer allí mucho tiempo; Roger sería el gobernante en la práctica, con el título de gran conde. Sicilia sufriría una transformación completa. Desde la primera mitad del siglo IX, la totalidad o la mayor parte de la isla había estado en manos de los musulmanes y había constituido una cabeza de puente del islam desde la que incursiones, piratas y alguna que otra fuerza expedicionaria habían mantenido una incesante presión sobre los bastiones del sur de la cristiandad. Los dos grandes imperios, tanto por separado como en conjunto, habían intentado desalojarlos de la isla durante aproximadamente un cuarto de milenio, aunque en vano; Roberto y Roger, con un puñado de seguidores, lo habían logrado en menos de una década. Es más, la conquista normanda de Sicilia fue, junto con el contemporáneo inicio de la Reconquista en España, el primer paso en la importante respuesta cristiana contra las tierras en manos musulmanas en el Mediterráneo, una respuesta que, en muy poco tiempo, cristalizaría en la colosal, aunque en último término vana, épica de las cruzadas.

Roberto Guiscardo nunca regresó a Sicilia. Roger, por su parte, estuvo encantado de que lo dejaran como única autoridad de la isla. Para él, Sicilia era muy distinta a como la veía su hermano. Roberto la concebía simplemente como una nueva y brillante joya en su corona, una extensión territorial de la península itálica, que solo una inoportuna franja de agua separaba de sus otros dominios. Fue Roger quien vio que ese estrecho, que la protegía de las eternas disputas del sur de Italia, le ofrecía posibilidad de alcanzar una grandeza mucho mayor que nada de cuanto pudiera lograrse en el continente. Su primera tarea, no obstante, era establecer y consolidar el dominio normando en la

Tradicional carro pintado siciliano. Las escenas de batallas entre caballeros cristianos y sarracenos rememoran los días de la conquista normanda, aunque, en el imaginario popular, aparecen también personajes como Carlomagno o Roldán.

isla, y con solo unos pocos cientos de caballeros bajo su mando, sabía perfectamente que únicamente lo lograría persuadiendo a los musulmanes para que aceptaran de forma voluntaria la nueva situación. Esto requeriría, sobre todo, tolerancia y comprensión. Las mezquitas —a excepción de aquellas establecidas tras la reconversión de iglesias cristianas, que se consagrarían de nuevo— permanecerían abiertas, como había ocurrido hasta entonces, para que los fieles acudiesen a rezar. Los tribunales locales juzgarían de acuerdo con la ley islámica. El árabe se declaró idioma oficial, en igualdad de condiciones con el latín, el griego y el francés normando. Muchos emires provinciales en el gobierno local conservaron sus puestos. Los normandos no mostraron en ningún momento rastro alguno de la brutalidad tan destacada y desagradable de la que hicieron gala durante su conquista de Inglaterra. Así, en la mayor parte de la isla, el resentimiento del pueblo conquistado se desvaneció paulatinamente a medida que Roger se ganó su confianza; y muchos de los que habían huido a África o la península ibérica regresaron a Sicilia al cabo de un año o dos y reemprendieron sus vidas allí.

Los nuevos súbditos cristianos planteaban al gran conde un problema más complejo. El entusiasmo con que los griegos sicilianos habían dado al principio la bienvenida a sus libertadores pronto desapareció. Puede que estos caballeros francos lucieran la Cruz de Cristo en sus banderas, pero la mayoría de ellos parecían bastante menos civilizados que los musulmanes. Entonces, además, llegó a Sicilia una insufrible retahíla de sacerdotes y monjes latinos, todos ellos cismáticos a ojos de los griegos. ¿Acaso no practicaban estos recién llegados la despreciable liturgia latina? ¿Es que no se santiguaban con cuatro dedos y de izquierda a derecha en lugar de derecha a izquierda? Y, lo peor de todo, ¿acaso no estaban apropiándose de algunas de las iglesias griegas para uso propio?

Los griegos ya habían recibido garantías de que se respetarían su idioma, su cultura y sus tradiciones, pero, claramente, no bastaba con eso. Roger entendió que debía ofrecerles ayuda material para la reconstrucción de su Iglesia. Puso a disposición de la comunidad ortodoxa fondos para la reconstrucción de sus templos y monasterios y, al cabo de poco tiempo, había financiado personalmente un nuevo monasterio basiliano,* el primero de los catorce que establecería o restauraría durante su vida. Y así, desde aquellos primeros días en Palermo, el gran conde puso los cimientos de un estado multirracial y políglota en el que normandos, griegos y árabes seguirían, bajo un gobierno firmemente centralizado, sus propias tradiciones culturales en libertad y concordia. Como era inevitable, llevó tiempo. Todavía quedaban pequeños focos de resistencia. Pasaron siete años desde la captura de Palermo hasta que la parte de Sicilia al norte de la línea Agrigento-Catania aceptara a los normandos como señores, e incluso entonces, la gran fortaleza de Enna siguió resistiéndose a ellos.

Y todavía quedaba Siracusa. El 25 de mayo del 1085, en el transcurso de una batalla naval que se combatió justo frente a su puerto —exactamente donde los barcos siracusanos habían destruido a la flota ateniense casi quince siglos antes—, el emir local intentó abordar el barco de Roger. Ya estaba herido, calculó mal el salto, cayó al mar y se ahogó lastrado por el peso de su armadura. Lejos de rendirse, la ciudad resistió durante otros cinco meses (cinco meses, por cierto, durante los cuales Roberto Guiscardo murió de fiebres tifoideas frente a Cefalonia mientras comandaba una expedición contra Constantinopla). La resistencia sarracena no cedió hasta octubre. Luego, en julio del 1086, Agrigento cayó tras un asedio de cuatro meses y Enna se convirtió en el único foco de resistencia existente.

Al cabo de unas pocas semanas, Roger llegó ante las murallas de la fortaleza e invitó al señor de Enna, el emir Ibn Hamud, a parlamentar. Como le habían advertido, encontró al emir perfectamente dispuesto a rendirse si hallaba una forma de hacerlo que le permitiera conservar su dignidad. A estas alturas, el gran conde había vivido ya lo bastante entre musulmanes como para subestimar la importancia de la honra, así que, a los pocos días, se encontró una solución. Varios días después, el emir salió del castillo a la cabeza de sus tropas y las llevó a un estrecho des-

---

* Todos los monasterios ortodoxos griegos se rigen por la Orden de San Basilio o regla basiliana.

filadero; en cuanto entraron en él, fueron sorprendidas por un contingente normando muy superior y rápidamente rodeadas. Por extraño que parezca, nadie murió. Sus captores se dirigieron entonces a la mismísima Enna que, privada de su emir y de su ejército, capituló de inmediato. Quizá en agradecimiento, Ibn Hamud se bautizó y se fue a vivir a Calabria, donde, en una hacienda que le cedió Roger, pasó el resto de sus días feliz y mantuvo el estilo de vida al que estaba acostumbrado, como cualquier otro caballero cristiano.

De este modo, Roger de Sicilia se convirtió, llegada la última década del siglo XI, en el príncipe más importante del sur, más poderoso que cualquier dirigente de la Italia continental, incluido el papa. Sobre su personalidad y su vida privada sabemos irritantemente poco, excepto que parece que heredó la fecundidad de los Hauteville. Los registros atestiguan al menos trece y probablemente diecisiete hijos con diversas mujeres, tres de las cuales fueron esposas de Roger de forma sucesiva, pero es posible que la lista no sea exhaustiva. En cualquier caso, cuando falleció, el 22 de junio de 1101, dejó solo dos herederos varones legítimos, ambos nacidos de su tercera esposa, Adelaida de Savona, cuando él ya estaba en la sesentena. El mayor de estos, Simón, murió tres meses después que su padre, a los doce años, así que fue el joven Roger, que entonces contaba solo siete u ocho años, quien sucedió a su padre como gran conde de Sicilia. Siete años más tarde, período durante el cual su madre demostró ser una regente extremadamente efectiva, tomó el control del país.

La isla no era ya el lugar atrasado que había sido medio siglo atrás. Su explosión económica había sido espectacular. El estrecho era, por primera vez en siglos, seguro para los barcos cristianos; Mesina y Siracusa eran ciudades en auge; comerciantes procedentes de todos los rincones del Mediterráneo abarrotaban las calles y los bazares de Palermo. De repente, Sicilia había ocupado su lugar como isla central del mar en el centro del mundo. Roger estaba decidido a hacer que su influencia política creciera en la misma proporción; y a que, al igual que había conseguido Roberto Guiscardo antes que él, su poder y su presencia se hiciera notar entre los príncipes de Europa, y también entre los de África y Asia.

En 1128 obtuvo la primera pieza para poner en marcha su gran plan: la adquisición de los dos ducados normandos en la Italia continental, que le concedió el papa Honorio II en Benevento. Ahora, por fin, como en los días de los Guiscardo, Apulia, Calabria y Sicilia estaban unidas bajo un solo duque. Y ese duque tenía solo treinta y dos años. El segundo paso, no obstante, era más difícil; necesitaba desesperadamente una corona real. No se trataba de vanidad personal. Roger se había propuesto unificar todos los dominios de los normandos en el sur en una sola nación. Mantener las identidades de los ducados separadas habría sido invitar a la desintegración; una vez unidos, el Estado resultante no podía ser sino un reino. De hecho, si no era un rey, ¿cómo iba a tratar con los demás gobernantes de Europa y de Oriente en igualdad de condiciones? Las consideraciones domésticas apuntaban en la misma dirección. Debía poseer un título que lo colocara por encima de sus vasallos más importantes, los príncipes de Capua y Bari, un título que uniera a todos sus vasallos con una lealtad más profunda que la que podía concitar un mero duque. Pero el papa continuaba siendo y sería siempre su soberano, y era consciente de que no podía asumir una corona sin la bendición papal.

Es posible que esto nunca hubiese ocurrido de no haber tenido lugar un acontecimiento que se le debió antojar una intervención divina: una disputa por la sucesión papal. A principios de febrero de 1130, el papa Honorio II agonizaba. Su claro sucesor era el cardenal Pietro Pierleoni. Aunque de orígenes judíos, Pierleoni tenía un historial irreprochable como monje en Cluny, antes de haber servido como legado papal en Francia e Inglaterra, donde había aparecido con un séquito particularmente magnífico en la corte del rey Enrique I. Pero también tenía muchos enemigos, encabezados por el canciller de la curia, el cardenal Aimeri, que ahora —mediante un enorme esfuerzo, incluso antes de que el cuerpo de Honorio se hubiera enfriado— arrastró a otro cardenal, un tal Gregorio Papareschi, al Letrán y lo proclamó papa con el nombre de Inocencio II. Casi de forma simultánea, unas dos docenas de cardenales declararon que aquel proceso no se había desarrollado de acuerdo con la ley canónica —y no les faltaba razón— y proclamaron al cardenal Pierleoni supremo pontífice con el nombre de Anacleto II. Al amanecer del Día de San Valentín de 1330, Roma no tenía papa. A mediodía, tenía dos.

En la ciudad propiamente dicha, la popularidad de Anacleto era abrumadora; ya en abril, Inocencio se vio obligado a huir. En el norte de Europa, sin embargo, resultó muy popular, a lo que contribuyó que tenía a su lado como uno de sus principales valores a uno de los líderes espirituales más importantes del siglo XII: san Bernardo de Claraval. Con un paladín como este, Inocencio podía permitirse ser paciente; sin embargo, no podía decirse lo mismo de Anacleto, que tomó el único curso que le quedaba abierto. Como había hecho más de uno de sus antecesores en momentos de desesperación, apeló a los normandos. En septiembre, se reunió con Roger en Avellino, donde se completaron rápidamente las negociaciones necesarias. El duque prometió dar a Anacleto todo su apoyo: a cambio, quería una corona real. Para Anacleto, las ventajas eran obvias. Si, como parecía probable tal y como estaban las cosas, el duque iba a ser su único aliado, estaba claro que era deseable reforzar al máximo su posición. El 27 de septiembre de 1130, en Benevento, emitió una bula mediante la cual concedía a Roger y a sus herederos la corona de Sicilia, Calabria y Apulia.

Y así, el rey Roger II de Sicilia —no hubo ningún rey Roger I— fue debidamente coronado el día de Navidad de 1130 en la catedral de Palermo. La edad de oro de Sicilia había comenzado.

La nueva nación —era el tercer reino más grande de Europa— no podía haber tenido un gobernante mejor. Nacido en el sur, de madre italiana y educado durante su larga minoría de edad por tutores griegos y árabes, Roger había crecido en la atmósfera cosmopolita de tolerancia y respeto mutuo creada por su padre, y entendía instintivamente el complejo sistema de límites y contrapesos del que dependía la estabilidad interna del país. Quedaba en él poco de caballero normando. No poseía ninguno de los atributos guerreros que habían granjeado la gloria a su padre y tíos y que, en una sola generación, habían hecho famoso en todo el continente el apellido de un desconocido barón normando. Pero, de entre todos aquellos hermanos Hauteville, solo su padre se había convertido en un estadista. El resto fueron guerreros y hombres de acción hasta el fin de sus días. Aunque había pasado la mayor parte de su primera década como rey combatiendo con gran valentía en la península y sufriendo su buena dosis de desengaños, traiciones y derrotas —o quizá precisamente fuera por ello—, odiaba la guerra y la evitó siempre que le fue posible. De aspecto sureño y temperamento oriental, tan solo había heredado de sus antepasados normandos su energía y su ambición, a las que sumó un don para la diplomacia que era genuinamente suyo; y fueron estas cualidades, mucho más que sus gestas en el campo de batalla, las que le permitieron convertir el sur en un solo reino.

Los barones normandos de Apulia y Calabria les causarían problemas a él y a sus sucesores. Eran productos del antiguo sistema feudal; no veían ningún motivo para inclinarse ante los advenedizos Hauteville. Además, la corte estaba muy lejos y continuaron actuando prácticamente a su antojo. Roger los odiaba, sobre todo por la cantidad de tiempo y esfuerzo necesario para mantenerlos medianamente a raya. Las cosas eran mucho más sencillas en Sicilia. Allí, a diferencia de en la península, el feudalismo jamás había existido; todo se basaba en la tolerancia y el respeto étnicos y religiosos. A cada raza se le asignaban tareas adecuadas a sus virtudes y flaquezas. Al cabo de poco tiempo, se forjó una tradición por la cual la armada siempre estaba bajo el mando de un griego, pues estos eran, con diferencia, los mejores navegantes.* De modo similar, las finanzas del Estado se confiaban a los árabes, cuyos matemáticos se consideraban superiores a los de todos los demás.

El mayor milagro es que estos principios políticos se vieron reflejados en el arte y la arquitectura que crearon los normandos. Sus rasgos más evidentes y extraordinarios son, quizá, las

---

* La palabra «almirante» es una corrupción del árabe *emir al-bar,* 'comandante del mar', y llegó al inglés *admiral* a través de la Sicilia normanda.

Mosaíco bizantino del Cristo Pantocrátor en el ábside de la
catedral de Cefalú, c. 1150. En opinión de muchos, la representación
más sublime de Cristo en todo el arte cristiano.

cúpulas claramente árabes que coronan varias de las iglesias, en
especial las de S. Giovanni degli Eremiti y S. Cataldo en Palermo; pero estas son solo el principio. Conduzca hacia al este
por la costa norte hasta Cefalú, hasta la exquisita catedral que
Roger comenzó a construir en 1131 y acabó diecisiete años después. Allí, en la bóveda de horno sobre el ábside oriental, hay
un inmenso mosaico del Cristo Pantocrátor, el Todopoderoso,
que para muchos de nosotros es la representación más sublime
del Redentor en todo el arte cristiano. El estilo es bizantino de
cabo a rabo; tal milagro solo pudo haber sido creado por los más

brillantes artistas griegos, a quienes, sin duda, Roger hizo venir de Constantinopla.

También hay maravillosos mosaicos bizantinos en la iglesia de la Martorana (S. Maria dell'Ammiraglio) de Palermo. Esta fue construida por el más grande de los almirantes sicilianos, Jorge de Antioquía, que la dotó de fondos en 1143. No está, por desgracia, intacta: el ábside principal, junto con todos sus mosaicos, fue demolido en 1683 y reemplazado por un *capellone* cubierto de frescos cuya rematada fealdad han sido incapaces de disminuir los restauradores del siglo XIX; también se añadieron en el siglo XVII —de forma totalmente innecesaria— las naves occidentales, sumamente mediocres. Enmarcada entre estos dos añadidos, sin embargo, la vieja iglesia de Jorge se ha preservado; su planta de cruz inscrita todavía conserva el mismo aspecto que cuando fue consagrada. Los mosaicos son muy bellos: la Anunciación, la Natividad, la Presentación de Jesús en el Templo y el Tránsito de María son los mejores.

Sobre todos ellos, recorriendo la base de la cúpula a los pies de los ángeles que adoran, el visitante puede distinguir un estrecho friso de madera. Tras siglos de oscuridad, hubo que esperar a la restauración de finales del siglo XIX para que fuera redescubierto y se hallaran en él los restos de una inscripción, un antiguo himno bizantino a la Virgen. Puesto que la Martorana es una iglesia ortodoxa, no habría nada de extraño en ello, de no ser por una cosa: la inscripción está en árabe. ¿Es posible, se pregunta uno, que ese himno fuera el favorito del propio Jorge de Antioquía y que le gustase más en el idioma en el que lo había oído por primera vez durante su infancia en Siria?

En la Martorana hay dos retratos, ambos tomados en vida del modelo. El primero, en una de las paredes que dan al oeste en el lado norte de la nave, cerca de la entrada, es el de su fundador, Jorge de Antioquía. En la actualidad no se encuentra precisamente en un estado esplendoroso. El almirante, que parece más viejo de los años que tenía y claramente oriental, está postrado ante la Virgen. La cabeza original se conserva y la exquisita figura de la Virgen nos ha llegado intacta casi en su totalidad, pero, ay, el cuerpo del almirante claramente se deterioró en algún momento y una restauración torpe ha hecho que parezca una tortuga. El espacio correspondiente en la pared sur, donde se encuentra el rey Roger en persona siendo coronado por Cristo, merece mucho más la pena. Está en pie, ligeramente inclinado hacia delante, retratado como una figura puramente bizantina vestida con una larga dalmática y estola, una corona y unos colgantes enjoyados al estilo de Constantinopla e incluso levantando los antebrazos, en el gesto de plegaria griega. Sobre su cabeza, unas grandes letras negras cruzan el fondo dorado para proclamarlo: ROΣΕΡΙΟC PHE, es decir '*Rogerios Rex*'. Este uso sin complejos del alfabeto griego para una palabra latina es menos curioso de lo que pudiera parecer; ya en tiempos de Roger, la palabra griega para «rey», *basileus*, se identificaba tanto con el emperador bizantino que habría resultado impensable utilizarla en este contexto. Y, sin embargo, la simple transliteración tiene un gran impacto por sí misma —especialmente después de que uno haya divisado una inscripción en árabe en un pilar cercano— y parece diseminar el espíritu de la Sicilia normanda.

También este es un retrato tomado en vida de su protagonista, la única imagen del rey que ha llegado hasta nuestros días y que podemos asumir con seguridad que es auténtica. Muestra a un hombre de cabello y tez oscuras en el umbral de la mediana edad, con una larga barba y una melena espesa que le cae sobre los hombros. El rostro en sí podría ser griego o italiano, incluso tiene algo de semítico. Es difícil imaginar algo más distinto a la idea tradicional de un caballero normando. Siempre es peligroso leer demasiado en un retrato, pero incluso en algo tan hierático y formal como el mosaico de la Martorana hay ciertos toques de inspiración, ciertos ajustes y graduaciones infinitesimales de las teselas, que hacen que el rey Roger cobre vida ante nosotros. He aquí, sin duda, el hombre sureño y oriental, el gobernante de sutil inteligencia e infinita flexibilidad; el estadista a quien la diplomacia, por tortuosa que fuera, le resulta un arma más natural que la espada y para quien el oro, por corruptor que resulte, es una moneda mucho más efectiva que la sangre. He aquí el patrón de las ciencias, el amante de las artes; he aquí, por último, el intelectual que ha reflexionado profundamente sobre

Mosaico de la iglesia de la Martorana, en Palermo, que representa a Roger II siendo coronado por Cristo, *c.* 1150. El rey lleva la corona y la túnica de un emperador bizantino; Cristo aparece con los pies en el aire. Nótese la inscripción *ROGERIUS REX,* escrita en griego.

la ciencia del gobierno, que dirige su país con la cabeza y no con el corazón; el idealista que no se hace ilusiones; el déspota por naturaleza, justo y generoso, que ha aprendido, por desgracia, que hasta la generosidad debe moderarse en aras de la justicia.

Hay incontables monumentos de la época de Roger que podríamos mencionar, pero esto es un libro de historia, no una guía de viajes. Debemos limitarnos a aquellos con relevancia histórica, y en ese sentido, la Capilla Palatina no tiene rival. Cuando Roberto Guiscardo y su hermano irrumpieron por primera vez en la Palermo árabe, establecieron su centro administrativo en la vieja fortaleza sarracena, que repararon y reforzaron y que, con el paso del tiempo, no solo se convertiría en la sede del Gobierno, sino en el palacio real. Ya en 1129, incluso antes de convertirse en rey, Roger había comenzado la construcción de su capilla personal en el nivel superior, con vistas al patio interior. Las obras se desarrollaron con lentitud, pero el 28 de abril de 1440, Domingo de Ramos, fue consagrada y dedicada a san Pedro y se le concedieron oficialmente los privilegios acordes a su estatus palatino.

Es en este edificio donde vemos, con mayor claridad que en ningún otro de Sicilia, una plasmación visual del milagro político siciliano-normando: una fusión aparentemente natural de los elementos más brillantes de las tradiciones latinas, bizantinas e islámicas en una única y armoniosa obra de arte. Su forma es, esencialmente, la de una basílica occidental, con una nave central y dos naves laterales separadas por hileras de antiguas columnas de granito, todas ellas culminadas con capiteles corintios lujosamente dorados, que dirigen la mirada hacia los cinco escalones que llevan al coro. También occidentales, aunque con ecos del sur, son los pavimentos ricamente ornamentados y las centelleantes incrustaciones cosmatescas de los escalones, balaustradas y parte baja de las paredes, por no hablar del inmenso púlpito, tachonado de oro y malaquita y pórfido y flanqueado por un gigantesco candelero pascual, un auténtico bestiario de mármol de cuatro metros y medio de altura.

Pero si levantamos la vista hacia los mosaicos que inundan de dorado la capilla, nos encontramos de nuevo cara a cara con Bizancio. Algunos de estos mosaicos, por desgracia, han desaparecido; otros han padecido restauraciones drásticas (desastrosas en algunos casos, como en la parte baja del ábside central y los dos ábsides laterales). El mejor de todos ellos, sin embargo —el Pantocrátor que observa y bendice desde la cúpula, con un círculo de ángeles alados que lo rodea como una guirnalda y con los cuatro evangelistas doctos en sus trompas— es una muestra de arte bizantino en estado puro, del que cualquier iglesia de Constantinopla se habría mostrado orgullosa. Sobre el coro, casi por doquier, hay inscripciones en griego, testimonio indubitable de su fecha y la procedencia de sus artesanos; en cambio, la Virgen del transepto norte, las escenas del Antiguo Testamento en la nave y las de las vidas de san Pedro y san Pablo en las naves laterales fueron probablemente adiciones que realizó Guillermo I unos veinte años más tarde, cuando su padre ya había fallecido. Aquí y en el resto de lugares, las inscripciones latinas y la preferencia por los santos latinos sugiere que Guillermo contrató a artistas nativos (suponemos que los aprendices italianos de los maestros griegos originales). A finales del siglo XIII, otros italianos fueron los responsables del Cristo entronizado de la pared occidental y de las dos figuras de san Gregorio y san Silvestre dentro del arco del santuario, que, en el período angevino, reemplazaron de forma imperdonable un retrato anterior del propio Roger.

Estas respuestas casi antifónicas de lo latino y lo bizantino, enmarcadas en un entorno tan fabuloso, habrían bastado por sí solas para ganar a la Capilla Palatina un lugar único entre los edificios religiosos del mundo, pero para Roger no fue bastante. Dos de las grandes tradiciones culturales de su país aparecían reflejadas con esplendor en su nueva creación, pero ¿y la tercera? ¿Qué pasaba con los sarracenos, el mayor grupo entre los súbditos de su isla, cuya lealtad había sido inquebrantable —en marcado contraste con lo que había sucedido con sus compatriotas normandos— durante más de medio siglo, cuya eficiencia administrativa era en su mayor parte responsable de la prosperidad de su reino y cuyos artistas y artesanos eran celebrados en tres continentes? Así pues, la capilla se embelleció con lo que es, de un modo bastante literal, su mayor gloria, sin duda la cubierta más inesperada de cualquier iglesia en todo el mundo: un techo de estalactitas de madera, de estilo islámico clásico, tan elegante como el mejor de El Cairo o Damasco, decorado con el intrincado conjunto de pinturas árabes más antiguas que se conocen y que, además, son figurativas.

Por último, al pasear por ese asombroso edificio, recuerde uno de sus aspectos más importantes: su fecha. Mediados del siglo XII fue solo cien años después del Gran Cisma entre las iglesias católica y ortodoxa, cuyos seguidores, en el resto de lugares, andaban a la greña entre sí. Las cruzadas, por otra parte, estaban en su cénit: mientras los carpinteros árabes de Roger elaboraban ese techo maravilloso, cristianos y musulmanes se masacraban unos a otros a lo largo y ancho del Levante mediterráneo. Solo aquí, en esta isla en el centro de ese mismo mar, sus tres grandes civilizaciones se unieron y trabajaron juntas en armonía y concordia, como nunca había sucedido antes ni sucedería después. La Sicilia normanda todavía es un ejemplo para todos nosotros.

En cuanto a la corte del rey Roger, fue, con diferencia, la más brillante de la Europa del siglo xii. El mismo rey era célebre por su insaciable curiosidad intelectual y un respeto por el saber que los distinguía de los demás príncipes. Hacia la década de 1140, Palermo era la residencia permanente de muchos de los principales académicos y científicos, doctores y filósofos, geógrafos y matemáticos de Europa y del mundo árabe; y, con el paso de los años, compartió más y más de su tiempo en su compañía, pues era capaz de departir con ellos con fundamento en francés, latín, griego o árabe.

> En matemáticas, como en la esfera política, no se puede describir el alcance de sus conocimientos. Tampoco tenía límite su conocimiento de las ciencias, pues ha estudiado muy profunda y sabiamente hasta sus más pequeños detalles. Es responsable de innovaciones singulares e inventos maravillosos, incomparables con los de ningún príncipe anterior.

Quien escribió estas palabras fue Abu Abdulá Mohammed al Idrisi, íntimo amigo de Roger y, de todos los eruditos de palacio, el más admirado por el rey. Al Idrisi había llegado a Palermo en 1139 y permanecería allí durante buena parte de su vida; durante quince años, dirigió una comisión establecida por el monarca para recabar información geográfica de todos los rincones del mundo, compararla y registrarla de manera ordenada para, en último término, producir un compendio que contuviera la suma total del conocimiento geográfico del mundo físico. En la encrucijada de tres continentes y con unos puertos que se contaban entre los más concurridos y cosmopolitas de Europa, Sicilia era un centro ideal para emprender una empresa de ese tipo, y durante esos quince años apenas hubo barco que atracara en Palermo, Mesina, Catania o Siracusa a cuyo capitán y tripulación no se les preguntara acerca de las características físicas, el clima y las gentes que habían visto en todos los lugares que habían visitado.

La Capilla Palatina, en Palermo, refleja a la perfección las religiones
de la Sicilia normanda: la planta es occidental, los mosaicos,
bizantinos, y el techo de estalactitas, puramente islámico.

Los resultados de este proyecto, que se completó en enero
de 1154, apenas un mes antes de la muerte del rey, fueron dos.
El primero consistió en un enorme planisferio de plata que pesaba no menos de 450 libras romanas (148 kilogramos), en el
que se grabaron «la configuración de los siete climas y de las
regiones, países, costas —tanto cercanas como lejanas—, golfos,
mares y vías fluviales; la localización de los desiertos y de las
tierras cultivadas, y sus respectivas distancias por rutas normales en millas o en otras medidas conocidas; y la designación de
puertos». Por desgracia, este planisferio se destruyó durante los
disturbios que sacudieron el país en el siguiente reinado, a los
pocos años de haberse terminado.

Pero el segundo fruto del trabajo de Al Idrisi, y quizá, después de todo, el más valioso, se ha conservado íntegro.[*] Es un
libro titulado *El pasatiempo de un hombre deseoso de un conocimiento completo de los distintos países del mundo,* más conocido
como *El libro de Roger;* se trata de la obra geográfica más im-

---

[*] También fue destruido durante los disturbios, pero diez copias manus-
critas han sobrevivido. Dos están en la Bibliothèque Nationale en París y
otra, en la Biblioteca Bodleiana de Oxford.

portante de la Edad Media. En su mismísima primera página, leemos:

> La tierra es redonda como una esfera, y las aguas
> se adhieren a ella y se mantienen sobre ella a través
> de un equilibrio natural invariable.

Como era de esperar, *El libro de Roger* resulta una combinación de hechos topográficos concretos —muchos de ellos asombrosamente exactos para ser el resultado de un trabajo producido tres siglos y medio antes de Colón— y cuentos de viajeros, pero incluso estos últimos dejan entrever que las historias se sometieron a una severa revisión crítica antes de ser incluidas. Sobre Inglaterra, por ejemplo, dice:

> Inglaterra se encuentra en el Océano de la Oscuridad. Es una isla de tamaño considerable, con forma de cabeza de avestruz, y en la que hay ciudades florecientes, altas montañas y grandes ríos y llanuras. El país es muy fértil y sus habitantes son valientes, activos e industriosos, pero viven atrapados en un invierno perpetuo.

Aunque el círculo de la corte de Roger no estaba ni mucho menos compuesto enteramente por musulmanes como Al Idrisi, quizá constituían el mayor grupo, y entre los europeos que rodeaban al monarca, muchos habían acudido a Palermo atraídos precisamente por este sabor árabe. A diferencia del cristianismo, el islam nunca hizo distinción entre el saber sagrado y el profano. Durante la Edad Oscura, mientras la Iglesia de Roma temía e incluso desaconsejaba activamente los estudios seculares, los buenos musulmanes recordaban que el profeta en persona les había dicho que «quien viaja en busca de saber viaja por el camino de Alá hacia el Paraíso». Hacía tiempo que en Occidente se concedía que la civilización musulmana era superior a cualquier cosa que pudiera encontrarse en la Europa cristiana. Especialmente en el campo de las matemáticas y de la física, el árabe se había convertido en la lengua científica por excelencia.

Sin embargo, era un idioma endiabladamente difícil de aprender y, además, en el norte de Europa había muy pocos profesores competentes que pudieran enseñarlo. Por lo tanto, durante más de medio siglo, hombres como Adelardo de Bath —pionero de los estudios árabes en Inglaterra y el hombre de ciencia inglés más destacado entre Roberto Grosseteste y Roger Bacon— habían viajado a la península ibérica y Sicilia para desentrañar allí los secretos del mundo musulmán. Muchos preferían al-Ándalus; para otros, sin embargo, Sicilia poseía una ventaja decisiva: aunque culturalmente todavía formaba parte del mundo árabe, también seguía en contacto con el Oriente griego. En las bibliotecas de Palermo, por no hablar de en los monasterios basilianos de la isla y de Calabria, los eruditos podían encontrar los originales griegos de obras que en la península ibérica se conocían solo por extractos o traducciones de dudosa precisión. Hoy en día tendemos a olvidar que, hasta el siglo XIII o incluso el XIV, Europa occidental desconocía casi por completo el griego, de modo que la Sicilia de Roger se convirtió en el principal centro de estudios helenísticos fuera del propio Bizancio. Sin embargo, en Bizancio no se conocía la cultura árabe y se desconfiaba de ella. Solo en Sicilia ambas civilizaciones podían estudiarse directamente.

De la muerte del rey Roger sabemos muy poco, excepto el día en que ocurrió: el 26 de febrero de 1154. En cuanto a su causa, Hugo Falcando —el mejor de todos los cronistas de la Sicilia normanda—, que empieza su historia con el inicio del nuevo reinado, habla solo de «agotamiento por sus inmensos trabajos y el inicio de una senilidad prematura debida a su adicción a los placeres de la carne, a los que se entregó mucho más allá de lo necesario para la salud física». A pesar de que dispuso expresamente que lo enterraran en Cefalú, su gran tumba de pórfido se encuentra en la catedral de Palermo. Se ha abierto más de una vez y ha revelado en su interior el cuerpo del rey, todavía ataviado con dalmática y manto real y luciendo en su cabeza la diadema con colgantes enjoyados que vemos en su retrato de la Martorana. Este fue el último gesto de Roger hacia Bizancio, el imperio al que odió pero cuyo concepto de monarquía adoptó como propio.

Cuando murió, tenía solo cincuenta y ocho años. Si se le hubieran concedido otros quince años, puede que su país hubiera hallado esa identidad nacional que tan duro había trabajado para crear y que toda la historia del sur de Europa hubiese cambiado. Aun así, la Sicilia normanda seguiría aumentando su influencia y prestigio durante unos años más, desde Londres a Constantinopla, y la brillante corte de Palermo conservaría su esplendor y no tendría parangón en toda Europa. Pero, para entonces, el tejido interno del Estado mostraba señales de deterioro y, con el reinado de Guillermo el Malo, el reino, aunque todavía estaba en su época dorada de esplendor, emprendió su postrera y triste decadencia.

La catedral de Cefalú, *c.* 1140, construida por Roger II como muestra de agradecimiento tras sobrevivir a un naufragio. Era su monumento favorito y deseaba que lo enterraran aquí.

5

El final del reino

El nuevo rey, Guillermo el Malo, no se merecía del todo su apodo. No se le dio este sobrenombre hasta unos doscientos años
después de su muerte y la causa de tal apelativo se encuentra en
dos infortunios de los que no consiguió recuperarse. El primero
fue que su padre siempre lo eclipsó; el segundo fue el principal
cronista de su reinado, Falcando, quien lo odiaba y aprovechó
todas las oportunidades que se le presentaron para vilipendiarlo.
El aspecto de Guillermo también jugaba en su contra. Aunque
no ha sobrevivido ningún retrato, una crónica contemporánea
lo describe como un hombre enorme «cuya espesa barba negra
le confería un aspecto terrible y salvaje que asustaba a muchos».
Esas características, combinadas con una hercúlea fuerza física
—podía separar dos herraduras entrelazadas con las manos desnudas— no debieron de favorecer su popularidad.

Con tres hermanos mayores que lo separaban del trono,
nunca lo educaron para ser un grande y, cuando las prema-
turas muertes de estos lo obligaron a asumir el trono a la edad
de treinta años, la grandeza lo tomó por sorpresa. Perezoso y
hedonista, Guillermo dedicaba la mayor parte de su tiempo a
actividades para las que Roger empleaba solo sus escasas horas
de descanso: debatir sobre arte y ciencia con los intelectuales a
los que frecuentaba o coquetear con mujeres en los palacios que
rodeaban Palermo como un collar. Se casó cuando todavía era
muy joven con Margarita, hija del rey García Ramírez de Pam-
plona, y parece que no le prestó demasiada atención a su esposa
tras acceder al trono, ni tampoco a los cuatro hijos que le dio.
Era, en un grado incluso mayor que su padre, oriental de cabo a

rabo. Su vida se parecía más a la de un sultán que a la de un rey y su carácter encarnaba la misma combinación de sensualidad y fatalismo que ha definido a tantos gobernantes orientales. Nunca tomaba una decisión si podía evitarlo, jamás se enfrentaba a un problema si había la menor posibilidad de que, en caso de darle el tiempo suficiente, se resolviera solo. Una vez se veía obligado a entrar en acción, perseguía sus objetivos con una energía feroz, casi demoníaca.

Durante los diez años anteriores a su coronación, el país había disfrutado de paz interior, pero muchos de los barones normandos, especialmente en Apulia, no se habían reconciliado todavía con el nacimiento del reino. Otros, que habían decidido apoyar al rey, habían gravitado hacia la capital con la esperanza de obtener poder o prebendas, pero se habían llevado una decepción. Roger desconfió de sus compatriotas hasta su muerte. Arrogantes, prácticamente analfabetos, egoístas e incapaces de hablar otra lengua que no fuera la suya, eran manifiestamente inadecuados para ocupar puestos de responsabilidad en un estado altamente centralizado, y su historial como vasallos no era como para concederles grandes extensiones en la isla. Así pues, habían tenido que conformarse con ver cómo griegos, italianos y sarracenos —hombres a menudo de cuna humilde y de razas que consideraban muy inferiores a la suya— se alzaban a puestos eminentes y distinguidos, y mientras contemplaban su ascenso, crecía su descontento. Tras años de lucha, Roger se había ganado al fin a regañadientes su respeto; pero ahora que su mano de hierro había desaparecido, amenazaban con causar problemas a no tardar mucho.

Y así fue. Los barones habían encontrado un nuevo líder. Roberto de Loritello era primo del rey y encarnaba el ejemplo perfecto del aristócrata desafecto, así que cuando, en 1155, un emisario de Constantinopla —un tal Miguel Paleólogo— se presentó ante él con la propuesta de aunar fuerzas con los bizantinos para expulsar al rey Guillermo no solo de Apulia, sino de todo el sur de Italia, aceptó de inmediato. El primer objetivo era Bari, y aunque la pequeña guarnición siciliana se batió con valor, pronto se vio obligada a rendirse. Las noticias de la caída de la ciudad, unidas a una serie de rumores sobre la muerte de Guillermo —estuvo gravemente enfermo— minaron la moral de las ciudades costeras, que se rindieron una tras otra. En septiembre, un ejército real, formado por dos mil caballeros y una considerable fuerza de infantería, entró en la guerra y plantó batalla a los rebeldes, pero fue derrotado. A principios de invierno, con la llegada de las primeras lluvias, toda Apulia parecía a punto de hundirse.

En aquellos tiempos, el papa era Adriano IV, nacido Nicholas Breakspear, el único inglés que ha ocupado el trono de San Pedro. Aunque no le gustaban los griegos, los prefería a los sicilianos; en consecuencia, cuando recibió una carta de Paleólogo en la que le ofrecía ayuda militar contra Guillermo junto con un subsidio de cinco mil libras de oro a cambio de la concesión de tres ciudades costeras en Apulia, aceptó de inmediato. He aquí una oportunidad que no volvería a presentarse. Lo animó también el entusiasmo con el que muchos vasallos apulianos exiliados, al atisbar la posibilidad de recuperar sus viejos feudos, se apresuraron a reconocer al papa como su legítimo soberano a cambio de su apoyo.

A principios de 1156, toda Campania y la mayor parte del norte de Apulia se encontraban en manos bizantinas o papales; Miguel Paleólogo sofocó los últimos resquicios de resistencia y se congratuló de un éxito mucho mayor del que esperaba alcanzar. En solo seis meses había restaurado la soberanía griega en la península hasta un punto que no se había visto desde hacía siglo y medio, antes de que los normandos se hubieran lanzado sobre el *thema** bizantino de Langobardia y se apoderaran de él. En la parte continental de Italia, los enemigos del rey controlaban todos los territorios excepto Calabria; y Calabria probablemente solo permanecía leal porque aún no había sido atacada. A este ritmo, no pasaría mucho tiempo antes de que todo el sur de Italia estuviera en manos de Constantinopla. Guillermo de Sicilia sería derrocado y su odiado reino, destruido.

Pero el exceso de confianza siempre supone un peligro. Con la llegada de la primavera, Guillermo se recuperó de su enfer-

---

* El Imperio bizantino estaba dividido en una serie de *themas*, o 'provincias'.

medad y comprendió enseguida la gravedad de la situación. Era, como Falcando nos recuerda, «un hombre a quien le costaba abandonar su palacio; pero una vez se veía obligado a salir, entonces, por poco inclinado a la acción que se hubiera mostrado en el pasado, se enfrentaba a todos los peligros no tanto con valor, sino con terquedad, casi con temeridad». Como siempre, se aprecia la malicia del cronista, aunque se detecta cierto matiz de admiración en sus palabras. Guillermo impartió sus órdenes. El ejército y la armada se encontrarían en Mesina; esta sería una operación conjunta en la que los griegos y sus aliados serían atacados simultáneamente por tierra y por mar. En los últimos días de abril, el ejército cruzó a la península y marchó a través de Calabria, mientras que la flota navegó por el estrecho y luego giró al noreste, hacia Bríndisi.

Cuando el cuartel general bizantino recibió noticia de que los sicilianos, liderados por el rey en persona, avanzaban hacia ellos en formidable número, los griegos vieron como sus aliados los abandonaban. Como suelen hacer, los mercenarios escogieron el momento de crisis suprema para exigir aumentos imposibles en su paga; al serles negados, desaparecieron en masa. Roberto de Loritello desertó, seguido por sus hombres y la mayoría de sus compatriotas. La flota siciliana fue la primera en llegar; luego, al cabo de uno o dos días, el ejército apareció por el oeste. La batalla que tuvo lugar fue breve y sangrienta; la derrota griega fue absoluta. Los barcos sicilianos impidieron toda posibilidad de huida por mar. En ese solo día, el 28 de mayo de 1156, todo lo que los bizantinos habían conseguido en Italia a lo largo del año anterior fue borrado de un plumazo, como si nunca hubiera existido.

Guillermo trató a sus prisioneros griegos de acuerdo con los cánones de la guerra, pero no mostró piedad alguna con sus propios súbditos rebeldes. Esa era una lección que había aprendido de su padre. La traición, especialmente en Apulia, donde era endémica, era un crimen imperdonable. De los antiguos insurgentes que cayeron en sus manos, solo los más afortunados fueron castigados con prisión. El resto fueron ahorcados, cegados o lastrados con pesos y arrojados al mar. De Bríndisi pasó a Bari. Menos de un año antes, los bareses habían apoyado con entusiasmo a los bizantinos; ahora iban a pagar muy cara su deslealtad. Cuando se postraron ante el rey para suplicarle que los perdonara, Guillermo señaló la montaña de escombros que había donde otrora se había erigido la ciudadela. «Igual que vosotros no tuvisteis piedad con mi casa —dijo—, no tendré piedad yo con las vuestras». Les concedió dos días enteros para que se llevaran cuanto pudieran; al tercero, Bari fue destruida. Únicamente permanecieron intactos la catedral, la gran iglesia de San Nicolás y unos pocos edificios religiosos.

Solo uno de sus adversarios quedaba todavía en pie. Todos los aliados del papa Adriano habían desaparecido. Miguel Paleólogo estaba muerto y su ejército había sido aniquilado; los barones normandos estaban presos o se habían dado a la fuga y estaban escondidos. El propio Adriano era plenamente consciente de que, si deseaba salvar algo del desastre, tenía que llegar a un acuerdo con el rey de Sicilia. Ambos se encontraron en la ciudad papal de Benevento y, el 18 de junio de 1156, se llegó a un acuerdo. A cambio de un tributo anual, el papa acordó reconocer la soberanía real de Guillermo no solo sobre Sicilia, Apulia, Calabria y el antiguo principado de Capua, junto con Nápoles, Salerno, Amalfi y todo lo que les pertenecía, sino que ahora esa soberanía se extendía formalmente a las regiones de las Marcas y el norte de los Abruzos. Gracias a la posición ventajosa desde la que negoció el tratado, Guillermo obtuvo más de lo que nunca se concedió a su padre ni a su abuelo. Ahora era uno de los príncipes más poderosos de Europa.

De este modo, en los tres años que separan el Tratado de Benevento de la muerte del papa Adriano, el 1 de septiembre de 1159, se produce un curioso cambio en las posiciones relativas de los tres principales protagonistas. Las lealtades cambiaron. El papado, obligado a arrodillarse en Benevento, redescubrió un hecho que su historia durante los últimos cien años debería haber hecho evidente: que su única esperanza de supervivencia como una fuerza política poderosa era establecer una alianza muy estrecha con su vecina, la Sicilia normanda. El emperador alemán Federico Barbarroja, impresionado, a su pesar, por la velocidad y el alcance de las victorias de Guillermo contra los bizantinos en Apulia, lo contemplaba con el mismo odio de siempre, aunque con un nuevo respeto, y decidió posponer indefinidamente la expedición punitiva al sur que llevaba tiempo planeando. En su lugar, resolvió lanzar una campaña contra las ciudades y los pueblos lombardos del norte de Italia, que, a pesar de que en puridad formaban parte de sus dominios imperiales, en los últimos tiempos habían mostrado una tendencia inaceptable hacia el republicanismo y la independencia. El resultado fue una suprema paradoja: las ciudades lombardas empezaron a ver a la monarquía siciliana —con diferencia, más absolutista que ningún otro estado de la Europa occidental— como una fiel defensora de sus ideales republicanos y saludaron a su rey como un paladín de las libertades cívicas cuando aún no se había asentado el polvo sobre las ruinas de Bari. Al final, consiguieron la victoria: el 29 de mayo de 1176, los caballeros alemanes de Federico fueron derrotados en Legnano por las fuerzas de la Liga Lombarda. Aquello supuso el fin de sus ambiciones en Lombardía. Al año siguiente, en Venecia, besó públicamente los pies al papa Alejandro ante la puerta central de San Marcos y, seis años después, en Constanza, la tregua se convirtió en un tratado. Aunque técnicamente se preservó la soberanía imperial, las ciudades de Lombardía (y, hasta cierto punto, las de la Toscana) pudieron en adelante manejar sus propios asuntos con libertad.

Guillermo regresó a Sicilia con su prestigio internacional en máximos históricos, pero los últimos años de su reinado no fueron en absoluto felices. Su emir de emires —el título que recibía el primer ministro del reino—, un tal Maio de Bari, fue asesinado en 1160; y al año siguiente, se produjo una revolución palaciega en la que fue asesinado el hijo y heredero del rey, Roger, y de la que el propio Guillermo tuvo suerte de escapar con vida. El caos se extendió por buena parte de Sicilia y se trasladó a Apulia y Calabria, y el rey, dirigiendo como siempre personalmente su ejército, castigó a los rebeldes capturados con espantosa brutalidad. Pero lo peor de todo fue que, cuando regresó a Sicilia en 1162, se encontró con que los cristianos y musulmanes de la isla andaban a la greña; la armonía religiosa por la que tanto habían trabajado los dos Roger había sido destruida para siempre.

Cuatro años después, el 7 de mayo de 1166, Guillermo murió a la edad de cuarenta y seis años. No fue un buen rey. Es evidente que era muy difícil estar a la altura de Roger II y quizá no sea muy sorprendente que Guillermo tratara de ocultar su inseguridad natural bajo una apariencia temible y de hacer pasar sus defectos como administrador por una estudiada indiferencia. En un aspecto, sin embargo, sí destacó: fue mucho mejor soldado de lo que había sido su padre, y lo sabía. Cuando estaba asediado en su propio palacio, sin amigos ni consejeros, se reveló como lo que tan a menudo fue —un hombre asustado y titubeante—, pero una vez entraba en el campo de batalla, con su ejército tras él, se transformaba. Y cuando llegó la crisis, fue su valor y su habilidad militar lo que salvó a su reino.

Este mismo contraste, de hecho, es típico de él. A lo largo de toda su vida fue siempre una persona inestable y temperamental, quizá, incluso, lo que hoy describiríamos como bipolar. Estallidos de actividad frenética, casi histérica, se intercalaban en largos períodos del más profundo letargo. En un instante podía ser cruel hasta rozar el salvajismo y, al siguiente, mostrarse increíblemente misericordioso. Dado que él mismo no poseía un equilibrio real, se demostró incapaz de mantener todos los delicados equilibrios políticos de los que dependía la seguridad de su reino, equilibrios entre él mismo y sus súbditos, entre la nobleza y la burguesía y entre cristianos y musulmanes.

Pero… ¿Guillermo el Malo? El epíteto todavía suena falso. No había nada malvado en él. Sospecho que se trataba de un hombre profundamente infeliz que veía en todo palacio nuevo que construía y en todos los placeres nuevos de que disfrutaba tan solo otro refugio temporal para su atribulado espíritu. Quizá Guillermo el Triste habría sido un calificativo mucho mejor. Nunca lo sabremos.

Desde un punto de vista legal, la sucesión no presentaba ningún problema. El monarca había dejado muy claro antes de morir que deseaba que la corona pasara a Guillermo, el mayor de sus hijos con vida; no obstante, puesto que el heredero tenía solo doce años, su madre, la reina Margarita, gobernaría como regente. Todo parecía resuelto.

El día designado para su coronación, el joven Guillermo se ganó de inmediato el corazón de todos sus súbditos. A diferencia de su padre, era excepcionalmente atractivo. Cuando, en la catedral de Palermo, pusieron sobre sus sienes la corona de Sicilia y, luego, cabalgó con toda la pompa hasta el palacio real, con la reluciente diadema real sobre el largo cabello rubio heredado de sus antepasados vikingos, sus súbditos, según se nos cuenta, enloquecieron de alegría. Sin embargo, la reina Margarita sabía perfectamente que mantener su posición sería complicado. Por un lado, todos sus actuales asesores estaban irremediablemente ligados al régimen anterior. Todos eran hombres poderosos. El principal ministro era un eunuco musulmán, el caíd Pedro. Era un personaje poco carismático, más bien un funcionario que un estadista, pero su eficiencia como administrador y su devoción por el rey y su familia eran incuestionables. Lo mismo sucedía con el gran protonotario, Mateo de Ajello. Luego estaba también el primo de la reina, Gilberto de Gravina, incansable en sus intrigas, que detestaba a Pedro e insistía a Margarita en que lo nombrara a él para el cargo; y por último, formaban parte del círculo más alto de la corte dos ingleses sumamente desagradables. El primero era Richard Palmer, obispo de Siracusa, quizá el más capaz de todos ellos, pero a quien todo el mundo odiaba por su arrogancia y altivez; el otro era su enemigo jurado. Las diversas formas en que se lo nombra —Ophamilus y Offamiglio, por citar solo dos— son solo el reflejo del desesperado esfuerzo de los sicilianos por encontrar un equivalente fonético a un nombre inglés perfectamente ordinario: Walter of the Mill. Había llegado a Sicilia como preceptor de los príncipes y ahora era uno de los canónigos de la Capilla Palatina, donde se estaba demostrando más ambicioso y falto de escrúpulos que el propio Palmer. Pronto ocuparía los puestos políticos y eclesiásticos más destacados del reino, construiría la actual catedral y se convertiría en el único inglés de la historia que firmó regularmente como «emir y arzobispo».

Estaba claro que ninguno de estos hombres era ni remotamente aceptable como consejero principal de la reina. Todos ellos eran egoístas y estaban más preocupados por su ascenso personal que por el progreso del reino; habrían sido, para colmo, insufriblemente paternalistas e intentado intimidarla sin cesar para imponer las políticas que les convinieran. Margarita necesitaba a un compatriota, alguien que empatizara con ella y que hablara su idioma. Finalmente, escogió a un joven primo suyo —de la familia de su madre, normanda— llamado Esteban du Perche. Cuando este desembarcó en Palermo a finales del verano de 1166, lo hizo como peregrino camino de Tierra Santa, pero a Margarita no le costó persuadirlo para que se quedase, prometiéndole poder, honores y riquezas, a cambio de que pospusiera indefinidamente su peregrinaje y compartiera con ella la tarea de gobernar el reino. Desde el inicio, Esteban se mostró como un hombre capaz y trabajador y, cosa aún más importante —y todavía menos habitual en Sicilia—, personalmente incorruptible. Margarita estaba encantada con él. Solo dos meses después de su llegada, lo nombró canciller.

Las noticias del nombramiento, como no podía ser de otra manera, generaron una oleada de protestas. Esteban había llegado con un séquito de treinta y siete personas y, en los meses sucesivos, muchos más de sus amigos acudieron desde Francia para unirse a él. Enseguida, la corte y muchas ramas de la administración parecían más francesas que sicilianas. Por otra parte, era un idealista. Estaba decidido a hacer de Sicilia un lugar mejor e impulsó las reformas que consideraba necesarias para ello sin que le importara la opinión pública ni su popularidad personal. Es difícil, pues, evitar concluir que la reina Margarita acertó al traer a un extranjero para gobernar su reino. Hacía tiempo que eran necesarias reformas y, en la prevalente atmósfera de discordia y desconfianza, a un siciliano —fuera de nacimiento o de adopción— le habría resultado prácticamente imposible llevarlas a cabo. Esteban, imparcial y sin compromisos previos, estaba en una posición óptima para llevar a cabo esas reformas y, como era un hombre valeroso y de fuste moral, lo consiguió. Era inevitable que, durante este proceso, por mucho cariño que las reformas le granjearan entre las masas, sus subordinados de mayor rango desarrollaran cierto odio hacia él. Ese sentimiento se enconó en el otoño de 1167, cuando la reina, que todavía lo conservaba como su canciller, mandó que lo ordenaran sacerdote a toda prisa y que, acto seguido, los complacientes canónigos de la catedral de Palermo lo eligieran para ocupar el puesto vacante de arzobispo de la ciudad.

Este fue un nombramiento tan insensato que uno se pregunta cómo es posible que Esteban se prestara a ello, especialmente teniendo en cuenta los nuevos rumores que a esas alturas circulaban por Palermo: que las relaciones entre él y Margarita iban mucho más allá de las habituales entre una reina y su canciller, por no hablar ya de su arzobispo. Resulta imposible saber si estos rumores tenían algún fundamento. Falcando nos cuenta que la reina «devoraba al canciller con los ojos». Margarita aún tenía menos de cuarenta años y se dice que era atractiva. Su marido la había ignorado la mayor parte del tiempo y, quizá, lo sorprendente habría sido que no hubiera formado ningún tipo de vínculo con un joven noble atractivo, inteligente y capaz que, además, era una de las pocas personas en Sicilia en las que podía confiar. Incluso si no hubiera existido relación inapropiada de ningún tipo, los rumores habrían sido inevitables.

Durante el otoño de 1167, toda la corte se trasladó a Messina para pasar el invierno. Allí, Esteban, con la misma buena intención con la que emprendía cuanto hacía, se esforzó por granjearse el cariño de los habitantes, pero, a pesar de su intento, no logró mantener su aprecio mucho tiempo. En menos de un mes, la arrogancia y la soberbia de su séquito hicieron que toda la población de la ciudad, en su mayoría griega, odiara a los franceses. La corte regresó a la capital en marzo, pero, en Messina, el descontento siguió en aumento y fue allí, en la Pascua de 1168, donde estalló finalmente una rebelión. A finales de abril no quedaba un solo francés vivo en la ciudad. Y las cosas no terminaron ahí; todos los días llegaban a Palermo mensajeros con funestas nuevas. Los rebeldes habían tomado Rometta, una importante ciudad que dominaba la carretera entre Palermo y Messina; habían descendido por la costa hasta Taormina; en

Cefalú, el obispo les había ofrecido públicamente su apoyo. En esos momentos marchaban sobre Palermo.

A las primeras señales de disturbios, un grupo de seguidores de Esteban había acudido al palacio del arzobispo. El edificio no era adecuado para resistir un asedio; sin embargo, contaba con una ventaja: un estrecho pasillo lo comunicaba directamente con la catedral, en cuyo campanario se refugió Esteban junto a su partida. La escalera en espiral era estrecha y habían llevado consigo provisiones para varios días; allí, al menos, estarían a salvo durante un tiempo, pero su futuro a largo plazo pintaba muy mal. Por fortuna para ellos, la salvación estaba mucho más cerca de lo que creían. A esas alturas, el protonotario, Mateo de Ajello, se había puesto a la cabeza de los rebeldes y los nervios habían empezado a apoderarse de él. En su opinión, Esteban y sus amigos tenían muchas posibilidades de resistir una semana o incluso más, y eso era, probablemente, mucho más de lo que duraría el entusiasmo de la masa por la revuelta. El rey también representaba un problema. Estaba mostrando inesperados indicios de coraje. Ya había ordenado que le permitieran salir a caballo para enfrentarse a sus súbditos y exigirles que depusieran sus armas y regresaran a sus casas, y a Mateo le había costado mucho contenerlo. En la ciudad, el chico gozaba de tanta popularidad como siempre; una vez demostrase hacia dónde se inclinaban sus simpatías, era de esperar que el apoyo a la rebelión decreciera rápidamente.

Y por eso, Mateo y sus aliados decidieron negociar con el canciller. Se permitiría que Esteban y todos aquellos de sus compatriotas que desearan acompañarlo continuaran su viaje hacia Palestina; el resto gozaría de un salvoconducto hasta Francia. En cuanto a los sicilianos que lo habían apoyado, no se tomarían represalias contra sus personas ni sus propiedades. Esteban aceptó: después de todo, las condiciones que le ofrecían no podían ser más generosas o, al menos, eso parecía. Pero sus problemas no habían terminado. La primera galera que se puso a su disposición tenía más agujeros que un colador; les llevó hasta Licata, a medio camino en la costa suroeste, pero no pudieron continuar la travesía. Fue en otro barco, que hubo de comprar de su propio bolsillo a unos mercaderes genoveses que encontró en el puerto, en el que finalmente arribaron a Tierra Santa.

En los dos años que habían pasado desde su marcha de Francia, Esteban du Perche había acumulado experiencias que a otros les llevan toda una vida. Había alcanzado los puestos más altos, tanto civiles como eclesiásticos, en uno de los tres grandes reinos de Europa; había ascendido desde laico a arzobispo metropolitano; se había ganado el respeto de algunos, el odio de muchos y, probablemente, el amor de una reina. Había aprendido mucho: sobre el poder y sus abusos; sobre el arte del gobierno; sobre la lealtad, la amistad y el miedo. Pero sobre Sicilia, no aprendió nada. Nunca comprendió que la fuerza de la nación, y quizá su misma supervivencia, dependían del mantenimiento de su unidad; y puesto que era, por naturaleza, heterogénea y fisible, esa unidad debía imponerse desde arriba. Su fracaso se debe a que nunca comprendió esto; y el hecho de que, al final, uniera a sus enemigos contra él, de forma accidental e involuntaria, no disminuye su fracaso.

La reina Margarita debió de quedar al borde de la desesperación tras la partida de Esteban y sus compatriotas. Había apostado todo a aquellos franceses, y había perdido. Su hijo Guillermo tenía aún tan solo quince años y le quedaban todavía otros tres de regencia, pero su reputación, tanto política como moral, estaba por los suelos. «La española», la última y triste miembro del régimen desaparecido, no generaba ni odio ni temor; sencillamente, se la ignoraba. Continuó, no obstante, dando sobradas muestras de su completa incapacidad como gobernante. Si hubiera colaborado con el autodenominado y autoconstituido consejo que ahora gobernaba el país, podría haber recuperado, al menos, parte de la influencia perdida; en cambio, buscó frustrarlo en todo cuanto pudo. La partida de Esteban, por ejemplo, había dejado el arzobispado vacante, y los canónigos de la catedral habían escogido a Walter of the Mill como su sucesor. Desde el punto de vista de Margarita, no habría sido una mala elección, pues Walter había sido, después de todo, el preceptor de su hijo durante varios años. Pero no era Esteban, así que le dio la espalda y protestó afirmando que su primo todavía era el legítimo arzobispo; llegó incluso a apelar al papa, apoyando su protesta con unas convincentes setecientas onzas de oro, para que se negara a ratificar la elección de Walter. En este punto uno sospecha todavía más que entre la reina y su antiguo canciller debió de existir algo más que una relación de trabajo y de parentesco.

En cualquier caso, sus esfuerzos fueron en vano. El 28 de septiembre de 1168, en presencia del rey y toda su corte, Walter fue consagrado en la catedral de Palermo. Parece que, después, Margarita perdió las ganas de seguir luchando y, cuando su hijo alcanzó finalmente la mayoría de edad, se apartó, seguramente con considerable alivio, de la vida pública. Murió en 1183, a la edad de cincuenta y cinco años, y nunca más volvió a ver a Esteban du Perche.

El alivio de la reina Margarita al desembarazarse de las cargas del Estado fue plenamente compartido por sus súbditos. Aunque su regencia solo había durado cinco años, se les debió de antojar toda una vida, y por eso contemplaban con gratitud y esperanza al alto joven rubio que, en algún momento a lo largo del verano de 1171, se hizo formalmente con el gobierno de Sicilia.

No puede decirse que supieran mucho sobre él. Su belleza, desde luego, era célebre; la había preservado intacta durante su adolescencia y el chico que había parecido un ángel el día de su coronación, ahora, a los dieciocho años, tenía, para mucha gente, el aspecto de un joven dios. Se dice que era un muchacho estudioso, que leía y hablaba todas las lenguas de su reino, incluido el árabe; amable y de carácter tranquilo, era poco dado a los silencios inquietantes y a los estallidos de furia que habían hecho que su padre se convirtiera en un personaje tan alarmante. Su capacidad como estadista y su buen juicio político aún no se habían puesto a prueba, pero, hasta cierto punto, eso constituía más bien una ventaja; al haber permanecido hasta entonces muy apartado de los asuntos públicos del reino, nadie podía atribuirle ninguna responsabilidad por los desastres que su madre había causado en el reino.

Tuvo la buena suerte de que empezara entonces un período de paz y seguridad que pronto se identificaría con su reinado. No fue él quien lo causó; aunque nunca dirigiría en persona un ejército en el campo de batalla, mostraba una catastrófica predilección por las aventuras militares en el extranjero y, en último término, demostró ser más belicoso que su padre y su abuelo. Pero estas aventuras, por costosas que resultaran en vidas o dinero, rara vez alteraban la tranquilidad de la superficie de la vida doméstica en su propio reino. Así pues, fue él a quien se atribuyó el mérito de esta nueva paz; en consecuencia, en años posteriores, cuando se volvió la vista atrás hacia ese veranillo de San Miguel —pues eso fue— del reino de Sicilia, se pensó en aquel último rey normando legítimo, de apariencia majestuosa y que murió tan joven, y se le dio, en agradecimiento, el sobrenombre por el que todavía se lo conoce hoy: Guillermo el Bueno.

Nada atestigua de forma más persuasiva este cambio en el ambiente que el hecho de que, durante los cinco primeros años de la mayoría de edad de Guillermo, gran parte de la actividad diplomática siciliana se ocupó en la relativamente placentera tarea de encontrarle esposa. No había monarca en toda Europa que no hubiera estado orgulloso de tener al joven rey como yerno. El primero en lanzarse al ruedo fue el emperador bizantino, Manuel Comneno; puesto que su hija probablemente habría traído como dote todo el Imperio de Oriente, la reina Margarita y sus asesores podrían muy bien haber aceptado la propuesta de inmediato. Pero se negaron a actuar con prisas y la decisión no estaba todavía tomada cuando, en algún momento de 1168, el rey Enrique II de Inglaterra sugirió a su tercera hija, la benjamina: Juana.

Existían vínculos entre ambos reinos desde la época de Roger. Eruditos, eclesiásticos y administradores ingleses habían acudido regularmente a Sicilia y, en la década de 1160, había pocas familias normandas importantes de uno de los dos países que no tuvieran a alguno de sus miembros viviendo en el otro. El propio rey Enrique, cuyos dominios franceses por sí solos abarcaban considerablemente más territorio que los de su contemporáneo Luis VII, era sin duda el príncipe más podero-

so de Europa. Además, aunque Juana era todavía casi un bebé
—había nacido en 1165—, parecía que el rey ansiaba que el
matrimonio se celebrase.

Pero entonces, el 29 de diciembre de 1170, tuvo lugar el
asesinato del arzobispo Tomás Becket. El pesimismo se apoderó de Inglaterra. Los súbditos continentales de Enrique fueron puestos en entredicho; al propio rey se le prohibió entrar
en ninguna iglesia hasta que el papa tuviera a bien absolverlo.
Toda Europa quedó horrorizada; para los sicilianos, la pequeña
Juana de repente era una novia menos deseable. Las negociaciones se rompieron abruptamente y se reanudó la búsqueda
de una reina.

En marzo de 1171, el emperador Manuel ofreció a Guillermo
su hija María por segunda vez. Había perdido parte del atractivo
que tenía cinco años antes, pues, entretanto, su madrastra había
dado a luz a un niño con el que la sucesión del trono bizantino
volvía a estar garantizada. No obstante, todavía era la hija del
emperador, su dote sería digna de su rango y el matrimonio, con
un poco de suerte, pondría fin a las constantes intromisiones de
su padre en los asuntos italianos. Se aceptó la oferta y se acordó
que María llegaría a Apulia la primavera siguiente.

El día escogido, Guillermo acudió a Taranto junto a su hermano Enrique, príncipe de Capua, Mateo de Ajello y Walter of
the Mill para recibir allí a la novia real. Pero, ay, no se presentó.
Al cabo de una semana, Guillermo decidió hacer un breve peregrinaje hasta el santuario del arcángel Miguel en el monte Gargano, pero, a su regreso, seguía sin haber noticias. Los griegos le
habían engañado: claramente, la joven no iba a venir. ¿Por qué
había cambiado de idea Manuel en el último momento? Por lo
que sabemos, nunca se disculpó ni dio explicaciones de ningún
tipo, y sus motivos todavía son, a día de hoy, un misterio. Pero
su comportamiento generó un resentimiento hacia Constantinopla que ardería en el corazón de Guillermo durante el resto
de su vida y que habría de costar muy caro tanto a Sicilia como
a Bizancio en los años venideros.

Por muy sorprendente que parezca, fue el papa Alejandro
III quien propuso que se reabrieran las negociaciones entre In-

glaterra y Sicilia en relación al matrimonio de Guillermo con Juana; y en la Pascua de 1176, tres embajadores sicilianos con acreditaciones especiales se presentaron ante el rey en Londres. Enrique los recibió con calidez, pero antes de que pudiera anunciarse el compromiso, había que ocuparse de un pequeño —y potencialmente embarazoso— detalle; Guillermo había estipulado, con cierto sentido común, que no accedería a ningún tipo de compromiso formal sin alguna garantía respecto al atractivo físico de su novia. Los embajadores, por lo tanto, viajaron hasta Winchester, donde Juana vivía con su madre, Leonor —a quien el rey mantenía cautiva desde su implicación en la rebelión de sus hijos tres años antes— «para ver», en palabras de un cronista contemporáneo, «si les complacía». Por fortuna, les gustó. «Cuando contemplaron su belleza —continúa el cronista—, se regocijaron infinitamente».

Aunque solo tenía diez años, Enrique estaba decidido a que su hija viajara con la pompa adecuada a su nobleza y a la solemnidad de la ocasión. Ordenó que se construyeran siete barcos para transportarla a ella y a su séquito con comodidad y seguridad a través del canal de la Mancha. El 26 de agosto, acompañada por su tío Hameline Plantagenet, hermano bastardo del rey Enrique, los arzobispos de Canterbury y Rouen y el obispo de Évreux, zarpó desde Southampton. Su hermano mayor, Enrique, la escoltó hasta Poitiers, donde su segundo hermano, Ricardo, le tomó el relevo y la acompañó sana y salva a través de su propio ducado de Aquitania hasta el puerto de Saint-Gilles. Allí, Juana fue recibida en nombre del rey Guillermo por Richard Palmer y el arzobispo de Capua. Veinticinco de los barcos del rey estaban esperando en el puerto, pero era ya la segunda semana de noviembre y los primeros temporales del invierno se habían desatado con fuerza. Se decidió no arriesgarse a salir a alta mar, sino costear, manteniéndose siempre tan cerca de tierra firme como fuera posible. Pero aun así parece que la navegación fue bastante incómoda; seis semanas después, la flota no había pasado de Nápoles, y la pobre Juana había sufrido tanto por los mareos que se acordó que permaneciera allí durante Navidades, para que recuperase fuerzas y, quizá, también, para que su aspecto mejorase. Una vez restablecida, completaría su viaje por tierra.

Llegó por fin a Palermo al anochecer del 2 de febrero de 1177. Guillermo esperaba en las puertas de la ciudad para recibir a su prometida. Juana se acercó montada en uno de los palafrenes reales sicilianos y fue escoltada hasta el palacio que se había preparado para ella a través de calles tan iluminadas que, en palabras de un cronista contemporáneo, «parecía que la propia ciudad estaba en llamas». Once días después, la víspera del Día de San Valentín, los dos se casaron engalanados con flores; e inmediatamente después, Juana, con su larga melena cubriéndole los hombros, se arrodilló en la Capilla Palatina ante su compatriota, Walter of the Mill, ahora arzobispo de Palermo, que la ungió con los óleos y la coronó reina de Sicilia.

En el momento de su coronación, la joven reina apenas tenía once años y su marido, veintitrés. Sin embargo, a pesar de la diferencia de edad, el matrimonio fue, hasta donde podemos saber, muy feliz. No había entre los cónyuges ninguna barrera lingüística: Juana, nacida en Francia y educada en la abadía de Fontevrault, era, por su formación, más francesa que inglesa, y el francés normando era aún el lenguaje cotidiano de la corte siciliana. Sus nuevos súbditos también la recibieron con los brazos abiertos, como habían hecho con su esposo, y le concedieron su cariño.

*Murriali, città senza cunfortu, o chiavi o mina ventu o sona a mortu.** Así dice un antiguo refrán siciliano, a lo que solo se puede replicar que hoy en día pocos reaccionan de ese modo a Monreale. Como ciudad —en la actualidad, conforma prácticamente un barrio de Palermo—, puede que tenga sus desventajas, pero también cuenta con su catedral, y ese monumento compensa con creces todo lo demás. Es por ella, más que por su belleza física o por su matrimonio inglés, por lo que hoy se recuerda a Guillermo el Bueno. Comenzó a construirla en 1174, dedicando enormes sumas de dinero cada año a lo que se ha convertido en el monumento más espectacular de toda

---

* «Monreale, una ciudad incómoda, o llueve o sopla el viento o suenan las campanas por los muertos».

Sicilia. Su construcción no se debió por entero a mayor gloria de Dios, sino también a razones políticas. Desde el momento en que el joven monarca asumió el poder, receló —y sus sospechas fueron constantemente alimentadas por Mateo de Ajello— de la creciente influencia de Walter of the Mill. Como arzobispo de Palermo, a estas alturas, Walter había unido prácticamente a todos los principales barones y prelados en un partido reaccionario y feudalista que, si continuaba su avance sin obstáculos, podía convertirse en un peligro para el reino. Walter había tomado un rumbo peligroso incluso en lo referente a los asuntos eclesiásticos. Los trastornos de la regencia habían ofrecido a la Iglesia siciliana la posibilidad de establecer su independencia no solo del papa —eso no era nada nuevo—, sino también del rey, y Walter estaba haciendo cuanto podía para impulsar esta tendencia. Su poder en el país ya solo era inferior al del propio Guillermo, y el rey era consciente de que tenía que ponerle coto antes de que fuera demasiado tarde.

Pero ¿cómo iba a conseguirlo? Lo único que podía hacer era crear un nuevo arzobispado tan cerca como fuera posible de Palermo, cuyo titular igualara en rango al propio Walter y pudiera constituirse en un vínculo directo entre la Corona y el papado. El problema era que, habitualmente, a los arzobispos los elegía la jerarquía eclesiástica, y Walter ejercía control sobre esta. Así pues, Guillermo decidió refinar un poco más su plan. Crearía un nuevo monasterio, una abadía benedictina, gobernada estrictamente según los preceptos de la Orden de Cluny, cuyo abad recibiría de forma automática el rango de arzobispo y podía ser consagrado por cualquier otro prelado que escogiera, sujeto únicamente a la aprobación del rey. Aunque Walter montó en cólera, no había nada que pudiera hacer. Se vio obligado a aceptar que le quitaran varias iglesias y parroquias a su archidiócesis y que se transfiriesen a la de Monreale; y en primavera de 1176, tuvo que contemplar con impotente furia como un centenar de monjes de la gran abadía de La Cava llegaban a Palermo para ocupar la nueva abadía.

Nadie puede visitar Monreale y no quedar maravillado por la luz resplandeciente que emana de los más de seis mil metros cuadrados de soberbios mosaicos, que se terminaron en solo cinco o seis años, entre 1183 y el final de la década. Carece de la perfección similar de una piedra preciosa característica de la Capilla Palatina, del misterio bizantino de la Martorana y de la clara magia que desprende el gran pantocrátor de Cefalú. Su impacto se debe principalmente a su tamaño y a su esplendor. Pero este impacto, como la propia catedral, es colosal. Al pasear lentamente por la vasta longitud del edificio, uno puede perdonar a quien piense que allí están recogidas prácticamente todas las historias de la Biblia. Y lo cierto es que quien piense así no se equivoca por mucho; pero hay un mosaico en concreto — que no es particularmente narrativo— que nadie debe perderse bajo ningún concepto. Mire ahora hacia la segunda figura a la derecha de la ventana central del este. No hay ningún problema para identificarlo: de acuerdo con la costumbre de la época, el nombre aparece escrito junto al halo para que todo el mundo lo lea: SCS. THOMAS CANTUR. No sabemos si guarda o no parecido con el arzobispo mártir, pero es la representación más antigua de *sir* Tomás Becket que conocemos, fechada solo unos años después de su muerte. Y hay pocas dudas de que su presencia allí se debe a la reina Juana, que de ese modo expió a título personal la conducta de su padre.

La catedral de Monreale: Guillermo II presenta su edificio a la Virgen, *c.* 1185.

Por último, está el claustro. Aquí se encuentra la única huella de influencia sarracena en Monreale: los esbeltos arcos arabizantes, nada menos que ciento cuatro, apoyados sobre pares de finas columnas, algunas talladas, otras grabadas con el mismo estilo cosmatesco que caracteriza el interior. En la esquina suroeste se han extendido en un cuadrado para rodear una fuente, también árabe, pero con una forma única en la isla. Mientras tanto, los capiteles de las columnas, cada uno de ellos un triunfo del diseño y la imaginación por derecho propio, son un *tour de force* de las tallas románicas que no tiene igual en todo el sur de Europa. En uno de ellos, el octavo del lado occidental, el rey Guillermo ofrece su nueva catedral a la Madre de Dios. La última y más grande abadía religiosa de la Sicilia normanda es ofrecida y aceptada.

Un reino al sol, próspero y pacífico; juventud, belleza y riqueza sin límite; el amor de sus súbditos y una bella y joven reina; con bendiciones como esa, Guillermo II debió de ser, a ojos de sus contemporáneos, un hombre favorecido por los dioses. Y, hasta cierto punto, así fue. Solo se le negaron tres cosas: la primera, una vida larga; la segunda, un hijo y heredero; y la tercera, una mínima sabiduría política. Si se le hubieran concedido cualquiera de estas tres cosas, puede que su reino hubiera esquivado la tristeza que le guardaba el porvenir. Como careció de las tres, Sicilia estaba condenada.

En algún momento del invierno de 1183-84, los embajadores imperiales de Federico Barbarroja llegaron a Palermo con una propuesta: nada menos que el matrimonio de su hijo y heredero, Enrique, con la princesa Constanza de Sicilia. Parece increíble que Guillermo y sus asesores se plantearan seriamente tal idea ni siquiera un momento. Constanza, la hija póstuma de Roger II —era, de hecho, un año más joven que su sobrino, el rey— era la supuesta heredera del reino. Si se casaba con Enrique y Guillermo no tenía ningún hijo, Sicilia caería en manos del emperador como fruta madura y su existencia como país independiente llegaría a su fin. Desde luego, todavía quedaba mucho tiempo para que Juana tuviera hijos. En 1184 tenía solo dieciocho años y su marido, treinta. Pero la vida en el siglo XII era mucho menos previsible de lo que lo es hoy, la mortalidad infantil era altísima y aceptar un riesgo de ese calibre antes de que la sucesión estuviera debidamente asegurada era una necedad casi criminal.

Pocos sicilianos se regocijaban ante la perspectiva de ceder su independencia a un distante y, a sus ojos, bárbaro imperio que había sido el enemigo tradicional de su país. Walter of the Mill, sin embargo, opinaba de forma muy distinta. Sus razones

El claustro de Monreale, *c.* 1185 (arriba); detalle de un capitel del claustro de Monreale en el que se representan dos caballeros normandos, *c.* 1185 (abajo).

no están del todo claras. Quizá, como inglés, consideraba la dominación imperial un mal menor frente a la guerra civil que, a sus ojos, podría haber sido la única alternativa. Pero ¿lo era? ¿No podría Constanza haberse casado con cualquier otro hombre, reinado por derecho propio y, luego, pasado la corona a su debido tiempo a un hijo legítimo? En cualquier caso, fueran cuales fueran los motivos del arzobispo, Guillermo consideró otro aspecto a la hora de tomar su decisión; una sencilla pero indisputable razón por la que, en los años venideros, debía estar completamente seguro de la buena voluntad del Imperio de Occidente, y por la que, en el verano de 1184, para horror de la gran mayoría de sus súbditos, dio su consentimiento al matrimonio: se preparaba para marchar contra Bizancio.

Y lo hacía bajo un pretexto medianamente aceptable. El emperador Manuel I había muerto en 1180 y había dejado un solo sucesor legítimo, un niño especialmente poco atractivo de once años. La viuda de Manuel, la deslumbrantemente bella María de Antioquía, gobernaba como regente; pero debido a sus descaradas simpatías prooccidentales, el descontento fue en aumento en la capital y, al cabo de dos años, se hizo con el trono un primo del emperador, Andrónico Comneno. Al principio, fue recibido con alegría, como no podía ser de otra manera, pues fue sin duda el emperador más glamuroso de toda la historia de Bizancio. Aunque ya tenía sesenta y cuatro años, aparentaba solo unos cuarenta. Era alto —medía más de metro ochenta— y se mantenía en una excelente condición física, de modo que había preservado la belleza, el intelecto, el encanto y la gracia en la conversación, la elegancia y la clase que, junto con sus célebres gestas en la cama y en el campo de batalla, le habían granjeado la reputación de ser un donjuán sin parangón.

Mientras Andrónico avanzaba hacia Constantinopla, la gente salía de sus casas para jalearlo. Incluso antes de que cruzara el estrecho, se produjo una rebelión en la capital en la que estalló todo el odio acumulado contra los latinos, que tanto había aumentado los últimos dos años. Tuvo lugar una masacre —la masacre de prácticamente todos los latinos en la ciudad—; mujeres, niños, incluso los enfermos de los hospitales. El barrio en el que vivían fue saqueado por completo y, luego, entregado a las llamas. El triunfo de Andrónico hizo emerger otro aspecto de su carácter: un grado de crueldad y brutalidad que pocos habían sospechado. Liquidó primero a todos cuantos se interponían entre el trono y él: la regente María fue estrangulada y su hijo, ejecutado con el garrote utilizando la cuerda de un arco.

Al cabo de poco, perdió los últimos resquicios de popularidad. Se había revelado como un monstruo. La sedición y la revuelta estaban otra vez a la orden del día. Los conspiradores a los que el emperador conseguía echar el guante eran torturados hasta la muerte, en ocasiones por el emperador en persona; pero muchos otros huyeron hacia Occidente, donde no se había olvidado la masacre de 1182 y sabían que serían bien recibidos. Incluso se rumoreaba que un joven que afirmaba ser el legítimo emperador se había presentado ante Guillermo en Palermo. Sabemos a ciencia cierta que uno de los sobrinos del emperador Manuel había escapado recientemente a Sicilia y había sido recibido en la corte, momento desde el cual no había dejado de insistir al rey para que atacara Constantinopla y derrocara al usurpador.

Pero, para Guillermo, todo esto no debió de ser más que una excusa. A pesar de que no lo admitía ante nadie, su objetivo final no era otro que hacerse con la corona de Bizancio para sí, y estaba decidido a que las fuerzas que enviara para lograrla fueran dignas del premio que perseguía; mayor, tanto en barcos como en soldados, que cualquier otra enviada jamás desde las orillas de Sicilia. Y así fue. Para cuando estuvo lista para zarpar, la flota —comandada por su primo, Tancredo de Lecce— se dice que estaba compuesta por entre dos y trescientos barcos que transportaban a unos ochenta mil hombres, entre ellos cinco mil caballeros y un destacamento especial de arqueros a caballo. Partió de Mesina el 11 de junio de 1185 y se dirigió directamente a Durazzo,* el mayor puerto del Imperio en el Adriático. Desde allí, la antigua vía Egnatia romana discurría hacia el este a través de Macedonia y Tracia hasta Constantinopla. Llegados al 6 de agosto, todo el contingente de tierra, comandado por un tal Balduino de quien

* La actual Durrës, en Albania.

prácticamente no sabemos nada, estaba acampado frente a Tesalónica; nueve días después, la flota, que había rodeado el Peloponeso, fondeó frente a la ciudad y dio inicio el asedio.

Aunque hubiera estado adecuadamente preparada y bien defendida, es poco probable que Tesalónica hubiese podido resistir mucho tiempo un ataque tan furioso de un ejército tan numeroso como el siciliano. La guarnición resistió valientemente, pero, pronto, las defensas empezaron a desmoronarse. El 24 de agosto, las tropas sicilianas irrumpieron en la segunda ciudad más importante del Imperio bizantino, donde se entregaron a una orgía de salvajismo y violencia como no se había visto desde que Teodosio el Grande masacrara a siete mil de sus ciudadanos en el Hipódromo ocho siglos antes. Pasó una semana entera antes de que se restableciera el orden, pero la situación en la ciudad continuó siendo explosiva; cuando el ejército formó de nuevo y emprendió la marcha hacia el este, tanto griegos como sicilianos debieron de sentirse aliviados.

Para entonces, Andrónico había enviado no menos de cinco ejércitos distintos para detener el avance siciliano. De haber estado unidos bajo el mando de un solo comandante capaz, puede que hubieran logrado su objetivo; sin embargo, los cinco se retiraron a las colinas que había al norte de la carretera, desde la relativa seguridad de las cuales observaron, aparentemente hipnotizados, el paso de los sicilianos. La vanguardia del ejército invasor, pues, continuó su avance, y había llegado ya hasta Mosinópolis, a medio camino de la capital, cuando tuvo lugar un acontecimiento que cambió el rumbo por completo y que, en lo que a Sicilia respecta, resultó desastroso: los ciudadanos de la capital se alzaron contra Andrónico Comneno y lo asesinaron.

Fue otro primo del emperador, un tal Isaac Ángelo, quien, con comprensibles reticencias, aceptó al cabo la corona de Bizancio. Heredó de su antecesor una situación desesperada. La columna del ejército invasor estaba a tan solo trescientos kilómetros de Constantinopla; su flota ya se encontraba en el mar de Mármara, aguardando la llegada del ejército. Justo después de subir al trono, Isaac envió una oferta de paz a los sicilianos. Cuando estos la rechazaron, hizo lo que tendría que haberse hecho meses antes: nombró al mejor de sus generales, Alejo Branas, comandante único de los cinco ejércitos y le envió todos los refuerzos que el imperio fue capaz de reunir. El efecto fue instantáneo: la moral de los griegos se recuperó de inmediato. También advirtieron que su enemigo se había confiado, había bajado la guardia y relajado su disciplina. Tras seleccionar cuidadosamente el momento y lugar, Branas se lanzó sobre los sicilianos, los derrotó por completo y los persiguió todo el trayecto hasta su campamento principal, en Anfípolis.

En ese momento, al fin, Balduino accedió a hablar de paz. Se acercaba el invierno y las lluvias otoñales en Tracia son fuertes y frías. Para un ejército que había contado con pasar la Navidad en Constantinopla, la derrota en Mosinópolis había resultado mucho más desmoralizante de lo que habría sido razonable dada su importancia estratégica, pero los griegos no querían correr ningún riesgo. Al temer que su enemigo tratara de aprovechar las negociaciones de paz para tomarlos por sorpresa, decidieron atacar primero. Fueron los sicilianos los que se vieron sorprendidos, y dieron media vuelta y huyeron. Algunos fueron abatidos mientras corrían; muchos más se ahogaron al tratar de cruzar el río Estrimón, crecido por las lluvias; otros, sin embargo —entre ellos, el propio Balduino—, fueron hechos prisioneros. Muchos de los que escaparon regresaron a Tesalónica, donde algunos consiguieron embarcar rumbo a Sicilia. Pero dado que la mayoría de la flota siciliana permanecía frente a Constantinopla, la mayoría no tuvo tanta suerte. Los tesalonicenses se rebelaron contra ellos y se cobraron una sangrienta venganza por el sufrimiento que les habían infligido tres meses antes. Solo una sombra del titánico ejército que había partido con tanta confianza en verano se arrastró de vuelta por los helados pasos de montaña hasta Durazzo. Únicamente la flota regresó intacta.

Lo cual resultó muy útil. Dos años después, esa misma flota fue enviada a Palestina. Guillermo se había olvidado al fin de sus diferencias con Bizancio; había temas más importantes que abordar. El viernes 2 de octubre de 1187, los ejércitos musulmanes dirigidos por Saladino habían reconquistado Jerusalén. El futuro de los cristianos en Tierra Santa pendía de un hilo.

La historia del desastroso fracaso de la Tercera Cruzada no es, por fortuna, el objeto de este libro; huelga decir que la flota siciliana, bajo las órdenes del joven y brillante almirante Margarito de Bríndisi, tuvo un desempeño excelente, y salvó Trípoli y Tiro, al menos durante un tiempo, para la causa cristiana. Margarito —«el nuevo Neptuno»— adquirió pronto una reputación legendaria en toda la cristiandad; puede que se hubiera hecho todavía más célebre y su mando se hubiera prolongado si los sicilianos hubiesen sido capaces de reclutar el ejército que su rey había soñado; pero, de repente, todas sus esperanzas de gloria en las cruzadas se desvanecieron. El 18 de noviembre de 1189, Guillermo el Bueno murió en Palermo, a la edad de treinta y seis años.

De todos los gobernantes de la Casa de Hauteville, Guillermo es el más difícil de definir. No sabemos nada de su muerte, excepto que murió en paz, en la cama; sobre su vida, aunque corta, la información de que disponemos no es de mucha más utilidad. En ocasiones resulta difícil recordar que gobernó Sicilia durante dieciocho años y ocupó el trono durante casi un cuarto de siglo; solo somos conscientes de una tenue aunque resplendente sombra que cubre ligeramente unas pocas páginas de la historia y luego desaparece. Por todo ello, fue llorado como pocos príncipes europeos lo han sido y mucho mucho más de lo que merecía. Su reinado no contribuyó en nada a fortalecer el país; al contrario, señaló el regreso a la política exterior más irresponsable que puede practicar un estado: la de la apropiación territorial por la mera voluntad de ganar tierras, sin prestar atención a las consecuencias políticas. Tampoco tuvo éxito. Quizá gozaría de mayor simpatía si hubiera liderado a sus tropas en persona, pero nunca se aventuró más allá del punto de partida de la flota. Por último, a él debe atribuirse la responsabilidad de la decisión más desastrosa de toda la épica siciliana: acceder al matrimonio de Constanza. Guillermo sabía que si moría sin descendencia, el trono pasaría a ella, y llevaba casado lo bastante para comprender que era posible que Juana no le diera ningún hijo. Cierto, siempre podía apartarla y tomar otra esposa, pero ¿quién podía garantizar que ese segundo matrimonio fuera más fructífero que el primero? Constanza *era* el reino y, al entregársela a Enrique de Hohenstaufen, sentenció a la Sicilia normanda a muerte.

Pero aquello no supuso todavía el fin. Tras una cruenta lucha con un pretendiente rival, Tancredo de Lecce, el primo de Guillermo, asumió la corona. Tancredo era nieto ilegítimo de Roger II y fue descrito por un cronista contemporáneo como un *semi-vir, embryo infelix* y *detestabile monstrum* —no parece necesaria traducción—, sin embargo estaba decidido a mantener la corona lejos de las garras de Enrique si era humanamente posible. Luchó con ahínco y valentía con ese fin, sobre todo contra el Imperio, pero también contra sus compatriotas sicilianos, tanto cristianos como musulmanes, que eran demasiado egotistas o insensatos para comprender la magnitud de la crisis a la que se enfrentaban. De haber vivido, quizá incluso lo habría logrado; pero murió a principios de 1194. Su hijo, Guillermo, todavía era un niño; su viuda, la reina Sibila, se convirtió en regente, pero ella sabía mejor que nadie que su tarea era imposible.

Enrique —ahora el emperador Enrique IV, después de que su padre, Federico Barbarroja, se hubiera ahogado de camino a la Tercera Cruzada— fracasó en su primer intento de llegar a Sicilia en 1191. Se encontró con resistencia inesperada en Nápoles y todavía estaba asediando esta ciudad cuando el único aliado que jamás había traicionado a los sicilianos, el verano del sur, hizo que la malaria y la disentería causaran estragos en su ejército y provocaran deserciones en masa. Se vio obligado a regresar al otro lado de los Alpes junto con los restos de su andrajoso ejército. Pero, tres años después, estaba de vuelta, y el día de Navidad de 1194 fue coronado rey de Sicilia en la catedral de Palermo. La reina Sibila y sus hijos ocuparon lugares de honor en la ceremonia, pero, solo cuatro días después, fueron acusados de participar en una conspiración para asesinarlo y llevarlo de vuelta a Alemania preso. La reina terminó sus días en un convento alsaciano; el fin del pequeño Guillermo es todavía un misterio. Una historia dice que fue cegado y castrado en una prisión alemana; otra —que no necesariamente contradice a la primera— que fue liberado y enviado a un convento. Cautivo o enclaustrado, no vivió mucho tiempo. Para fines de siglo, cuando aún era poco más que un muchacho, ya estaba muerto.

Y, por último, ¿qué se hizo de Constanza? Después de todo, ella era la legítima y auténtica reina de Sicilia; Enrique era solamente su consorte. ¿Por qué —se debieron de preguntar muchos de sus súbditos— no estaba junto a su marido y había permitido que se arrodillara solo ante el altar durante su coronación? Tenía una razón de peso para ello. A la edad de cuarenta años, tras casi nueve de matrimonio, Constanza estaba embarazada. No postergó su viaje a Sicilia por ello, pero viajó más lentamente, a su ritmo, partiendo un mes o dos después que su marido y avanzando en etapas cortas por la península itálica. Aun así, para una mujer de su edad en su estado, el viaje constituía una empresa peligrosa. Los días y las semanas en los que se vio sacudida y baqueteada por los toscos caminos de Lombardía y las Marcas se cobraron su precio. Cuando llegó a la pequeña ciudad de Iesi, no lejos de Ancona, sintió que le acometían los dolores del parto.

Desde el principio de su embarazo, Constanza había tenido una fijación. Sabía que tanto sus enemigos como los de Enrique, a ambos lados de los Alpes, harían cualquier cosa para desacreditar el parto, citando su edad y los largos años sin quedarse encinta para argumentar que el hijo que iba a traer al mundo no era realmente suyo. Por ello, había determinado que no quedara el menor resquicio de duda sobre su maternidad. A tal fin, ordenó erigir una gran tienda en la plaza del mercado de Iesi, a la que se permitió entrada libre a cualquier matrona de la ciudad que deseara asistir al parto, y en la fiesta de San Esteban, el 26 de diciembre, dio a luz a su único hijo. Uno o dos días después, se mostró en público en esa misma plaza, amamantando orgullosa a su hijo. Fue una muestra de que el espíritu de los Hauteville no había desaparecido todavía.

En el siglo siguiente, aparecería de nuevo, más refulgente que nunca, cuando ese hijo, Federico, creció y se convirtió en un hombre. Puede que la historia lo recuerde como emperador de Occidente, pero él jamás olvidó que también era rey de Sicilia, nieto no solo de Barbarroja, sino también de Roger II. Lo reflejó en el esplendor de su corte, en sus leones, leopardos y pavos reales, en los poetas italianos y árabes que tanto amó, en su arquitectura clasicista, en sus casas de caza en Apulia y, sobre todas las cosas, en esa insaciable curiosidad artística e intelectual que le iba a ganar el sobrenombre de *Stupor Mundi*, 'el Asombro del Mundo'.

6

Stupor Mundi

El rey Enrique de Sicilia no duró mucho, y quizá eso fue una suerte para la isla. Contemplaba su nueva adquisición como un apéndice, nada más, y la trataba en consecuencia, saqueándola y exprimiéndola implacablemente; al parecer, fueron necesarias ciento cincuenta mulas para transportar el tesoro acumulado a través de los Alpes.* No pasó mucho tiempo antes de que la gente se alzara contra él, pero su ejército era muy superior al de los rebeldes, que fueron derrotados y castigados con terrible brutalidad. Corrían historias de que los seguidores de Tancredo habían sido asados vivos o castrados; se decía que un Hauteville había sido coronado con una corona al rojo vivo, que luego le habían clavado al cráneo. La isla continuaba inmersa en este reinado del terror cuando Enrique murió en 1197, a la edad de treinta y dos años, probablemente a causa de malaria contraída durante una cacería, aunque, como era inevitable, pronto las malas lenguas hablaron de veneno. Su cuerpo se llevó a la catedral de Palermo, donde todavía se puede visitar su tumba.

Su hijo, Federico, tenía tres años. Siguiendo lo que era ahora la tradición establecida, se aceptó que su madre gobernara como regente; pero Constanza murió solo un año después que su marido, tras haber nombrado al papa Inocencio III tutor de Federico. No fue una elección feliz —aunque es difícil pensar a quién más podría haber escogido—, puesto que Inocencio —aunque demostraría ser uno de los mejores papas de todos los tiempos— estaba demasiado ocupado y lejos como para te-

*¿Cómo, si no, iban a haber acabado los gloriosos atuendos de Roger II en el Kunsthistoriches Museum de Viena?

ner una influencia real. Durante los siguientes años, Sicilia fue gobernada por una serie de barones alemanes de Enrique. Su tarea no era sencilla —el alemán era uno de los pocos idiomas occidentales que no se hablaban en Sicilia, y estos hombres no hicieron ningún esfuerzo por aprender ninguna otra lengua—, pero pronto demostraron que su incompetencia y su ignorancia estaban a la altura del reto. Enseguida, la isla se vio sumida en la anarquía. Llegados a este punto, la igualdad entre razas que había sido una de las características principales del reinado del rey Roger hacía tiempo que había desaparecido; ahora, eran los musulmanes los que se rebelaban contra sus hermanos cristianos. En Agrigento, por poner solo un ejemplo, convirtieron la catedral en unos barracones y mantuvieron preso al obispo durante más de un año.

Por sorprendente que resulte, parece que nada de esto afectó a la atmósfera de la corte de Palermo en la que Federico pasó su infancia y en la que recibió una educación lo más distinta que se pueda imaginar de la habitual para los príncipes germánicos. Su preceptor fue probablemente Miguel Escoto, traductor de Aristóteles y Averroes, de quien se sabe que pasó varios años en Palermo y que se convertiría en íntimo amigo suyo. A medida que creció, le resultó imposible encontrar una materia que no le interesara. Pasaba horas inmerso no solo en el estudio, sino en largos debates sobre derecho, religión, filosofía o matemáticas. A menudo se retiraba a uno de sus parques o palacios de campo para estudiar allí los pájaros y los animales, que sería una de las pasiones que mantendría toda su vida. Muchos años después, escribiría un libro sobre cetrería, *De Arte Venandi cum Avibus,* que se convertiría en un clásico y en el que reflejaría un conocimiento y una comprensión de los animales salvajes fuera de lo común en el siglo XIII. Tenía un aspecto mediocre —era bajo y rechoncho, con un rostro casi tan rojo como su cabello y ojos débiles y miopes—, pero su inteligencia y su encanto eran irresistibles.

Su energía física estaba a la par de la intelectual. En 1208, cuando Federico tenía trece años, un contemporáneo escribió:

Nunca está ocioso, sino que llena el día con unas u otras ocupaciones, y para que su vigor se incremente con la práctica, fortalece su ágil cuerpo con todo tipo de ejercicios y con el manejo de las armas, que lo mismo las emplea que las luce; desenfundando su espada corta, en cuyo uso es un experto, simula defenderse de un ataque. Dispara bien con el arco y a menudo practica la arquería. Le gustan los caballos purasangre veloces; y creo que nadie sabe mejor que él cómo refrenarlos con la brida y lanzarlos a todo galope. Así pasa sus días de la mañana a la noche, y luego vuelve a empezar al día siguiente.

A esto hay que añadir una soberana majestad y un semblante y un porte principescos, a los que se suman un aire amable y refinado, una frente serena, unos ojos brillantes y un rostro expresivo, un espíritu ardiente y una aguda inteligencia. Sin embargo, algunas veces sus acciones son desacordes y vulgares [...]. No obstante, tiene una virtud impropia de su edad y, aunque no es adulto tiene muchos conocimientos y el don de la sensatez, que a veces llega solo con el paso de los años. Así pues, en él no cuenta el número de años; tampoco es necesario esperar a que madure, porque como hombre está en plenitud de conocimientos y, como soberano, en plenitud de majestad.

¿Por qué, a pesar de poseer todas estas cualidades, Federico nunca fue amado por sus súbditos? Principalmente, porque no alcanzaban a comprenderlo. Su emperador ideal se parecía más al estilo de Carlomagno: majestuoso, paternalista y de moral intachable. A Federico le gustaba conmocionar y sorprender; su poderosa vena de exhibicionismo autoindulgente nunca estaba lejos de la superficie y era curiosamente insensible a los sentimientos y susceptibilidades de otros. Además, podía ser muy cruel; trató a sus dos esposas de forma atroz y su desvergonzada y disoluta vida repelieron a muchos cuyo apoyo y amistad le habría resultado valioso.

Federico alcanzó la mayoría de edad el 26 de diciembre de 1208, en su decimocuarto cumpleaños, y nueve meses después, se casó con Constanza, hija de Alfonso II de Aragón, diez años mayor que él y ya viuda. Esta era la elegida del papa Inocencio y, al menos al principio de su matrimonio, no parece que Federico compartiera el entusiasmo del pontífice; pero Constanza trajo consigo quinientos caballeros armados en su séquito y, en vistas de los continuos disturbios que asolaban el reino, el rey no estaba en condiciones de rechazar ninguna ayuda. Además, con sus damas y trovadores, la reina llevó un elemento de sofisticación mundana del que Palermo había carecido hasta entonces. Federico, siempre abierto a nuevos estímulos, acababa de descubrir un mundo totalmente nuevo, el del amor cortés. El matrimonio en sí continuó siendo una asociación de conveniencia política —Constanza fue, por lo general, ignorada por su esposo, aunque cumplió con el deber de darle un hijo, Enrique, uno o dos años después—, pero las asperezas se fueron limando; mucho antes de los veinte años, Federico había adquirido las habilidades sociales y el refinado encanto por los que sería célebre el resto de su vida.

A principios de junio de 1212, una embajada llegó a Palermo con un mensaje del otro lado de los Alpes. Una vez más, Europa occidental había sido testigo de los peligros de un sistema de monarquía electiva; desde la muerte de Enrique VI, Alemania se había dividido a causa de una guerra civil entre los diversos pretendientes al título imperial. Uno de ellos, Otón de Welf, duque de Brunswick, ya había sido coronado emperador por el papa Inocencio en 1209 y, dos años antes, había tomado posesión de lo que se conocía como el *Regno,* la parte continental del reino de Federico. Pero, ay, por desgracia, había ido demasiado lejos: su invasión de la provincia papal de Toscana le había valido la excomunión inmediata y, en septiembre de 1211, un consejo de los príncipes alemanes más importantes se había reunido en Núremberg y había anunciado que lo desposeían de su título. Habían sido estos mismos príncipes quienes habían enviado la comitiva para invitar a Federico a ocupar el trono vacante.

La invitación, como era de esperar, desató un gran revuelo en la corte siciliana. Los principales consejeros de Federico le recomendaron con vehemencia que no aceptara, y su esposa coincidía con ellos. Él no tenía ningún vínculo con Alemania; de hecho, jamás había pisado suelo germano. Su poder en su propio reino todavía estaba afianzándose y apenas había pasado un año desde que el duque Otón lo había amenazado desde el otro lado del estrecho de Mesina. ¿Era realmente este el momento adecuado para marcharse de Sicilia durante al menos varios meses para conseguir un título que, por importante que fuera, podría resultar ilusorio? Por otra parte, si lo rechazaba, sabía que los príncipes alemanes se lo tomarían como un desaire deliberado, y eso contribuiría a reforzar la posición de su principal rival. Tanto en Italia como en Alemania, Otón contaba aún con muchos adeptos; como no había renunciado a ninguna de sus ambiciones a largo plazo, era totalmente capaz de lanzar una nueva campaña y no cometería el mismo error dos veces. Así pues, aquella era una oportunidad única para propinarle un golpe demoledor. No podía dejarla pasar.

Tras algunas dudas, el papa Inocencio dio su aprobación. La elección de Federico aumentaría, desde luego, la presión imperial sobre los Estados Pontificios, tanto desde el norte como desde el sur, y fue para subrayar la independencia —al menos teórica— del reino de Sicilia respecto al Imperio por lo que el papa insistió en que Federico renunciara al trono siciliano en favor de su hijo recién nacido, con la reina Constanza como regente. Una vez se hubieron cumplido estas formalidades, el camino de Federico quedó despejado. A finales de febrero se hizo a la mar desde Mesina acompañado por un reducido grupo de fieles en los que confiaba. Su primer destino, sin embargo, no fue Alemania, sino Roma; y allí, el Domingo de Resurrección de 1212, se arrodilló frente al papa y le rindió homenaje feudal —en realidad, en nombre de su hijo— en nombre del reino de Sicilia.

De Roma zarpó por mar hacia Génova en una galera genovesa y, de algún modo, evitó a la flota que los pisanos —acérrimos partidarios del duque Otón— habían enviado para interceptarlo. Los genoveses, a diferencia de sus rivales pisanos, eran fervientes gibelinos, es decir, partidarios del Imperio, y no había nadie más entusiasta que la familia más importante de la ciudad, los Doria, que pusieron su principal palacio a disposición del emperador electo hasta el momento en que los pasos de los Alpes le permitieran completar su viaje. Pero ni siquiera entonces quedó despejado su camino hasta Alemania. La llanura lombarda estaba patrullada constantemente por bandas de milaneses favorables a los güelfos, y fue una de estas bandas la que sorprendió al cortejo imperial cuando abandonaba Pavía. Federico tuvo suerte de saltar sobre uno de los caballos y, tras vadear el río Lambro montando a pelo, llegar a la amistosa Cremona. No sabemos qué ruta tomó para cruzar finalmente los Alpes, pero a principios de otoño estaba ya en Alemania y, el 9 de diciembre de 1212, un obispo alemán lo coronó rey de Alemania en Mainz. Dos años y medio después, el 25 de julio de 1215, sentado en el trono de Carlomagno en la catedral de Aquisgrán, fue coronado rey de los romanos, el título tradicional del emperador electo. Lo único que necesitaba ahora era una coronación imperial del papa en Roma. Casi exactamente un año antes, el 27 de julio de 1214, el ejército del rey Felipe Augusto de Francia había derrotado al de Otón de Brunswick y el rey Juan de Inglaterra en Bouvines, cerca de Lille, con lo que las esperanzas de Otón de oponerse a él se desvanecieron. A partir de ese día, nadie cuestionó su supremacía y fue entonces cuando anunció su intención de abrazar la cruzada.

Pocos actos de la vida de Federico nos resultan actualmente más incomprensibles que este. Nunca había sido especialmente piadoso; además, había sido criado entre científicos y eruditos musulmanes cuya religión respetaba y cuyo idioma hablaba con fluidez. De hecho, hay muchos motivos para suponer que pronto se arrepintió de su promesa, empezando por la poca prisa que se dio en cumplirla. Permaneció en Alemania cuatro años más, asegurando la sucesión imperial a su hijo Enrique, que llegó de

Sicilia en 1217 acompañado por su madre. El emperador y su esposa no regresaron a Italia hasta bien entrado el verano de 1220, y dejaron en Alemania a su desconsolado hijo, que entonces tenía solo ocho años. Realizaron un solemne recorrido a lo largo de Italia, durante el cual Federico otorgó concesiones y diplomas reales con la generosidad que lo caracterizaba. A mediados de noviembre, Constanza y él entraron en la ciudad de Roma y, el día 22, el papa Honorio le ciñó la corona imperial.

Justo después de esta tercera coronación, regresó a Sicilia. Sus años en Alemania le habían valido el título secular más importante del mundo, pero también le habían demostrado que, en el fondo, era un hombre del sur, un siciliano. Alemania lo había tratado bien, pero nunca le gustó el país del todo ni lo sintió como su casa. De sus treinta y ocho años como emperador, solo pasó nueve al norte de los Alpes; hizo cuanto pudo —aunque sin demasiado éxito— a lo largo de su reinado para desplazar el centro del Imperio a Italia, y fue en Italia donde llevaría a cabo la mayor parte de las obras de su vida. Empezó a finales de 1220, incluso antes de cruzar el estrecho de Mesina, en la primera ciudad importante de su frontera norte: Capua.

Federico no se hacía ilusiones respecto al estado de su reino: desde la muerte de Guillermo II en 1189, la isla de Sicilia era un caos. El reinado del terror de su padre solo había servido para aumentar la ingobernabilidad y el descontento; luego había llegado el período de su minoría de edad —durante el cual, su madre, como regente, había mantenido las riendas del país a duras penas—, seguido por su larga ausencia en Alemania, un período durante el cual el Estado había pasado a tener una existencia prácticamente nominal. Tenía clara su primera prioridad: debía restaurar el orden; para ello, el primer paso fueron las medidas que se conocen como las Sesiones de Capua, en las que se promulgaron una serie de leyes que sentaron las bases de la regeneración nacional del reino de Sicilia. Esencialmente, consistían en una recentralización del poder y un regreso al *status quo* existente en tiempos de la muerte del rey Guillermo. Federico se mostró particularmente duro con la nobleza: en el futuro, nadie en posesión de un feudo podría casarse, ni sus hijos heredar, sin el consentimiento del soberano. Y todos los castillos construidos en cualquier parte del reino desde tiempos de Guillermo fueron confiscados de forma automática por la Corona.

Los procedimientos de Capua se repitieron en los meses siguientes en Mesina, Catania y Palermo. Se anunciaron más leyes, que regularon incluso las conductas privadas. Se prohibieron los juegos de azar; se obligó a los ciudadanos a regresar a sus casas antes de la tercera campanada de la noche; se prescribió una vestimenta especial para los judíos, que quedaron, no obstante, bajo la protección de la Corona; ellos, y solo ellos, tenían permitido realizar préstamos, en los que podían cargar un interés de hasta el diez por ciento. Se obligó a las prostitutas a vivir extramuros de las ciudades. Entonces, el emperador se trasladó a Siracusa, donde tenía asuntos importantes que tratar con los genoveses. Génova siempre había estado de su parte, pero, ya desde 1204, los comerciantes genoveses se habían apoderado prácticamente de la ciudad, desde la cual habían extendido su influencia a toda la isla. Una de las principales causas del declive del comercio siciliano a lo largo de los treinta años anteriores era el hecho de que la mayor parte del mismo estaba en manos de extranjeros; era imposible recuperar la prosperidad mientras los foráneos lo controlaran. Y por ello, a pesar de la ayuda que le habían prestado los genoveses en su viaje a Alemania, Federico actuó con su característica firmeza. Los expulsó. Todas las concesiones comerciales que se habían hecho a Génova, no solo en Siracusa, sino también en Palermo, Mesina, Trapani y otros centros mercantiles de la isla, se cancelaron sumariamente y todos los almacenes y depósitos genoveses, junto con todos sus contenidos, fueron confiscados.

Pero había otro enemigo mayor que Génova al que enfrentarse: los musulmanes del oeste de Sicilia. Tres cuartos de siglo antes, durante los días del rey Roger, la comunidad árabe había sido una parte integral del reino. Todos los funcionarios del Tesoro eran musulmanes, al igual que la mayoría de los médicos y científicos que habían conseguido que Sicilia se labrara una reputación de excelencia y erudición. Pero hacía tiempo que esa época había quedado atrás. Ya durante el reinado de Guillermo el Bueno, gran parte de la región semiautónoma árabe había sido asignada a su abadía de Monreale; ahora, con el desmoronamiento final del poder normando, los árabes se habían dado cuenta de que ya no eran ni apreciados ni respetados. Habían sido obligados a retroceder y se habían atrincherado en el salvaje y montañoso oeste, donde bandidos y filibusteros árabes aterrorizaban a las comunidades cristianas. La primera campaña de Federico contra ellos no solucionó nada; hasta 1222, sus tropas no capturaron la fortaleza sarracena de Iato, y con ella, al líder musulmán Ibn Abbad, quien poco después terminó sus días en el cadalso.

El caso es que ni siquiera la ejecución de Ibn Abbad puso fin al problema. La solución llegó entre 1222 y 1226, cuando Federico adoptó una medida mucho más drástica. Ya tenía práctica en el traslado de poblaciones: había repoblado Malta y reubicado a un número considerable de lombardos y griegos en áreas despobladas de Sicilia. Ahora, sacó de la isla a toda la población musulmana de la rebelde región occidental —quizá quince o veinte mil personas— y la estableció en la otra punta de su reino, en Lucera, en el norte de Apulia, que se convirtió a todos los efectos en una comunidad musulmana cuya práctica totalidad de iglesias fueron reemplazadas por mezquitas. Hay que destacar que la ciudad no fue, de ningún modo, una colonia penitenciaria. Sus ciudadanos gozaban de total libertad y podían practicar su religión sin censuras, y Federico, que había crecido con musulmanes desde su infancia, acabó construyéndose también un palacio allí: un edificio de estilo claramente oriental que se convertiría en una de sus residencias favoritas.

Los sarracenos de Lucera, por su parte, demostraron su nueva lealtad proporcionándole los miembros de su escolta personal. También dotaron de mano de obra a su principal fábrica de armas, donde sus maestros armeros producían espadas de acero damasquinado que rivalizaban con las de Toledo. Entretanto, sus mujeres llenaron el harén del emperador: las bailarinas sarracenas vivían en un considerable lujo en un ala del palacio, contaban con su propio séquito de sirvientas femeninas

y estaban protegidas por un cuerpo de eunucos que se asegura-
ban de que no les pasara nada malo. Un grupo de estas jóvenes
acompañaba al emperador en sus constantes viajes, y aunque
siempre se sostuvo que existían solo para ofrecer un inocente
entretenimiento a la corte imperial, caben pocas dudas —como
comenta Gibbon al referirse a una institución similar que tenía
el emperador Gordiano— de que en realidad estaban más para
utilizarlas que para contemplarlas.

La llamada Quinta Cruzada, lanzada en 1213, había sido un
fracaso. Tenía como objetivo la conquista de la ciudad egipcia
de Damieta, que pretendía intercambiarse luego por la propia
Ciudad Santa. Damieta cayó en 1219, pero la guerra se prolongó casi dos años más, y habría continuado muchos más si
el ejército cruzado no se hubiera visto atrapado por las inunda-
ciones del Nilo, de las que solo pudo librarse mediante la rendición. Tras este fiasco, aumentó la presión sobre Federico para
que cumpliera su promesa e iniciara otra cruzada… y también
para que se casara de nuevo. Constanza había muerto en junio
de 1221 y el papa Honorio sugirió a Yolanda de Brienne, reina
heredera de Jerusalén, que entonces tenía doce años. Su título
procedía de su madre, María —nieta del rey cruzado Amalrico
I—, quien, a la edad de diecisiete años, se había casado con
el sexagenario Juan de Brienne. Este había asumido poco después el título real. Tras la prematura muerte de su esposa uno o
dos años más tarde, su legitimidad era claramente cuestionable,
pero había seguido gobernando el país como regente en nombre
de su hija pequeña, Yolanda.

En un primer momento, Federico no mostró mucho entusiasmo por el enlace. La esposa que le proponían era pobre y,
además, era casi una niña; le doblaba la edad de largo. En cuanto a su título, pocos eran más vanos: Jerusalén llevaba en manos
sarracenas medio siglo. Por otra parte, el reino, por nominal
que fuera, reforzaría su legitimidad para hacerse con la ciudad
cuando emprendiese finalmente la cruzada que tanto tiempo
había retrasado y que había jurado lanzar hacía ya siete años.
Así pues, tras reflexionar al respecto durante un tiempo, aceptó

el matrimonio. También acordó, en el transcurso de unas conversaciones posteriores con el papa, que la cruzada —a la que su matrimonio estaba indisolublemente unido— se iniciaría el 15 de agosto de 1227, Día de la Ascensión. Cualquier nuevo retraso resultaría, tal y como dejó claro Honorio, en la excomunión de Federico.

En agosto de 1225, catorce galeras de la flota imperial llegaron a Acre —el último bastión en ultramar de los cruzados— para llevar a Yolanda a Sicilia. Y así se embarcó en el viaje que había de llevarla a su nueva vida, acompañada por un séquito en el que se incluía una prima francesa varios años mayor que ella. Federico la aguardó con su padre en Bríndisi, en cuya catedral se casaron el 9 de noviembre. Este fue, sin embargo, un matrimonio desafortunado. Al día siguiente, el emperador salió de la ciudad con su esposa sin avisar a su nuevo suegro; cuando Juan los alcanzó, su llorosa hija le contó que su marido ya había seducido a su prima. Cuando llegaron a Palermo, la pobre chica fue enviada rápidamente al harén de palacio. Su padre, entretanto, fue informado sin miramientos de que ya no era regente y que, por supuesto, no tenía derecho alguno al título de rey.

Juan montó en cólera y apeló al papa Honorio, pero este murió en 1227. Su sucesor, Gregorio IX, que ya era un anciano, empezó tal como Honorio pensaba seguir. «Cuídate —escribió a Federico poco después de subir al trono de san Pedro— de no situar tu intelecto, que compartes con los ángeles, por debajo de tus sentidos, que tienes en común con los animales y las plantas». Para el emperador, cuyas orgías se habían convertido rápidamente en legendarias, fue todo un cañonazo de aviso. Llegados a este punto, la cruzada cobraba al fin impulso. Un interminable goteo de caballeros alemanes cruzaba los Alpes y recorría las rutas de peregrinaje italianas para unirse al emperador en Apulia, donde el ejército embarcaría rumbo a Tierra Santa. Pero entonces, con el salvaje calor del agosto apuliano, estalló una epidemia. Puede que fuera tifus, o tal vez cólera, pero el caso es que se extendió de manera implacable por el campamento de los cruzados. Hasta el propio Federico sucumbió al temido virus. A pesar de todo, zarpó de Bríndisi, pero, al cabo de un par de días, descubrió que estaba demasiado enfermo para continuar. Envió a los cruzados supervivientes a Tierra Santa, para que hicieran los preparativos que pudieran. Él regresó a Italia y prometió seguirlos cuando estuviera lo bastante repuesto o, en cualquier caso, en mayo de 1228, a más tardar. En el ínterin, envió embajadores a Roma para explicar la situación al papa.

Sin embargo, Gregorio se negó a recibirlos y, en su lugar, emitió una virulenta encíclica en la que acusaba al emperador de haber incumplido descaradamente sus votos de cruzado. ¿Acaso no había puesto él mismo una fecha a su partida tras numerosos retrasos? ¿Es que no había previsto que, con miles de soldados y peregrinos hacinados en pleno verano, era inevitable que se propagara una epidemia? ¿Y quién podía estar seguro de que realmente había contraído la enfermedad él mismo? ¿No sería una treta para eludir sus obligaciones? El 29 de septiembre, el papa excomulgó a Federico.

Sin embargo, al hacerlo, se creó un problema nuevo. Era evidente que un excomulgado no podía dirigir una cruzada, y eso era exactamente lo que Federico pretendía hacer. El papa había jugado muy mal sus cartas. Federico había dirigido una misiva abierta a todos los que habían tomado la cruz explicando su posición de manera tranquila y razonada, en suma, dando ejemplo al Santo Padre en cuanto al tono que debería haber empleado. La carta surtió efecto. Cuando, el Domingo de Pascua de 1228, Gregorio pronunció un furioso sermón contra el emperador, su congregación romana se rebeló y los disturbios se extendieron por toda la ciudad, de la que tuvo que huir. Se refugió en Viterbo y, desde ahí, continuó su campaña, pero mientras que tan solo unos meses atrás había instado a Federico a que partiera con la cruzada, ahora se encontraba en la absurda posición de tener que predicar con la misma urgencia que no lo hiciera, pues sabía perfectamente que, si el emperador regresaba victorioso, el prestigio papal recibiría un golpe del que tardaría en reponerse.

La historia de la cruzada de Federico puede explicarse muy rápido. El viejo imperio de Saladino estaba ahora en manos de tres hermanos de su misma tribu, la casa de Ayub; al enterarse de la inminente partida de Federico, uno de ellos, Al Kamil, sultán de Egipto, le había enviado una misiva: si se derrocara a su hermano Al Muazzam de su trono en Damasco, él mismo estaría en situación de devolver al emperador el territorio perdido del reino de Jerusalén. Desde entonces había llegado la noticia de la muerte de Al Muazzam, así que es muy posible que el entusiasmo de Al Kamil por la alianza se hubiera marchitado un poco; aun así, a Federico le habían dado una mano ganadora y estaba decidido a jugarla. A su llegada a Tiro en los últimos días de 1228, envió una comitiva a Al Kamil, que estaba haciéndose gradualmente con los territorios que había gobernado su hermano y se arrepentía profundamente de la oferta que le había hecho. Los mensajeros señalaron que el emperador había acudido solo porque el sultán lo había invitado; ahora que todo el mundo sabía que estaba allí, ¿cómo iba a marcharse con las manos vacías? La consiguiente pérdida de prestigio podía resultarle fatal y Al Kamil nunca encontraría otro aliado cristiano. En cuanto a Jerusalén, entonces era una ciudad relativamente insignificante, indefensa y casi despoblada; incluso desde el punto de vista religioso, era mucho menos importante para el islam que para el cristianismo. ¿No le parecía que rendirla sería un precio muy pequeño que pagar por el mantenimiento de unas relaciones pacíficas entre musulmanes y cristianos e, incidentalmente, por la pronta partida del propio Federico?

No hubo amenazas o, si las hubo, no se expresaron abiertamente. Pero el ejército imperial estaba sobre el terreno, y era una fuerza militar considerable. El sultán se encontraba en una posición muy difícil. El emperador estaba en el umbral de su puerta para cobrar lo que se le había prometido y las probabilidades de que se marchara sin hacerlo eran mínimas. Al final, Al Kamil capituló y accedió a un tratado de diez años con ciertas condiciones. En primer lugar, Jerusalén debía permanecer sin defensas. El monte del Templo, con la Cúpula de la Roca y la mezquita de Al Aqsa frente a ella, podía ser visitado por cristianos, pero debía permanecer en manos musulmanas, al igual que Hebrón. Los cristianos podían quedarse con los demás santuarios principales de Belén y Nazaret, a condición de que estuviesen comunicados con las ciudades cristianas de la costa solo por un estrecho corredor que pasaría por lo que seguirían siendo territorios musulmanes. El sábado 17 de marzo de 1229, Federico —que seguía excomulgado— entró en Jerusalén y tomó posesión formal de la ciudad. Al día siguiente, desafiando abiertamente la prohibición papal, asistió a misa en la iglesia del Santo Sepulcro, luciendo deliberadamente su corona imperial. Había conseguido todos los objetivos que se había propuesto, y lo había hecho sin derramar una sola gota de sangre cristiana ni musulmana.

Lo lógico habría sido esperar cierto regocijo y alegría por parte de la comunidad cristiana, pero su reacción fue completamente opuesta; se mostraron iracundos. Mientras estaba excomulgado, Federico se había atrevido a entrar en el templo más sagrado de la cristiandad, que había ganado conspirando con el sultán de Egipto. El patriarca de Jerusalén, que había ignorado cuidadosamente al emperador desde su llegada, mostró ahora su descontento poniendo a toda la ciudad bajo un entredicho. Se prohibieron las misas en las iglesias y los peregrinos que visitaban los Santos Lugares ya no podían contar con el perdón de sus pecados. Los barones locales también estaban furiosos por no haber sido consultados. ¿Cómo —se preguntaban— se esperaba que defendieran los territorios que Federico había adquirido utilizando medios tan cuestionables una vez el ejército imperial hubiera regresado a Occidente?

La gota que colmó el vaso, tanto para los clérigos como para los legos, fue el claro interés del emperador —y su admiración— por el arte, la fe y la civilización islámica en general. Insistió, por ejemplo, en visitar la Cúpula de la Roca —de cuya arquitectura hizo un estudio detallado— y la mezquita de Al Aqsa, donde se dice que expresó su gran decepción por no haber oído la llamada a la oración. (El sultán había ordenado que los muecines guardaran silencio como muestra de respeto). Como siempre, interrogó a todos los musulmanes cultos con los que se cruzó; sobre su fe, su oficio, su modo de vida y cualquier otra cosa que se le ocurría. Esta actitud escandalizó profundamente a los cristianos de ultramar; al emperador se le echaba en cara incluso su fluido dominio del árabe. Cuantos más días permanecía en Jerusalén, más crecía su impopularidad entre los cristianos y, cuando se trasladó a Acre —tras escapar por los pelos de una emboscada de los templarios en el camino—, la ciudad estaba al borde de la rebelión. Ordenó que su flota estuviera lista para zarpar el 1 de mayo y llegó a Bríndisi el 10 de junio de 1229.

Encontró a su reino sumido en un estupor paralizante. Su viejo enemigo, Gregorio IX, había aprovechado su ausencia para lanzar lo que prácticamente equivalía a una cruzada contra él y había escrito a los príncipes e iglesias de Europa occidental pidiendo dinero y hombres para un ataque general contra el emperador, tanto en Alemania como en Italia. En Alemania, el intento del papa de establecer a un emperador rival en la persona de Otón de Brunswick no había llegado a ninguna parte. En Italia, en cambio, organizó una invasión armada con el propósito de expulsar a Federico del sur definitivamente, de modo que todo el territorio pudiera ser gobernado directamente desde Roma. En aquel momento se combatía furiosamente en los Abruzos y los alrededores de Capua, mientras que varias ciudades de Apulia, tras creer los rumores —que hicieron circular deliberadamente agentes papales— que decían que Federico había muerto, se habían sublevado contra el Imperio. Para animar a otras ciudades a seguir su ejemplo, Gregorio había publicado recientemente un edicto con el que liberaba a todos los súbditos del emperador de sus juramentos de fidelidad.

La situación no podía ser más desesperada, pero desde el mismo momento de la llegada de Federico, las cosas empezaron a cambiar de signo. Allí estaba el emperador, de nuevo entre su pueblo, no muerto, sino triunfante, tras haber reconquistado los santos lugares para la cristiandad sin haber derramado una gota de sangre. Puede que la gesta de Federico no impresionara a las comunidades cristianas de ultramar, pero el pueblo del sur de Italia y de Sicilia sí supo apreciarla. Al mismo tiempo, mucha gente estaba profundamente conmocionada por el hecho de que el papa hubiera atacado las tierras de un rey cruzado ausente. Luis IX, el monarca francés, estaba horrorizado por la actitud papal. Además, al regresar a su reino, el propio Federico se convirtió en un hombre distinto. Atrás quedaron la ira, la bravuconería y la inseguridad que había mostrado una y otra vez en Oriente. Estaba de nuevo en la tierra que tan bien conocía y tanto amaba; volvía a tener el control. Pasó todo el verano combatiendo incansablemente y, a finales de octubre, el ejército pontificio estaba derrotado.

Sin embargo, Gregorio IX no lo estaba, y la reconciliación final entre ambos fue un proceso largo, difícil y doloroso. En los meses siguientes, Federico hizo una concesión tras otra, sabedor de que el obstinado viejo papa contaba todavía con su arma más dañina. El emperador seguía excomulgado, lo cual constituía un grave y vergonzoso inconveniente, un reproche permanente y una peligrosa desventaja diplomática. Además, como cristiano —hasta el punto en que lo era—, Federico no debía tener ningún deseo de morir fuera de la Iglesia. Pero Gregorio no cedió; hasta julio de 1230, muy a regañadientes, no accedió a un tratado de paz —se firmó en Ceprano a finales de agosto— y levantó la excomunión. Dos meses después, los dos hombres cenaron juntos en el palacio papal en Anagni. Es difícil imaginar que la cena fuera cordial, al menos al principio, pero Federico era capaz de hacer gala de un enorme encanto cuando quería y parece que el papa se sintió verdaderamente honrado por que el emperador del Sacro Imperio se hubiera tomado la molestia de visitarlo sin formalidades y sin gran pompa. Y así concluyó otra de esas hercúleas luchas entre emperadores y papas en torno a las que tan frecuentemente parece girar la historia de la Europa medieval.

Por supuesto, no todo acabó ahí. Seis años después, otra revuelta en Lombardía —instigada, como siempre, por Gregorio— obligó al emperador a desplazarse al norte. En Cortenuova, en 1237, aplastó a la revivida liga y vengó la histórica derrota de su abuelo, Federico Barbarroja, en Legnano, lo que le supuso una nueva excomunión. El papa Gregorio murió por fin en 1241. Si su sucesor, el terriblemente viejo Celestino IV, hubiera vivido, quizá las preocupaciones de Federico habrían estado a punto de acabarse, pero solo diecisiete días después, Celestino siguió a Gregorio a la tumba. Federico hizo cuanto pudo para influir en la siguiente elección, pero fue en vano: el cardenal genovés Sinibaldo dei Fieschi, que se convirtió en junio de 1243 en el papa Inocencio IV, demostró ser, si acaso, un adversario todavía más ferviente que Gregorio. Solo dos años después de su ascenso al poder, en un concilio general en Lyon, declaró depuesto al ya excomulgado Federico y lo desposeyó de todas sus dignidades y títulos.

Pero a los emperadores no se los podía destronar tan fácilmente. Esta última sanción, que tanto Luis IX de Francia como Enrique III de Inglaterra —ahora cuñado del emperador—* se negaron a reconocer, tuvo poca repercusión inmediata en la posición de Federico. El apellido Hohenstaufen todavía gozaba de un inmenso prestigio en Alemania, mientras que en Sicilia y en el *Regno,* sus interminables peregrinaciones, acompañado por su harén y, muy a menudo, por su extraordinario zoológico, le habían asegurado un nivel de celebridad que lo hacía parecer omnipresente, una parte integral de la propia vida. Federico ignoró altivamente las sanciones papales y continuó la lucha; y en ella seguía en diciembre de 1250, en Castel Fiorentino, en Apulia, cuando fue víctima de un violento ataque de disentería. Murió, vestido con el hábito de un monje cisterciense, el martes 13 de diciembre, solo trece días antes de su quincuagésimo sexto cumpleaños. Su cuerpo fue llevado a Palermo, donde, siguiendo sus deseos, fue enterrado en la catedral, en el magnificente sarcófago de pórfido que se había preparado para su abuelo Roger II pero que había permanecido vacío hasta entonces.

«El papado —escribió *sir* Steven Runciman—, en toda su larga historia, no había encontrado nunca un adversario tan formidable como Federico II de Hohenstaufen». Quizá por ello no deba sorprendernos que Dante lo relegara al sexto círculo del infierno. También había sido un fracaso político. Su sueño había sido unir Italia y Sicilia en un solo reino dentro del Imperio, con la capital en Roma. El principal objetivo del papado,

---

* En 1235, Federico se había casado con su tercera mujer, Isabel de Inglaterra, hija del rey Juan.

ayudado por las ciudades y pueblos de Lombardía, había sido asegurarse de que ese sueño nunca se materializara. Y el papado había vencido. Pero no es por sus logros políticos por lo que Federico es recordado como el dirigente europeo más notable que ha existido entre Carlomagno y Napoleón, y mucho menos por su trabajo en Alemania, que nunca visitó si pudo evitarlo. Lo que le otorgó el título de *Stupor Mundi* fue la pura fuerza de su personalidad intelectual y física. No en vano sus abuelos habían sido Federico Barbarroja y Roger II. Ambos habían sido grandes hombres; sin embargo, Federico superó a ambos en sus propios campos. De Barbarroja heredó la energía inagotable, la capacidad militar, el valor y el concepto augusteo de imperio al que dedicó su vida; a Roger y a su educación siciliana debía la infinita amplitud de su mente e intereses, su extraordinaria facilidad para las lenguas y su apasionado amor por el arte y la ciencia. En 1224 fundó la Universidad de Nápoles, una de las más antiguas del mundo, todavía conocida como Università Federico II. Poeta entre poetas, en su círculo se inventó el soneto y nació la literatura vernácula en italiano; su ardiente curiosidad sobre la naturaleza del mundo físico y metafísico lo mantuvo en contacto o lo llevó a compartir correspondencia con pensadores de todos los credos; y las esculturas que han sobrevivido de la entrada triunfal de Capua, que él mismo diseñó, atestiguan a la vez su habilidad como arquitecto y su munificencia como patrón. Sin duda, tiene excelentes motivos para reclamar el título de primer príncipe renacentista, dos siglos antes del Renacimiento.

7

Las vísperas

Privada de la firme mano de Federico al timón, el caos y la confusión se apoderaron rápidamente de Sicilia una vez más. Algo —quizá un legado de su pasado árabe— impedía siempre que los sicilianos consiguieran ni tan siquiera una semblanza de unidad; casi todas sus ciudades principales estaban divididas por luchas intestinas y la consecuencia fue algo parecido a una guerra civil multilateral. Los barones se hicieron con el poder, cada uno luchando por su cuenta, y así, mientras el feudalismo en el continente entraba poco a poco en decadencia, en Sicilia afianzaba su dominio. La agricultura se resintió y la población disminuyó considerablemente; se ha calculado que, a lo largo de los dos siglos siguientes, pudo reducirse a la mitad.

Nada menos que diez de los hijos y nietos de Federico perecieron en la cárcel o tuvieron una muerte violenta. Su hijo mayor, Enrique, que se convirtió en el rey Enrique VII de Alemania —nunca fue coronado emperador—, se rebeló contra su padre y murió en prisión en 1242. Conrado, el hijo que tuvo con Yolanda de Jerusalén y a quien había nombrado su heredero, hizo lo que pudo para restablecer el orden, pero se vio obligado a pasar la mayor parte de su tiempo en Alemania, y el *Regno* se confió a un hijo bastardo de Federico, Manfredo, el favorito de sus hijos ilegítimos, a quien su padre había nombrado príncipe de Tarento. Cuando Conrado murió de malaria a la edad de veintiséis años, solo cuatro años después que su padre, Manfredo, tras negarse a entregar Sicilia a Inocencio IV, ocupó la regencia en nombre de Conradino, el hijo de dos años de su hermanastro. El papa, como era de esperar, furioso, lo excomulgó de inmediato y buscó frenéticamente otros candidatos para el trono. Ricardo de Cornualles, hermano del rey Enrique III, fue en un momento dado el favorito, pero aunque era el hombre más rico de Inglaterra, el precio le pareció muy alto y se negó a aceptar el desafío; era, dijo, como si le ofrecieran la luna a condición de que la descolgara del cielo. En 1253, se hizo otra oferta al hijo de ocho años del rey Enrique, Edmundo de Lancaster, que, sorprendentemente, la aceptó y fue investido rey por un legado papal. Durante diez años, Edmundo se hizo llamar «rey de Sicilia por la gracia de Dios» e incluso envió al obispo de Hereford a cobrar impuestos a sus nuevos súbditos; pero todo el mundo comprendió muy pronto que así no se iría a ninguna parte y nunca más se oyó hablar de él.

Entretanto, Manfredo había extendido su poder sobre la mayor parte del sur de Italia. El papa Alejandro IV, que en 1254 había sucedido al odioso Inocencio y a quien Manfredo parecía tan peligroso como lo había sido su padre, había enviado un ejército contra él, que Manfredo había derrotado casi sin despeinarse. Era digno hijo de su padre. Aunque, a diferencia de Federico, era increíblemente hermoso, había heredado además todo el amor de su padre por el saber y la literatura, así como su devastador encanto personal. Recreó la brillante corte de Federico, fundó el puerto apuliano de Manfredonia y se casó con Helena, la hija de Miguel II, déspota de Épiro, una alianza que le brindó la isla de Corfú y una franja considerable de la costa albanesa. Otra hija, Constanza, se convirtió en esposa de Pedro, heredero del trono de Aragón, un matrimonio que resultaría mucho más importante de lo que se supuso en un principio. Finalmente, en agosto de 1258, Manfredo se impuso a los barones sicilianos e hizo que lo reconocieran como rey.

Pero el papa Alejandro no se había rendido. Aunque era una persona amable y serena, no estaba dispuesto —no podía— a reconocer a un Hohenstaufen y dedicó la mayor parte de los siete años de su pontificado a buscar un «atleta de Cristo» que liberara al sur de Italia de una vez por todas de aquella odiosa dinastía. Por lo que a él atañía, el trono de Sicilia estaba vacante, y seguía intentando encontrar un candidato adecuado cuando le sobrevino la muerte en 1261 en Viterbo, donde, para evitar las luchas de facciones de Roma, había pasado buena parte de su pontificado. Y fue en Viterbo donde, tras tres meses de deliberaciones sin llegar a ninguna conclusión, los cardenales eligieron a alguien completamente externo al trono papal: nada menos que al patriarca de Jerusalén, que entonces estaba realizando una visita oficial a la Curia. Jacques Pantaléon era francés, hijo de un zapatero pobre de Troyes. Tomó el nombre de Urbano IV y pronto se fijó en un compatriota suyo que, además, era un hombre habilidoso y capaz: Carlos de Anjou.

Este era hermano del rey Luis IX —san Luis— y tenía entonces treinta y cinco años. En 1246, había recibido el condado de Provenza por parte de su mujer, lo cual le había proporcionado grandes riquezas; también era señor del próspero puerto de Marsella. Ahora el papa le hacía a este frío, cruel e inmensamente capaz y ambicioso oportunista una oferta que no podía rechazar. El ejército que Carlos iba a comandar contra Manfredo se designaría oficialmente como una cruzada, lo que implicaba que, inevitablemente, sería un batiburrillo, con la mezcla habitual de aventureros en busca de conseguir feudos en el *Regno*, peregrinos que buscaban la remisión de sus pecados y rufianes que solo querían un botín. Junto a ellos, sin embargo, había un impresionante número de caballeros de toda Europa occidental —franceses, alemanes, españoles, italianos y provenzales, e incluso unos pocos ingleses, para que no faltara de nada— que, según creía firmemente Carlos, serían más que suficientes para vencer a cualquier cosa que Manfredo pudiera poner en el campo de batalla.

El 6 de enero de 1266, Carlos de Anjou fue coronado en Roma —no por el sucesor de Urbano, Clemente IV,[*] sino por cinco de sus cardenales— rey de Sicilia; poco menos de un mes después, el 3 de febrero, su ejército cruzó la frontera del *Regno*. Esta vez la campaña no sería larga. Los dos ejércitos se encontraron el día 26 frente a Benevento y todo terminó muy rápido. Manfredo, valiente como siempre, no retrocedió y cayó com-

* Ni Urbano ni Clemente se acercaron nunca a Roma. Preferían la mayor comodidad de Anagni o Viterbo.

batiendo, pero sus tropas, muy inferiores en número al enemigo, pronto huyeron del campo de batalla. Pocas sobrevivieron. El puente sobre el Calore quedó pronto atascado; un hombre con armadura no tenía ninguna posibilidad de sobrevivir entre las crecidas aguas del río. La reina Helena y los tres hijos de Manfredo intentaron escapar por el Adriático hasta Épiro, pero fueron arrestados mientras esperaban un barco y encarcelados en Nocera. Helena murió allí cinco años después. Los chicos permanecieron en la cárcel hasta que murieron. Uno de ellos seguía preso en 1307.

La cruzada prácticamente había terminado. Dos años después, el joven Conradino, «bello como Absalón», hizo un último y desesperado intento de salvar la situación y dirigió un ejército de alemanes, italianos y españoles por los Alpes. Marchó a través de Verona, Pisa, Siena y Viterbo hasta Roma, donde fue recibido con grandes fiestas; luego ordenó avanzar a su ejército en pos de Carlos. Se encontraron en el pueblo fronterizo de Tagliacozzo. En esta ocasión, la batalla, luchada el 23 de agosto de 1268, provocó muchísimas bajas en ambos bandos. En un momento dado, de hecho, pareció que la inmensa mayoría de los angevinos había fallecido y que el resto se había dado a la fuga, y Conradino empezó a felicitarse por la victoria. Pero Carlos había preparado una sofisticada emboscada. De súbito, tras unas colinas, lanzó un millar de sus mejores caballeros a galope tendido contra Conradino y aquellos caballeros que se habían reunido alrededor de los estandartes de los Hohenstaufen. No estaban preparados para la acometida; eran muchos menos y fueron tomados completamente por sorpresa. Conradino escapó del campo de batalla y consiguió llegar a Roma, pero fue capturado al poco tiempo. Se celebró un breve juicio en Nápoles tras el cual, el 29 de octubre, el joven príncipe fue conducido a la plaza del mercado y decapitado públicamente. Tenía solo dieciséis años.

La dinastía Hohenstaufen había llegado a su fin en Italia, y con ella terminó también algo que, con el tiempo, sería mucho más llorado: la edad de oro de Sicilia. La trayectoria de su declive puede remontarse hasta varias décadas atrás, a aquel día de Navidad de 1194 en el que Enrique VI fue coronado rey. Su hijo Federico siempre sostuvo que amó la isla más que ningún otro de sus dominios, pero, a medida que creció, pasó cada vez menos tiempo allí y más en Apulia, donde el Castel del Monte, que utilizaba como pabellón de caza, sigue en pie hoy. No se trató solo de un tema de preferencia personal; también influyeron consideraciones políticas prácticas. En la época de los normandos, cuando el reino estaba formado básicamente por Sicilia y el sur de Italia, tenía sentido gobernarlo desde Palermo; pero una vez el rey-emperador gobernó también el norte de Italia y, al menos en teoría, buena parte del norte de Europa, la vieja capital estaba simplemente demasiado lejos de sus territorios. El estrecho de Mesina, aunque solo de unos tres kilómetros de anchura y de vital importancia para el comercio palermitano, se convirtió entonces más en un obstáculo que en una ventaja, mientras que las principales preocupaciones de Federico —sus problemas en Alemania y el constante enfrentamiento con el papado— eran, para el siciliano de a pie, temas muy lejanos.

También Manfredo había preferido el continente. Había establecido sus principales residencias en Nápoles y Lucera, y rara vez había visitado Sicilia después de su coronación. Eso supuso un grave error: si se hubiera conformado con quedarse en Palermo y hubiera vigilado desde allí el *Regno* como habían hecho sus antepasados normandos, quizá habría salvado a la isla de su triste declive y fundado allí una longeva dinastía propia. Pero Manfredo nunca terminó de salir de la gigantesca sombra de su padre; de algún modo, siempre sintió que estaba destinado a cosas mejores. También él tenía ambiciones en el norte de Italia, y quizá incluso más allá. Sicilia no era lo bastante grande para él, y tanto Manfredo como la isla sufrieron por ello.

Con la llegada de los angevinos, dio la impresión de que Sicilia continuaría deslizándose hacia la oscuridad. Carlos de Anjou mostró al principio un interés mínimo en Sicilia y prefirió concentrar su atención en la Toscana —de la que el papa Clemente IV le había nombrado vicario imperial—, donde había combates prácticamente constantes entre las dos grandes facciones de la Italia medieval: los güelfos y los gibelinos. Pero los sicilianos no eran tan fáciles de ignorar y, a finales del verano de 1267, se rebelaron. Pasaron dos largos años antes de que se pudiera restaurar el orden, y la severidad de los castigos que se dispensaron por igual a inocentes y culpables dejaron un rescoldo de resentimiento y hostilidad que pronto volvería a prender. Carlos procedió de inmediato a reorganizar el reino al estilo del modelo francés. En adelante, el francés sería el idioma del Gobierno. El rey se negó a aceptar que Manfredo y Conradino —y ni siquiera Federico, tras haber sido oficialmente desposeído de su título por el papa Inocencio en 1245— hubieran sido reyes legítimos de Sicilia. Todas sus leyes, junto con todas sus concesiones de tierras, fueron declaradas nulas y sin efectos. Si un terrateniente no podía demostrar que poseía sus tierras desde antes de 1245, la propiedad pasaba a manos del Estado. Carlos conservó para sí o distribuyó entre sus amigos —quienes, casi en su totalidad, eran franceses o provenzales— estas tierras confiscadas, junto con más incautaciones hechas a los rebeldes que habían sido juzgados y condenados. Una vez más —uno siente la tentación de añadir «como siempre»—, los sicilianos salieron perdiendo.

Alrededor de 1270, Carlos de Anjou tenía bajo su control buena parte de la península itálica, una tarea que, sin duda, le resultó más fácil tras la muerte de Clemente en 1268, debido a la incapacidad de los cardenales para elegir un sucesor. Gracias a su considerable influencia en la Curia, mantuvo el trono papal vacío durante los siguientes tres años, y con ello consiguió tener las manos totalmente libres para actuar a su antojo en Italia.* En general, fue un buen gobernante. Era un administrador excelente y trabajó duro. Viajó constantemente a lo largo y ancho de su reino con escribas y secretarios en su estela y se interesó personalmente por todos los detalles que le llamaban la atención; solo hacia el final de su vida empezó a concentrar el Gobierno en Nápoles e hizo que la ciudad fuera algo más que una mera capital nominal.

---

* El interregno terminó cuando las autoridades de Viterbo (donde se celebraba el cónclave) retiraron el techo del palacio en el que deliberaban los cardenales.

Sicilia, no obstante, permaneció descuidada. Las heridas de la reciente revuelta seguían abiertas. Los puertos continuaron vacíos y la industria no recibió ningún tipo de ayuda. Las tierras del rey estaban bien cuidadas, como era de esperar, pero para el siciliano medio solo había una conclusión posible: que ahora eran una provincia oscura y sin importancia por la que su gobernante se había dejado de preocupar hacía mucho tiempo. En los últimos quince años del reinado de Carlos, a pesar de sus interminables peregrinaciones por todo el *Regno,* solo puso pie en Sicilia una vez. Puesto que iba de camino a unirse con su hermano Luis en Túnez, difícilmente podría haberlo evitado; aun así, la visita duró solo unos pocos días. Esta actitud tan corta de miras era muy poco propia de él; era un hombre inteligente y debió de haber comprendido que, con su descuido de la isla, estaba atizando las brasas de futuros problemas. Los sicilianos eran gente orgullosa poco propensa a olvidar.

Para los que detestaban a la Casa de Anjou y a todo lo que representaba, tras la muerte de Conradino había un lugar en el que eran bienvenidos: la corte del rey Pedro III de Aragón. En 1262, Pedro se había casado con Constanza, la hija de Manfredo, que era ahora la única representante en el sur de la causa Hohenstaufen, así que un número cada vez mayor de refugiados de Sicilia y del *Regno* acudieron a su corte, en Barcelona. Entre ellos estaba uno de los grandes conspiradores de su época, llamado Juan de Prócida. Este había estudiado Medicina en Salerno, su ciudad nativa y, como médico personal del emperador, había atendido a Federico en su lecho de muerte. Luego había estado al servicio de Manfredo. Había combatido con Conradino en Tagliacozzo, tras lo cual había viajado a Alemania con la intención de persuadir a otro de los nietos de Federico II para que invadiera Italia y restaurara la dinastía Hohenstaufen. Cuando este plan fracasó, se mudó con sus dos hijos a Barcelona. En su opinión, Constanza era su última esperanza. El rey Pedro lo recibió con calidez y lo nombró canciller del reino, cargo desde el cual pudo concentrarse en una gran conspiración que asegurara la caída de los angevinos.

Hay una extraordinaria leyenda, que aparece en las obras tanto de Petrarca como de Boccaccio, que dice que Juan viajó entonces disfrazado por las cortes de Europa para conseguir adeptos a su causa y que visitó al emperador Miguel VIII Paleólogo en Constantinopla, de donde regresó con grandes cantidades de oro bizantino. Es casi con toda seguridad falsa: para entonces, tenía casi setenta años, y en los años en cuestión, 1279 y 1280, su firma aparece regularmente en documentos emitidos por la cancillería aragonesa. Podría muy bien ser, eso sí, que algún otro —quizá uno de sus hijos— realizara esos viajes en su nombre. Sin duda, hubo algún contacto entre Barcelona y Constantinopla, donde Miguel era consciente de que Carlos de Anjou estaba preparando en esa misma época una gran expedición contra su imperio. Estaba, por lo tanto, deseoso de emprender acciones ofensivas antes de que esa expedición se lanzara. Pedro, por otro lado, prefería esperar, como es natural, a que esa expedición estuviera en camino.

De hecho, el momento no lo decidieron ni el rey ni el emperador, sino los propios sicilianos. Hacia 1282, todo el *Regno* odiaba a los angevinos, tanto por sus elevados impuestos como por la arrogancia con la que se conducían, y cuando la noche del lunes de Pascua, el 30 de marzo de 1282, un sargento francés borracho empezó a importunar a una mujer siciliana frente a la iglesia del Espíritu Santo justo cuando las campanas tocaban a vísperas, la ira de sus compatriotas estalló al fin. El marido se abalanzó sobre el sargento y lo mató; el asesinato llevó a unos disturbios; los disturbios a una masacre; al amanecer, habían muerto dos mil franceses.

La sublevación se extendió como un incendio forestal. El 30 de agosto, el rey Pedro desembarcó con su ejército en Trapani. Tres días después, llegaba a Palermo. La coronación formal que había esperado resultó imposible: el arzobispo de Palermo estaba muerto, el arzobispo de Monreale, partidario de los angevinos, había desaparecido sabiamente; Pedro tuvo que contentarse con una simple proclamación de su subida al trono. Respondió a ella con una promesa pública de observar los derechos y las libertades de sus nuevos súbditos y llamó a todos los hombres aptos de Palermo y alrededores a que marcharan con él sobre Mesina, donde aún resistían los franceses. La respuesta, según se nos dice, fue inmediata y entusiasta. Para todos los buenos palermitanos —que despreciaban a los mesineses casi tanto como a los franceses—, aquella era una proposición irresistible.

En Mesina, Carlos había asumido personalmente el mando; y fue allí, el 17 de septiembre, donde recibió a los embajadores del rey Pedro. A estas alturas, ya había comprendido que la conquista aragonesa era un hecho. No deseaba arriesgarse a una batalla campal con un ejército que sospechaba muy superior en números al suyo, y aún menos quería quedarse atrapado él mismo en la isla. Por lo tanto, dijo a los embajadores que, aunque, naturalmente, rechazaba las pretensiones de su señor, estaba dispuesto, al menos temporalmente, a evacuar sus fuerzas a la península. Esto era precisamente lo que Pedro, que había retrasado deliberadamente su avance y que ansiaba evitar el derramamiento de sangre, quería escuchar. Solo había que conceder a los angevinos una o dos semanas para que retiraran a su ejército al otro lado del estrecho y habría ganado la isla sin desenvainar la espada.

Por supuesto, era perfectamente consciente de que no podía contar con que los barones sicilianos le fueran fieles a perpetuidad y había sido advertido en particular sobre uno de ellos, un tal Alaimo de Lentini, capitán de Mesina, que ya había traicionado tanto al rey Manfredo como al rey Carlos. La esposa de Alaimo, Machalda, era, según parece, todavía peor que su marido. Cuando Pedro llegó, exhausto, a la pequeña aldea de Santa Lucia, cerca de Milazzo, en la que había previsto pasar noche, le horrorizó encontrarla allí, esperándolo. Como excusa para justificar su presencia había llevado con ella las llaves de Catania, pero pronto quedó claro que el propósito real de aquella visita era conseguir una audición para el papel de amante real. El pobre Pedro pasó una velada terriblemente incómoda. Escapó solo después de pronunciar una larga disquisición sobre su amor y su lealtad hacia la reina Constanza, un argumento que, se nos dice, no convenció a Machalda. En adelante, no guardó en secreto sus celos hacia la reina e hizo cuanto estuvo en su mano para influir sobre su marido en contra de la pareja real.

Conociera o no Alaimo las acciones de su mujer, hasta entonces cooperó, dio la bienvenida a Pedro a Mesina y lo animó a infligir a los angevinos tanto daño como pudiera. Y no fue poco. La flota de Pedro ya había llegado también a Mesina y los angevinos estaban justo al otro lado del estrecho, en Reggio, y, debido a la precipitación con la que habían tenido que marcharse, estaban todavía muy desorganizados. A mediados de octubre tuvieron lugar dos batallas navales; la segunda, el día 14 frente a Nicotera, se cerró con la captura de veintiuna galeras francesas que iban de camino a Nápoles cargadas de armas hasta la borda. Se produjeron varias batallas más en los años siguientes, una de ellas, que tuvo lugar el 5 de junio de 1284 frente a Castellammare, llevó a la captura del hijo y heredero de Carlos, el príncipe de Salerno.

Carlos, por supuesto, se negó a reconocer la derrota e incluso llegó a proponer que el destino de Sicilia se decidiera mediante un combate singular con Pedro. El enfrentamiento tendría lugar bajo protección de los ingleses en Burdeos, a varias semanas de viaje. Pedro aceptó, lo que resulta un poco sorprendente, aunque en negociaciones posteriores se decidió que, puesto que Carlos tenía ya cincuenta y cinco años —un anciano para los estándares de la época— y Pedro, solo cuarenta, sería más justo si a cada monarca lo acompañaban cien caballeros cuidadosamente escogidos para que lucharan junto a él. La fecha para el gran combate se fijó en el martes 1 de junio de 1283; por desgracia —o quizá por fortuna— no se especificó la hora exacta. Los aragoneses llegaron a primera hora de la mañana y no encontraron ni rastro de Carlos. Pedro, por lo tanto, anunció que la victoria era suya, pues su cobarde oponente no se había presentado. Carlos apareció al cabo de unas pocas horas y proclamó que, como no había señales de Pedro, él era el ganador. Los dos jamás se encontraron. El coste para ambos, tanto en tiempo como en dinero, fue considerable, pero ambas partes salvaron su honor.

Mientras tanto, el *Regno* se dividió por la mitad y —puesto que Carlos se negó tercamente a renunciar a su título de rey de Sicilia— nació la leyenda de las Dos Sicilias, con Carlos reinando en Nápoles y Pedro en Palermo, y ambos decididos a expulsar al otro y reunificar el país. Pero la reputación de Carlos quedó maltrecha. Su imperio se había construido sobre la arena. Había dejado de ser una potencia mundial. Ya no podía plantearse una expedición contra Constantinopla. Murió en Foggia el 7 de enero de 1285. Durante veinte años había dominado el Mediterráneo, poseído por una insaciable ambición y una energía que lo impulsaba a seguir adelante sin descansar. Era un hombre verdaderamente devoto, pero su piedad no le hizo humilde, pues siempre se consideró a sí mismo un instrumento de la voluntad de Dios. Tampoco lo hizo más humano, pues creía implícitamente que los franceses eran una raza superior y no hizo el menor esfuerzo por comprender qué pensaban o sentían sus súbditos no franceses; en consecuencia, subestimó constantemente a sus enemigos, y en especial a la Casa de Aragón. Esa piedad, por último, tampoco lo convirtió en un hombre compasivo: la ejecución de Conradino, un muchacho de dieciséis años, había conmocionado a Europa, y se le reprochó durante toda su vida. Puede que en algún momento fuera admirado, pero no era un rey a quien se pudiera amar.

Quizá su principal error fue descuidar a Sicilia y a los sicilianos. Lo irritaron con una larga y tenaz rebelión al principio de su reinado y, una vez sofocada esta, simplemente lo aburrían. Pobres y, por lo tanto, poco rentables, los sicilianos eran, además, un pueblo mestizo, una mezcla insalobre de latinos, griegos y árabes a quienes, según creía, no podía tomarse en serio. Por eso nunca realizó una visita significativa a la isla. Se habría llevado una gran sorpresa si le hubieran dicho que serían los sicilianos —con solo un poquito de ayuda de sus amigos— quienes finalmente provocarían su caída.

Nunca es buen comienzo para un reinado que el sucesor al trono esté en la cárcel. El heredero de Carlos era su hijo, el príncipe de Salerno, que ahora se convirtió en Carlos II y fue apodado «el Cojo» (*le Boiteux*). Había sido capturado por el almirante aragonés Roger de Lauria en 1284, y seguía preso cuando murió su padre. La guerra, mientras tanto, no había terminado, ni mucho menos; de hecho, se prolongaría hasta bien entrado el siglo siguiente. Los monarcas de Francia —el sobrino de Carlos de Anjou, Felipe III el Atrevido, y el hijo y sucesor de Felipe, Felipe IV el Hermoso—, aunque eran respectivamente el marido y el hijo de Isabel, la hermana de Pedro, iban a continuar, por motivos de honra familiar, sus intentos de recuperar Sicilia.

El papado también tenía que proteger su prestigio, pues el papa Urbano había concedido Sicilia y el *Regno* a Carlos de Anjou. Por eso, inmediatamente después de las Vísperas, el papa Martín IV —otro francés— excomulgó a Pedro y puso a la isla en entredicho. Poco después fue todavía más allá y depuso a Pedro y lo privó de sus dominios, que otorgó, en teoría, al hijo menor del rey Felipe, el conde de Valois. Los sicilianos, por otra parte, se mostraron encantados de aceptar el gobierno aragonés. No se habían rebelado contra la ocupación extranjera como tal, sino contra la de Carlos, que había usurpado su reino, los había cosido a impuestos y los había tratado como ciudadanos de segunda clase en su propia isla. La esposa de Pedro, Constanza de Hohenstaufen, por otra parte, era su legítima reina. Además, sin duda era preferible un gobernante lejos, al otro lado del Mediterráneo, que otro en el mismo umbral de su puerta.

Sin embargo, habían perdido mucho más de lo que imaginaban. El entredicho del papa duraría un siglo —aunque, al ser ignorado en general, probablemente hizo más daño a la reputación del papado que a la de los sicilianos— y, durante los siguientes cuatrocientos años, su isla no estaría políticamente unida a la península itálica, sino a la ibérica. Su vida cultural e intelectual se resintió y, además, se cortaron los lazos con la Universidad de Nápoles, que era especialmente importante para ellos porque no poseían una institución similar propia. Económicamente, se empobrecieron. Mesina y, en menor medida, Palermo, perdieron sus contactos comerciales con puertos italianos.

Pero iban a sufrir una privación mucho mayor. Italia estaba ahora en la antesala del Renacimiento. Dante había nacido en 1265; Giotto, dos años después. Los siguientes tres siglos serían testigos de una explosión de genio nacional como nunca se había visto en el mundo. De haber permanecido unida a la península itálica, Sicilia podría haber participado de todo ello;

puede que incluso hubiera podido realizar su propia contribución al fenómeno. En cambio, se volvió aragonesa y española. En todo, excepto en la arquitectura, el Renacimiento pasaría de largo de ella.

Con una enorme y asombrosa excepción: Antonello de Mesina. Nacido en 1430, Antonello estudió en Nápoles, donde, a mediados del siglo XV, la pintura flamenca causaba furor. Giorgio Vasari —que le atribuye erróneamente el mérito de introducir la pintura al óleo en Italia— nos cuenta que le inspiró un magnífico tríptico de Jan van Eyck, pintado para el genovés Battista Lomellini, pero que, por desgracia, no ha llegado hasta nosotros. Desde luego, su estilo recuerda más a Flandes que al cálido sur. Sin duda, tuvo una influencia enorme sobre la pintura italiana; el crítico John Pope-Hennessy lo describió como «el primer pintor italiano para quien el retrato individual era una forma de arte por derecho propio». Además de en Nápoles, se sabe que trabajó en Milán y Venecia; pero Mesina fue siempre su hogar, y fue allí, en algún momento de febrero de 1479, donde murió.

Por fuerza, el rey Pedro de Aragón tuvo que desear en múltiples ocasiones haberse quedado en casa. Desde la muerte de Federico II, Sicilia había demostrado ser prácticamente ingobernable; Pedro, que ni siquiera podía aducir el aval papal que sí había tenido Carlos de Anjou, se encontró con que dependía de los barones locales a los que, en consecuencia, se vio obligado a tratar con guante de seda. Trasladó la sede del Gobierno de Mesina, que era un bastión angevino, a Palermo; se comprometió públicamente a que Sicilia continuara siendo un reino separado y a que no se unificaría con Aragón, como la mayoría de sicilianos temían que sucediera; incluso llegó a prometer que, tras su muerte, se entregarían las dos coronas a dos miembros distintos de su familia. Fueron decisiones populares; por otra parte, para facilitar las intenciones a largo plazo de Pedro de conquistar el *Regno*, se fusionaron las flotas aragonesa y siciliana. De este modo, muchos de aquellos que habían tomado parte en la rebelión de 1282 sintieron que sus esfuerzos habían sido prácticamente en vano: no eran más independientes ahora de lo que lo habían sido bajo los angevinos y seguían sometidos a un gobierno tan arbitrario como el anterior. Tuvieron que contemplar impotentes como se entregaban grandes fincas a una nueva aristocracia feudal aragonesa, del mismo modo que antes se habían entregado a los franceses.

Pedro murió el 2 de noviembre de 1285, solo diez meses antes del fallecimiento de su archienemigo, Carlos de Anjou. (Dante, por algún motivo, los describe a ambos cantando armoniosamente juntos frente a las puertas del purgatorio). Como había prometido, Pedro dividió su reino y dejó Aragón a su hijo mayor —Alfonso III, que tenía veintiún años y estaba prometido con Leonor, hija del rey Eduardo I de Inglaterra—, mientras que Sicilia fue a su segundo hijo, Jaime. Pero hubo dos muertes más ese fatídico año. La primera, el 28 de marzo, fue la del papa Martín IV. Su pontificado fue un completo desastre. Por supuesto, el papado estaba comprometido con la causa angevina; haber roto ese acuerdo habría sido equivalente a admitir que se había equivocado. No obstante, sin duda, un hombre más sabio con una mínima comprensión de la situación diplo-

Antonello de Mesina, *Retrato de un hombre* (posiblemente un autorretrato), *c.* 1460.

mática habría podido actuar con menor obcecación y salvarse a sí mismo —y a los franceses— de la humillación. Martín fue sucedido por Honorio IV,* un noble romano de setenta y cinco años tan paralizado por la gota que tenía que decir misa sentado en un taburete y necesitaba un aparato mecánico para levantar las manos del altar. Tampoco él vio ninguna alternativa a los angevinos, pero estaba decidido a devolver la paz a Italia, aunque hiciera falta librar una guerra para tal fin.

Luego, el 5 de octubre, le tocó el turno a Felipe el Atrevido, de Francia, que murió en Perpiñán a causa de unas fiebres que ya se habían llevado a miles en el ejército que él mismo había comandado contra Aragón ese verano. Esa expedición había resultado otro humillante fiasco del que tanto Francia como el papado tardarían en recuperarse. Felipe fue sucedido por su hijo, Felipe IV, el Hermoso. Aunque solo tenía diecisiete años, el joven príncipe ya poseía un agudo intelecto político. Hasta entonces, sus simpatías se habían inclinado francamente hacia los aragoneses y se había opuesto con vehemencia al apoyo que su padre había concedido a Carlos de Anjou; tras su subida al trono, sin embargo, empezó a cambiar de opinión y a contemplar de forma más favorable los derechos que reclamaba su hermano, Carlos de Valois. Después de todo, ahora era rey de Francia; ¿cómo no iba a defender la causa de los franceses?

El rey Jaime I† de Sicilia fue coronado en Palermo en 1286. Justo después de la ceremonia, envió una embajada al papa Honorio para rendirle homenaje y solicitar la confirmación de su título. En respuesta, el papa lo excomulgó a él y su madre, Constanza de Hohenstaufen, y puso a toda Sicilia en entredicho; los obispos de Nicastro y Cefalú, que habían oficiado su coronación, fueron convocados a Roma para dar explicaciones. La actitud papal hacia la isla difícilmente podría haber sido más clara. Honorio estaba en pie de guerra. A continuación, ordenó una invasión de Sicilia, que se produjo en la primavera de 1287. Resultó un desastre. Una nutrida flota francesa y papal zarpó de Bríndisi y desembarcó entre Catania y Siracusa. A finales de

* Fue, por cierto, el último papa casado antes de ser ordenado.
† En Aragón, fue Jaime II.

junio, seguía asediando la misma ciudad insignificante cuando fue atacada por Roger de Lauria, que capturó cuarenta y ocho galeras y a un gran número de importantes nobles provenzales y franceses. Fueron al cabo liberados, pero no sin antes pagar un oneroso rescate.

Quizá valga la pena hablar un poco más de Roger de Lauria, probablemente el almirante con más talento y que más éxitos cosechó en la Edad Media. Nació en 1245, en el seno de una familia del sur de Italia de inquebrantable lealtad hacia los Hohenstaufen; tras la ejecución del joven Conradino en 1268 huyeron a Barcelona. Allí, el rey Pedro lo nombró caballero y, en 1282, comandante de la flota aragonesa. A lo largo de los siguientes veinte años, combatió en al menos seis grandes batallas navales y las ganó todas. Tras el ascenso al trono del tercer hijo de Pedro, Federico II de Sicilia, en 1296, sin embargo, Roger se pasó al bando angevino y, en su último combate —la batalla de Ponza, en junio de 1300— derrotó y capturó al rey Federico en persona.

El intento de invasión papal había sido todo un fiasco, pero Honorio se ahorró la vergüenza, pues murió en abril de 1287. Siguió un interregno de diez meses, durante el cual los miembros del Colegio Cardenalicio hostiles a los franceses —que eran muchos— lucharon por evitar la elección de otro papa proangevino. Mientras tanto, gracias a la mediación del rey Eduardo I de Inglaterra, el pobre Carlos II de Anjou hizo una oferta por su libertad. Le costó cincuenta mil marcos de plata, además de los cuales tuvo que dejar como rehenes a tres de sus hijos —por fortuna, tuvo catorce— y a sesenta nobles provenzales. A cambio, prometió trabajar para conseguir una paz que satisficiera, por un lado, al rey Alfonso y al rey Jaime y, por otro, a Felipe de Francia, Carlos de Valois y al papa. No era una tarea fácil en absoluto, pero era mucho mejor que permanecer preso. Las malas noticias eran que, si en tres años no lo había logrado, se había comprometido a entregar el condado de Provenza o a volver a la cárcel.

Le esperaba otra decepción. Esta vez fue el rey de Francia el que puso problemas. No le gustó la parte de entregar Provenza.

Para entonces, se había elegido un nuevo papa al fin: el franciscano Nicolás IV. También él se opuso al acuerdo propuesto. No había otra opción: hubo que llamar de nuevo al rey Eduardo de Inglaterra, que volvió a sentarse con Alfonso para hablar de las condiciones de la libertad de Carlos. Eso hicieron, y de acuerdo con el Tratado de Canfranc, firmado en octubre de 1288, Carlos obtuvo al fin su libertad, más o menos en los términos anteriores. En consecuencia, se dirigió directamente a Francia para hablar de paz —y del futuro de Sicilia— con el rey Felipe.

A su llegada a la corte francesa, la recepción que le dispensó Carlos fue decididamente fría. Felipe no tenía el menor deseo de negociar la paz con Aragón; de hecho, los embajadores aragoneses que habían acompañado a Carlos fueron arrestados de inmediato. Carlos se marchó en cuanto pudo y regresó a Italia, donde se reunió con el papa Nicolás en Rieti, donde se encontró con la sorpresa de que este quería coronarlo allí mismo rey de Sicilia. El rey Alfonso, como era previsible, montó en cólera al enterarse, pero aceptó a regañadientes una tregua de dos años. Carlos se apresuró a volver a Francia para ver cómo se podía satisfacer al rey Felipe y a Carlos de Valois.

En esta ocasión tuvo éxito. Al cabo de unos meses, el 18 de mayo de 1290, su hija Margarita se casó con Valois, trayendo como dote los condados de Anjou y Maine. A cambio, su esposo aceptó renunciar a sus pretensiones y firmar la paz con Aragón. Todo esto se confirmó en un tratado firmado en Brignoles en febrero de 1291, en el que Alfonso también acordó ir en cuanto fuera posible a Roma para confirmar su reconciliación con el papa. Se fijó que tal encuentro tendría lugar en junio, pero, justo antes de su partida, se vio afligido por unas repentinas fiebres y murió, a la edad de veintiséis años. Debido a su excomunión no había podido casarse con su princesa inglesa y, por lo tanto, murió sin descendientes. En consecuencia, su heredero fue su hermano Jaime, rey de Sicilia. Según los términos del testamento de su padre, sin embargo, Jaime estaba ahora obligado a pasarle Sicilia a su hermano menor, Federico.

Pero Jaime se negó. Accedió a aceptar a Federico como su virrey, pero estaba decidido a seguir reinando en la isla. La reacción del papa Nicolás fue excomulgarlo de inmediato, pero, en abril de 1292, el papa murió también, sin haber tenido más éxito que su predecesor en lo que respecta a la restauración de los angevinos en el trono. Esta vez, el interregno duró veintisiete años, durante los cuales Jaime —como Alfonso antes que él— se desilusionó cada vez más con Sicilia. El reino de Aragón ya le daba problemas de sobra; ¿valía realmente la pena aferrarse a aquella isla y sus interminables problemas, sus rebeliones y su caos? Los angevinos, incomprensiblemente, parecían quererla, y la paz no reinaría en Europa hasta que la consiguieran. Si recibía una compensación adecuada por ella, ¿no sería más lógico entregársela sin más?

Todavía estaba dando vueltas en la cabeza a esta cuestión cuando los doce cardenales vivientes decidieron otorgar la triple corona a uno de los hombres menos capacitados para el cargo que jamás ha ocupado, si bien brevemente, el trono papal. Quizá hubiese alguna intervención de Carlos II, que tenía planes muy ambiciosos para Europa y necesitaba un papa que no le diera problemas; pero parece que hasta él se habría escandalizado ante la perspectiva de otorgar el cargo a Celestino V, un viejo campesino aterrorizado de ochenta y cinco años que había vivido durante más de seis décadas como ermitaño en los Abruzos. Celestino apenas se enteró de lo que acontecía. Ni siquiera alcanzaba a comprender los deberes del papado —políticos, diplomáticos y administrativos—, así que los ignoró. Rara vez acordaba recibir a ninguno de sus cardenales, cuyos conocimientos y sofisticación lo superaban; cuando lo hacía, aquellos se veían obligados a abandonar su elegante latín y adoptar la tosca lengua vernácula, el único idioma que Celestino comprendía. No es sorprendente que su papado durara solo cinco meses y que anunciara sabiamente que abdicaba (hasta 2013, el único papa en toda la historia en hacerlo). Pobre Celestino: se le suele identificar como la figura sin nombre a quien Dante encuentra en el tercer canto del *Infierno* y a la que acusa de *il gran rifiuto* —el gran rechazo— por cobardía. En realidad, no era un cobarde; simplemente, quería regresar a la ermita que nunca debió abandonar.

Libre de trabas por parte del papa Celestino, Carlos no había perdido el tiempo. Ahora consideraba que podía recuperar Sicilia si jugaba bien sus cartas, y el inmensamente hábil nuevo papa, Bonifacio VIII, le ayudó. El 12 de junio de 1295 se firmó la paz con el rey Jaime en Anagni. Jaime liberaría a los hijos de Carlos que tenía como rehenes y se casaría con la hija de Carlos, Blanca; entretanto, uno de los hijos de Carlos se desposaría con la hermana de Jaime, Violante. El hermano de Jaime, Federico, recibiría la mano de Catalina de Courtenay, hija de Felipe I, emperador nominal de Constantinopla,* junto con una considerable suma de dinero con la que financiar la reconquista del Imperio bizantino. El rey Felipe de Francia y Carlos de Valois renunciarían a sus pretensiones sobre Aragón. El rey Jaime, junto con su madre, hermanos y todos sus súbditos, sería recibido de vuelta en el seno de la Iglesia y entregaría Sicilia, además de sus conquistas en la península itálica, a la Santa Sede, en cuyo nombre las gobernaría la Casa de Anjou. El camino parecía por fin despejado para que Carlos regresara a la isla como gobernante.

Todo esto estaba muy bien, pero a nadie se le ocurrió consultar a los sicilianos. Habían expulsado a los angevinos hacía poco más de diez años y, sin duda alguna, no iban a tolerar su vuelta. A finales de 1295 enviaron una comisión a Barcelona para dejar clara su posición a Jaime. Primero, querían que Federico gobernara como rey, no como virrey de Jaime; esto destronaba a Jaime y subrayaba la identidad distintiva de Sicilia. En segundo lugar, si alguien intentaba traer de vuelta a los franceses, lucharían hasta la muerte. Federico se enfrentaba a un dilema y estaba sometido a una enorme presión. Incluso Juan de Prócida, que ahora tenía unos ochenta años, y Roger de Lauria le aconsejaron aceptar el tratado, lavarse las manos sobre

---

* Cuando los emperadores griegos de Constantinopla fueron expulsados por la Cuarta Cruzada en 1204, fueron seguidos por una sucesión de siete emperadores «latinos» (francos). El último de estos, Balduino II, era de la familia Courtenay, que siguió reclamando el título imperial mucho después de que Miguel Paleólogo hubiera recuperado el Imperio para los griegos en 1261.

el destino de Sicilia y permitir el regreso de los angevinos. Al mismo tiempo, ¿cómo iba a abandonar a sus súbditos? ¿Y qué iba a pasar si lo hacía? Lo salvó Catalina de Courtenay. Muy sabiamente, se negó a involucrarse en lo que era claramente un avispero y rechazó de plano el matrimonio con Federico. Sin su participación, el tratado se vino abajo. Carlos de Anjou permaneció lejos del trono y Federico subió al trono como Federico III.*

Su coronación no evitó la reconciliación del reino de Aragón con el de Nápoles y el papa. El rey Jaime se casó, como estaba previsto, con la hija de Carlos II, Blanca de Anjou, y, en 1297, él y su familia —aparte, por supuesto, de Federico, que seguía en Sicilia— viajaron para ver al papa Bonifacio en Roma, donde la infanta Violante se casó con el heredero de Carlos, Roberto, y Jaime fue investido rey también de las islas de Córcega y Cerdeña. Sicilia estaba ahora sola; con Francia, Aragón y el papado coaligados contra ella, su futuro parecía bastante desolador. Y, aun así, por extraño que parezca, esta extraordinaria coalición de enemigos infligió relativamente poco daño. Durante los dos años siguientes, se produjo una serie de incursiones sin mucha convicción contra la isla, durante las que Catania cayó en manos de Roberto, y el rey Jaime, tras un largo e infructífero sitio a Siracusa, fue rotundamente derrotado por su hermano Federico. En octubre de 1299, el cuarto hijo de Carlos, Felipe de Tarento, desembarcó en el oeste de la isla con la esperanza de obligar a Federico a combatir en dos frentes, pero la inteligencia siciliana era mejor de lo que él creía; Federico, que estaba esperándolo, derrotó a su fuerza de invasión y lo hizo prisionero.

La situación, empero, seguía en un punto muerto. Jaime regresó a casa y los angevinos no consiguieron avanzar mucho más allá de Catania; no obstante, a pesar de todos sus intentos, Federico fue incapaz de expulsar a los invasores de Sicilia de una vez por todas. Al final, en julio de 1301, Violante convenció a su marido, Roberto, para que acordara una tregua de un año. Cuando esta expiró, Carlos de Valois intentó hacerse de nuevo

---

* De hecho, fue el segundo Federico en reinar en Sicilia, pero como era sucesor de Federico II —su bisabuelo—, no tuvo otra opción.

con la isla y capturó Termini, en el norte, y asedió sin éxito Sciacca en el sur, pero pronto fue llamado de vuelta a Francia. Llegados a este punto, el verano siciliano estaba en su cénit y todo el mundo estaba harto ya de tantos combates que no llevaban a nada. Por ello, el 31 de agosto, Carlos, Roberto y Federico firmaron un tratado de paz en Caltabellotta, una pequeña ciudad en las colinas tras Sciacca.

El Tratado de Caltabellotta fue, en cierto modo, un hito en la historia de Sicilia, aunque, de hecho, era poco más que un reconocimiento del turbulento *status quo*. Los angevinos accedieron a retirar todas sus tropas de Sicilia; los sicilianos, a retirar todas las suyas de la península. Federico detentaría el título de rey de Trinacria (que no usó casi nunca) para que los angevinos pudieran seguir llamándose a sí mismos reyes de Sicilia. Para sellar el acuerdo, Federico liberó a Carlos, el hijo de Felipe de Tarento, al que mantenía preso en Cefalú, y accedió a casarse con Leonor, la hija menor de Carlos. Desde su punto de vista, el tratado incluía una cláusula indeseable: sería rey solo durante su vida y, tras su muerte, la corona pasaría a manos de los angevinos. Pero, por el momento, eso no le preocupaba demasiado; tenía solo treinta años y ese era un problema que podría solucionarse más adelante. Lo importante es que ahora se había reconciliado con Jaime y el resto de su familia y que, al fin, podía dedicarse a gobernar su país en relativa paz.

También los sicilianos se alegraron. En los veinte años que habían pasado desde las Vísperas, habían sufrido mucho; no obstante, continuaban mostrándose inflexibles en un aspecto: bajo ninguna circunstancia permitirían ser gobernados por los franceses ni los angevinos. Aceptaban de muy buen grado, por otra parte, a la Casa de Aragón. La desafección que pudiera haber habido en los primeros días tras la llegada del rey Pedro casi había desaparecido y Federico gozaba cada vez de una mayor popularidad. Les tranquilizaron las promesas adicionales que hizo durante su coronación. Convocaría al Parlamento cada año el Día de Todos los Santos. Se comprometió a no abandonar nunca la isla y a no declarar la guerra ni firmar la paz «sin conocimiento y consentimiento de los sicilianos». Todos los impuestos tendrían que ser fijados por ley o acordados por el Parlamento. El hecho de que Federico ya no tuviera ningún interés en la península itálica se veía como una ventaja, pues significaba que sus súbditos ya no tendrían que sentirse ciudadanos de segunda. En adelante, se concentraría exclusivamente en *ellos*.

Pero la guerra de las Vísperas Sicilianas tuvo repercusiones mucho más allá de Sicilia; sus efectos se sintieron en toda Europa. Desde la muerte de Federico II en 1250 a la coronación del príncipe Enrique de Luxemburgo en 1312, no hubo ningún emperador del Sacro Imperio, por lo que el papado acudió al príncipe más poderoso de Europa, Carlos de Anjou, para recibir poder material. Carlos, sin embargo, hizo todo lo contrario. Pronto demostró ser tan peligroso para la Iglesia como lo habían sido los Hohenstaufen. Dominó por completo a sus compatriotas Urbano IV y Clemente IV y aprovechó a fondo el interregno que, en buena medida, contribuyó a crear. Así pues, sin papa ni emperador, prosiguió su carrera sin obstáculos. Más tarde, dos papas italianos —Gregorio X y Nicolás III— se negaron a permitir que el papado fuera una mera marioneta de los franceses, sin embargo, a pesar de su oposición, Carlos siguió viéndose como futuro emperador, y no solo de Occidente, sino también de Oriente, puesto que Bizancio apenas había empezado a recuperarse de la Cuarta Cruzada y no podría resistir al gran ejército con el que pretendía invadirlo.

Gracias al pueblo de Sicilia, ese gran ejército nunca se envió; el Imperio bizantino sobreviviría casi doscientos años más y el propio Carlos fracasaría en todos sus empeños y arrastraría al papado medieval en su caída. Europa —y, de hecho, la cristiandad— nunca volvió a ser la misma. Y Europa recordó lo sucedido. Más de trescientos años después, el rey Enrique IV de Francia trató de alarmar al embajador español jactándose de cuánto daño podría hacer a los dominios españoles en Italia. «Desayunaré en Milán y cenaré en Roma», dijo. «Entonces —le contestó el embajador con una sonrisa—, su majestad sin duda estará en Sicilia a tiempo para las vísperas».

8

El dominio español

En la Sicilia del siglo XIV, la paz era siempre relativa. Las disposiciones del tratado de Caltabellotta dejaban claro que los angevinos no habían renunciado a sus pretensiones sobre la isla, que se proponían recuperar tras la muerte de Federico III. Efectivamente, la guerra volvió a estallar en 1312 y continuó intermitentemente durante los siguientes sesenta años. En ese período se produjeron repetidas incursiones —algunas de las cuales tuvieron el tamaño de auténticas invasiones— que ganaron grandes áreas de costa y territorios interiores para luego volver a perderlos. Los combates se desarrollaron de un lado a otro y hubo incluso ocasiones en que las tropas de Federico combatieron en la península. Y, sin embargo, durante todo ese tiempo, había algo de superficial en la lucha. Las batallas nunca conducían a nada, y eso minó el entusiasmo. En Mesina, en particular, donde los ciudadanos siempre habían mostrado cierto grado de simpatía por la causa francesa, el comercio con Calabria y Nápoles era una perspectiva tentadora y tenía la ventaja adicional de irritar a Palermo; muchos sicilianos amantes de la paz debieron de preguntarse si el retorno de los angevinos no sería un pequeño precio que pagar por el fin de aquel interminable enfrentamiento.

Los barones sicilianos todavía eran un problema constante. La guerra les convenía, pues les hacía prosperar, y les importaba poco o nada la independencia siciliana. A menudo, se aliaban abiertamente con los angevinos, si creían que les convenía hacerlo. En cierto modo, eso era culpa de Federico y sus predecesores, quienes habían concedido tierras a sus amigos o sirvientes aragoneses y catalanes. También habían hecho lucrativas concesiones de bosques y caladeros de pesca, así como aprobado diezmos e impuestos. En principio, todos estos privilegios se concedían en fideicomiso y, a cambio de ellos, se debía servir al rey, pero con el tiempo, tanto españoles como sicilianos se mostraron cada vez más reticentes a cumplir con sus obligaciones feudales y, en ocasiones, llegaron al punto de afirmar abiertamente que poseían aquellas tierras o derechos. Algunos de ellos se habían hecho tan poderosos que constituían una amenaza para el trono: los Ventimiglia, por ejemplo, no solo controlaban las ciudades de Trapani y Geraci, sino que también poseían diecinueve grandes feudos por toda la isla; los Chiaramonte solo tenían ocho, pero incluían buena parte de Palermo; los Moncada, además de grandes haciendas en Sicilia, eran también dueños de toda Malta, y los Peralta ostentaban el cargo de gran almirante por derecho hereditario. Federico había prometido un parlamento anual del tipo que a menudo habían celebrado sus predecesores, pero nadie quería acudir: les iba demasiado bien sin él. Pronto se hicieron también con la administración de la justicia, a pesar de que casi ninguno de ellos era culto y la mayoría eran completamente analfabetos. En varias zonas de la isla, el poder real ya no significaba nada; la palabra de los barones, en cambio, era la ley.

El 25 de junio de 1337, Federico murió en Paternò, a unos veinte kilómetros al noroeste de Catania. Aunque en la guerra mostró a menudo un considerable valor físico —había hecho gala de su talla moral al resistir solo contra los angevinos, el papa y su propia familia entre 1295 y 1296—, era un hombre culto y amable que escribía poesía en catalán pero que en último término carecía del carácter necesario para imponer su voluntad a sus ingobernables súbditos y, de ese modo, rescatar al país de su implacable decadencia. Le sucedió Pedro —el mayor de sus nueve hijos legítimos—,* a quien había nombrado corregente ya en 1321. Sabemos poco del reinado de Pedro II —las fuentes son escasas y poco informativas hasta la exasperación—,

---

* Tuvo al menos otros cinco ilegítimos.

El triunfo de la Muerte, c. 1440: fresco de la Galería Regional
de Sicilia, el palacio Abatellis, en Palermo.

excepto que la guerra continuó de forma esporádica y que los
barones se mostraron más rebeldes que nunca; lo cierto es que
probablemente le dieron más problemas que la Casa de Anjou.

Pedro, a su vez, murió inesperadamente en Calascibetta, en
el mismo corazón de Sicilia, el 15 de agosto de 1342, y dejó el
trono a su hijo de cinco años, Luis. Solo cinco años después,
sucedió una catástrofe: llegó la peste negra, que galeras genove-
sas procedentes del Mediterráneo oriental llevaron a la isla. El
famoso fresco conocido como *El triunfo de la Muerte* —quizá
una de las mejores obras del gótico tardío en toda Italia— del
palazzo Sclafani, en Palermo,* data, de hecho, de la década de
1440, pero el siglo siguiente a su primera aparición vio varios
nuevos estallidos de la epidemia; esta obra aterradora, sin duda,

---

* Hoy puede verse en la Galería Regional de Palermo, en el palacio Abatellis. Para facilitar su traslado se cortó en cuatro piezas, una metodología
que se reveló desastrosa cuando la pintura se desprendió a lo largo de las
junturas; aun así, continúa siendo inolvidable.

debió de inspirarse en uno o varios de ellos. La pintura está dominada por la portentosa figura de la Muerte, que monta un caballo semiesquelético a través de la noche, con el brazo derecho levantado como si acabara de disparar el arco que empuña en el izquierdo; bajo ella hay una montaña formada por las víctimas de sus flechas: obispos, papas, señores y damas, e incluso un juglar con su laúd. Por encima de ella, ligeramente por detrás, se encuentra uno de los galgos más siniestros pintados jamás.

No tenemos cifras ni siquiera aproximadas de las bajas sicilianas, pero se estima que, en general, la peste se llevó aproximadamente a una de cada tres personas en Europa, y no hay ningún motivo para creer que Sicilia tuviera mejor suerte. Una de las víctimas fue Juan, duque de Randazzo, que compartía la regencia con la madre de Luis, Isabel de Carintia, y fue uno de los pocos gobernantes efectivos de Sicilia durante ese siglo; otra fue la hija de Isabel, Constanza, que heredó la regencia de su madre en 1352, y otra víctima más fue el propio Luis, quien enfermó en 1355 y sucumbió el 16 de octubre, a la edad de diecisiete años. Fue enterrado en la catedral de Palermo, junto con su padre y su abuelo.

El rey Luis, como era de esperar, aún no había tenido hijos. Lo sucedió su hermano de catorce años, Federico IV. Federico fue apodado, con mala intención, «el Simple», un sobrenombre que no mereció en absoluto. Pero lo que no fue, desde luego, es afortunado. Pocos reyes en la historia han heredado un reino sumido en tal caos. Cuando alcanzó la mayoría de edad en 1357, Sicilia seguía al borde del desastre tras la Peste Negra; los barones supervivientes y el reino de Nápoles, no obstante, continuaban generando tantos problemas como siempre. Para entonces, los primeros se habían dividido en dos facciones, conocidas como los latinos, encabezados por los Chiaramonte, y los catalanes, representados por los Ventimiglia. En una ocasión, las dos familias intentaron un matrimonio, pero la pareja no tuvo hijos, y eso llevó a que se iniciara un proceso de anulación de las nupcias. Este proceso implicó acusaciones cruzadas de esterilidad e impotencia. El honor estaba en juego y el resultado fue una guerra civil. Desde entonces, las dos familias se mantuvieron apartadas. Los Chiaramonte se unieron a los angevinos en Nápoles y regresaron con un ejército que devastó buena parte de la costa sur de la isla. A su vez, los Ventimiglia atacaron los bastiones de sus enemigos en el norte y rindieron a la población por hambre. En los años siguientes, el desventurado rey fue capturado brevemente por ambas facciones e incluso se vio obligado a empeñar las joyas de la Corona.

Pero la guerra civil —especialmente cuando acompaña a una guerra intermitente en el extranjero— no puede durar eternamente y, en 1371, Federico envió legados a Nápoles para que iniciaran negociaciones con vistas a conseguir una paz duradera. Estos términos resultaron mucho más favorables de lo esperado y se resumían en que podía continuar como rey de una Sicilia independiente a condición de que se llamara a sí mismo rey de Trinacria y pagara un tributo anual a Nápoles. El papa Gregorio XI, que, en esos momentos, se disponía a devolver el papado a Roma tras setenta años en Aviñón, dio también su bendición a este acuerdo, con la única salvedad de que Federico reconociera asimismo la soberanía feudal de la Santa Sede, un tecnicismo legal al que el monarca no puso ninguna objeción.

Federico murió en 1377. Aunque se casó dos veces, solo tuvo una hija, llamada María, que tenía catorce años cuando falleció su padre. La confió a su gran justicia, el conde Artale de Alagona, que para entonces se había convertido en el líder de los barones catalanes. En ausencia de un gobernante, se acordó dividir la isla en cuatro grandes «vicarías», que serían administradas por las cuatro familias principales de barones. Alagona gobernaría el este desde Catania; Guglielmo Peralta el sur desde Sciacca; Francesco Ventimiglia, conde de Geraci, sería responsable de la mayor parte del norte, pero no, sin embargo, de Palermo, donde Manfredi Chiaramonte dominaba la ciudad desde una gran mansión que hacía que el palacio real pareciera modesto. Huelga decir que ninguno de los cuatro «vicarios» se fiaba lo más mínimo de los demás y que la concordia duró muy poco.

Llegados a este punto, no está nada claro por qué iba a querer nadie la desagradecida tarea de reinar sobre Sicilia; sin embargo, María se convirtió de súbito ahora en un peón de gran valor entre las grandes dinastías europeas. El reino de Nápoles jamás había renunciado a sus derechos sobre la isla, pero ahora, por motivos que nadie más que él conocía, Alagona decidió entregar la mano de la joven princesa a Gian Galeazzo Visconti de Milán y, para colmo, cometió el error adicional de anunciar su intención de antemano. Al enterarse de la noticia, otro de los principales barones, Raimondo Moncada, que ya estaba furioso porque no le habían nombrado vicario y a quien la idea de incorporar a los milaneses en la *mêlée* causaba pavor, secuestró a la niña en el castillo de su preceptor en Catania y la envió a Barcelona, donde se casó —probablemente en 1390— con Martín, hijo del futuro rey de Aragón Martín I y su esposa, María López de Luna.

Apenas se había secado la tinta del contrato matrimonial cuando Martín decidió que Sicilia debía volver a estar bajo el trono de Aragón y empezó, con el entusiasta apoyo de su padre, a reclutar un ejército. Justo como habían hecho sus predecesores, prometió feudos, pensiones y altos cargos en Sicilia a aquellos dispuestos a unirse a él, y llegó al extremo de ofrecer el perdón por crímenes pasados (con la excepción, como siempre, del de herejía), una práctica hasta entonces reservada a los papas que convocaban una cruzada. La expedición partió a principios de 1392, bajo el mando de la mano derecha de Martín I, Bernardo Cabrera, que había vendido varias de sus tierras en Cataluña para equipar a los soldados de su propio bolsillo. A pesar del evidente hecho de que si su campaña tenía éxito pondría fin de forma categórica a la independencia de Sicilia, dos de los cuatro vicarios, Ventimiglia y Peralta, no ofrecieron ninguna resistencia; Chiaramonte, por otra parte, dejó claro que estaba dispuesto a luchar. Durante un mes entero, Palermo estuvo bajo asedio; pero el 5 de abril, Chiaramonte se reunió con Martín y Cabrera en Monreale. Sin duda, él y sus seguidores esperaban algún tipo de acuerdo; quedaron atónitos cuando los detuvieron y los arrojaron a una celda. Los seguidores fueron liberados más adelante, pero Chiaramonte fue condenado por rebeldía y el 1 de junio fue decapitado frente a su propio palacio. Sus tierras fueron a parar a Cabrera.

La resistencia siciliana continuó durante otros tres o cuatro años, pero hacia 1396 todo había acabado. Artale de Alagona había huido de la isla y Martín reinaba sin oposición. Aun así, restaurar la ley y el orden parecía misión imposible: un siglo de cuasi anarquía era muy difícil de revertir. Martín hizo cuanto pudo para restablecer la autoridad real. Recuperó de los barones Agrigento, Lentini, Licata y Corleone, así como la isla de Malta. También intentó crear un nuevo registro feudal —un reto en sí mismo, ya que la mayoría de los archivos se habían perdido o habían sido destruidos—, recuperar castillos estratégicos y reafirmar los derechos de la Corona en la medida de lo posible. Finalmente, derogó las provisiones del tratado de 1372 y adoptó con determinación el título de *Rex Siciliae*. Lo cierto, no obstante, es que aún había regiones enteras de la isla que no estaban bajo su control, y los barones lo sabían.

Por fortuna para él, también el papado estaba pasando por un momento difícil, quizá la peor crisis de su historia. De repente, el papa napolitano Urbano VI, que hasta entonces había sido un funcionario competente, había perdido la razón y se había convertido en un tirano lunático. Había ordenado torturar brutalmente a seis de sus cardenales y, luego, había ejecutado a cinco de ellos. Ante estos hechos, un grupo de cardenales franceses, amparándose en que su elección no había sido válida —en realidad, se había ajustado perfectamente al derecho canónico—, lo depusieron y eligieron a un sucesor, un suizo que tomó el nombre de Clemente VII. Cada papa excomulgó entonces al otro y Clemente se retiró a Aviñón, que el papado había abandonado solo un cuarto de siglo antes.

La Iglesia podía tolerar un papado en el exilio, pero la existencia de dos papas rivales, uno en Aviñón y otro en Roma, creaba un problema mayúsculo. El papa Urbano murió en 1389; el papa Clemente —que, estrictamente hablando, es considerado un antipapa, aunque él se habría horrorizado ante semejante descripción— lo sobrevivió cinco años. Ni por un instante dudó de la validez de su propia elección, y cuando, tras

la muerte de Urbano, el cónclave subsiguiente no lo reconoció como papa legítimo, lo vivió como una gran decepción. En
su lugar, prefirieron elegir a otro napolitano, Bonifacio IX. En
sus últimos años, mientras todavía estaba en Aviñón, Clemente
fue sometido a mucha presión para aceptar una solución por la
cual ambos papas abdicarían y darían paso a un nuevo cónclave,
pero seguía resistiéndose tercamente a ello cuando murió, de
una súbita apoplejía, en 1394. Habría sido muy fácil acabar
con el cisma; lo único necesario era que, cuando uno de los
papas muriera, su cónclave se negara a elegir un sucesor y que
convirtiera al papa superviviente como única autoridad. Pero
Roma había dejado pasar esa oportunidad en 1287 y Aviñón
hizo lo mismo en 1394. Los cardenales procedieron a escoger
por unanimidad al cardenal aragonés Pedro de Luna, que tomó
el nombre de Benedicto XIII.

Casi con total seguridad, Benedicto estaba emparentado
de algún modo con el rey Martín a través de su esposa, María
López de Luna, pero, entre toda esta confusión —continuaría
hasta 1417—, parece que Martín no tuvo ningún problema en
repudiar la soberanía papal, una de las condiciones del tratado
de 1372. De hecho, fue más allá y reclamó el puesto de legado
apostólico, lo cual le permitía nombrar obispos y, en general,
administrar los asuntos de la Iglesia siciliana. Pero aún no había
acabado con el poder de los barones. Se había encargado de
aquellos que se le habían opuesto abiertamente (Chiaramonte
había sido ejecutado, el cuerpo de Francesco Ventimiglia había
sido atado a la cola de un caballo y arrastrado, cuando aún le
latía el corazón, por las calles antes de ser descuartizado). Sin
embargo, los Moncada, que habían apoyado al monarca desde
el principio, habían sido generosamente recompensados con las
tierras de los Alagona y otras familias de barones permanecían
prósperas y fuertes.

Martín también revivió la vieja institución de los parlamentos regulares, que Federico III había prometido pero que había
muerto rápidamente por falta de interés. Nunca fueron particularmente democráticos: su función principal era escuchar al rey
mientras este explicaba cómo veía la situación interna del país o

manifestaba sus deseos. Los parlamentarios podían hacer sugerencias o presentar peticiones: que se nombraran menos catalanes y más sicilianos para los puestos del gobierno, por ejemplo, o que prevalecieran las leyes sicilianas en caso de conflicto con las catalanas. Pero ni se planteaba la posibilidad de legislar: las leyes venían de arriba y se proclamaban mediante decreto real.

Es, desde luego, muy extraño que un padre suceda a un hijo en un trono, pero cuando Martín I murió —en 1409, mientras guerreaba en Cerdeña— sin dejar ningún heredero legítimo,* su padre asumió la corona, de modo que Martín I de Aragón se convirtió en Martín II de Sicilia. Ni el papa ni los barones —ni mucho menos los sicilianos corrientes— fueron consultados y nadie objetó que ahora, por primera vez desde Pedro III (hacía más de un siglo) y rompiendo su promesa, las coronas de Aragón y Sicilia se unieran bajo un solo gobernante. La situación no duró mucho. Martín padre vivió solo un año más que Martín hijo, que falleció sin descendientes. De repente, ambos tronos quedaron vacantes. En Sicilia, la regencia la ocupó la segunda esposa de Martín I, Blanca de Navarra; pero Cabrera se negó en redondo a aceptarla, y la isla rápidamente sucumbió al caos habitual. Se hizo un intento de celebrar un parlamento en Taormina, que decidió nombrar un comité con el propósito de escoger un rey. También propuso que Sicilia volviera a estar bajo la protección de la Iglesia; pero cuando el antipapa Juan XXIII,† al oír esta sugerencia, declaró que el legítimo monarca de Sicilia era el perfectamente atroz Ladislao, rey de Nápoles, la isla entera se horrorizó y no volvió a mencionarse la idea nunca más.

Mientras los sicilianos se peleaban entre ellos, en Aragón se elegía un nuevo rey. En 1412, nueve delegados que representa-

---

* De sus dos hijos legítimos, Pedro murió antes de cumplir dos años y Martín antes de cumplir uno.

† En 1416, ese mismo Juan XXIII fue arrestado, juzgado por sus numerosos crímenes y condenado. Como dijo Edward Gibbon con cierta sorna: «Se suprimieron los cargos más escandalosos: el Vicario de Cristo fue solo acusado de piratería, asesinato, violación, sodomía e incesto». Dadas las circunstancias, es un tanto sorprendente que el cardenal Angelo Roncalli, cuando fue elegido papa en octubre de 1958, eligiera ese mismo nombre.

ban a los reinos de Aragón, Cataluña y Valencia se reunieron en Caspe, cerca de Zaragoza, y votaron en favor de Fernando de Trastámara, el hijo menor del rey Juan I de Castilla y Leonor de Aragón, y, por lo tanto, sobrino de Martín I por parte de madre. Por supuesto, el nuevo monarca reclamó también el título de rey de Sicilia, y esta vez no hubo objeción por parte de los súbditos de su isla; estaban demasiado cansados como para pelear. Aceptaron el hecho de que, con toda probabilidad, su nuevo dirigente jamás pondría pie en sus orillas y que serían gobernados por virreyes. Eso, en sí mismo, constituía un reconocimiento de que eran un reino distinto; pero también significaba que, mientras se prolongase esa situación, no podían esperar funcionar como un país independiente ni tener una presencia efectiva en el Mediterráneo.

Cuesta imaginar que creyeran que esa situación se prolongaría cuatrocientos años.

El rey Fernando no tuvo mucho tiempo para dejar su marca en su nuevo reino. En 1416, solo cuatro años después de su elección en Caspe, murió, a la edad de treinta y seis años. Su hijo, Alfonso V, en cambio, reinaría durante los siguientes cuarenta y dos años, los últimos quince desde Nápoles. La historia de la conquista de esa ciudad es demasiado larga y complicada como para incluirla aquí; el hecho más destacado es que en 1421 la reina Juana de Nápoles, que no tenía hijos, lo adoptó y nombró heredero suyo. En 1414, Juana había sucedido a su hermano Ladislao, un hombre endiabladamente cruel. Al año siguiente, ella se casó con Jaime de Borbón, que la mantuvo semiconfinada, asesinó a su amante y encarceló a su principal capitán, Muzio Attendolo Sforza; pero su arrogancia incitó la rebelión de los barones locales, que lo expulsaron del país. Siguió todavía más enredo e intriga entre Juana y sus hombres —Sforza, Giovanni Caracciolo (el nuevo amante de Juana), Alfonso de Aragón y Luis III de Anjou, a quien Juana había nombrado heredero en sustitución de Alfonso—, todos ellos rufianes que se enfrentaron entre sí en todas las combinaciones posibles. Aunque Juana murió, sin que nadie la llorara, en 1435, pasaron otros ocho años antes de que Alfonso finalmente se alzara con la victoria y consiguiera que el papa lo reconociera como rey de Nápoles.

Tampoco se detuvo ahí. La mayor parte de los años que le quedaban los pasó luchando en una guerra tras otra —contra Florencia y Venecia, Milán y Génova—, en las que exigió y recibió considerable ayuda de Sicilia, que no siempre salió ganando con ello. En 1446, una flota veneciana entró en el puerto de Siracusa e incendió todos los barcos que había en él. Sin embargo, en los demás aspectos, Alfonso fue muy distinto a sus predecesores. Puede que no fuera exactamente un hombre renacentista, pero al menos algo del fuego del Renacimiento había prendido en él. Fundó una universidad en Catania —la primera de Sicilia— y estableció una escuela de griego en Mesina. Además, durante toda su vida, fue un generoso patrón de las artes, aunque no siempre se lo pudo permitir.

El dinero fue un constante problema para él. Demasiados territorios de Sicilia se enfeudaron, aunque muchos barones abonaban su servicio feudal en pagos de dinero. Las tierras de la Corona restantes también aportaban unos ingresos útiles, así como los caladeros de atún (que pagaban unas notables regalías), y la isla ofrecía algunas lucrativas exportaciones, especialmente de trigo y otros cereales. Pero, sumándolo todo, no alcanzaba ni siquiera a acercarse a lo que el rey necesitaba, y Alfonso no se detuvo ante nada para aumentar la recaudación. Se inventaron sonoros títulos y cargos del Estado solo para venderlos al mejor postor; se privatizó la recaudación de impuestos a gran escala; se podía comprar el perdón hasta para los crímenes más terribles, así como también licencias para acuñar moneda. Los comerciantes extranjeros acudieron en masa a la isla, sobre todo los catalanes y genoveses; los venecianos mantenían un cónsul en Palermo e incluso contaban con su propia iglesia. También los ingleses estaban representados; en el siglo siguiente tendrían cónsules tanto en Mesina como en Trapani —que, al ser el puerto más cercano a España, había aumentado dramáticamente de tamaño hasta el punto de rivalizar con Catania e incluso con las dos ciudades que tradicionalmente se habían disputado la preeminencia en Sicilia: Mesina y Palermo.

Cuando Alfonso murió en 1458, su reino se dividió de nuevo en dos. Entregó Nápoles a su hijo bastardo, Fernando; el resto de su reino fue a su hermano Juan II, quien decretó de inmediato que Aragón y Sicilia estarían eterna e indisolublemente unidos. Poco después del ascenso al trono de Juan, se celebró un parlamento en Caltagirone, donde los barones dirigieron varias peticiones al nuevo monarca. Aceptó una que solicitaba la reducción de su servicio militar y otra que buscaba limitar el derecho de adquisición de territorios y castillos en la isla solo a los sicilianos. Rechazó, por otra parte, una propuesta para que el virrey siempre fuera el hijo mayor del rey. Tampoco aceptó sellar la paz con los turcos —que habían capturado Constantinopla solo cinco años antes— ni permitir a los comerciantes sicilianos comerciar con ellos; en adelante, los musulmanes tendrían prohibido navegar a menos de sesenta millas de la costa siciliana.

Parece que, en general, Sicilia estaba satisfecha con su nuevo señor. Su pueblo no protestó cuando Juan les pidió contribuciones financieras para ayudarlo a someter a los moros de Granada; de hecho, en su reinado de veintiún años se enfrentaron a él una sola vez: en 1478, cuando necesitaba dinero urgentemente para proseguir su guerra contra los turcos. El rey y su virrey eran plenamente conscientes de que su hostilidad hacia el Imperio otomano no era compartida por los sicilianos, que estaban encantados de comerciar con los mercaderes turcos cuando se lo permitían; y a pesar de todos los esfuerzos que se hicieron para persuadirlos —entre los que uno sospecha que debió de haber no poca intimidación—, el Parlamento se negó con tozudez a darle dinero para continuar la guerra. El virrey se había empeñado e identificado tanto con el tema que hubo que sustituirlo. Vale la pena contar esta pequeña historia por un solo motivo: demuestra que el Parlamento siciliano era —para sorpresa del rey y, muy probablemente también, de los propios parlamentarios— capaz, si era necesario, de imponer su voluntad. De haber continuado haciéndolo de vez en cuando, quizá podría haberse convertido en una institución efectiva y con responsabilidad, pero, por desgracia, no fue así.

La llegada al trono del hijo de Juan, Fernando, en 1479 tuvo una gran importancia histórica, puesto que Fernando ya estaba casado con la reina Isabel de Castilla. Este matrimonio unió los dos reinos y creó un tercero: el de España. En consecuencia, Sicilia perdió todavía más importancia. Pero una desgracia aún mayor estaba por llegar. En 1487, arribaron a la isla los primeros miembros de la temida Inquisición. Esta institución había sido establecida por Fernando e Isabel ya en 1481 —con la bendición del papa Sixto IV— y permaneció bajo su control directo. Su objetivo principal era asegurar la ortodoxia de aquellos que habían sido persuadidos recientemente de convertirse al cristianismo desde el judaísmo o el islam; y tras los decretos reales de 1492 y 1501 —que ordenaban que judíos y musulmanes debían convertirse o abandonar el país— aumentó sustancialmente su presión. Pocos conversos dormían tranquilos por miedo a ser acusados de observar en secreto sus viejas costumbres, crimen que se castigaba con la muerte en la hoguera.

Tanto la Inquisición como los decretos de expulsión tuvieron un enorme impacto en Sicilia. La población musulmana, que en otros tiempos había sido mayoritaria en la isla, era ahora relativamente pequeña, pero había muchos judíos; en las ciudades y pueblos puede que fueran una décima parte de la población. Y Sicilia los necesitaba: eran muy activos como comerciantes, herreros y tejedores, y especialmente como médicos y prestamistas. Los médicos tienden a ser populares entre la gente, pero los prestamistas mucho menos, y en la segunda mitad de siglo, cuando los tipos de interés subieron por encima del diez por ciento, hubo estallidos ocasionales de antisemitismo. A pesar de ello, los ciudadanos de Palermo apelaron a España en nombre de sus compatriotas judíos, alegando que no hacían ningún daño y suplicando que se les permitiera quedarse. Su petición se ignoró.

La historia nos muestra demasiados casos de persecución a los judíos, y, en todos ellos, el país perseguidor acaba empobrecido. España y Sicilia no fueron una excepción. No sabemos de qué número estamos hablando —cuántos judíos decidieron emigrar antes que renunciar a su fe y cuántos se «convirtieron»—, aunque los conversos también perdieron muchas de sus propiedades y ni siquiera así estuvieron a salvo de la Inquisición. Pero fuera cual fuera la proporción de uno u otro caso, no hay duda de que Sicilia —como la Alemania nazi más recientemente— perdió a un gran número de sus ciudadanos más capaces, preparados e inteligentes. Y, debido a ello, su economía se resintió.

Otra tendencia algo inquietante se puso de manifiesto en la primera década del siglo XVI: el aumento constante de la autoridad real. Durante más de dos siglos, los barones habían hecho las cosas a su manera. Gracias a la corrupción o el descuido por parte de las autoridades, o simplemente al paso del tiempo, muchos de ellos ocupaban tierras que eran, en puridad, propiedad de la Corona o hacía tiempo que se les había permitido ignorar sus obligaciones feudales. Pero esos días habían llegado a su fin. Con el paso de los años, se hizo cada vez más evidente que el rey Fernando estaba consolidando paulatinamente su autoridad sobre la isla. Esto se confirmó en 1509, con el nombramiento como virrey de un general llamado Hugo de Moncada, que estaba decidido a conquistar el norte de África y que consideraba que Sicilia era la plataforma más adecuada desde la que lanzar su invasión. Desde el principio, los barones lo odiaron. No solo no mostró el menor respeto hacia ellos, sino que, a su llegada, instigó investigaciones sobre su posición legal, que en muchos casos llevaron a resultados verdaderamente lamentables. Se efectuaron detenciones, que a menudo llevaron a encarcelamientos; se confiscaron feudos, entre ellos varios que estaban en manos de la Iglesia. Mientras tanto, la presencia de la Inquisición era cada vez más notoria, sobre todo desde que empezó a quemar a sus víctimas en las plazas públicas.

La muerte de Fernando en 1516 desencadenó la crisis que había estado orquestándose. ¿Privaba su fallecimiento automáticamente de autoridad al odiado Moncada? Nadie estaba seguro, pero cuando, poco después, el virrey disolvió el Parlamento que había convocado recientemente, algunos de sus miembros se volvieron a reunir en Termini por iniciativa propia. Allí, de nuevo, hubo una muestra tentativa de independencia; pero antes de que se extrajeran conclusiones, se produjo una mucho mayor:

una revuelta popular a gran escala en Palermo. Cuando la masa llegó al punto de retirar los cañones de las defensas de la ciudad y apuntarlos hacia el palacio del virrey, Moncada huyó a Mesina. El edificio fue saqueado y los archivos se entregaron a las llamas.

El pueblo de Mesina, en quien siempre se podía confiar para que hiciera lo contrario que el de Palermo, dio al aterrorizado virrey una cálida bienvenida y le aseguró su apoyo. Hugo sabía, sin embargo, que no podía regresar a la capital y envió un mensaje al nuevo rey, Carlos,* en el que le recomendaba nombrar a un italiano como su sucesor. Carlos le hizo caso y eligió a un noble napolitano, el conde de Monteleone; pero, si pensaba que el conde iba a conseguir la paz en la isla, se llevaría un chasco. Tras una brevísima pausa, la revolución estalló de nuevo, encabezada por un empobrecido noble menor llamado Squarcialupo; y este segundo estallido fue peor que el primero. Pronto, Monteleone también se vio obligado a buscar refugio en Mesina, pero parte de su séquito no tuvo tanta suerte: primero fueron castrados y, luego, arrojados por las ventanas del palacio. Squarcialupo consiguió controlar a la muchedumbre durante una o dos semanas, pero luego fue asesinado mientras rezaba en misa y la revuelta se hundió. Monteleone regresó a Palermo y castigó a los cabecillas con tanta crueldad como lo habría hecho Moncada. Una tercera sublevación, instigada por los franceses en 1523, no tuvo más éxito; los cuerpos de sus líderes fueron descuartizados y colgados en jaulas de hierro ante las ventanas de palacio. Lo único que estos siete años de agitación demostraron fue que los sicilianos nunca serían capaces de oponer una resistencia importante al poder de España. Carecían de la cohesión y la disciplina necesarias para ello, así como de ideas positivas y constructivas sobre lo que querían poner en el lugar del actual Gobierno. Además, a estas alturas, el poder de España era mucho más que eso: era el poder del Sacro Imperio Romano Germánico.

---

* A pesar de sus dos esposas, Fernando no dejó ningún heredero varón legítimo. El trono, por lo tanto, fue a parar a su nieto Carlos, el futuro emperador Carlos V.

Carlos de Habsburgo, nacido en 1500 de Felipe el Hermoso, hijo del emperador Maximiliano, y Juana la Loca, hija de Fernando e Isabel, no había heredado ninguno de los atributos primarios de sus padres. Tenía una apariencia poco atractiva, con el característico mentón prominente de los Habsburgo; sufría, además, de una acentuada tartamudez que hacía que bañara a menudo a sus interlocutores con saliva. Carecía de imaginación y no tenía ideas propias; pocos gobernantes ha habido tan completamente desprovistos de encanto. Lo redimía su natural buen corazón y, a medida que se hizo mayor, cierta sagacidad y astucia que adquirió con los años. Era también, a su manera, sorprendentemente tenaz y acababa agotando a aquellos que se le oponían gracias a la pura fuerza de su determinación y su inagotable resistencia. Fue, con diferencia, el príncipe más poderoso del mundo civilizado, pero nunca disfrutó de su imperio del modo que sus contemporáneos Enrique VIII de Inglaterra y Francisco I de Francia disfrutaron de sus reinos, o como, de hecho, disfrutó también el papa León X de su papado,* y cuando finalmente abandonó su trono por un monasterio, el cambio sorprendió a pocos de sus súbditos.

Recibió en herencia vastos territorios, aunque no todos a la vez. Primero vinieron los Países Bajos, antes borgoñones, que su abuelo Maximiliano había adquirido a través de su matrimonio con María de Borgoña. Tras la muerte de su padre en 1506, fue criado por su tía Margarita de Saboya, regente de los Países Bajos, y desde los quince años los gobernó personalmente. A esas alturas, su madre, Juana, irremediablemente loca, estaba confinada, como lo estaría durante más de medio siglo; técnicamente, sin embargo, todavía era reina de Castilla, y Fernando gobernaba como regente en su nombre. A la muerte de Fernando, a pesar de su condición, él le dejó a ella sus coronas de Aragón y Dos Sicilias y concedió la regencia a Carlos. Por otro lado, confió el Gobierno de Castilla al octogenario cardenal arzobispo de Toledo, Francisco Jiménez de Cisneros, aunque uno de los primeros actos del arzobispo fue proclamar rey a Carlos, conjuntamente con su madre.

* «Dios nos ha dado el papado», escribió León a su hermano Giuliano dei Medici poco después de su accesión, «así que vamos a disfrutarlo».

El joven rey, que, a la edad de diecisiete años, desembarcó en la costa de Asturias y vio por primera vez su reino de España, era todavía un neerlandés de cabo a rabo y lo ignoraba todo sobre los hábitos, las costumbres e incluso el lenguaje de sus súbditos. No empezó nada bien. Los españoles lo veían como el extranjero que era y las hordas de funcionarios flamencos que inundaron el país despertaron un profundo resentimiento entre la población. La rebelión flotaba en el ambiente. El cardenal Cisneros, que había hecho todo lo posible para facilitar la llegada de su señor, fue apartado por los flamencos y ni siquiera se le concedió una audiencia con el rey; simplemente, se le ordenó que regresara a su diócesis. Dos meses después, falleció, y Carlos se convirtió en la máxima autoridad del país. Se esforzó todo cuanto pudo, como siempre, pero no logró controlar a sus ambiciosos y codiciosos paisanos, mientras que las Cortes españolas (el Parlamento) no le dejaron ninguna duda de que era tolerado de mala gana, y solo mientras hiciera lo que le decían.

La España que heredó Carlos era muy distinta de la de sus padres; los acontecimientos de la última década del siglo XV habían cambiado el mundo civilizado. El 17 de abril de 1492, Fernando e Isabel habían concedido su aprobación a Cristóbal Colón para que realizara su viaje y puesto a su disposición tres pequeñas carabelas, la mayor de las cuales apenas superaba los veintitrés metros de eslora. Es más, justo cuatro años antes de que la *Niña*, la *Pinta* y la *Santa María* zarparan, el portugués Bartolomé Díaz había rodeado el cabo de las Tormentas (rebautizado por Juan II de Portugal como cabo de Buena Esperanza); solo seis años después, el 20 de mayo de 1498, su compatriota Vasco de Gama fondeó en Calicut, en la costa de Malabar. No solo había encontrado una ruta marítima directa hasta la India, sino que había demostrado que los barcos portugueses eran capaces —aunque por los pelos— de llegar hasta allí y volver.

Las historias de estos tres grandes aventureros no nos corresponden; lo importante para nosotros es el efecto que tuvieron en las fortunas del Mediterráneo. En adelante, el futuro estaba escrito. Hasta ahora, incluso si los turcos no causaban problemas —y habitualmente así era— todos los cargamentos con destino al lejano Oriente debían descargarse en Alejandría o en algún puerto del Oriente mediterráneo. Desde allí eran o bien transportados por tierra hasta el mar Rojo, infestado de piratas, o bien consignados a alguna lenta caravana de camellos que atravesaba el centro de Asia. Ahora, los comerciantes podían ver un futuro en que zarparían desde Lisboa —o desde Londres— y llegarían a la India o Catay en el mismo barco. Mientras tanto, gracias a Colón y a los que lo siguieron, el Nuevo Mundo se estaba demostrando muchísimo más lucrativo que el Viejo, pues estaba provisto de fabulosas riquezas, y la mayor parte fue hacia España, de forma totalmente legal. Solo siete meses después de que Colón desembarcara en América, el papa Borgia Alejandro VI —que también era español— emitió la primera de cinco bulas pontificias que dirimían los derechos en conflicto entre España y Portugal sobre los territorios recién descubiertos; en veinticinco años, los galeones regresaban regularmente cargados hasta la borda con botín. Por ello, no es sorprendente que los sucesores de Fernando e Isabel tuvieran la mirada fija en el Atlántico.

No fue inmediatamente aparente que esta súbita apertura de los océanos en ambos lados del mundo hubiera propinado al comercio mediterráneo lo que se demostraría como un golpe demoledor. No obstante, todo el mundo se dio cuenta poco a poco de que, al menos desde un punto de vista comercial, el Mediterráneo se había convertido en un mar secundario. Al este del Adriático, los turcos solo permitían el paso de los barcos cristianos a regañadientes, si es que lo hacían. Al oeste, era todavía indispensable para Italia, pero Francia estaba descubriendo que sus puertos en el canal de la Mancha eran mucho más útiles que Marsella o Tolón, mientras que España, que estaba entrando en su período de máxima grandeza, tenía asuntos más importantes que atender. Habría que esperar otros tres siglos, con la construcción del canal de Suez, para que el Mediterráneo recuperara su importancia como vía marítima mundial.

Y Sicilia, como siempre, salió perdiendo.

9

Piratería y revolución

A pesar de toda la emoción por las riquezas que había descubierto, España no podía ignorar por completo sus responsabilidades en Europa. Sus principales enemigos eran los franceses y, por supuesto, los turcos, aunque también tuvo que combatir ocasionalmente con todos los demás, incluidos los británicos, los portugueses, los alemanes y los holandeses y, en ocasiones, incluso con el papado. Ninguna de estas guerras, excepto la librada contra los turcos, tuvo nada que ver con Sicilia, aunque la isla siempre se vio obligada a hacer su contribución a ellas, fuera en dinero, hombres o productos agrícolas.

La segunda parte del siglo XV, como hemos visto, fue testigo de dos acontecimientos catastróficos, uno en cada extremo del Mediterráneo: en el este, la caída de Constantinopla a manos de los turcos en 1453 —con el consiguiente cierre del mar Negro y, en último término, de buena parte del Mediterráneo oriental— y, en el oeste, la gradual expulsión de los moriscos de España tras 1492. Ambos llevaron a una proliferación de vagabundos sin hogar —cristianos en el este, musulmanes en el oeste—, todos ellos arruinados, desafectos y deseosos de vengarse; y muchos de ellos se hicieron bucaneros. Los cristianos a menudo establecían sus bases en el Mediterráneo central (en Sicilia, Malta o a lo largo de las incontables islas frente a la costa de Dalmacia). Los musulmanes, en cambio, solo podían unirse a sus correligionarios en el norte de África. Entre Tánger y Túnez había unos dos mil kilómetros y, en lo que todavía era en su mayor parte una franja costera moderadamente fértil y bien surtida de agua potable, varios puertos naturales sin marea ideales para sus propósitos. Y así nació la leyenda de la costa de Berbería.

Hasta mediados de siglo, la relación entre Sicilia y el norte de África había sido buena y las actividades mercantiles eran lucrativas en ambas direcciones. No obstante, tras la caída de Constantinopla, el conflicto entre los españoles y los turcos se tornó inevitable y Sicilia, en lugar de ocupar el puesto central de la principal ruta comercial entre Europa y África, se encontró de repente en lo que prácticamente era tierra de nadie. Sus parlamentos solicitaron una y otra vez a España que les permitiese mantener los antiguos vínculos comerciales existentes con las ciudades costeras, pero Fernando, católico a ultranza, se negó a que sus súbditos tuvieran trato con los infieles, por lo que, a partir de ese momento, el comercio quedó principalmente en manos de contrabandistas y piratas.

De estos piratas, los más poderosos eran Jeireddín Barbarroja y su hermano Aruj. Nacidos en la isla de Mitilene (la moderna Lesbos) de un jenízaro griego retirado —como todos los jenízaros, había sido cristiano antes de ser obligado a convertirse al islam—, no poseían ni una sola gota de sangre turca, árabe o bereber, como atestiguaban de forma fehaciente sus barbas rojas. Actuando en nombre del sultán Selim I, conquistaron fácilmente Argel en 1516. Aruj falleció dos años después, pero Jeireddín se hizo cada vez más fuerte. Estrictamente hablando, gobernaba Argel en nombre del sultán, pero, de hecho, detentaba un poder absoluto en la región. En 1534 cometió la temeridad de atacar Túnez, derrocar al sultán local, Muley Hacén, y anexionarse su reino; pero ahí se excedió. Debería haber comprendido que el emperador Carlos V no podía aceptar de ningún modo la anexión de un país que estaba a menos de ciento sesenta kilómetros de los puertos más prósperos del oeste de Sicilia —Trapani y Marsala— y solo a un poco más de distancia de la propia Palermo. El ocioso y hedonista Muley Hacén no había supuesto ninguna amenaza, pero ahora que Barbarroja se encontraba en Túnez, los dominios del emperador en Sicilia se veían gravemente amenazados.

Tan pronto como se enteró de las noticias, Carlos comenzó a planear una gran expedición para recuperar la ciudad. Su flota de invasión contaría con barcos de España, Nápoles, Sicilia, Cerdeña, Génova y Malta, que —junto a Trípoli— había otorgado en 1530 a los Caballeros de San Juan, más conocidos como los hospitalarios, después de que hubieran sido expulsados de Rodas. El contingente español —estimado en unos cuatrocientos barcos— zarpó de Barcelona rumbo a Túnez a finales de mayo de 1535. Barbarroja era consciente de que no podría defender la ciudad contra una armada semejante. El 14 de julio, la fortaleza de La Goleta, que defendía el puerto interior, fue asaltada por los hospitalarios, y una semana después, un considerable número de prisioneros cristianos —se dice que fueron doce mil, pero parece una cifra improbable— consiguieron liberarse y se lanzaron sobre sus captores. Túnez cayó y Barbarroja se vio obligado a huir. Muley Hacén fue formalmente restaurado en el trono en el caparazón vacío que ahora era su ciudad y los españoles, después de haber reparado y vuelto a fortificar La Goleta, la declararon territorio español y dejaron allí una guarnición permanente. Según acordaron los victoriosos cristianos, la expedición había sido un éxito. Túnez estaba de nuevo en manos amigas, Sicilia era una vez más un lugar seguro, miles de sus correligionarios habían sido liberados del cautiverio y —lo mejor de todo— Barbarroja, hasta entonces invencible, había sido decisivamente derrotado.

O eso creían. De hecho, el gran corsario estaba todavía a mediados de su carrera. Aún cosecharía grandes victorias, entre ellas una en 1541 que comportaría la destrucción casi total de otra flota de invasión española, dirigida en aquella ocasión contra Argel. También se anexionó, en nombre del sultán turco —ahora Solimán el Magnífico—, muchas islas venecianas. Solimán no tardó en conferirle el mando de toda la Armada otomana. Ahora, el otrora pirata era nada menos que almirante supremo. Murió en paz en Estambul el año 1546, donde todavía puede visitarse su tumba.

Tras la pérdida de Barbarroja, los combates continuaron y los turcos lanzaron una serie de incursiones devastadoras sobre las costas sicilianas y del norte de África. En 1551 —solo cinco años después de la muerte del viejo corsario—, tomaron Trípoli y, en 1560, destruyeron veinticuatro de cuarenta y ocho galeras españolas y sicilianas en Yerba. De nuevo, el péndulo osciló brevemente en dirección contraria en 1565, cuando los hospitalarios de Malta defendieron heroicamente su isla durante cuatro meses frente a todo lo que el sultán Solimán lanzó contra ellos; pero, una vez más, su triunfo fue un caso aislado. Diez años después, Venecia perdió Chipre a manos del hijo de Solimán, Selim; el comandante de la flota veneciana, Marco Antonio Bragadin, fue sometido a horribles torturas por sus conciudadanos, que luego lo despellejaron vivo. De todas las antiguas colonias comerciales venecianas en el Mediterráneo, solo quedaba Creta.

En 1571, la Europa cristiana se cobró venganza cuando España, Venecia y el papado derrotaron a la Armada turca en Lepanto. Los barcos sicilianos, como era habitual, también participaron en esa batalla. Pero —y esta cuestión sigue debatiéndose hoy en día— ¿fue la de Lepanto, como muchos han afirmado, la mayor batalla naval entre Accio —que se libró a solo cien kilómetros de allí— y Trafalgar? En Inglaterra y Estados Unidos, desde luego, su constante fama se basa fundamentalmente en el atronador —aunque deliciosamente inexacto— poema de G. K. Chesterton, pero, en los países católicos del Mediterráneo, ha roto las barreras de la historia y ha entrado en la leyenda. ¿Es su reputación, se pregunta uno, merecida?

Técnica y tácticamente, sin duda. Fue la mayor batalla jamás librada exclusivamente con galeras; tras 1571, la guerra naval nunca volvería a ser la misma. Políticamente, por otra parte, fue un éxito pasajero. La batalla no marcó, como ansiaban los vencedores, el final de la oscilación del péndulo, el punto en el que las fortunas cristianas cambiarían de súbito y sus fuerzas aumentarían hasta devolver a los turcos al corazón de Asia del que habían salido. Lo cierto es que los turcos capturaron Túnez al año siguiente, con lo que Orán quedó como el único puerto de toda la costa en manos españolas. Venecia no recuperó Chipre; solo dos años después tuvo que firmar una paz por separado y ceder todos sus derechos sobre la isla. Tampoco Lepanto puso fin a sus pérdidas territoriales: un siglo más tarde, tras un asedio de veintidós años, Creta siguió el mismo camino. En cuanto a España, ni siquiera aumentó de forma apreciable su control sobre el Mediterráneo central; al cabo de solo diecisiete años, la histórica derrota de la Armada Invencible a manos de los ingleses constituiría un golpe a su poderío naval del que tardaría en recuperarse. Y, por mucho que lo intentó, no pudo romper el vínculo entre los príncipes moriscos del norte de África y Constantinopla; al cabo de unos pocos años, los turcos expulsaron a los últimos españoles de Túnez, convirtieron en vasallos a los dirigentes locales y redujeron la región —como ya habían hecho con la mayor parte de Argelia, al oeste, y de Tripolitania, al este— a la condición de provincia otomana.

No obstante, la verdadera importancia de Lepanto, para todos los cristianos que se regocijaron en aquellos exultantes días de octubre, fue moral. La densa y oscura nube que los había cubierto durante dos siglos y que, desde 1453, se había vuelto más amenazadora, hasta el punto de hacer sentir a los cristianos que tenían los días contados, desapareció de repente gracias a los acontecimientos que tuvieron lugar en Lepanto. De súbito, renació la esperanza. Los venecianos estaban ansiosos por aprovechar la victoria de inmediato; no se debía dar a los turcos tiempo de reponerse ni de reparar su destrozada flota. Ese fue el mensaje que hicieron llegar a sus aliados españoles y papales, pero sus argumentos cayeron en oídos sordos. Probablemente, nada habría hecho más feliz a don Juan de Austria —el hermanastro bastardo del rey Felipe, capitán general de la flota conjunta— que continuar la campaña durante el invierno, pero las órdenes que había recibido de Felipe eran muy claras. Las fuerzas aliadas se reunirían de nuevo en primavera; hasta entonces, debía disolver la flota. No tuvo otra opción que regresar con sus galeras a Mesina.

En los años siguientes a la batalla de Lepanto, la piratería a lo largo de la costa de Berbería no disminuyó. Sicilia sufrió por ello, como no podía ser de otra manera, ya que su ubicación la dejaba peligrosamente expuesta. En esta época estaba soportando dos o tres grandes ataques cada año; no había casa a menos de quince kilómetros de distancia del mar que estuviera segura y, en 1559 y, posteriormente, en 1574, se produjeron incursiones en las afueras de la propia Palermo. Por otra parte, la isla probablemente causó tantos problemas como sufrió: al parecer, más de la mitad de los corsarios más activos eran cristianos, y entre ellos había una gran cantidad de sicilianos. A pesar de las grandes cruces de Malta que lucían con tanto orgullo, tampoco los hospitalarios tenían reparos en ejercer la piratería y el contrabando a una escala formidable. España hizo todo lo posible para vestir el asunto como una cruzada, pero, por supuesto, no lo fue en absoluto: los turcos contaban con un buen número de cristianos trabajando o combatiendo en su bando. En 1535, Francisco I de Francia llegó al punto de aliarse con Barbarroja y, en 1543, permitió que la flota turca pasara el invierno en el puerto de Tolón, y —aunque pocos lo sabían— hubo un breve momento en el que el propio Carlos V consideró abandonar Argel y la mayor parte de Túnez y Trípoli y dejarlas en manos del viejo pirata. Por fortuna, al final no lo hizo.

El caso es que Carlos empezaba a aburrirse de la costa de Berbería. Su reconquista era, a todas luces, una tarea imposible; y la constante necesidad de proteger los intereses españoles resultaba ruinosamente cara en términos de barcos y soldados si solo tenía un éxito muy moderado. En cualquier caso, cuando abdicó en 1556 y su hijo Felipe II lo sucedió, la situación política comenzaba a cambiar y, a finales de la década de 1570, Felipe comprendió que debía minimizar sus pérdidas en el Mediterráneo y concentrar sus fuerzas en el norte de Europa para desplegarlas contra sus nuevos enemigos: Inglaterra y los Países Bajos. Sicilia quedó prácticamente indefensa y los ataques de los piratas de Berbería fueron peores que nunca, y empeoraron todavía más tras la derrota de la Armada en 1588, cuando Felipe perdió toda su marina de guerra. Durante muchos años, España dejó de ser, a efectos prácticos, una potencia naval.

¿Por qué, podría preguntarse, no se esforzaron más los sicilianos en defenderse o incluso en pasar a la ofensiva contra sus enemigos? En general, porque ya no poseían una armada propiamente dicha. La última de la que podían jactarse la había creado el rey Roger, unos trescientos años antes. Pero tras el fin de la independencia siciliana, había pocos incentivos para construir barcos (una empresa que Roger había confinado a sus territorios en la península, donde había muchos ríos navegables por los que transportar madera desde los bosques del interior hasta la costa). Sicilia carecía de ese tipo de ríos. Eso no quiere decir que en la isla no se construyeran barcos de ningún tipo: esa industria continuó de otros modos, especialmente en Palermo y Mesina, y las galeras de remos todavía eran el buque de guerra por excelencia. Pero las galeras necesitaban remeros y cada vez costaba más encontrarlos. Debía haber seis hombres por cada remo, unos doscientos en total para un barco grande. Algunos eran esclavos o presos, otros eran reclutados a la fuerza, otros eran supuestos voluntarios. Si la comida no abundaba, se arrojaba a uno o dos de ellos por la borda. Todos estaban encadenados en sus puestos día y noche.

La piratería, por su parte, no se detenía en el estrecho de Gibraltar; los corsarios, tanto cristianos como musulmanes, habían descubierto una nueva y muy lucrativa ocupación: las incursiones en busca de esclavos a lo largo de la costa oeste de África, exportando los esclavos capturados allí a Europa. De nuevo, los sicilianos se implicaron profundamente y, hasta donde uno puede ver, con la conciencia muy tranquila. ¿Acaso no había decretado el emperador en persona que todos los infieles capturados en el mar podían considerarse esclavos? Sin duda, debía poder aplicarse a aquellos que se capturaban en tierra. Tan lucrativo era este comercio que los esclavistas no vieron motivo alguno para confinar sus actividades a los infieles; hacia la década de 1580, varios capitanes —entre ellos al menos dos ingleses— estaban haciendo excelentes negocios con la compraventa de esclavos cristianos por la costa.

Como las páginas anteriores habrán dejado más que claro, la vida para los habitantes del litoral siciliano debía de ser muy angustiosa; aunque seguramente tampoco estuvieron mucho más seguros aquellos que vivían en el interior de la isla. Bajo el dominio español, Sicilia continuó siendo el mismo lugar sin ley de antaño. El bandidaje era habitual; en muchas zonas, se desaconsejaba viajar en grupos de menos de veinte personas.

Los bandoleros eran, en su mayor parte, campesinos del interior, donde los funcionarios españoles se veían poco e importaban aún menos. Vivían como siempre lo habían hecho. El sistema de justicia existente, como bien sabían, favorecía inevitablemente a los ricos y a los privilegiados; estos preferían seguir un sistema alternativo propio. Si este era corrupto, no era más corrupto que el gobierno colonial del virrey. Si era violento, no lo era más que los barones. Se cuenta la historia de dos familias de barones rivales, los Di Luna y los Perollo, enfrentadas constantemente por el control de Sciacca. Cada una contaba con su propio ejército privado de bandoleros. Cuando, en la década de 1520, el virrey nombró a un oficial especial para que los controlara, el desventurado fue asesinado casi de inmediato; su cuerpo desnudo yació durante días en la calle antes de que nadie se atreviera a tocarlo. Luego, los Di Luna tomaron la ciudad y masacraron a muchos de los Perollo y de sus seguidores. Es interesante subrayar que el líder del clan Di Luna, el principal responsable de estos crímenes, era sobrino del papa Médici León X. Él y su familia nunca fueron castigados.

Claramente, los barones no sentían el menor respeto hacia el virrey, pero es que, en la mayoría de ocasiones, nadie lo respetaba. Fueran españoles o sicilianos, casi todos los virreyes aceptaron sobornos. También tendían a dar un ejemplo atroz a aquellos que pretendían gobernar: muchos ni siquiera se molestaron en ocultar que estaban en el cargo para sacar tanto beneficio como fuera posible. De hecho, varios se convirtieron en corsarios de gran éxito y amasaron considerables fortunas. La Iglesia era todavía más rica; a finales del siglo XVI, el arzobispo de Monreale —siempre, por cierto, español, como lo eran la mayoría de los prelados superiores— recibía un salario al menos cuatro veces mayor que el virrey y poseía no menos de setenta y dos feudos. Sus colegas, el arzobispo de Palermo y el obispo de Catania, eran casi tan ricos como él. También en otros campos, las actividades del clero y de los monasterios dejaban mucho que desear. En determinadas partes de Sicilia, los sacerdotes casados eran la norma en lugar de la excepción; y, en más de una ocasión, hubo que promulgar reglamentos para prohibir que los monjes fueran a dar la serenata a las monjas de los conventos vecinos.

Separada de la Iglesia pero trabajando en estrecha relación con ella se encontraba la Inquisición. Los inquisidores eran nombrados directamente por el rey de España y contaban con policía y prisiones propias. A menudo enviaban al rey informes secretos sobre el virrey y, de vez en cuando, servían al monarca como herramienta para revocar las órdenes del virrey; como es lógico, la fricción entre las dos autoridades era considerable. La Inquisición no toleraba la menor interferencia. Tenía permitido torturar, método que incluso se recomendaba. Si las víctimas morían durante el proceso no podía hacerse nada: era el castigo de Dios. Incluso la supervivencia era en ocasiones algo temporal; un hombre podía sobrevivir a la cámara de torturas solo para ser después quemado en la hoguera. Los inquisidores atacaban la herejía allí donde creían que se hallaba y perseguían frecuentemente a antiguos judíos y musulmanes cuyas familias hacía tiempo que se habían convertido al cristianismo. Los comerciantes judíos que residían temporalmente en las ciudades grandes estaban obligados a llevar un distintivo y sus colegas musulmanes, turbante. Se mostraba cierto grado de tolerancia hacia los numerosos miles de griegos que profesaban la religión ortodoxa; había demasiados, y llevaban demasiado tiempo viviendo en Sicilia. Los protestantes, por otro lado —y, sobre todo, los luteranos— descubrieron que la vida en la isla no solo era difícil, sino peligrosa.

Para muchos sicilianos —y, en particular, para los buenos católicos que respetaban la ley, vivían en el interior y se dedicaban a negocios respetables y moderadamente rentables—, la vida bajo la dominación española era bastante grata, pero eso no cambia el hecho de que, especialmente durante los siglos XVI y XVII, Sicilia fue una isla muy infeliz. Solo una vez en toda su larga historia había estado unida y sido, al mismo tiempo, independiente, y eso había sido en el siglo XII, bajo los reyes normandos, cuyos sucesivos reinados habían abarcado menos de setenta años. Desde entonces, gracias a sus señores angevinos y españoles, se había vuelto un lugar desmoralizado, sin esperanza y sumamente corrupto. Carecía de orgullo nacional, lealtad, solidaridad y disciplina. En consecuencia, vegetó, sufrió mucho y consiguió muy poco con excepción de la ocasional revolución sin éxito, hasta que, a principios del siglo XVIII, en Utrecht, finalmente escapó de la sartén española... solo para caer en las brasas borbónicas.

El héroe de Sicilia en el primer cuarto del siglo XVII fue Pedro Téllez-Girón, tercer duque de Osuna. Tras una carrera anterior como soldado y diplomático —se dice que fue uno de los miembros de la embajada que envió Felipe III al monarca inglés Jaime I en 1604 para firmar el tratado de paz concluido recientemente—, llegó a Palermo en 1611 como virrey y quedó consternado ante lo que vio allí. En quince días, despejó las calles de mendigos y encarceló o expulsó a docenas de personajes sospechosos. Se prohibió llevar estiletes, incluso a los miembros de la aristocracia. Se anuló el derecho de asilo en las trescientas iglesias de la ciudad, se impidió que los criminales comprasen su libertad y se estableció una confraternidad especial para reconciliar los enfrentamientos entre familias, una de las lacras de la vida siciliana. A continuación, Osuna centró su atención en la defensa. Al descubrir que apenas había un barco capaz de navegar en toda la flota, ordenó la construcción de nueve galeras nuevas siguiendo el modelo inglés y, cuando estuvieron listas, las empleó en una guerra extremadamente rentable contra los estados de Berbería.

La economía demostró ser un problema más intratable. La inspección de Osuna de los libros del Tesoro descubrió que cerca de un tercio de los ingresos anuales desaparecían, y no se sabía cómo. Instituyó de inmediato un nuevo sistema de estrictos controles y restricciones, mientras, al mismo tiempo, negociaba un crédito sustancial con los genoveses. En un par de años, había saneado las finanzas del Gobierno. En Palermo y Mesina, los bancos —algunos de los cuales llevaban mucho tiempo cerrados— volvieron a abrir sus puertas. La gente de Mesina protestó furiosamente contra las medidas de Osuna, afirmando que no estaban obligados a pagar impuestos decretados sin su consentimiento y ofreciendo veinte mil escudos a Osuna para que se olvidara del tema. Osuna rechazó la oferta y le dijo al rey Felipe IV que esta era la sexta vez en cincuenta años que se habían negado a pagar impuestos perfectamente legítimos y, que si se les permitía continuar así, pronto serían un estado independiente.* Luego fue él mismo a Mesina, arrestó a los notables de la ciudad y los llevó encadenados a Palermo, donde los encarceló en aislamiento y los obligó a costearlo a ellos mismos.

Osuna no solo era un administrador brillante, sino también un entusiasta patrón de las artes y, en especial, de la arquitectura. Para horror de la Inquisición, dio la bienvenida a Palermo al nuevo teatro italiano, consintió expresamente que se celebraran representaciones los domingos y no puso ninguna objeción a que aparecieran mujeres sobre el escenario. Le gustaba especialmente el carnaval e incluso trató que fuera obligatorio llevar máscaras. A diferencia de la mayoría de virreyes, fue auténticamente popular y, cuando se marchó en 1616, los palermitanos —aunque no los mesineses— lamentaron su partida de verdad.

Por fortuna, no estuvo en Sicilia durante los dos peores estallidos de la peste bubónica. Se dice que, en 1575, Mesina perdió a la mitad de sus habitantes; en 1624, le tocó el turno a Palermo, cuando la peste llegó en barcos que traían esclavos cristianos de vuelta de Túnez. Miles murieron, entre ellos el virrey, Manuel Filiberto de Saboya; Anton van Dyck, que estaba pintando entonces su retrato, escapó al continente sin perder un momento. Las reliquias de santa Cristina y santa Ninfa se llevaron en procesión a diario por las calles, lo que probablemente ayudó a propagar los contagios; pero en el momento crítico, santa Rosalía —quien muchos creían que era sobrina del rey Guillermo el Bueno— se apareció a un cazador en el monte Pellegrino y, señalando que nunca había recibido un entierro cristiano como era debido, le mostró la cueva en la que se en-

* De hecho, los mesineses, preocupados por la pujanza de Palermo, habrían agradecido una separación. En 1620, ofrecieron un millón de escudos a España si dividía la isla en dos por el río Salso, con un virrey en Palermo y otro en Mesina. La oferta tentó al rey Felipe IV, aunque finalmente la rechazó.

contraban sus restos. Fueron retirados de allí enseguida y, como demostraron ser mucho más eficaces que los de sus hermanas en la santidad a la hora de acabar con la enfermedad, las sustituyó como patrona de la ciudad.

Casi tan desastrosa como la propia peste fue la Guerra de los Treinta Años, uno de los conflictos más largos y destructivos de la historia de Europa. Se inició en 1618 como una guerra entre católicos y protestantes en el Sacro Imperio Romano Germánico y se extendió poco a poco por la mayor parte del continente hasta convertirse en una lucha cada vez menos confesional y cada vez más una prolongación del viejo enfrentamiento entre las casas de los Borbones y los Habsburgo. Para la mayoría de los sicilianos, sin embargo, lo único importante de la guerra era su coste. El Parlamento se reunía ahora al menos una vez —y, en ocasiones, dos— al año, e invariablemente se presentaban ante él grandes peticiones de impuestos desde España. Sicilia se esforzó al máximo para pagarlos; no se descartó prácticamente ningún esquema ni propuesta que pudiera dar algo de dinero. Se vendieron importantes puestos en el Gobierno por grandes sumas de dinero, así como títulos nobiliarios: el derecho a añadir la palabra «don» antes de un nombre valía cien escudos; para títulos más distinguidos, los precios ascendían astronómicamente. El perdón por todos los crímenes —salvo el de traición— también se puso a la venta. Las islas Egadas, frente a Trapani,* se compraron a la familia Pallavicini-Rusconi de Génova por 160 000 escudos. No era solo dinero lo que hacía falta; también se necesitaban hombres, así que se enviaron a la guerra las nuevas galeras de Osuna, tripuladas en su mayoría por sicilianos. Al final, se exprimió Sicilia hasta la última gota: el virrey se vio obligado a informar a su señor de que no se podía encontrar ni un solo maravedí más en toda la isla.

La Guerra de los Treinta Años no terminó hasta 1648 y, mientras tanto, la situación en Sicilia empeoró y aumentó el descontento. La raíz de todos los problemas era más social y agrícola

---

* Principalmente, Favignana y Levanzo.

que política. Sicilia era esencialmente una productora de trigo, y el trigo era notablemente vulnerable a los caprichos de la naturaleza. Una primavera inesperadamente seca; dos o tres malas cosechas seguidas; una plaga de langostas; un almacén expuesto de manera fortuita a la humedad... Todas estas desgracias, y muchas otras, podían propiciar una catástrofe. Debido al reciente aumento de la población, la capacidad de almacenamiento era insuficiente y los granjeros, una vez tenían bastante para ellos, tendían a exportar el resto a España, Venecia, Creta o a cualquier otro lugar donde les pagaran un precio más elevado que el que podían permitirse sus compatriotas. Ya en 1644 hubo que reducirse la calidad del pan; dos años después, Mesina se vio obligada a eliminar el subsidio de una ración de pan. Luego, en febrero de 1647, las fuertes lluvias destruyeron la semilla recién plantada y hubo que repetirse la siembra, o, al menos, eso hicieron los afortunados a los que les quedaba grano. A este desastre le siguió una sequía salvaje en marzo y abril. Las ciudades estaban atestadas de mendigos y, en el campo, hombres, mujeres y niños morían de inanición.

La revuelta estalló en mayo, días después de unas procesiones penitenciales en las que los participantes se azotaban la espalda con cadenas hasta que les sangraba. Se nos dice que incluso se celebró una procesión especial de las prostitutas de la ciudad, que fueron recibidas con educación por la princesa de Trabia en su palacio, donde se les ofreció un refresco. Pero a mediados de mes, la atmósfera cambió. Las campanas de las iglesias convocaron a la gente a las plazas de las ciudades y pueblos, el arzobispo armó a su clero, se prendió fuego al ayuntamiento y a muchos otros edificios. Resulta interesante, pero parece que en esta revuelta hubo muy poco o un nulo resentimiento hacia la propia España; la indignación se dirigió principalmente hacia el virrey y la administración. Al día siguiente, se restauró parcialmente el orden. Investigaciones posteriores indicaron que todo lo había iniciado un asesino prófugo llamado Nino La Pilosa. Este fue capturado con la ayuda de los gremios de artesanos, los llamados *maestranze*, y, bajo tortura, realizó una confesión un tanto asombrosa: que su intención era la de proclamarse él mismo rey, tras lo cual se había propuesto distribuir todo el dinero del banco de la ciudad y de los jesuitas a los pobres. Solo podemos esperar que estas declaraciones no influyeran en la sinceridad de sus confesores jesuitas, cuya tarea era la de confortarlo antes de que los descuartizaran públicamente con unas tenazas al rojo vivo.

Quizá valga la pena hablar un poco más de estos *maestranze,* que, desde su nacimiento en el siglo XVI, habían acumulado en los pasados cien años un considerable poder. Su propósito original fue el mismo que el de todos los gremios europeos: proteger los intereses de sus oficios en particular, formar aprendices y cuidar de aquellos miembros que eran demasiado ancianos o estaban demasiado enfermos para cuidarse a sí mismos. En Sicilia, sin embargo, donde el grado de anarquía era considerablemente mayor que en cualquier otra parte, se habían convertido en sociedades que administraban su propia justicia severa, como haría la mafia en épocas mucho más recientes.

Mientras tanto, los nobles de Palermo se habían refugiado en sus tierras, cuanto más lejanas mejor; y aunque la tranquilidad reinaba en la ciudad, no mostraron ninguna inclinación a regresar. El virrey, el quinto marqués de los Vélez, se encontró de repente abandonado por sus principales apoyos, que habían partido en lo que se describió como un viaje de peregrinación. Como no podía ser de otra manera, la ciudad de Mesina, que había puesto dinero y tropas armadas a su disposición para ayudarlo contra su detestada rival, se ofreció ahora a acogerlo permanentemente junto con su corte, pero las intenciones de la oferta eran demasiado evidentes y fue rechazada.

El virrey no valía para mucho, pero era mejor que nada; Palermo quedó en ese momento totalmente desprovista de gobierno y casi sin comida ni dinero. La salvaron los *maestranze.* El 12 de agosto de 1647, estos —y, en particular, los gremios de pescadores y curtidores— se hicieron con la administración efectiva de la ciudad, aplicaron un impuesto de emergencia sobre ventanas, balcones, el vino, el trabajo, la carne de vaca y —como no podía ser de otra manera— la picadura de tabaco. También surgió de entre ellos un nuevo líder, un tal Giuseppe d'Alesi. D'Alesi, de profesión orfebre, había estado vinculado con La Pilosa y escapado por muy poco de ser capturado. Había huido a Nápoles justo a tiempo para tomar parte en una sublevación similar liderada por un carismático alborotador conocido como Masaniello. En cualquier caso, regresó pronto a Palermo y no tardó en hacerse con el control de la ciudad. El virrey se vio obligado a volver de su peregrinaje, pero no por mucho tiempo. Una semana o dos después de que D'Alesi y sus hombres tomaran el palacio real, el marqués de los Vélez fue presa del pánico y huyó.

Giuseppe d'Alesi era un hombre muy distinto a La Pilosa. Odiaba la violencia y era auténticamente leal a España. Prohibió ulteriores destrucciones, castigó con pena de muerte los saqueos y ordenó que se reabriera de inmediato el banco de la ciudad. Localizó al virrey, le ofreció un salvoconducto y le suplicó que regresara, cosa que hizo con muchas reticencias. Ahora, al menos, era posible armar un gobierno legítimo, y D'Alesi se encontraba en una posición lo bastante fuerte como para obligar al marqués de los Vélez a acometer una serie de reformas muy necesarias. D'Alesi se había ganado que su país lo tratara bien, pero es triste tener que decir que, a estas alturas, había perdido —por los motivos que fuera— su popularidad y que, durante un nuevo estallido de disturbios y violencia a finales de agosto, fue perseguido y finalmente localizado en una alcantarilla. Lo mataron allí mismo, su casa fue demolida y su cabeza se empaló en una barandilla de la plaza mayor. Fue una triste y vergonzosa recompensa por todo lo que había hecho por Sicilia.

Al cabo de una semana, la rebelión se había sofocado. El arzobispo de Monreale absolvió a la gente del pecado de revolución y exorcizó públicamente la plaza mayor, por si quedaba allí algún espíritu maligno al acecho. La escasez de comida seguía siendo aguda y todos los desempleados y aquellos que habían vivido menos de diez años en Palermo recibieron órdenes de abandonar la ciudad de inmediato, so pena de muerte. Todo el trigo almacenado, sin importar dónde estuviera, tenía que declararse a las autoridades. Se prohibió el juego, así como el uso de máscaras —aunque no resulta sencillo entender cómo estas

dos medidas podrían haber afectado al suministro de comida—
y se concedió a los trabajadores agrícolas una dispensa especial
para que trabajaran los domingos y los días de fiesta hasta que
la crisis hubiera pasado.

El marqués de los Vélez, mientras tanto, cayó en un estado
de postración nerviosa del que nunca se recuperó; murió en noviembre. Su sucesor, el cardenal Giangiacomo Trivulzio, era un
hombre de un cariz muy distinto. Autoritario por naturaleza,
declaró un toque de queda en la ciudad, exigió que se entrega-
ran todas las armas y despejó un espacio alrededor del palacio
real para que la artillería tuviera una línea de fuego ininterrumpida en caso de una emergencia futura. Luego, para conseguir
atraer negocio para los artesanos locales y para crear nuevos
puestos de trabajo, ordenó a todos los nobles que regresaran de
los lugares en los que se habían refugiado. Asimismo, les permitió traer consigo sus escoltas. Esta última decisión generó cierta
angustia en la ciudad: estas escoltas tendían a estar formadas por
toscos campesinos, todos ellos de cuestionable reputación. Pero
Trivulzio había establecido bastiones permanentes alrededor de
la ciudad, todos los cuales debían contar con una guarnición.
¿Cómo si no encontraría a los hombres para ocuparlos?

Si la historia de Sicilia durante la primera mitad del siglo XVII
no es precisamente edificante, la de la segunda mitad es mucho
mucho peor. La situación básica continuó igual: una crónica ca-
rencia de comida, constantes exigencias de impuestos por parte
de España y continuas negativas de la nobleza a pagar su parte.
Esto último, por supuesto, era la raíz del sufrimiento de Sicilia,
pero los virreyes no se atrevían a insistir; era más seguro recaudar dinero mediante la venta de títulos y privilegios, para lo
cual siempre había una demanda entusiasta. Se crearon dieciséis
nuevos príncipes en la década de 1670 y, en la de 1680, catorce nuevos duques. Incontables feudos e incluso varias ciudades
fueron subastados al mejor postor.

La situación empeoró debido a la tradicional hostilidad que
existía entre Palermo y Mesina. Las dos ciudades, debe decirse,
tenían muy poco en común. Los mesineses, en primer lugar,

adolecían de un atronador complejo de superioridad, y afirmaban haber sido reconocidos como la capital de Sicilia ya en el 270 a. C. En segundo lugar, tendían a considerarse casi una parte de Calabria; muchos de ellos tenían tierras allí y podían cruzar el estrecho en una hora o dos; el viaje a Palermo —que realizaban solo cuando era imprescindible— podía llevarles, por tierra o por mar, hasta tres días. Incluso su dialecto era mucho más comprensible en la península que en la capital. Además, tenían un punto de vista radicalmente distinto sobre la vida. Palermo sostenía a una aristocracia de la vieja escuela auténtica; los nobles de Mesina se parecían más a los de Venecia, hombres de negocios orgullosos de serlo. Por ese motivo, la mayoría de las casas de comercio extranjeras preferían mantener a sus representantes allí; la ciudad se jactaba de tener hasta un cónsul inglés y una iglesia inglesa.

Uno de los tradicionales motivos de disputa era si el virrey no debía pasar la mitad de su tiempo viviendo en Mesina en lugar de estar siempre en Palermo. Para los mesineses, esta era una cuestión de la mayor importancia e invirtieron grandes sumas de dinero en ello. Lo cierto es que, en más de una ocasión, compraron ese privilegio al rey de España y habían construido un palacio especial para el virrey, junto con toda una serie de oficinas para el Gobierno y la administración. El motivo por el que estos edificios continuaban vacíos era muy sencillo: Palermo era más majestuosa y elegante. En lo relativo a su sociedad, también era superior, así que no es sorprendente que los virreyes la prefirieran.

Mesina tampoco gozaba de popularidad entre el pueblo, principalmente porque había monopolizado el comercio de la seda, tanto en bruto como manufacturada, un monopolio que había causado gran resentimiento y se disputaba a menudo, no solo en Palermo, sino en toda Sicilia. Este monopolio, además, era imposible de aplicar, y suponía el envío de embajadas regulares a España, que la ciudad difícilmente podía permitirse, en busca de su confirmación. Estos problemas se agudizaron cuando Francia empezó a desarrollar su propio y ambicioso comercio de seda, impulsado con vigor por su gobierno. Por estos y otros muchos motivos, la economía de Mesina entró en declive y su población empezó a decrecer, hasta el punto en que, hacia 1670, la situación comenzaba a ser preocupantemente seria. El 11 de marzo de 1669 ya se había producido una de las erupciones más violentas del monte Etna en toda su historia; el volcán creó un río de lava de más de un kilómetro y medio de anchura que en cinco semanas llegó a las murallas de Catania, a veinticinco kilómetros de distancia. Luego, en el primer año de la nueva década, se produjo la primera de una larga sucesión de desastrosas cosechas. Se impuso un estricto racionamiento en la comida, pero no pasó mucho tiempo antes de que el virrey, el príncipe De Ligne, recibiera los primeros informes de muertes por inanición.

Todo esto fue, sin duda, una causa que contribuyó a la revolución que se inició en Mesina en 1674, pero no fue la única. Evidentemente por motivos muy distintos, los ciudadanos pudientes estaban tan preocupados como los pobres. No solo su dinero se agotaba rápidamente; contemplaban alarmados como, a sus expensas, De Ligne construía grandes fortificaciones contra los turcos, que en 1669 habían tomado Creta de los venecianos tras un asedio de veintidós años, el más largo de la historia. Y luego, como siempre, estaba el espectro de Palermo, que había florecido mientras Mesina entraba en decadencia y que ahora exigía que su rival fuera privada de la inmunidad de que gozaban en relación a los impuestos y a la industria de la seda. España también causaba angustia: el que había sido otrora el gobierno más reaccionario de Europa estaba introduciendo reformas democráticas que, se temía, llevarían inevitablemente a crear agitación y disturbios entre el populacho.

En consecuencia, la incipiente revolución tomó una forma sorprendente. Sus líderes pidieron ayuda a Francia, que, en esa época, estaba en guerra con España. Para Luis XIV, sobra decir, aquella era una oportunidad que no podía dejar pasar. Envió enseguida un contingente de tropas francesas, dirigidas por el duque de Vivonne —el hermano de la amante que tenía por aquel entonces— como gobernador de Sicilia, un título quizá demasiado optimista. El duque llegó a Mesina a principios de

1675. Al virrey De Ligne solo le quedaba un gran consuelo: la rebelión seguía concentrada en Mesina y no mostraba señales de extenderse al resto de la isla. Por otra parte, sus intentos de reclutar una milicia fueron un fracaso casi cómico. Relativamente pocos sicilianos se molestaron en responder a la llamada a las armas y, de entre aquellos que lo hicieron, muchos resultaron ser completos inútiles y muchos otros desertaron casi de inmediato. La nobleza no resultó de mayor utilidad; tras un año de intentos de movilización, no se había conseguido formar ni siquiera un regimiento de soldados sicilianos. Las tropas que De Ligne reclutó eran casi en su totalidad españolas y alemanas. Lo que más útil le resultó fue la flota que le aportaron los Países Bajos, sorprendente aliado de España, bajo el mando del almirante de setenta años Michiel de Ruyter; los sicilianos, sin embargo, se horrorizaron ante las borracheras y el libertinaje de los marineros neerlandeses cuando ponían pie en tierra firme, y estos, por su parte, despreciaban la aparente inutilidad de sus anfitriones. En buena parte, debido a la ineficacia general de los sicilianos, Ruyter murió en un enfrentamiento menor frente a Augusta.

Cuatrocientos años antes, la presencia de tropas francesas no deseadas había desencadenado la guerra de las Vísperas Sicilianas. El hecho de que no pareciera que la población fuese a ofrecer resistencia a nada dice mucho del estado en que se hallaba. Incluso en 1676, cuando la Armada francesa destruyó a la flota principal de españoles y sicilianos justo frente a Palermo, a plena vista de sus ciudadanos, y el arzobispo de la ciudad estaba lo bastante aterrorizado como para hacer que los cañones del castillo apuntaran a la plaza mayor en lugar de a los barcos en el mar, se impuso una apatía generalizada. La indolencia de los ciudadanos de la capital era todavía más sorprendente si tenemos en cuenta que los franceses representaban exclusivamente los intereses de Mesina, que era quien los había convocado. Pero estos, por mucho que lo intentaron, no consiguieron extender su poder más allá de la ciudad. El rey Luis, para quien la expedición resultó una amarga decepción, llegó incluso a proponer otorgar a Sicilia completa independencia política bajo un rey propio.

Pero no había comprendido al pueblo de Mesina. Para ellos, la independencia estaba muy bien, pero lo que más les interesaba era conseguir una supremacía duradera sobre Palermo. En consecuencia, enviaron embajadores a París con sus demandas, que incluían la concesión a su ciudad de todos los derechos de un puerto libre, exento de aduanas; la confirmación de su monopolio sobre las exportaciones de seda; y, sobre todo, el reconocimiento de Mesina como capital, residencia permanente del gobernador, su corte y su administración. Estas exigencias sobresaltaron a Luis, que no estaba acostumbrado a que una ciudad súbdita diera un puñetazo encima de la mesa. Los embajadores fueron recibidos con frialdad, se les concedieron solo dos caballos en lugar de los seis habituales para el carruaje que los llevó a Versalles, se les convocó a una audiencia inmediatamente después que a los representantes de Malta y, al final, se los envió de vuelta a casa con las manos vacías. El caso era que el rey Luis se había aburrido de Sicilia. Mesina, según comprendía ahora, había acudido a él amparándose en mentiras. Sicilia no tenía la menor intención de someterse a los franceses. Su fuerza expedicionaria no había conseguido absolutamente nada.

Hacia 1677, el sentimiento era mutuo. Cierto número de pueblos había quedado destruido en los combates, y otro tanto de granjas, olivares y campos de moreras había sido pasto de las llamas. Los precios se habían disparado. Los ciudadanos no habían aceptado de buen grado —y, en muchas ocasiones, se habían resistido— acoger en sus casas a soldados franceses, con la consiguiente amenaza al honor de sus esposas e hijas. Las enfermedades venéreas se dispararon, y se culpó de ello injustamente a los mesineses. Estos, por supuesto, no hablaban francés, y los franceses no se dignaron a aprender italiano ni español; en lugar de ello, se limitaron a mandar con soberbia a la gente. El propio Vivonne no ocultó su desprecio hacia la aristocracia local, que no cesaba de hacer peticiones y jamás movía un dedo por sí misma.

No pasó mucho tiempo antes de que Luis decidiera retirar a su ejército. Dadas las circunstancias, podría haber considerado un acuerdo de salida que, al menos hasta cierto punto, protegiera a Mesina frente a los comprensibles deseos de venganza de España y Palermo. Pero no fue así, y muchas de las grandes familias de Mesina huyeron para salvar la vida. Francia se negó a acogerlas; encontraron refugio donde pudieron y jamás regresaron a su ciudad nativa. Sus casas fueron saqueadas por el populacho, aunque con resultados decepcionantes: se habían llevado consigo todo su dinero y la mayor parte de sus posesiones, entre ellas tantas pacas de seda como pudieron transportar.

En este sentido, resulta apropiado que Mesina sea el escenario de *Mucho ruido y pocas nueces*, de Shakespeare; durante siglos, la ciudad había causado problemas al resto de Sicilia, sin conseguir con ello ningún beneficio para sí misma; su última y estúpida aventura había resultado calamitosa. Aparte de los efectos sobre la ciudad y sus gentes, había costado a España una elevada suma de dinero y cientos de personas habían perdido la vida. Merecía ser castigada, y lo fue. En 1679, el nuevo virrey, el conde de Santisteban, demolió el ayuntamiento y, simbólicamente, aró el solar y lo sembró de sal. La campana de la catedral que había llamado a los ciudadanos a la rebelión se fundió y muchos de los tesoros de la catedral fueron confiscados y destruidos. El senado local se abolió; también la universidad, que fue reemplazada por una gran fortaleza que dominaba toda la ciudad. Aquellas familias rebeldes que habían elegido quedarse vieron como sus casas y posesiones se vendieron en subasta pública.

Mesina, sin duda, se merecía todo lo que le pasó; pero Sicilia también sufrió. Destruir prácticamente hasta los cimientos su segunda ciudad —la primera, desde un punto de vista comercial— fue, como es evidente, una locura. A principios de la década de 1690 —para entonces, la población de Mesina había bajado a menos de la mitad—, se hicieron intentos de reparar algo del daño, pero tuvieron poco éxito real. Una de las propuestas más razonables que se llevaron a cabo para restaurar la prosperidad fue asentar comunidades de comerciantes extranjeros en la ciudad —judíos, griegos, quizá incluso musulmanes—, pero la Inquisición pronto lo prohibió y así prosiguió la lenta *dégringolade* de Mesina.

Entonces, a las nueve de la noche del 11 de enero de 1693, se produjo uno de los terremotos más terribles de Sicilia, el más fuerte de toda la historia en Italia. Su epicentro estuvo en el sureste de la isla, donde al menos setenta ciudades y pueblos fueron arrasados, Noto y Módica entre ellos; Siracusa y Ragusa sufrieron gravísimos daños. Los testigos cuentan que la tierra pareció abrirse y se tragó a grandes multitudes enteras; los ríos se desvanecieron de repente y aparecieron otros como por arte de magia; grandes olas y tsunamis devastaron localidades costeras. La oscuridad de la noche invernal aumentó el terror de la gente: decenas de miles saltaron de la cama y corrieron en dirección al campo. El total de muertos se estima en unos sesenta mil, entre ellos dos tercios de la población de Catania, donde la única universidad que quedaba en la isla fue completamente destruida. Se cree que un cinco por ciento de los habitantes de la isla fallecieron o bien esa noche o en las semanas siguientes, a consecuencia de sus heridas o, peor todavía, de infecciones posteriores.

Pero incluso los terremotos pueden tener su utilidad en ocasiones, pues, sin la catástrofe de 1693, no tendríamos tres de las más adorables ciudades barrocas de Sicilia, que fueron reconstruidas casi por completo después de la devastación. Estas son Noto, Ragusa y Módica, las tres en el extremo sureste de la isla.* La vieja Noto quedó totalmente destruida y volvió a levantarse en una nueva ubicación a unos ocho kilómetros al sur, más cerca del mar. La planta de la ciudad es muy interesante, con tres calles paralelas que cruzan la pendiente de una ligera colina, mientras que una serie de calles más estrechas suben y bajan por ella y la cortan en ángulo recto. A lo largo de la calle mayor se diseñaron tres plazas, cada una de ellas con una iglesia en el lado más elevado. El resultado es la ciudad más bonita de toda Sicilia, todavía más bella por la gloriosa piedra de color miel con la que está construida, que parece absorber e irradiar la casi constante luz del sol. La catedral es probablemente el más espectacular de los edificios eclesiásticos, gracias en buena parte a la impresionante escalinata que lleva hasta ella; es uno de los grandes edificios más recientes de la ciudad, pues no

* Toda esa región ha sido designada por Naciones Unidas Patrimonio de la Humanidad, y con razón.

se completó hasta 1770. Pero la catedral es solo el principio. También están la ahora desconsagrada iglesia de Montevergine, que se cierne dramáticamente sobre un cruce de las estrechas callejuelas como si fuera a devorarlas; la maravillosa curvatura convexa de San Domenico; y para los aficionados del barroco, San Salvatore y la iglesia jesuita del Collegio (aunque debo decir que la última vez que las vi, hace algunos años, su aspecto no era el óptimo). Pero en Noto, como en Venecia, el milagro más notable es la ciudad en sí.

Ragusa está dividida en dos. Tras el terremoto, algunos de los supervivientes trabajaron en el diseño de una nueva ciudad al oeste de la antigua, pero otros prefirieron quedarse donde estaban y reconstruirla en el mismo lugar. No es necesario detenerse mucho tiempo en la nueva ciudad. El centro gira alrededor de su catedral, construida inmediatamente después del terremoto. Es un edificio bonito, pero muy inferior a la de Ragusa Ibla, como se llama ahora la ciudad que está en la antigua ubicación. Aquellos interesados en la Antigüedad disfrutarán con la visita al museo arqueológico, donde pueden ver una curiosa escultura de piedra fechada a finales del siglo VII a. C. conocida como el Guerrero de Castiglione, que descubrió un granjero local en 1999.

Ragusa Ibla es una deliciosa ciudad antigua erigida con una adorable piedra dulce, parecida, aunque no idéntica, a la de Noto, y en un notable buen estado de preservación. Está construida en una larga y estrecha elevación que discurre de oeste a este entre dos profundos desfiladeros. Su obra maestra es el Duomo de San Giorgio, obra del brillante Rosario Gagliardi, que se describió como *ingegniere della città di Noto e sua Valle*, es decir, la Val di Noto, que comprende todo el tercio sureste de la isla. El Duomo se eleva al final de una gran escalinata en tres elegantes paneles hasta el campanario, con las columnas características de este diseño, que aportan unos maravillosos efectos de claroscuro a medida que el sol se mueve a su alrededor. (La cúpula que cubre el crucero, dispuesta sobre altas columnas y un tanto desafortunada, es por suerte invisible desde el frente). Un poco más al este, San Giuseppe parece una versión ligera-

mente más modesta de su vecina; tanto es así que hay buenos
motivos para pensar que es también obra de Gagliardi. Antes de
marcharse de Ragusa Ibla, vale la pena dar un corto paseo y ver
los diversos y bellísimos antiguos palacios —y, en particular, sus
balcones— a menudo sostenidos por esos monstruos grotescos
que tanto gustaban en toda la isla.

Si condujera de Ragusa a Módica, cruzaría el puente Guer-
rieri y disfrutaría de unas espectaculares primeras vistas de su
destino desde una altura de unos trescientos metros. La ciudad,
como su vecina, está dividida en dos, la parte de arriba y la de
abajo; a medio camino de la colina se encuentra la majestuosa
iglesia de San Giorgio. La San Giorgio de Ragusa era ya bastante impresionante; la de Módica —casi con toda seguridad,
obra también del gran Gagliardi— le gana en su propio juego.
Ambas se levantan al final de una espléndida escalinata, pero
mientras que la de Ragusa cuenta con unos cincuenta peldaños,
la de Módica se jacta de un número cinco veces mayor de ellos,
que descienden por toda la colina hasta la carretera que pasa a
sus pies. Y aquí la iglesia cuenta con cinco arcadas de anchura,
en lugar de las tres de Ragusa.

La San Giorgio de Módica siempre ha tenido una enconada
rival: la iglesia de San Pietro. Tras el terremoto, Carlos II de
España dio orden de que solo se reconstruyera una de las dos
iglesias, que luego podría dedicarse a los dos santos para olvidar
así cualquier resentimiento. Por desgracia, las órdenes del rey
fueron ignoradas —como le solía ocurrir a Carlos II— y, poco
después, la nueva San Giorgio y la nueva San Pietro estaban
de nuevo enfrentadas. San Pietro es innegablemente magnífica, pero a pesar de las espléndidas estatuas de los apóstoles que
circundan su escalinata, su fachada resulta decepcionantemente
plana. Es el San Giorgio de Gagliardi la estrella del espectáculo,
para muchos de nosotros la iglesia barroca más bella de Sicilia,
en este, uno de los rincones más remotos de la isla.

Quizá sea este el momento —ahora que estamos hablando
del tema— de mencionar a un artista más, un contemporáneo
de Gagliardi que parece haber confinado sus actividades en gran
medida a Palermo y sus alrededores. No era un arquitecto, sino

La iglesia barroca de San Giorgio de Módica. Casi con toda probabilidad, el arquitecto fue Rosario Gagliardi (1698-1762).

un escultor del estuco, y se llamaba Giacomo Serpotta. El gran profesor Rudolph Wittkower lo describió como «un meteoro en el cielo siciliano». Los tres pequeños oratorios de Palermo que decoró demuestran que fue el mejor escultor con estuco de la historia. Su estilo fue, además, enteramente propio. Aunque, como es lógico, influyeron en él los modelos italianos, hasta donde sabemos, no salió de Sicilia ni una sola vez en sus setenta y seis años (1656-1732).* Sus tres oratorios —los otros dos son los de San Lorenzo y Santo Domingo— son de visita obligada, pero el primero y más importante es el adjunto a la iglesia dominica de Santa Cita. A lo largo de las paredes laterales, las ventanas están enmarcadas por un alboroto de *putti* y figuras alegóricas y, bajo cada una de ellas, también en escayola, está lo que parece un pequeño escenario en el que se presenta una escena bíblica.

* Anthony Blunt sugiere que quizá viajara a Roma cuando tenía veinte años, pero no hay ningún registro que lo demuestre.

Todo esto bastaría por sí solo para justificar el viaje, pero es la pared del fondo la que constituye el *tour de force* definitivo. Está cubierta por una ondulante cortina hecha de estuco sostenida por todo un regimiento de *putti*, en la que se han insertado más escenas bíblicas en miniatura; estas, sin embargo, rodean un marco más grande y más decorado que muestra nada menos que la batalla de Lepanto. Este histórico enfrentamiento naval justifica su presencia aquí por el hecho de que la derrota de los turcos se debe, como todo el mundo sabe, a la milagrosa intercesión de la Virgen, a quien vemos entronizada sobre las armadas cristianas.

El viernes 1 de noviembre de 1700, el rey Carlos II de España murió a la edad de treinta y nueve años en su palacio en Madrid. Había vivido demasiado. Débil de cuerpo y de mente, había ascendido al trono a la edad de cuatro años tras la muerte de su padre, Felipe IV, y una sola mirada al desafortunado niño había bastado para convencer a la corte de que era absolutamente incapaz de afrontar las tareas que le aguardaban. Carlos parecía la caricatura de un Habsburgo. Su mentón y mandíbula inferior eran tan prominentes que sus dientes inferiores no entraban en contacto con los superiores. Estaba siempre enfermo, hasta el punto de que muchos sospecharon que era víctima de brujería. Pocos de sus súbditos pensaron ni por un instante que alcanzaría a vivir lo bastante para asumir el poder sobre sus inmensos dominios. Pero creció, y la consecuencia fue que desde el día de su accesión en 1665 hasta el de su muerte, treinta y cinco años después, España fue, de hecho, una gran monarquía sin monarca. El gobierno del país quedó en manos de una serie de primeros ministros de diversa habilidad, de la Iglesia y del principal instrumento de la Iglesia, la Inquisición.

No fue ninguna sorpresa que Carlos, a pesar de dos supuestos matrimonios, no produjera ningún heredero y, a medida que el siglo llegaba su fin, la cuestión de la sucesión ganó cada vez mayor importancia. Todos sus hermanos habían fallecido. De sus tías —las dos hijas de su abuelo, Felipe III—, la mayor, Ana, se había casado con Luis XIII de Francia; la menor, María, con el emperador Fernando III de Austria. Ana había dado a luz al futuro Luis XIV; María, al emperador Leopoldo I. A lo largo de los primeros nueve meses de 1700, este tema tuvo en vilo a las cancillerías europeas y, entonces, el 3 de octubre, el moribundo rey estampó su trémula firma sobre un nuevo testamento, según el cual dejaba todos sus dominios sin excepción al nieto de diecisiete años de Luis XIV, Felipe, duque de Anjou. Un mes después, falleció.

Luis no perdió el tiempo. En febrero de 1701, el duque de Anjou entró en Madrid como Felipe V de España, y tropas francesas ocuparon los Países Bajos españoles. Para Inglaterra, Holanda y el Sacro Imperio Romano Germánico, esa situación era inaceptable: comportaba la unión de las dos naciones más poderosas de Europa y alteraba peligrosamente el equilibrio de poder. Si España iba a pasar de las manos del monarca más débil de Europa a las del más fuerte, ¿quién podía predecir lo que ocurriría? Sabían exactamente a quién querían como rey de España: al archiduque Carlos, hermano del emperador austríaco, José I. Y así empezó lo que se conoce como la guerra de sucesión española, que se prolongaría durante los siguientes catorce años.

El *tour de force* definitivo del barroco. Estuco de Giacomo Serpotta (1656-1732) en el oratorio del Rosario de Santa Cita, en Palermo. Sobre la puerta, aparece representada la batalla de Lepanto.

Uno habría esperado que la gente de Palermo —no ya la de Mesina— se manifestara o protestara activamente; después de todo, su isla iba a transferirse de una gran nación a otra sin ni siquiera fingir que se les consultaba. Y no tenían ningún motivo para amar a los franceses, a los que ya habían expulsado a la fuerza de su territorio. Era cierto que habían pasado cuatro siglos desde las Vísperas, pero estas se habían convertido en parte del folklore siciliano y, desde luego, no se habían olvidado. Parecía que Sicilia se había acostumbrado a su condición de colonia; lo único que quería era que la dejaran en paz. El virrey —entonces el duque de Veragua, portugués— proclamó tres días de festividades, en las que los nobles y el pueblo participaron como se les pedía antes de volver obedientemente a sus hogares.

Mientras la guerra continuó, el destino a largo plazo de Sicilia pendió de un hilo. Hubo un momento, en 1707, en que tropas austríacas llegaron a Calabria y se prepararon para invadir la isla. Entonces, al fin, la perspectiva de un nuevo lote de invasores, de quienes los sicilianos no sabían nada, provocó disturbios en Palermo (especialmente cuando se propuso que se utilizara un regimiento irlandés, bajo el mando de un mercenario llamado coronel Mahony, para defender la ciudad). Hubo algunas escenas desagradables y, en un momento dado, los *maestranze* —los mismos gremios que se habían distinguido sesenta años antes— se hicieron con el gobierno y lo ejercieron con bastante éxito. Pero, más allá de algunos ataques aislados, la temida invasión nunca llegó a materializarse. Justo a tiempo, las potencias en guerra detuvieron las hostilidades, depusieron las armas y se reunieron en la ciudad holandesa de Utrecht donde, sencillamente, se dedicaron a redibujar el mapa de Europa.

10

La venida de los Borbones

Lo que generalmente se conoce como el Tratado de Utrecht, cuyas negociaciones se iniciaron en 1712, fue, en realidad, toda una serie de acuerdos a través de los cuales las potencias europeas intentaron regular las relaciones que mantenían entre ellas. Solo uno de los muchos pactos a los que llegaron nos concierne: la decisión de entregar Sicilia al suegro del rey Felipe V, el duque Víctor Amadeo de Saboya. La idea se había aceptado gracias a la insistencia de los británicos, a quienes no les gustaba que Sicilia quedara, como Nápoles, en manos austríacas y argumentaron que el duque merecía una recompensa por haber cambiado de bando durante la guerra.* La única objeción la puso, de forma un tanto inesperada, la reina Ana, a quien no le gustaba ver cómo se movían países de un lado a otro sin consultarles ni pedir su consentimiento, pero sus ministros la desautorizaron de inmediato.

Por supuesto, Víctor Amadeo estaba encantado. Llegó a Palermo en un barco británico en octubre de 1713 y, poco después, fue coronado en la catedral rey de Sicilia y, por improbable que fuera, también de Jerusalén.† Sobre Jerusalén, claro, no tenía ningún poder; incluso en Sicilia, el duque solo controlaba

* Este hábito se convertiría en una especialidad de la casa. Recuerdo muy bien que mi padre se rio a carcajadas cuando Italia se unió a los Aliados en 1943, mientras citaba —creo— a Palmerston, quien dijo: «Nunca ha habido una guerra en que la Casa de Saboya haya terminado en el mismo bando en el que la ha empezado… excepto en las ocasiones en las que ha cambiado de bando dos veces».

† Un viejo legado de los tiempos del emperador Federico II.

nueve décimas partes de la isla, pues las potencias de Utrecht habían concedido deliberadamente al rey Felipe todas las tierras que poseía a título personal, que eran administradas por funcionarios españoles, estaban exentas de impuestos y que no se regían por las leyes sicilianas. En cualquier caso, Víctor Amadeo fue la primera figura real en la isla desde 1535. La nobleza siciliana dio la bienvenida a su nuevo monarca y esperaron que se asentara en la ciudad y estableciera allí su corte. En general, la gente lo recibió con su habitual apatía. Habían tenido tantos gobernantes a lo largo de los siglos que, probablemente, este no sería ni mejor ni peor que el resto.

Lo cierto es que hizo un gran esfuerzo para ser mejor. Se quedó en la isla un año y la recorrió extensamente —aunque no el impenetrable interior profundo— e intentó con todas sus fuerzas comprender el carácter y las costumbres de sus súbditos. Reabrió la Universidad de Catania y estableció nuevas industrias allá donde pudo: creó fábricas de papel y cristal e hizo cuanto estaba en su mano para estimular la agricultura y la construcción naval. Pero no sirvió de nada: no solo tenía que lidiar con los ricos, que continuamente se negaban a cualquier innovación que pudiera afectar a sus privilegios, sino —lo que era mucho peor— con la corrupción, pereza y falta de iniciativa generalizadas, consecuencia de cuatro siglos de dominación extranjera. También estaba la queja sempiterna: igual que en siglos anteriores los sicilianos se habían mostrado descontentos con la súbita afluencia de españoles y franceses que habían ocupado los principales cargos del Gobierno, ahora protestaron ante la avalancha de funcionarios y contables piamonteses que el rey había llevado a la isla en un intento de poner en orden de nuevo la caótica economía nacional.

Víctor Amadeo sabía que esas protestas eran inevitables y estaba dispuesto a sobrellevarlas. Sin embargo, también era consciente de que los sicilianos se habían rebelado dos veces en el siglo anterior y que eran perfectamente capaces, si se les presionaba demasiado, de volverlo a hacer. Fue prudente, y trató a los barones en particular con extrema cautela. Mientras continuaran disfrutando de sus tradicionales inmunidades y privilegios, no le causarían problemas; si, por otra parte, estos se veían amenazados de algún modo, las consecuencias podían ser muy graves. Cuando le llegó el momento de regresar al Piamonte, debió de sentir que la causa siciliana no tenía futuro. Las venganzas familiares eran tan numerosas y tan frecuentes como siempre y los bandidos acechaban en cada recodo del camino. La gente era, esencialmente, ingobernable.

Además, había fracasado completamente en su intento de ganarse su afecto. A los sicilianos les encantaba el color y el espectáculo; llevaban mucho tiempo acostumbrados a la pompa y el esplendor que rodeaba a los virreyes españoles, que representaban —como solo un virrey puede hacerlo— a una de las naciones más ricas y poderosas del mundo. Víctor Amadeo no era un hombre dado a los lujos. Era puritano por naturaleza, odiaba el ceremonial y vestía más como un hombre del pueblo que como un monarca, prefiriendo siempre un bastón a una espada. Era también terriblemente frugal; con él acabaron los desfiles y las magnificentes recepciones que se habían convertido en una característica de la vida aristocrática en Palermo. No es sorprendente que cien años más tarde, los niños siguieran apedreando muñecos con su nombre.

Poco después de su regreso a Turín, sufrió otra humillación, esta vez a manos del papa. Los orígenes de su enfrentamiento con Clemente IX se remontan a los viejos tiempos de España y no nos concierne hablar de ello aquí, pero la consecuencia fue que, en 1715, una bula papal titulada *Romanus Pontifex* puso fin a la tradición de seiscientos años por la cual los reyes de Sicilia recibían también, de forma automática, el título de legado pontificio. El papa también ordenó a todo el clero siciliano que se negara a pagar impuestos. Muchos obedecieron, pero fueron castigados con el exilio o con la cárcel y la confiscación de sus propiedades. Se cerraron iglesias, los obispados quedaron vacantes y todos los buenos cristianos se juramentaron para desafiar la autoridad real. Naturalmente, los más sensatos ignoraron la prohibición; los monjes de un monasterio cercano a Agrigento, por otra parte, se prepararon para defenderse contra los representantes reales con aceite hirviendo, un método de eficacia probada que se empleó por primera vez desde la Edad Media. Los sicilianos, que siempre habían estado orgullosos de su estatus de legados pontificios, tendieron a culpar de los problemas a la Casa de Saboya en lugar de al papado. Para ellos, fue solo otro clavo en el ataúd piamontés. Para Víctor Amadeo, fue solo otro clavo en el de los sicilianos.*

A estas alturas, lamentaba profundamente haber aceptado la Corona de Sicilia; por fortuna, pronto le resultó sorprendentemente sencillo renunciar a ella. En 1715, el rey Felipe V de España, que había enviudado recientemente, tomó como segunda esposa a Isabel Farnesio, la nieta e hijastra de veintidós años del duque de Parma. La nueva reina no se distinguía por su belleza, educación ni experiencia, pero tenía una voluntad de hierro y sabía lo que quería. De inmediato, toda la influencia francesa en la corte madrileña se desvaneció y fue sustituida por completo por la italiana. Decidida a recuperar para España todos los territorios de habla italiana que había poseído, Isabel fue primero a por Cerdeña, que formaba parte del Imperio. En agosto de 1717, envió a su flota desde Barcelona y, a finales de noviembre, la isla era suya. Luego, envalentonada por este fácil éxito, ordenó que sus barcos pusieran rumbo a Sicilia. El 1 de julio de 1718, tropas españolas desembarcaron cerca de Palermo, donde —simplemente porque no eran piamontesas— recibieron una cálida bienvenida.

Mientras tanto, en Turín, Víctor Amadeo protestó con vehemencia, por supuesto, pero es de suponer que lo hizo con la boca ligeramente pequeña. Mucho más sincero en sus objeciones fue el emperador Carlos VI, que ya se había opuesto a la concesión de Sicilia a Piamonte; Nápoles era ahora parte de su imperio y deseaba recuperar el vínculo que la isla había tenido con esa ciudad en el pasado. Carlos había cerrado recientemente un acuerdo entre Gran Bretaña y Francia. Él no contaba con una armada, pero Gran Bretaña sí; y así fue como una flota britá-

---

* Por supuesto, la situación regresó poco a poco a algo parecido a la normalidad; pero no se arregló del todo hasta 1728, cuando el papa Benedicto XIII restauró una versión modificada de la condición de legados «a perpetuidad».

nica comandada por el almirante *sir* George Byng navegó hasta
Sicilia, donde aniquiló a la flota española frente al cabo Passaro,
en el extremo sureste de la isla. Pero Gran Bretaña no estaba en
ese momento en guerra con España de forma oficial, por lo que
las acciones de Byng provocaron una oleada de indignación en
toda Europa. El resultado de la conducta del almirante, no obstante, fue muy claro: los británicos interceptarían cualquier tipo
de refuerzos enviados desde España, mientras que se permitiría
a las tropas austríacas cruzar el estrecho sin oposición.

Sicilia se convirtió una vez más en un campo de batalla.
Los austríacos y los españoles se persiguieron unos a otros a lo
largo y ancho de la isla, asolando pueblos y campos a su paso.
La batalla que libraron en Francavilla —unos pocos kilómetros
hacia el interior desde Taormina— el 20 de junio de 1719 fue,
con toda probabilidad, el enfrentamiento más importante que
tuvo lugar en la isla desde tiempos de los romanos. Los combates continuaron durante el día, con tres ataques de los austríacos contra las posiciones fortificadas de los españoles que se
rechazaron sucesivamente; el comandante austríaco, el conde de
Mercy, resultó gravemente herido (aunque sobrevivió y volvió a
combatir). La artillería española tuvo un papel decisivo en la batalla, así como su caballería, cuyos contraataques al caer la tarde
acabaron con las esperanzas austríacas de conseguir la victoria.
Los austríacos se retiraron y dejaron tras de sí tres mil muertos
sobre el campo de batalla. Los españoles perdieron a unos dos
mil hombres. Las fuerzas imperiales, no obstante, contaban con
una ventaja decisiva: la Armada británica, que podía suminis-
trarles cuanto necesitaban. Poco a poco, los austríacos se impusieron. A medida que se replegaban, los españoles aplicaron una
política de tierra quemada y dejaron una estela de destrucción a
su paso; pero en 1720, finalmente capitularon, y el subsiguiente
Tratado de Londres confirmó que Sicilia era una parte integral
del Sacro Imperio Romano Germánico.

En cuanto a Víctor Amadeo, aceptó aliviado lo inevitable,
cedió su reino de buen grado y aceptó encantado el de Cerdeña
en su lugar. Comparada con Sicilia, su nueva adquisición era de
poca importancia, pero generaba muchísimos menos quebrade-

ros de cabeza. También le permitía conservar el título de rey. Por eso, a partir de 1720, cuando tomó formalmente posesión de la isla, y hasta 1861, cuando su primo lejano Víctor Manuel II se convirtió en el primer rey de una Italia unida, él y sus sucesores fueron siempre conocidos como reyes de Cerdeña, a pesar de que continuaron reinando desde su capital ancestral, Turín.

El gobierno de Austria en Sicilia duró solo el doble que el de Piamonte, pero su historia fue muy parecida. Los sicilianos, como era habitual, no ofrecieron ninguna resistencia a sus nuevos gobernantes, pero los detestaron desde el principio. La primera barrera fue lingüística (el piamontés ya había creado dificultades, pero el alemán era mucho mucho peor). No obstante, el problema subyacente era que Sicilia, tras cuatro siglos de ocupación española, era española de corazón; se había acostumbrado a la forma relajada de hacer las cosas, una considerable proporción de su población era de origen español y el castellano se comprendía prácticamente en toda la isla. Era inevitable que cualquier otra potencia ocupante despertara resentimientos y que sus intentos de reforma se vieran frustrados a cada paso. Los austríacos se esforzaron cuanto pudieron. Diseñaron planes para la reforma del sistema impositivo, aunque estos se demostraron imposibles de aplicar. Intentaron restaurar el estatus y la reputación de Mesina, convirtiéndola de nuevo en un puerto franco, pero los comerciantes extranjeros, animados por los de Palermo, siguieron sin acudir a la ciudad: había puertos más atractivos. El emperador hizo un esfuerzo por reactivar las minas de plata y alumbre, pero los sicilianos se negaron o fueron incapaces de operarlas; cuando se importaron trabajadores con las habilidades necesarias desde Sajonia y Hungría, los campesinos locales hicieron la vida de los mineros tan difícil que estos pronto regresaron a sus hogares. Hubo intentos de empezar o reanimar varias industrias, pero todos fracasaron. Con el paso de los años, creció el desencanto mutuo y cuando, tras catorce años, Sicilia volvió a manos españolas, es de sospechar que el emperador, al igual que Víctor Amadeo antes que él, no sintió más que alivio.

A la reina Isabel no le importaba un rábano el Tratado de Londres. Para ella, Sicilia era propiedad legítima de España y estaba decidida a recuperarla lo antes posible. La tarea se demostró más fácil de lo esperado. En 1731, su tío Antonio Farnesio murió de súbito y, al año siguiente, consiguió uno de sus grandes propósitos: su hijo de dieciséis años, don Carlos —con una madre como la suya, era, a pesar de su nombre, mucho más italiano que español—, partió de su tierra nativa, que no vería en los siguientes treinta años, y navegó con un séquito de doscientas cincuenta personas a Italia, donde fue formalmente nombrado duque de Parma y Piacenza* y gran príncipe de Toscana. No era, todo hay que decirlo, un joven especialmente notable. Gracias a una estricta educación jesuita hablaba cuatro idiomas además del suyo y un conocimiento adecuado de la historia, pero no era en ningún sentido un intelectual, y prefería dedicar su tiempo a la caza, el tiro y otros pasatiempos. De baja estatura y hombros redondos, tenía una nariz enorme y un observador particularmente agudo comentó que recordaba a un carnero muy elegante. No obstante, era alegre, tenía buen carácter y poseía cierto encanto, que le resultaría muy útil en los años venideros.

Parma, Piacenza y Toscana estaban muy bien, pero, para Isabel Farnesio, no eran ni mucho menos bastante. En noviembre de 1733 firmó un tratado con Luis XV; al cabo de un mes, un ejército francés de cuarenta mil soldados cruzó los Alpes y ocupó Lombardía mientras una fuerza de treinta mil soldados españoles desembarcaba en Livorno. El virrey imperial, que contaba con unos siete mil soldados, no pudo hacer nada contra aquellos grandes contingentes; se aseguró de que hubiera una guarnición en los tres principales castillos napolitanos —Ovo, Nuovo y San Elmo— y luego huyó a Apulia con sus principales generales. Los castillos fueron asediados, pero con extrema delicadeza. «Los asediados —informó un testigo—, no menos

* Parma y Piacenza habían sido feudos papales desde 1545, cuando el papa Pablo III los había otorgado a Pedro Luis Farnesio, el hijo mayor y de vida más disoluta de los cuatro que había tenido desde que había sido nombrado cardenal a los veinticinco años.

considerados con la ciudad que los sitiadores, señalan con un
pañuelo cuando deciden disparar, avisan a gritos para que el populacho pueda retirarse y, cuando la gente está fuera de peligro,
abren fuego. Antes de destruir una casa pequeña, dan tiempo
para que se saquen los muebles». Esta fue, de hecho, una resistencia simbólica; don Carlos fue bienvenido durante todo su
avance y realizó su entrada triunfal en Nápoles el 10 de mayo
de 1734, al son de las trompetas y con una multitud jaleándole
a pleno pulmón.

Ahora era el turno de Sicilia. Allí, las guarniciones imperiales de Mesina, Siracusa y Trapani mostraron más determinación
que sus colegas de la península y resistieron durante unos seis
meses, hasta que se les acabó la comida y el agua; pero, en todas
partes, los sicilianos recibieron con alegría a sus más recientes
invasores, igual que había hecho el pueblo de Nápoles. El 3 de
julio de 1735, cuando Trapani aún no se había rendido, Carlos
fue coronado en la catedral de Palermo (tras furiosas protestas
de Mesina) y se convirtió en el decimonoveno rey en recibir allí

El rey Carlos III de España, un cazador empeder-
nido, retratado por Fran-
cisco de Goya, c. 1786.

su corona desde la fundación de la monarquía por el monarca normando Roger. Las celebraciones se prolongaron durante cuatro días enteros, tras los cuales zarpó de vuelta a Nápoles.

De nuevo, Nápoles y Sicilia constituían un solo reino. Dos años más tarde, en 1737, más negociaciones diplomáticas dieron como resultado buenas y malas noticias para España. Las buenas eran que el emperador renunciaba formalmente a todos sus derechos sobre el reino de Nápoles, siempre y cuando no se uniera a la Corona española. En otras palabras, si en algún momento Carlos heredaba el trono de España, tendría que ceder la Corona de Nápoles al siguiente de su familia, fuera quien fuera. Las malas noticias fueron que España se vio obligada a devolver Parma y Piacenza al emperador y Toscana al duque Francisco de Lorena, marido de la futura emperatriz María Teresa. Pero incluso esta píldora fue convenientemente dorada, pues Carlos recibió permiso para retirar todas las propiedades personales de los Farnesio de los dos ducados antes de marcharse. Se llevó a Nápoles todo: extraordinarios cuadros y muebles, bibliotecas enteras de libros y archivos e incluso una escalera de mármol. Ahora esta ciudad era una gran capital europea como nunca lo había sido; la larga sucesión de virreyes por fin había dado paso a un rey.

Ese rey, sin embargo, necesitaba una reina. Sobre la cuestión de quién debía gobernar a su lado, no expresó ninguna opinión. Como obediente hijo de sus padres —y, sobre todo, de su madre—, estaba perfectamente dispuesto a dejarles a ellos la selección; únicamente les pidió que tomaran la decisión tan pronto como fuera posible. La elección final de Isabel Farnesio fue, quizá, curiosa. La princesa María Amalia era la hija de Augusto III, el rey sajón de Polonia, que había conseguido la corona tras haber destronado por la fuerza al suegro de Luis XV, Estanislao Leszczynski. El matrimonio no fue nada bienvenido, para empezar, por los franceses.

También había otras desventajas. En primer lugar, María Amalia aún no había cumplido los trece años (aunque se había desarrollado de forma inusual para su edad) y, por consiguiente, no podía casarse sin dispensa papal; en segundo, era horriblemente fea, incluso antes de la viruela que la desfiguraría aún más. El poeta Thomas Gray, que estaba haciendo el Gran *Tour* en 1738 junto a su amigo Horace Walpole, consideró que la joven pareja de monarcas eran «la pareja más fea que uno pueda encontrarse». Al presidente Charles de Brosses[*] le pareció que María Amalia tenía «un aire malicioso, con esa nariz en forma de bala, sus facciones de cangrejo de río y su voz de urraca». Pero nada de eso importó. La princesa hablaba un excelente francés y un impecable italiano, además de su alemán nativo, y compartía plenamente la pasión de su marido por la caza. Enseguida, ambos se enamoraron profundamente. Cuando, poco después de su llegada, le enseñaron a María Amalia el palacio real, De Brosses apuntó «que no había cama en los aposentos del rey, pues duerme sin falta en los de la reina». Cuando ella murió en 1760, con solo treinta y seis años de edad, Carlos quedó destrozado. Su madre y varios amigos lo urgieron a casarse con una de las hijas de Luis XV, pero él se negó a escucharlos. A pesar de su terrible carácter —que el rey nunca pareció notar, a pesar de que se acentuó con sus casi continuos embarazos—, María Amalia había sido el amor de su vida. Nunca había tenido ojos para otra mujer ni antes ni durante su matrimonio, y no iba a hacerlo ahora.

Solo una cosa había empañado su perfecta felicidad conyugal: su hijo mayor. La reina había dado a luz ya a cinco niñas, cuatro de las cuales habían fallecido durante su infancia, antes de tener a Felipe, duque de Calabria, en junio de 1747. Al principio, el niño parecía razonablemente sano, pero pronto dio motivos de alarma. «Hay algo en sus ojos que no armoniza con el resto de sus facciones. Me han asegurado que, a pesar de que tiene siete años, todavía no habla y que apenas puede pronunciar una palabra [...], sufre ataques violentos de sus usuales convulsiones y no parece que vaya a alcanzar la madurez», informó el embajador sardo. Por fortuna, la reina le daría cuatro hijos (y dos hijas) más, así que la sucesión estaba asegurada.

---

[*] La presidencia de Charles de Brosses (1709-77) fue solo sobre el Parlamento de Dijon, pero, de algún modo, mantuvo ese título de por vida. Presidente o no, es un escritor interesante y entretenido, cuyas opiniones siempre merecen respeto.

Una vez Carlos hubo regresado a Nápoles tras su coronación en 1735, Sicilia retomó sus antiguos hábitos. Los sicilianos nunca habían abrazado las costumbres austríacas y se habían resistido a todos los intentos de subvertirlos como lo habían hecho los piamonteses. Tras cuatro siglos de dominio español, continuaban siendo esencialmente españoles y el hecho de que ahora fueran gobernados desde Nápoles en lugar de desde Madrid al principio no supuso una gran diferencia. A pesar de sus modales italianizantes, el rey era español de nacimiento; gran parte de Sicilia permanecía en manos españolas, las clases altas y aquellas con pretensiones de ascender socialmente todavía hablaban español, como habían hecho durante generaciones; los carnavales y las procesiones religiosas continuaban celebrándose de acuerdo con las tradiciones españolas y, aunque se aceptó, no sin reticencias, el italiano en los documentos oficiales en la década de 1760, las corridas de toros continuaron hasta bien entrado el siglo XIX.

Pero los tiempos estaban cambiando. En agosto de 1759, el rey de España, Fernando VI, murió a los cuarenta y seis años. Nunca había sido un hombre de gran capacidad mental, y la muerte el año anterior de su amada esposa, la perfectamente espantosa María Bárbara de Braganza, le había sumido en la más oscura melancolía. Se negaba a que lo afeitaran y a cambiarse de ropa, y permanecía sentado inmóvil durante dieciocho horas seguidas. Por extraño que parezca, había sido un rey sorprendentemente bueno, aunque gran parte del mérito debía atribuírsele a su esposa. Juntos, él y María Bárbara habían saneado la economía nacional —que su predecesor, Felipe V, e Isabel Farnesio habían dejado desesperadamente maltrecha—, habían construido una formidable flota, habían impulsado con entusiasmo las artes y las ciencias y habían tomado medidas drásticas contra la Inquisición, poniendo fin a los autos de fe que tanto habían conmocionado a la Europa del siglo XVIII. Muchos monarcas han hecho mucho menos.

Su reino pasó ahora a su hermanastro Carlos, que, por lo tanto, se vio obligado a pasar la Corona de Nápoles a otro miem-

bro de su familia. Su hijo mayor, Felipe, por desgracia, quedaba descartado por motivos obvios; su segundo hijo —también
llamado Carlos— fue nombrado príncipe de Asturias y designado formalmente heredero al trono de España; Nápoles, por
lo tanto, recayó en su tercer hijo, Fernando, entonces un niño
de ocho años. Completadas estas formalidades, María Amalia y
él, junto con sus cuatro hijos mayores —no había sitio para los
dos menores, que viajaron en otro barco— zarparon rumbo a
Barcelona. El 9 de diciembre llegaron a Madrid, donde el rey se
reunió con su formidable madre —que había estado actuando
como regente— por primera vez desde su partida, veintiocho
años antes. Los dos se abrazaron con cariño, pero Carlos pronto
dejó claro que ahora tenía ideas propias y que no iba a permitir
que Isabel tuviera ninguna influencia en los asuntos de Estado.
Su madre no puso ninguna objeción; a estas alturas estaba terriblemente obesa y casi ciega. Pronto regresó a su palacio en San
Ildefonso y nunca —ni siquiera tras la muerte de María Amalia,
solo tres meses después— regresó a Madrid.

Aunque puede que Carlos no fuera excepcionalmente inteligente, era trabajador, meticuloso, profundamente devoto
y completamente honesto; y gracias a esas cualidades, dejó un

La flota de Carlos III en el puerto de Nápoles el 6 de
octubre de 1759, con el rey de regreso para gobernar en España.

reino considerablemente mucho más próspero que el que había encontrado. Como él mismo escribió en 1750:

> Este año he terminado de pagar todas las deudas contraídas durante la última guerra y todavía tengo trescientos mil ducados en ahorros que guardar en el Tesoro. Para demostrarlo, he rechazado el usual donativo [impuesto votado] del Parlamento siciliano, una suma mayor que cualquiera votada anteriormente, alegando que ahora no la necesito y que deben guardarla hasta que sea requerida. Además, he revocado un impuesto y dedicado toda mi atención a mejorar el bienestar de mis súbditos, pues deseo la salvación de mi alma e ir al Cielo.

Carlos transformó Nápoles. La ciudad italiana era ahora una de las capitales más majestuosas de Europa. El rey tenía una gran afición por la construcción. Nada más empezar su reinado había creado el teatro de San Carlos, aunque la ópera lo aburría soberanamente. También había levantado grandes pabellones de caza en Portici, Capodimonte, Torre del Greco y, más adelante, el gran palacio de Caserta, comparable a Schönbrunn o incluso a Versalles. A finales de su reinado había empezado a trabajar en lo que se conocía como el Reale Albergo dei Poveri, cuya fachada tiene 354 metros de longitud y que se pretendía que fuera un lugar para alojar, alimentar y educar a los pobres de la ciudad. Como era inevitable, cada dos por tres el inflexible conservadurismo de sus súbditos puso palos en las ruedas a sus proyectos, cosa de la que fue especialmente culpable la Iglesia. En 1740, por ejemplo, había animado a los judíos a asentarse en la capital; pero los sacerdotes y frailes incitaron a la gente contra ellos, y cuando el influyente padre jesuita Pepe le aseguró que no tendría un hijo varón mientras permitiera que un solo judío permaneciese en su reino, cedió muy a regañadientes a echarlos. Los judíos habían sido bienvenidos en su reino durante solo siete años; tras 1747, fueron expulsados una vez más.

Por desgracia, aparte de su generosidad en lo relativo al donativo y de dos acuerdos comerciales con Túnez y con el Imperio otomano, Carlos hizo muy poco por Sicilia. Tras la visita para su coronación, nunca más regresó a la isla; María Amalia ni siquiera llegó a pisarla. El único rastro que dejó el rey Carlos III fue su estatua, e incluso esa estaba hecha con un bronce que se había utilizado antes para una estatua similar del emperador de Austria, fundida cuando ya no fue necesaria.

Pero ¿podemos culparlo de verdad por haber descuidado Sicilia? ¿Habrían recibido los sicilianos más atención de su soberano si hubieran mostrado una mínima inclinación a ayudarse a sí mismos? Es muy probable, pero nunca lo hicieron. Todos los intentos de reforma eran inmediatamente bloqueados por el Parlamento. Hubo un momento en que el rey Carlos estableció lo que se llamó la Magistratura Suprema del Comercio, cuya labor consistiría, entre otras cosas, en controlar las aduanas, minas, caladeros, suministros de comida y la industria de la sal. Por desgracia, se constituyó de modo que los barones podían perder votaciones si los funcionarios y los comerciantes se aliaban, y eso fue más que suficiente para condenarla. Se obstaculizó implacablemente sus actividades y, tras unos pocos años, Carlos aceptó la derrota.

El fracaso de esta magistratura fue especialmente desafortunado, puesto que, casi sin duda, habría mejorado el estado de las carreteras de la isla, que eran mucho peores por aquel entonces que en tiempos de los romanos. Justo en las afueras de Palermo había unos pocos kilómetros de camino pavimentado, pero, durante la mayor parte del siglo XVIII, el único modo de viajar a cualquier parte era por el sendero de mulas o la vía pecuaria de turno, lo que implicaba vadear ríos que no podían cruzarse durante la estación de lluvias. El tráfico rodado era inviable; el trayecto de 360 kilómetros por tierra entre Trapani y Mesina solía llevar unas buenas tres semanas. No es de extrañar que la mayoría de la gente prefiriera viajar por mar. Resulta fácil imaginar el efecto que esta situación tenía sobre la agricultura y la industria: ¿cómo iba un granjero o un fabricante del interior a hacer llegar su producto al mercado más cercano, por no hablar de a la costa? También es sencillo ver su impacto en la administración: ¿cómo podía un virrey gobernar adecuadamente una isla si más de la mitad de su extensión era completamente inaccesible?

Y estos eran solo unos cuantos de los problemas que Sicilia planteaba a aquellos que intentaban ayudarla. Más tarde o más temprano, todos llegaban a la misma conclusión: aquel lugar no tenía remedio, lo mejor que podía hacerse era no hacer nada.

Si queremos seguir las andanzas de Sicilia, debemos, está claro, seguir también las de su rey; y puesto que el rey de Sicilia eligió vivir en Nápoles, es hacia Nápoles adonde debemos dirigir ahora nuestra atención. El primer problema con ese monarca era su título. Era Fernando III de Sicilia y Fernando IV de Nápoles. Luego fue también Fernando I de las Dos Sicilias. El segundo problema era su carácter. Aunque vivió hasta los setenta y cuatro años, durante toda su vida fue un niño grande, y no solo eso, sino además un niño excepcionalmente estúpido. En su juventud, un jesuita de Bohemia aparecía todas las mañanas a las ocho para enseñarle latín, francés y alemán, pero, como apuntó el ministro de Cerdeña, «a su majestad le aprovecha poco, porque solo habla napolitano». Como su padre, tenía una sola afición: la caza; no obstante, a diferencia de él, no era una persona responsable y apenas le perturbaba la conciencia. Se jactaba de que nunca había leído un libro. Cuando no estaba en la silla, dedicaba su tiempo a las payasadas toscas y ruidosas de las que la mayoría de los niños se cansan a la edad de nueve o diez años; Fernando nunca las abandonó ni maduró. Por fortuna para él, tenía don de gentes —por desgracia, el único don que tenía— y contaba con el amor del populacho, entre el cual pasaba tanto tiempo como podía. El Estado seguía gobernado por su principal ministro, el lúgubre marqués Bernardo Tanucci, que le dictaba todas sus acciones y, de hecho, guardaba el sello real para asegurarse de que su majestad no hacía nada sin su aprobación.

En 1764, cuando Fernando tenía trece años, había llegado un nuevo enviado especial inglés al reino de las Dos Sicilias, *sir* William Hamilton. Este era el cuarto hijo de lord Archibald Hamilton, antiguo gobernador de Jamaica. Se decía que su madre había sido amante del hijo de Jorge II, Federico, el príncipe de Gales, que moriría antes que su padre; puede que el rumor fuera cierto, puesto que el joven William creció con el hijo de Federico, el futuro rey Jorge III, que siempre se referiría a él como «mi hermano adoptivo». Nacido en enero de 1731, había pasado un breve período en el ejército y luego, en 1761, había sido elegido miembro del Parlamento, pero, a principios de 1764, al enterarse de que el entonces enviado a Nápoles iba a ser ascendido a Madrid, se presentó al puesto que quedaba vacante. Sería suyo durante los siguientes treinta y seis años. Gracias al fantástico clima napolitano, su delicada esposa, Catherine —con quien compartía su pasión por la música—, pronto recuperó parte de su salud, y sus deberes le dejaron a él tiempo de sobra para explorar su interés por el arte y formar lo que se convertiría en una asombrosa colección de antigüedades. También hizo un estudio muy de cerca del Vesubio y nada le gustaba más que acompañar a los visitantes interesados en ello en expediciones hasta la cumbre.

El rey Fernando, entretanto, había contraído matrimonio. Se había decidido hacía tiempo que su esposa debía ser una de las once hijas de la emperatriz María Teresa de Austria.* La pri-

* Ella y su marido, el emperador Francisco I, también tuvieron cinco

Fernando I, rey de las Dos Sicilias (y Fernando IV de Nápoles): un hombre estúpido y a menudo infantil, aunque sus súbditos lo apreciaban.

mera que se eligió, la archiduquesa Juana, de once años, murió de viruela; la elección recayó entonces en la archiduquesa María Josefa, que era vivaz, gozaba de buena salud y, según se nos dice, poseía una inteligencia fuera de lo común. Esta última cualidad era quizá algo desafortunada, dadas las circunstancias, como su madre supo ver de inmediato: «La pobre Josefa va a ser sacrificada por la política», escribió. Pero el sacrificio iba a ser magnificente. La princesa, que ahora tenía dieciséis años, fue equipada con cien vestidos hechos en París y, hacia octubre de 1767, treinta y cuatro coches reales, nueve carruajes tirados por un caballo, cuatro carros de equipaje y catorce literas estaban listas para partir. Unos pocos días antes, María Teresa había insistido en que su hija bajara a la cripta de la familia a presentar sus respetos por última vez a su padre, el emperador Francisco I, fallecido en 1765. La pobre chica odiaba esas visitas, pero accedió a regañadientes. Se rumorea que fue allí donde la infectó el cuerpo de su cuñada —la esposa del mayor de sus hermanos, el futuro emperador José II—, que había sucumbido a la viruela unas pocas semanas antes; fuera como fuera, el caso es que pronto mostró síntomas de la enfermedad. Murió el 15 de octubre, el día antes del previsto para su partida.

Cuando las noticias llegaron a Nápoles, el rey fue informado de que sería indecoroso que saliera a cazar; debía pasar el día en el palacio de Portici. Parece casi increíble que, a tal fin, decidiera celebrar un funeral simulado en honor a su prometida fallecida; pero eso es exactamente lo que hizo. Uno de los cortesanos se atavió como la princesa y fue dispuesto en un ataúd con pepitas de chocolate sobre la cara y las manos para simular las pústulas de la viruela. El cortejo entonces procedió a iniciar una procesión por el palacio, con Fernando a la cabeza como principal doliente.[*]

En su carta de pésame a María Teresa —sin duda escrita por Tanucci—, el rey le suplicaba que le diera a otra de sus hijas. Que-

hijos.

[*] Descrito en las *Historical Memoirs* de *sir* Nathaniel Wraxall, quien afirma que *sir* William Hamilton le contó esta anécdota.

daban dos alternativas: las archiduquesas María Amalia y María Carolina. Se enviaron retratos de ambas —no a Nápoles, sino a Madrid— y se escogió a María Carolina. Diecinueve meses más joven que su prometido, esta era la décima hija de la emperatriz y había sido criada junto a la decimoprimera y última, la futura María Antonieta de Francia. Difícilmente podría haber sido más distinta que la tranquila y dócil Josefa; de hecho, María Teresa a menudo decía que, de todas sus hijas, María Carolina era la que más se parecía a ella. Imperiosa y arrogante, era una reina hasta la médula y también poseía una inteligencia formidable. Cuando pasó por Bolonia, camino de Nápoles, el ministro británico *sir* Horace Mann escribió a su amigo Horace Walpole:

> Se teme que su extrema delicadeza y sentido común solo hagan que se resienta más ante la falta de ambos en su consorte real, cuya carencia de ambos ha hecho que mucha gente la interprete como un defecto orgánico en ocasiones rayano

Sir William Hamilton, *c.* 1802, enviado
extraordinario del reino de las Dos Sicilias.

en la locura. Pero lord Stormont me asegura que proceden por completo de la falta de educación; y que es ahora lo que muchos escolares ingleses son a los diez años. Si es así, ese escandaloso descuido podría ser reparado por esta reina tan exquisitamente educada.

Fernando acudió a la frontera con Nápoles a recibir a su esposa, desde donde la escoltó a su palacio en Caserta. Parece que la noche de bodas no le emocionó demasiado. Se levantó temprano, como acostumbraba, para ir a cazar; como era típico en aquel entorno, su séquito le preguntó cómo habían ido las cosas. Como también era típico en él, su majestad contestó: «*Dorme come una ammazzata, e suda come un porco*» ('Duerme como si la hubieran asesinado y suda como una cerda'). Al cabo de poco tiempo, sin embargo, el rey cambió radicalmente de tono. Admiraba —de hecho, le dejaba atónito— la energía de su joven esposa, su empuje y, sobre todo, la amabilidad con que lo trataba y los cuidados que le dispensaba. La única crítica que le hacía era que leía demasiados libros, una práctica que el rey desaprobaba enérgicamente.

María Carolina tuvo la suerte —recordemos que acababa de cumplir diecisiete años— de poseer un excelente sentido del humor; sin él, se habría hundido. Como le confesó a su vieja institutriz en Viena, sabía que nunca podría amar a su marido o respetarlo como debería hacer una esposa diligente. Por otro lado, le había tomado mucho cariño; su carácter, aunque a menudo ridículamente infantil, no era tan malo como había esperado; era, como le diría a su hermano más adelante, «*ein recht guter Narr*», 'un tonto muy bueno'. No le importaba que fuera feo o, si le importaba, pronto se acostumbró a ello; lo que le molestaba era que él parecía creer que era guapo. Con frecuencia la aburría hasta la saciedad y, en secreto, ella echaba de menos Viena y su hogar. Pero era una reina y, si jugaba bien sus cartas, probablemente podría convertirse en una bastante poderosa. Cuando se casaron, su madre había tenido buen cuidado en estipular que, en cuanto diera a luz a un hijo, María Carolina debía entrar en el consejo privado del rey; le llevaría siete años, pero, a partir de ese momento, dominaría el consejo durante los siguientes cuarenta.

En 1769, el emperador José acudió a Nápoles a visitar a su hermana; de él proceden las mejores descripciones que poseemos de la vida de la corte napolitana y, de hecho, del propio rey.

Sus brazos y muñecas son musculosos y sus manos, ásperas y tostadas por el sol, están muy sucias porque nunca lleva guantes cuando monta o caza. Tiene la cabeza relativamente pequeña y está coronada por un bosque de cabello color café que nunca se empolva, una nariz que empieza en la frente y se va hinchando en línea recta hasta llegar a su boca, que es muy grande, con un prominente labio inferior y llena de dientes bastante buenos, aunque irregulares [...].

Aunque es un príncipe feo, no es absolutamente repulsivo. Su piel es suave y firme, de una palidez amarillenta. Está limpio, con la excepción de las manos, y al menos no apesta [...].

Quise intentar conversar con él de temas generales, pero el rey propuso en su lugar algunos juegos de salón [...]. Las cinco o seis damas de la corte, mi hermana, el rey y yo empezamos a jugar a la gallina ciega y a otros juegos [...]. A lo largo de la partida, el rey distribuye golpes y cachetes en el trasero a las damas sin distinción [...]. Hay un continuo forcejeo con estas, que están acostumbradas a ello y se tiran de cualquier modo al suelo. Eso siempre divierte al rey, que rompe a reír a mandíbula batiente. Como casi nunca habla sin gritar y tiene una voz muy aguda, como un estridente *falsetto*, uno puede distinguirla entre mil.

Luego hubo un baile en la corte, en el que

La esposa de Fernando, la reina María Carolina: testaruda y engañosa hasta el punto de la locura. Haría que Nápoles fuera prácticamente ingobernable.

[...] el rey me ofreció un gran saludo con toda su fuerza en el trasero en el momento en que menos lo esperaba, en presencia de más de cuatro personas. Durante toda una eternidad tuve el honor de llevarlo a mis espaldas, y en más de veinte ocasiones se acercó, se colgó de mis hombros y dejó inerte su cuerpo para que lo arrastrara [...]. Nuestra partida de este baile fue verdaderamente singular [...]. La marcha empezó con solemnidad y en orden [...], pero, al parecer, el rey se aburrió de esta procesión, pues empezó a gritar como los postillones y a dar patadas a posaderas a diestra y siniestra hasta quedarse a gusto, lo que pareció ser la señal para que todo el mundo empezara a correr. Toda la corte, grandes y pequeños, ministros y ancianos, se alejaron al galope mientras el rey los perseguía, gritando a pleno pulmón. El embajador francés, Choiseul, tuvo la mala suerte de hallarse en el camino del rey y recibió un puñetazo de pasada. Como es un hombre bastante débil, el golpe hizo que se diera de bruces contra la pared.

Durante una visita oficial a la cartuja de San Martín, el monarca

> exploró hasta los rincones más recónditos del monasterio, cometiendo miles de travesuras infantiles que terminaron en la cocina, donde empezó a cocinar una tortilla [...]. Todos los caballeros de la partida tuvieron el honor de recibir o bien el agua que les arrojó a la cara o hielos que les metía en los bolsillos o mermelada que les untaba en los sombreros. Ni siquiera se libró el embajador Kaunitz. Tiene la desgracia de tener cosquillas, lo que divierte al rey, que le hace gritar.

Es interesante especular cómo debió de convivir con esta actitud el supersofisticado *sir* William Hamilton. Parece que, en todo caso, se acostumbró poco a poco a ella, aunque era un precio muy pequeño que pagar por la deliciosa vida que llevaba en Nápoles. Por desgracia, le aguardaba mucha tristeza en el futuro. En agosto de 1782, murió su amada Catherine. «Lloraré eternamente la pérdida —escribió a su sobrina Mary— de la más afable, gentil y virtuosa compañera que jamás bendijo a un hombre con su compañía». Al año siguiente, regresó a Inglaterra de permiso e hizo un breve viaje a Escocia con su sobrino Charles Greville, parlamentario por Warwick e hijo menor de su hermana Elizabeth. Fue entonces cuando conoció a la amante de Greville, Emma Hart.

Los orígenes de Emma eran muy humildes. Esta joven, hija de un herrero que murió cuando ella tenía solo dos meses, fue al principio criada por su madre y, a la edad de doce años, ya trabajaba como criada. No duró mucho en el servicio doméstico. Al cabo de un año o dos, encontró empleo como bailarina en el Templo de la Salud, un establecimiento dirigido por un doctor escocés cuáquero llamado James Graham. Entre sus diversas atracciones había una cama que daba a sus ocupantes suaves descargas eléctricas y con ello —según el doctor Graham, que se hizo rico con el invento— se aseguraba la pronta concepción de un hijo. Luego, a la edad de quince años, fue acogida por *sir* Harry Featherstonehaugh, quien la contrató como «anfitriona» para sus amigos en Uppark (Sussex), donde se ganaba el sustento, según se nos dice, bailando desnuda sobre la mesa durante la cena. Nunca le importó demasiado *sir* Harry, aunque concibió una hija suya;* mucho más de su gusto era su amigo Greville, con quien vivió hasta que cumplió dieciocho años.

Fue entonces, en 1783, cuando la relación llegó a su fin. Greville había agotado su considerable fortuna y necesitaba una esposa rica, una ambición para la que Emma constituía un serio obstáculo. ¿Qué podía hacer con ella? Entonces se le ocurrió una idea sensacional: ¿por qué no mandársela a su triste y solitario tío? A *sir* William le pareció bien. Necesitaba una esposa, no solo en su cama, sino como anfitriona de su salón, y Emma —célebre por su belleza tras haber sido pintada ya una docena de veces por George Romney—, sin duda alguna, cosecharía un gran éxito en la sociedad napolitana. Aceptó la sugerencia de su sobrino con entusiasmo y accedió de buen grado a sufragar los gastos del viaje de Emma a Italia.

La joven, no obstante, no se mostraba tan satisfecha con la idea. Greville no se había atrevido a explicarle la verdad. Le había sugerido solo que fuera a Nápoles a pasar unas largas vacaciones mientras él estaba en Escocia por negocios, y se enfureció cuando *sir* William —que ahora tenía cincuenta y pocos y le doblaba la edad— le informó con delicadeza de que esta nueva situación sería permanente y que ella se convertiría en su amante. Pero William era un hombre de riqueza y encanto considerables, vivía en una casa maravillosa en una bella ciudad y le prometió que le daría una vida todavía más elegante y lujosa que la que había disfrutado hasta entonces. Emma no tardó en darse cuenta de que aquel era el mayor golpe de suerte que había tenido en la vida.

---

* Esta chica, conocida como Emma Carew, le fue arrebatada pronto tras el nacimiento y fue criada de forma independiente por unos tales señor y señora Blackburn. Durante unos pocos años, visitó de vez en cuando a su madre, luego se convirtió en institutriz y pasó gran parte de su vida en el extranjero.

Puesto que su madre la había acompañado —por guardar las apariencias— como carabina, no había ningún motivo para apresurarse con el matrimonio, que se celebró en 1791. *Sir* William tenía sesenta años, ella veintiséis. No importaba: al fin era *lady* Hamilton, el nombre por el que se la suele recordar y que llevaría el resto de su vida. Para entonces, *sir* William ya le había enseñado francés e italiano, así como canto y baile; su belleza, su irresistible encanto y su extraordinario talento dramático hicieron el resto.

Y, desde luego, tuvo un éxito espectacular. Nada menos que Johann Wolfgang von Goethe, que pasó dos años en Italia entre 1786 y 1788, se quedó cautivado por su demostración de lo que ella denominaba sus «habilidades».

> Hamilton es una persona de gustos refinados y, tras haber deambulado por todo el reino de la creación, ha encontrado al fin descanso en la más bella compañera, una obra magistral de esa gran artista que es la naturaleza [...]. Ella es una mujer inglesa de unos veinte años [...]. El viejo caballero le ha hecho confeccionar un vestido griego, que le sienta extraordinariamente bien. Vestida con él, con el pelo suelo y un par de chales, exhibe toda una serie de diversas posturas, expresiones y miradas, de modo que el espectador casi cree estar soñando. Uno contempla la perfección en movimiento con deslumbrante variedad, de todo aquello que los grandes artistas se han congratulado de producir. En pie, arrodillada, sentada, tendida, triste o solemne, juguetona, exultante, arrepentida, caprichosa, amenazadora, angustiada: todos los estados mentales se suceden rápidamente uno tras otro. Con maravilloso gusto adecúa los pliegues de su velo a cada expresión, y con el mismo pañuelo fabrica todo tipo de tocados. El viejo caballero sostiene la luz que la ilumina y participa de todo corazón en el espectáculo. Cree que puede discernir en ella un parecido a todas las famosas

antigüedades, todos los bellos perfiles acuñados en las monedas sicilianas, hasta el del mismo Apolo Belvedere. Y sea cierto o no, hay una cosa indiscutible: se trata de un espectáculo único. Pasamos dos tardes disfrutándolo enormemente.

En cuanto a su canto, era lo bastante bueno como para que algunos años más tarde cantara una de las voces solistas de la *Misa de Nelson,* de Haydn. Llegó incluso a recibir una oferta —que declinó— para representar papeles principales en la ópera de Madrid. Era, en breve, un fenómeno, y no es ninguna exageración decir que irrumpió con fuerza en la formal y poco imaginativa sociedad napolitana.

Entre sus conquistas se contaron el rey y la reina. Emma y su marido a menudo cenaban con ellos *en famille,* tras lo cual ella y Fernando cantaban duetos. Louise Vigée Le Brun, que pintó un retrato suyo —tras haber huido a Italia con su hija para escapar a la Revolución francesa—, afirmó que compartía con la reina chismorreos políticos. Desde luego, escribió lo siguiente a su antiguo amante, Greville:

Emma Hamilton haciendo gala de sus «habilidades». Retrato de Louise Vigée Le Brun, *c.* 1790.

Mándame algunas noticias, políticas y privadas;
pues, contra mi voluntad, debido a mi posición
aquí, me he metido en política, y deseo tener noticias para mi querida y amada reina, a quien adoro.
No puedo vivir sin ella, pues es para mí una ami-
ga y lo es todo [...]. Tiene un corazón enorme y
completamente bueno y recto [...].

La pobre María Carolina necesitaba todo el consuelo y la
compañía que pudiera conseguir. Ahora que la Revolución
francesa cobraba fuerza, estaba terriblemente preocupada por la
situación de su hermana María Antonieta; y en marzo de 1792,
recibió la noticia de la súbita muerte de su hermano, el emperador Leopoldo.* De haber vivido, quizá habría podido salvar la
monarquía francesa; el único otro monarca ansioso por ayudar
era el rey Gustavo III de Suecia, pero fue asesinado antes de que
terminara el mes. Cierto, su hija mayor era ahora emperatriz —
se había casado con el hijo de Leopoldo, Francisco, en 1790—,
pero había poco que ninguno de los dos pudiera hacer para
ayudar a la desventurada reina, que estaba en prisión.

La situación se deterioró progresiva e implacablemente a
lo largo del verano y, el 20 de noviembre, el embajador sardo
informó a su gobierno de que

se ha decidido que un escuadrón francés nave-
gue hasta Nápoles y Civitavecchia para atacar y
saquear esos lugares [...]. Este escuadrón, que se
supone que ahora está en Livorno, podría llegar
a Nápoles en dos días [...]. Esto ha bastado para
generar una indescriptible alarma. El caballero
Acton† ciertamente tiene grandes cualidades [...],

---

* Leopoldo, antes gran duque de Toscana, había sucedido a sus padres,
Francisco I y María Teresa, en 1790.
† El comodoro John Acton —luego *sir* John Acton, *baronet*— había llegado a Nápoles en 1778 para reorganizar la Armada siciliana. Tan formidable era su habilidad que ascendió rápidamente al puesto de ministro
principal.

pero cuenta con pocos apoyos [...]. Su majestad se dedica a diario a la caza como si no pasara nada; la mayoría de los subordinados del ministro son de una mediocridad asquerosa. Tiene que organizarlo todo y combatir incesantemente las intrigas, la ignorancia y la mala voluntad de otros. Mientras tanto, todos están tan aterrorizados que solo piensan en salvar sus propiedades y huir.

El escuadrón llegó puntualmente el 12 de diciembre, formado por trece barcos. El almirante al mando quería entregar al rey un ultimátum que dictaba que Acton debía ser enviado a Francia como rehén —«si el general Acton no está en mi poder en una hora, Nápoles será destruida»—, pero se consiguió calmarlo y, al final, acordó contentarse con el reconocimiento de la República de Francia y el envío de un embajador a París. Tras solo veintiocho horas, los barcos zarparon hacia Cerdeña, pero tuvieron la mala suerte de encontrarse con una tormenta frente a Civitavecchia que partió el palo mayor del buque insignia, de modo que se vieron obligados a volver maltrechos a Nápoles para llevar a cabo reparaciones.

Poco más de dos meses después, llegaron las noticias de que el 21 de enero de 1793, el rey Luis XVI había muerto en la guillotina. Todo Nápoles guardó luto y se celebró una misa de réquiem en la catedral a la que asistieron el rey y la reina, acompañados por toda la corte. María Carolina, a pesar de ser ya abuela, estaba embarazada por decimoctava vez, pero su angustia iba en aumento. «Oigo detalles horribles desde la infernal París», escribió el 5 de marzo.

> Todo el tiempo, a cada ruido o grito, cada vez que entran en su habitación, mi desgraciada hermana se arrodilla, reza y se prepara para la muerte. Esos brutos inhumanos que la rodean se divierten de esta forma: día y noche, braman a propósito para aterrorizarla y hacer que tema la muerte en mil ocasiones. La muerte es lo que uno acabaría por desear a la pobre, y rezo a Dios para que se la envíe, para que de ese modo deje de sufrir.

El sufrimiento de María Antonieta se prolongó hasta el 16 de octubre, cuando le puso fin la guillotina en la plaza de la Concordia. Exactamente cinco semanas antes, el 11 de septiembre, el buque de guerra británico HMS *Agamemnon* había echado el ancla en Nápoles con despachos para *sir* William Hamilton, que su capitán entregó en persona. Los dos tuvieron una breve conversación, tras la cual *sir* William llamó a su esposa. Iba, dijo, a presentarle a un hombre pequeño que puede que no fuera muy atractivo pero que, según creía, «algún día asombraría al mundo».

Y así es como el capitán Horatio Nelson, de la Marina Real británica, entra en nuestra historia.

11

Napoleón, Nelson y los Hamilton

El capitán Nelson tenía por aquel entonces treinta y cinco años. La impresión que causó a *sir* William es todavía más notable si tenemos en cuenta que, en esos momentos, estaba casi al borde del agotamiento. Había puesto pie en tierra solo dos veces en los últimos cuatro meses, durante los cuales tanto él como su tripulación habían pasado sin carne fresca, fruta ni verduras. Le animó mucho la recepción que recibió en Nápoles, donde lo invitaron a cenar en palacio y lo sentaron a la derecha del rey. Puesto que no hablaba ninguna otra lengua aparte del inglés, Emma ejerció de intérprete. Uno no deja de preguntarse si Nelson no se enamoraría de ella allí mismo; era de una belleza deslumbrante, rebosaba encanto y, después de todo, había pasado bastante tiempo desde que había visto una mujer por última vez.

Los despachos que había llevado para *sir* William se referían al puerto de Tolón, que había sido ocupado hacía una o dos semanas por monárquicos franceses y fuerzas españolas y británicas. Ahora estaba sitiado por el ejército de la república y necesitaba desesperadamente refuerzos, que se esperaba que Nápoles pudiera aportar. Acton prometió enviar seis mil hombres, que partieron a toda prisa. Pero fue demasiado tarde: Tolón estaba condenado a caer y, el 18 de diciembre, los barcos británicos levaron anclas y salieron a mar abierto. No había ninguna duda sobre a quién pertenecía el mérito de la victoria francesa. Esta se había logrado gracias al genio de otro joven capitán —que entonces tenía solo veinticuatro años—: Napoleón Bonaparte, que prácticamente se había hecho cargo de toda la operación de asedio. El que (en teoría) era su oficial superior, Jacques François Dugommier, ya había enviado un mensaje urgente al ministro de la Guerra en París: «*Récompensez, avancez ce jeune homme, cari si l'on était ingrat envers lui, il s'avancerait de lui-même*». *

Poco imaginaba Dugommier lo proféticas que serían estas palabras. En marzo de 1795, Napoleón lanzó su primera campaña larga, que resultaría una de sus mejores. No amenazó de inmediato a Nápoles; su propósito era primero reducir el norte de Italia y, luego, atravesar el Tirol y adentrarse en el interior de Austria para, finalmente, unirse con el ejército del Rin y llevar la guerra a Baviera. Empezó con un avance sobre el Piamonte. Nadie —excepto quizá el propio Bonaparte— podría haber previsto el alcance y la rapidez de su éxito; casi a diario se recibían noticias de otra victoria francesa. Hacia finales de abril, Francia se anexionó el Piamonte y el rey Carlos Manuel IV abdicó y se retiró a Cerdeña, que seguía bajo su autoridad. El 8 de mayo, los franceses cruzaron el Po y, el día 15, Bonaparte hacía su entrada triunfal en Milán.

Su ejército, por supuesto, sobrevivía gracias a lo que conseguía de los territorios conquistados, requisando la comida y el alojamiento que necesitaba, pero para los miembros del directorio de París, no bastaba. Sus instrucciones fueron recaudar grandes contribuciones tanto de los estados italianos como de la Iglesia, no solo dinero para apoyar a las tropas, sino también obras de arte que enviar a París; y Napoleón obedeció al pie de la letra. El duque de Parma, por poner un ejemplo, que era neutral, fue obligado a pagar dos millones de *livres* francesas y a entregar veinte de sus mejores cuadros, que escogió en persona el capitán general; pocas de las principales ciudades se libraron de la obligación de ceder sus obras de Rafael, Tiziano y Leonardo da Vinci. Muchos de estos cuadros acabaron en el Louvre o en otros museos franceses; algunos de ellos todavía siguen allí.

Con la ocupación de Milán, toda Lombardía quedaba en manos francesas, excepto Mantua (que, gracias a la tenaz resistencia austríaca, aguantó hasta febrero de 1797). Ahora, al fin,

---

* «Recompensen a este hombre y asciéndanlo, pues, si no se reconocen sus servicios, se ascenderá él mismo».

el camino estaba despejado para la invasión de Austria. Cierto, estaba al otro lado de la neutral Venecia, pero eso no podía evitarse. La república envió dos embajadores para suplicar a Napoleón, pero les respondió con una furiosa diatriba que los convenció de que no era posible llegar a ningún acuerdo y que terminó con aquellas terribles palabras que pronto resonarían en el corazón de todos los venecianos: *«Io sarò un Attila per lo stato veneto»* ('Seré un Atila para el Estado veneciano'). El viernes 12 de mayo de 1797, el Gran Consejo de la República se reunió por última vez. El dogo estaba completando su discurso de apertura cuando se oyeron disparos fuera del palacio. De súbito, reinó el caos. Para los allí presentes, esos sonidos solo podían significar una cosa: el alzamiento popular que habían temido durante tanto tiempo había empezado. En pocos minutos, se estableció el auténtico origen de aquellos disparos: algunos de los soldados dálmatas, que estaban siendo retirados de la ciudad siguiendo las órdenes de Napoleón, habían disparado simbólicamente al aire a modo de despedida. Pero de nada sirvió intentar tranquilizar al consejo: el pánico no se pudo controlar. Dejando atrás el característico atuendo de su cargo, los restantes legisladores de la república veneciana se marcharon discretamente por puertas secundarias del palacio. La *Serenissima* había durado más de mil años; durante gran parte de ese período había sido la dueña del Mediterráneo. Su fin difícilmente pudo ser más ignominioso. La última tragedia de Venecia no fue que muriera, sino la forma en que murió.

Cuando Napoleón Bonaparte firmó el Tratado de Campo Formio el 17 de octubre, otorgó Venecia y el Véneto a Austria. Lo hizo, además, sin remordimientos. Aunque nunca había pisado la ciudad, siempre había odiado a Venecia y todo lo que representaba; y creía —probablemente con razón— que podría hacerse con el control de Italia mientras la península siguiera dividida. Mientras tanto, la paz reinaba en la Europa continental. Solo Inglaterra continuaba en guerra. ¿Debía ser ahora invadida y destruida? El directorio estaba a favor de ese plan; fue el propio Bonaparte quien, tras meditarlo durante la mayor parte de un año, decidió no hacerlo por consideraciones estratégicas.

Sabía que la Armada francesa se encontraba en un estado deplorable y carecía de un comandante que pudiera hacer sombra a Hood, Rodney o Saint Vincent, y mucho menos a Nelson.

La alternativa era Egipto. Desembarcaría en Alejandría con un ejército de veinte o veinticinco mil soldados y ocuparía El Cairo. Desde allí, quizá podría lanzarse una ulterior expedición contra la India británica, tal vez incluso mediante la rápida excavación de un canal en Suez. De nuevo, el directorio aprobó con entusiasmo la iniciativa. Esa propuesta no solo mantendría al ejército ocupado y a su joven y terrorífico general a una distancia segura de París, sino que también ofrecía la oportunidad de sustituir a los británicos en la India y una importante colonia nueva en el Mediterráneo oriental. Finalmente, conseguiría que una parte del poder naval inglés se derivara hacia Oriente, lo que quizá al final contribuyera a hacer posible la pospuesta invasión.

Huelga decir que Napoleón aceptó la misión con entusiasmo. Decidido a que esta expedición tuviera otros objetivos aparte de los puramente políticos y militares, reclutó a no menos de 167 *savants* para que lo acompañaran, entre ellos científicos, matemáticos, astrónomos, ingenieros, arquitectos, pintores y dibujantes. Egipto había conservado sus antiguos misterios demasiado tiempo; era una fruta madura lista para ser cosechada. El país había estado bajo el control efectivo de los mamelucos* desde 1250. En 1517, había sido conquistado por los turcos y absorbido en el Imperio otomano, del que técnicamente seguía formando parte; un siglo después, sin embargo, los mamelucos habían recuperado el control. Una invasión francesa sin duda provocaría la indignada protesta del sultán en Constantinopla; pero su imperio, aunque aún no se conocía como «el enfermo de Europa», era una sombra decadente y desmoralizada de lo que había sido y era improbable que se convirtiera en una amenaza seria. Por desgracia, había otros riesgos mucho más

---

* Los mamelucos habían empezado siendo un enorme cuerpo de soldados, en su mayoría de origen georgiano o circasiano, comprados como esclavos cuando eran niños y entrenados como caballería de élite. Habían destruido a la dinastía ayubí en 1250 y establecido la suya propia.

importantes. Los trescientos barcos de transporte franceses estaban mal armados y sus tripulaciones no tenían prácticamente ninguna experiencia. Cierto, les escoltaban veintisiete barcos de línea* y fragatas, pero se sabía que Nelson ya estaba navegando en el Mediterráneo. Si los interceptaba, las posibilidades de que escapasen —incluidos los 31 000 hombres a bordo de los barcos— serían casi inexistentes.

Napoleón partió de Tolón en su buque insignia, *L'Orient*, el 19 de mayo de 1798. Su primer objetivo fue Malta. Desde 1530, la isla había estado en manos de los caballeros de San Juan. Estos habían mantenido diligentemente su hospital y habían resistido heroicamente el atroz asedio turco de 1565, pero, desde entonces, se habían ablandado. Eran unos quinientos cincuenta, pero más de la mitad de ellos eran franceses y muchos más eran demasiado viejos para combatir. Tras una resistencia simbólica de dos días, se rindieron. Napoleón continuó su viaje y la noche del 1 de julio llegó a Alejandría, donde las ruinosas murallas y la pequeña guarnición apenas pudieron retrasar lo inevitable. Lo mismo sucedió cuando llegó a El Cairo. Aunque se blandieran con coraje, las espadas mamelucas no eran rival para los mosquetes franceses; la llamada batalla de las Pirámides fue, en realidad, un paseo militar.

Nelson, mientras tanto, había estado persiguiendo a los barcos franceses por el Mediterráneo. De hecho, Napoleón había partido de Malta el 19 de junio; el británico, confundido por la información que le había dado un barco genovés que había partido tres días antes, se había apresurado a ir a Alejandría; luego, al no encontrar allí ni rastro de la flota francesa, había zarpado de nuevo el 29 para buscarla a lo largo de la costa de Siria. Como resultado de esta confusión, no regresó a Egipto hasta el 1 de agosto y, una vez allí, encontró trece buques de guerra franceses —él tenía catorce— y cuatro fragatas anclados en una línea de tres kilómetros en la bahía de Abukir, una de las desembocaduras del Nilo. Pero estaban todavía a quince kiló-

* Los barcos de línea constituían la categoría principal de buques de guerra, aquellos capaces de ocupar una posición en la línea en una batalla naval.

metros de distancia y ya era media tarde: se tardarían otras dos horas en alcanzarlos, y mucho más en disponer a sus propios barcos en una línea de batalla. Las batallas nocturnas en aquella época eran peligrosas; existía el peligro de embarrancar en aguas desconocidas y el peligro todavía mayor de disparar contra los propios barcos por error. La mayoría de los almirantes, en tales circunstancias, habrían esperado hasta el amanecer; no obstante, al ver que los franceses no estaban preparados y que soplaba un viento favorable del noroeste, Nelson decidió atacar de inmediato. Empezó enviando cuatro barcos a lo largo de un lado de la línea francesa, el más cercano a la costa, mientras él mismo, en su buque insignia, el HMS *Vanguard*, lanzaba un ataque en paralelo por el lado de la línea francesa que daba al mar. Cada barco enemigo fue, por lo tanto, sometido a andanadas desde los dos costados. Eso ocurrió alrededor de las seis. La batalla siguiente duró toda la noche. Al amanecer, todos los barcos franceses excepto cuatro habían sido destruidos o capturados, entre ellos su buque insignia, *L'Orient*. Ese barco yace todavía bajo las aguas de la bahía, con todo el tesoro saqueado de los palacios e iglesias de Malta.

La batalla de la bahía de Abukir —o, como se la suele llamar más a menudo, la batalla del Nilo— se libró entre el 1 y el 2 de agosto de 1798 y fue una de las victorias más brillantes de la carrera de Nelson. No solo había destruido la flota francesa de golpe, sino que había cortado la línea de comunicación de Napoleón con Francia, lo había dejado completamente aislado y había frustrado todos los planes franceses de conquistar Oriente Medio. Gracias a él, la gran expedición egipcia —que había incluido una breve e igual de infructuosa incursión en Palestina— fue un fracaso. Como siempre, Napoleón hizo lo posible para disfrazar la derrota de victoria. Se hizo desfilar a los prisioneros turcos y se exhibieron con orgullo las banderas turcas capturadas. Pero nadie, en especial los egipcios, se llamó a engaño. Por primera vez en su carrera —y no sería la última—, Napoleón abandonó a su ejército y dejó que se las apañara como pudiera para regresar a casa; a las cinco de la mañana del 22 de agosto de 1799, huyó en secreto de su campamento y zarpó rumbo a Francia. Ni siquiera su sucesor en el mando, el general Jean-Baptiste Kléber, supo de su partida hasta que estuvo a salvo.

Las noticias de la victoria de Nelson en el Nilo fueron recibidas con júbilo en la corte de Nápoles. La situación allí se estaba deteriorando rápidamente. Los franceses habían entrado ya en Roma, donde el hermano de Napoleón, José Bonaparte, era embajador. El general Louis Berthier había marchado con un ejército en febrero de 1798 y, al no encontrar oposición, había ocupado la ciudad. Las iglesias, palacios y villas romanas habían sido saqueadas. Se había proclamado una nueva república en el Foro. El papa Pío VI, de ochenta años, fue tratado de forma abominable —se le habían arrancado a la fuerza los anillos de los dedos— y había sido llevado preso a Francia, donde murió poco después.

¿Qué iba a hacer Nápoles? Los franceses estaban en las mismas puertas de su casa, ¿qué les impediría que cruzaran la frontera y quién podría detenerlos, si lo hacían? Con la captura de Malta por parte de Napoleón, la amenaza era todavía mayor; como el propio Nelson había subrayado, «Malta es el camino directo a Sicilia». No es sorprendente, pues, que los napolitanos se alegraran de su victoria en el Nilo o que Hamilton le escribiera las siguientes palabras:

> Ven aquí, por el amor de Dios, querido amigo, tan pronto como el deber te lo permita. Se han dispuesto en mi casa unos agradables aposentos para ti y Emma está buscando los almohadones más suaves para que reposes los cansados miembros que te quedan.

Nelson llegó a Nápoles hacia finales de septiembre y fue recibido como un héroe. No solo se lo veía como alguien que había obtenido una grandiosa victoria contra la Armada francesa, sino también como alguien que había venido a salvar a la ciudad de su inminente invasión. Más de quinientos barcos y barcazas rodearon a la *Vanguard* cuando entró en la bahía. Los Hamilton subieron a bordo y Emma representó la emotiva escena que había ensayado durante las últimas tres semanas. Según Nelson contó a su esposa,

> *lady* Hamilton subió volando y exclamó: «¡Oh, Dios mío! ¿Es posible?». Entonces, se dejó caer en mi brazo *[sic]* más muerta que viva. Las lágrimas, sin embargo, pronto pusieron las cosas en su sitio.

Lo siguió el rey, pero no María Carolina, que todavía estaba de luto por la muerte de su benjamina. No obstante, sí que llevó, junto con todas las demás damas de la corte, bandas especiales con las palabras «Viva Nelson». Unos pocos días después, el 29, los Hamilton ofrecieron un espléndido banquete a mil ochocientos invitados para celebrar el cuadragésimo cumpleaños del héroe; pero la fiesta, por lo que concierne a Nelson, no fue un éxito. A la mañana siguiente, escribió a lord Saint Vicent:

> Confío, milord, en estar de vuelta en el mar en una semana [...]. No estoy bien de salud, y no es probable que la miserable conducta de esta corte calme mi irritable temperamento. Este es un país de violinistas y poetas, de rameras y bribones.

Es cierto que los siguientes tres meses fueron una pesadilla. No obstante, se decidió pasar a la ofensiva. El barón Karl Mack von Leiberich,* mariscal de campo austríaco, llegó a principios de octubre de 1798 para asumir el mando de las fuerzas napolitanas, que marcharon de inmediato hacia el norte, con el trémulo monarca entre ellas. (Parece que no se le pasó por la cabeza el detalle de que no había declarado la guerra a Francia). Tenían el propósito de restaurar el papado y liberar a Roma de los franceses. Huelga decir que se demostraron incapaces de

---

* «Cuya reputación como gran estratega continuará siendo un misterio» (Acton, *The Bourbons of Naples*).

hacer ninguna de las dos cosas y, hacia principios de diciembre, cada vez más soldados y oficiales habían dejado sus uniformes y regresado a sus hogares. La reina —que tenía muy presente el horrible final de su hermana— escribió varias veces a Emma Hamilton lamentando su cobardía, pero, después de que también su marido desertara y regresara a Nápoles, se dejó de mencionar el tema en las cartas. El 18 de diciembre, llegó un despacho del barón Mack, completamente desmoralizado, en el que confesaba que su ejército —que aún no había librado ni una sola batalla— estaba ahora en plena retirada y suplicaba a sus majestades que huyeran a Sicilia mientras todavía hubiera tiempo. «Desconozco si la familia real, junto a tres mil emigrantes napolitanos, estará bajo la protección de la bandera del rey esta noche», escribió Nelson al ministro en Constantinopla.

Lo cierto es que así fue. María Carolina llevaba empaquetando sus cosas los últimos tres días y, por la noche, había enviado toda su ropa, joyas y otros objetos de valor a la embajada británica, desde donde Emma los pasaba a la tripulación de la *Vanguard*. El círculo más íntimo de la corte, junto con Acton y algunas personas próximas más, partieron en secreto de palacio a las nueve de la noche del viernes 21 de diciembre de 1798. No estaban solos; la mayoría de las familias inglesas y francesas que residían en Nápoles estaban ansiosas por acompañarlos. El número total de refugiados probablemente estuvo más cerca de los dos mil que de los tres mil estimados por Nelson, pero, aun así, la evacuación de esa multitud planteó un serio problema. Por fortuna, había también cierto número de barcos esperando, entre ellos un buque de guerra portugués y dos napolitanos, unos veinte mercantes reclutados localmente y dos barcos griegos más pequeños que había alquilado el previsor *sir* William.

El tiempo no les acompañó; difícilmente podría haber sido menos favorable. El viento soplaba con fuerza de galerna y el viaje en los botes de remos hasta los barcos parecía interminable; muchos de sus pasajeros, helados y calados hasta los huesos, estaban en un estado lamentable cuando finalmente subieron a bordo en las primeras horas de la mañana siguiente. Nelson acomodó a la familia real lo mejor que pudo. Puso su propio camarote a disposición de las damas y los niños y ubicó a los caballeros en la abarrotada cámara de oficiales, mientras el barco, aunque seguía anclado, cabeceaba y oscilaba como si estuviera en alta mar. Esta tortura continuó durante las siguientes cuarenta y ocho horas: debido a la tormenta y a la habitual confusión napolitana, la flota permaneció en la bahía.

En el ínterin, el pueblo de Nápoles había descubierto horrorizado la inminente partida de su rey. Se había anunciado que viajaba a Sicilia en busca de refuerzos, pero ¿qué refuerzos podía aportar Sicilia? Un sinfín de delegaciones y diputaciones se acercaron remando a la *Vanguard* e imploraron a su majestad que se quedara, pero Fernando no cambió de opinión. Sus súbditos, dijo, lo habían traicionado; solo regresaría cuando le hubieran demostrado su lealtad. Mientras tanto, no podía permanecer en la capital, pues eso comportaría poner en peligro su vida.

El convoy no levó anclas hasta el domingo 23 de diciembre al anochecer. El tiempo no había mejorado; de hecho, al día siguiente, en Nochebuena, Nelson anotó que «el viento fue el más fuerte que he experimentado desde que empecé a navegar». Las velas se convirtieron en jirones y se hicieron preparativos para cortar el palo mayor. Los distinguidos pasajeros de la *Vanguard* estaban al borde del pánico; solo Emma Hamilton y uno de los asistentes del monarca mantuvieron la cabeza fría. Emma, en particular, se comportó de forma magnífica: atendió a la asustada reina, animó y cuidó de los hijos de la pareja real como si fueran suyos, cediéndoles incluso su propia ropa de cama cuando fue necesario. Nelson no pudo ocultar su admiración y subrayó en una carta que no se fue a dormir ni una sola vez en todo el tiempo que pasó a bordo. En cuanto a *sir* William, permaneció en su camarote con una pistola cargada en cada mano: estaba decidido a no morir «haciendo gárgaras de agua salada en la garganta». El embajador austríaco, el conde Esterhazy, arrojó su caja de rapé con joyas incrustadas por la borda porque tenía un retrato en miniatura de su amante desnuda y le pareció «muy impío tener encima un artículo tan profano cuando —según creía— estaba a las puertas de la eternidad».

Aparte de por el tiempo, el día de Navidad de 1798 estuvo marcado por la tragedia. Esa noche, el pequeño príncipe Carlos Alberto, de seis años, murió de agotamiento en los brazos de Emma. La *Vanguard* y sus compañeros no echaron el ancla en el puerto de Palermo hasta las dos de la mañana del día 26. María Carolina, incapaz de permanecer ni un minuto más a bordo, desembarcó de inmediato y fue conducida al Palazzo Colli, la residencia real. El rey, por otra parte, durmió profundamente y desayunó copiosamente antes de hacer por primera vez su entrada formal en la segunda capital de su reino. La calidez con la que fue recibido le encantó, aunque su esposa la definió como una recepción sin «entusiasmo frenético». Parecía no estar preocupado ni por la pérdida de Nápoles ni por la de su hijo. La situación, afirmaba, se solucionaría sola muy pronto; mientras tanto, Sicilia prometía excelentes oportunidades de caza que se proponía aprovechar a fondo.

Considerando que la gente de Palermo hasta entonces no había visto a su rey ni a su reina, el entusiasmo que mostraron —el que fuera— por sus dos soberanos fue más que notable. La esperanza de recibir beneficios materiales sin duda contribuyó a él, pero es probable que gran parte se debiera al hecho de que los palermitanos ya no se sentían ciudadanos de provincias; al menos, mientras la pareja real permaneciera en Sicilia, Palermo —no Nápoles— era la auténtica capital del reino. Para la propia familia real, por otra parte, el Palazzo Colli —su residencia real— supuso una desagradable conmoción. Oscuro, húmedo y lleno de goteras, nadie había vivido en él en años. ¿Y de quién era culpa eso, debieron de preguntarse el rey y la reina? Además, no contaba con equipo doméstico residente. Ni siquiera contaba con chimeneas; normalmente no se necesitaban durante los suaves inviernos de Palermo, pero el invierno de 1798-99 fue terriblemente frío, de hecho, el más frío del que se tienen registros. No había ni siquiera alfombras. Las autoridades de Palermo no habían recibido apenas aviso de la llegada de sus soberanos y los primeros días debieron de ser infernales, especialmente después del espantoso viaje por mar. María Carolina no se guardó para sí sus sentimientos. Escribió al duque Di Gallo, el embajador napolitano en Viena.

> He vivido demasiado y la pena me está matando
> […]. Estoy seguro de que no puedo seguir vivien-
> do de este modo y dudo que sobreviva […]. Mi
> nuera está tísica y no sobrevivirá. En cuanto a su
> padre, no diré nada. No siente nada más que amor
> propio, e incluso eso apenas lo siente. Debería dar-
> se cuenta de que ha perdido la mejor parte de su
> corona, de sus ingresos; pero solo presta atención
> a las novedades que le entretienen, sin pensar que
> nos hemos visto reducidos a un cuarto de nues-
> tros ingresos, que estamos deshonrados, infelices
> y que arrastramos a otros a esta misma desventura
> […]. Todo aquí me repele. Nuestras provincias,
> Sorrento… prefería estar en cualquier otro lugar.

¿Estaba justificado que Fernando y María Cristina abando-naran Nápoles cuando y como lo hicieron? La respuesta es que probablemente sí; sin duda, eran inocentes de las acusaciones de cobardía que tan frecuentemente se han formulado contra ellos. Si se hubieran quedado y enfrentado a la expulsión o incluso a una muerte violenta, aquello habría supuesto el fin de su dinas-tía. Con su retirada a Palermo, donde todavía eran soberanos, mantuvieron intacto su estatus real y —cuando la situación en la península mejorara, si mejoraba— estaban bien ubicados para cualquier posible restauración. Debería recordarse también que estaban siguiendo los consejos del propio Nelson con su marcha. Este, mientras tanto, se mudó con los Hamilton. Estaba comple-tamente agotado y no se había recuperado por completo de una herida en la cabeza que había recibido en la bahía de Abukir. Es-taba enfrentado con el Almirantazgo y la relación con su esposa le preocupaba profundamente. Necesitaba con urgencia apoyo emocional, y Emma Hamilton se lo dio. Su larga experiencia como cortesana hizo el resto. Es prácticamente seguro que fue entonces, en Sicilia, cuando empezó su célebre romance.

Cuando llegaron a Nápoles las tropas francesas bajo el general Jean Étienne Championnet a mediados de enero de 1799, se encontraron con que el pueblo tenía mucho más nervio que el ejército. La masa —los *lazzaroni*— estaba dispuesta a atacar a los invasores con uñas y dientes, y durante tres días, los franceses hubieron de combatir casa a casa en la ciudad. Al final, por supuesto, los *lazzaroni* desistieron, pero no sin antes haber asaltado y saqueado el palacio real. Lo hicieron con la conciencia tranquila, o casi. ¿Acaso no se conocía a su rey como *il re lazzarone*, en otras palabras, como uno de ellos? E incluso si los había abandonado, ¿no habría preferido que sus tesoros fueran a sus súbditos en lugar de a los enemigos franceses? Cuando al fin se restauró la paz, un oficial francés subrayó que si Bonaparte hubiera estado allí en persona, probablemente no habría dejado piedra sobre piedra en la ciudad; por fortuna, Championnet era un hombre más moderado y generoso. Con diplomacia y tranquilidad, estableció lo que se conoció como la república partenopea, basada en el modelo revolucionario francés. Se proclamó oficialmente el 23 de enero y se granjeó el apoyo de cierto número de partidarios italianos, aunque era perfectamente obvio para todos que había sido el resultado de una conquista, y que su único apoyo real era el ejército de ocupación francés.

Las noticias del saqueo del palacio real incrementaron todavía más la angustia de la pobre María Carolina. Y, lo que quizá era aún peor, su marido se había vuelto contra ella y la culpaba de haberlo obligado a emprender aquella vergonzosa campaña militar y de haberle endilgado al desastroso general Mack. A principios de febrero hubo disturbios en Palermo en protesta por la subida del precio de los alimentos. La reina escribió de nuevo a Di Gallo:

> Palermo está en efervescencia y algo grave va a pasar. No tengo ni tropas ni armas, no tengo nada, y por eso estoy desesperada y dispuesta a cualquier cosa. Aquí los sacerdotes son hombres completamente corruptos; la gente, salvaje; la nobleza, más que incierta y de cuestionable lealtad. Puede

que el pueblo y el clero nos dejen marchar si les prometemos acceder al establecimiento de una república. Pero la nobleza se opondría a nuestra partida porque sería su ruina y teme la democratización del país. Preferirían sublevarse y ponerse ellos a la cabeza del movimiento y masacrarnos, a nosotros y a todos los napolitanos.

Pero había esperanza, y más cerca de lo que creía. El cardenal Fabrizio Ruffo tenía ya más de sesenta años. Había sido tesorero papal del papa Pío VI, pero cuando se rechazaron todas las reformas que sugirió por considerarse demasiado radicales, se había retirado a Nápoles, desde donde había seguido a la corte hasta Palermo. Ahora propuso un desembarco en su nativa Calabria, primero para defenderla de futuros avances franceses —así como del republicanismo italiano— y, en último término, para recuperar Nápoles para su rey. Esto, subrayó, no sería nada más y nada menos que una cruzada, y no albergaba ninguna duda de que sus compatriotas calabreses correrían a tomar la cruz.

Con el apoyo entusiasta del rey, la reina y Acton, Ruffo desembarcó, como estaba previsto, el 7 de febrero, con solo ocho compañeros. No tenía ni armas ni munición; su único equipo era una bandera, que llevaba el estandarte real a un lado y una cruz al otro, inscrita con el lema *«In hoc signo vinces»*.[*] Colgó la bandera del balcón de la cercana villa de su hermano, desde donde promulgó una encíclica dirigida a todos los obispos, clero, magistrados y notables de los alrededores, en la que llamaba a todos y cada uno de ellos a defender su religión, a su rey, su patria y el honor de sus familias. No se registra, por desgracia, la reacción de cada uno de sus destinatarios, pero ochenta *lazzaroni* armados se le unieron prácticamente de inmediato y, a finales de mes, el tamaño del «Ejército Cristiano de la Santa Fe» contaba con diecisiete mil miembros. Ruffo era un líder nato, y pronto

---

[*] «Bajo este signo conquistarás», las palabras que Constantino el Grande afirmó haber visto en el cielo antes de la batalla del Puente Milvio en el año 312.

se ganó el amor y la confianza de la gente; en 1799, su secretario y biógrafo, Sacchinelli, escribió que «hasta el más mísero campesino calabrés tenía un crucifijo a un lado de su cama y un arma al otro». El 1 de marzo, el cardenal estableció su cuartel general en la importante ciudad de Monteleone, la sede del Tesoro provincial; allí consiguió diez mil ducados y once magníficos caballos. Luego cayó Catanzaro y, a continuación, Cotrone. Desde luego, tenía sus problemas. Su destartalado ejército carecía completamente de disciplina, sus «cruzados» se comportaban igual de mal que sus predecesores medievales; Cotrone, por ejemplo, fue entregada a un saqueo del que jamás se recuperó. Tales atrocidades inevitablemente dañaron su reputación, aunque él, personalmente, era gentil y generoso, siempre partidario de la conversión pacífica en lugar de la violencia. Pero el impulso de su movimiento era imparable y sus éxitos animaron al surgimiento de otros movimientos similares por toda Italia. El mismo Ruffo, tras recuperar toda Calabria, marchó al este, hacia Apulia, donde cosechó un éxito parecido. A principios de junio estaba ya a las puertas de Nápoles, que, gracias al bloqueo de la bahía por la flota británica, estaba al borde de la inanición.

El 11 de junio, al enterarse de que el cardenal se acercaba, la gente de Nápoles estalló en una rebelión abierta. La lucha se extendió por toda la ciudad. Desesperados por conseguir alimento y despiadadamente bombardeados por los franceses desde los castillos de San Elmo, Nuovo y Ovo, los *lazzaroni* se lanzaron sobre todos los jacobinos, franceses o italianos que cayeron en sus garras y los mataron con crueldad bárbara. Hay crónicas que hablan de atrocidades inefables: desmembramientos y canibalismo, cabezas cortadas paseadas en picas o pateadas como pelotas de fútbol y mujeres sospechosas de jacobinismo que eran sometidas a terribles humillaciones. El horrorizado cardenal hizo cuanto pudo por detenerlos, pero muchos de sus propios hombres se entregaron con placer al baño de sangre; en cualquier caso, nada pudo hacer contra la histeria de las masas. La orgía de destrucción se prolongó una semana. Las negociaciones se vieron seriamente obstaculizadas por la incapacidad de los comandantes de los tres castillos para comunicarse entre ellos y, por ello, los franceses no capitularon formalmente hasta el día 19. Gracias a Ruffo, los términos de esta rendición fueron notablemente generosos. Las guarniciones podían, si lo deseaban, regresar a Tolón. También podían quedarse en los tres castillos mientras se preparaban los barcos necesarios, tras lo cual podrían desfilar con todos los honores hasta los buques.

La sabiduría de tal política era obvia; Charles Lock, el cónsul británico en Palermo, escribió que consideraba que «había barrido completamente a los desafectos del reino». Pero iba en contra de la política proclamada por el rey y la reina, quienes insistieron, con el entusiasta apoyo de los Hamilton, en que no se tuviera piedad con los jacobinos supervivientes. Ruffo y sus amigos eran plenamente conscientes del peligro de traer de vuelta a casa a una pareja real que solo pensaba en la venganza, pero no había mucho que pudieran hacer; la llegada de Nelson, con dieciocho barcos de línea, el día 24, no contribuyó a mejorar la situación. Había navegado en una infructuosa búsqueda de la flota francoespañola que se decía que navegaba hacia Nápoles con refuerzos vitales; al regresar, había visitado Palermo para conferenciar con Fernando y María Carolina y había embarcado discretamente a los Hamilton. Su misión era ahora hacer que se cumplieran los deseos del monarca en Nápoles. Cuando el *Foudroyant* entró en la bahía y Emma vio las banderas de rendición en los castillos, se dice que gritó: «¡Arriad esas banderas de tregua! ¡No hay tregua para los rebeldes!».

Su marido estaba todavía más airado que ella, pero por otros motivos. Nunca se había opuesto a la relación de Emma con Nelson —si acaso, parece que estaba bastante orgulloso de ella—, pero recibió noticias terribles sobre el barco *Colossus*, que había naufragado en su viaje a Inglaterra, con toda su colección de antigüedades griegas y romanas, a la que había dedicado su vida entera, a bordo. Con razón o sin ella, responsabilizó a los franceses de esa pérdida y, por ello, clamaba venganza.

En cuanto a Nelson, sobra decir que estaba firmemente de parte de los monarcas. Políticamente, era muy ingenuo y su conocimiento de la situación en Nápoles se limitaba a las muy tendenciosas opiniones que había escuchado del rey, la reina y los Hamilton. Como protestante inglés conservador y pragmático, desconfiaba profundamente del cardenal Ruffo y, a su llegada a Nápoles, no dudó ni un momento en anular sus órdenes e insistir —como insistían sus amigos— en que hubiera una rendición incondicional de todos los rebeldes. Unos mil quinientos, a los que Ruffo había salvado de la masa y a quienes había dado refugio en los graneros municipales, salieron según los términos de la capitulación con la esperanza de regresar a sus casas sanos y salvos. Para su asombro, fueron arrestados de inmediato y muchos de ellos, ejecutados. Lógicamente, Ruffo dimitió, pero eso no responde a la siguiente cuestión: ¿fue Nelson quien dio la orden? Es probable que no lo hiciera personalmente. Todo lo que sabemos de su carácter sugiere que jamás haría a sabiendas algo así; pero la influencia de los Hamilton sobre él era enorme y siempre aceptaba su punto de vista.

También ha sido criticado, quizá de forma mucho más justificada, por cómo trató al comodoro Francesco Caracciolo, el antiguo oficial superior de la Armada napolitana, que se había pasado al bando de los republicanos. Tras diez días de huida disfrazado, Caracciolo había sido hallado escondido en un pozo y fue llevado ante Nelson en el *Foudroyant*. A las diez de la mañana del 30 de junio, fue juzgado en un consejo de guerra, a mediodía fue hallado culpable y condenado a muerte y, a las cinco de la tarde, lo colgaron de un penol. Allí, su cuerpo permaneció hasta la puesta de sol, cuando se cortó la cuerda y se arrojó al mar. No se le permitieron llevar testigos para su defensa ni un sacerdote que oyera su última confesión. Su petición de ser fusilado en lugar de ahorcado fue denegada de inmediato. Puede que fuera un traidor, pero merecía un trato mejor. ¿Por qué Nelson lo permitió? Sencillamente, porque estaba enamorado de Emma. Con un barco y en el océano, era invencible, infalible; en tierra, estaba literalmente fuera de su elemento, y cuando se encontraba en los brazos de su amante parecía poco más que un niño.

Tras dejar a María Carolina —para su considerable enojo y frustración— en Palermo, el rey regresó a Nápoles en una fragata napolitana durante la primera semana de julio. Sus súbditos lo recibieron con calidez —a pesar de todo, no había perdido su popularidad personal—, pero, debido a su intransigencia, se habían reanudado las hostilidades y los franceses disparaban desde el castillo de San Elmo. La tarde de su llegada subió a bordo del *Foudroyant* y, durante las cuatro semanas siguientes, no puso pie en tierra ni una vez. Durante este período, se produjo un incidente verdaderamente extraordinario: un pescador local informó que había visto a Caracciolo nadando hacia Nápoles. Al principio, nadie lo creyó, pero pronto el cuerpo fue divisado desde el *Foudroyant*, acercándose rápidamente empujado por la fuerte corriente. Desde luego, resultó Caracciolo, que, debido a los pesos que se le habían colgado de los pies, todavía flotaba verticalmente en el agua. El rey, sumamente supersticioso, quedó horrorizado; solo se recuperó parcialmente después de que el capellán le asegurara que Caracciolo había regresado para implorar su perdón y para recibir un funeral cristiano. Enseguida, el rey dio orden de que el cuerpo se llevara a tierra, donde se le dio sepultura en la iglesia de Santa María la Catena.

A finales de mes, el último de los rebeldes se había rendido. Los franceses fueron devueltos a Tolón; a los napolitanos se los encerró y encadenó mientras esperaban juicio. El cardenal Ruffo no recibió muchos agradecimientos por haber salvado la monarquía —por algún motivo, Nelson se llevó todo el mérito—, pero, en reconocimiento por sus servicios pasados, fue nombrado teniente y capitán general del reino. Hubo quienes creyeron que, tras la repudiación del tratado que había firmado solemnemente, no debería haber aceptado el puesto; sin embargo, todavía era tan leal como siempre a su monarca y no tenía el menor deseo de defender de forma grandilocuente su honor, sino de ser útil. Su nombramiento lo convertía, en la práctica, en presidente de lo que se conocía como la *Suprema Giunta*, la 'Junta Suprema'. Bajo este órgano había otros dos comités de jueces, uno para juzgar a los militares y otro para los civiles. Mucho se ha escrito sobre las deliberaciones de estos comités con el objetivo de demostrar la crueldad e inhumanidad de los Borbones. El caso es que parece que sus deliberaciones fueron notablemente generosas. De unos 8000 mil prisioneros políticos, 105 fueron condenados a muerte (6 fueron luego indultados), 222 a cadena perpetua, 322 a diversas penas de prisión, 288 fueron deportados y 67 exiliados, de los cuales muchos regresarían. El resto fueron puestos en libertad.

Y ese fue el final del país con el flatulento nombre de república partenopea. Por medio de la conquista, había tratado de infligir una forma de gobierno del país que la gente no deseaba y que ya estaba bastante desacreditada incluso en Francia. De haber sobrevivido, solo podría haber mantenido el poder mediante la violencia o la amenaza de ejercerla. El estado policial resultante habría sido mucho peor que cualquier cosa creada por los Borbones.

Durante la primera semana de agosto de 1799, el rey Fernando, con los Hamilton siempre en su estela, zarpó en el *Foudroyant* hacia Sicilia. Nunca, durante sus cuarenta años en el trono de Nápoles, había creído que tuviera enemigos en la ciudad; ahora sabía que estaba equivocado y esa noción lo había angustiado profundamente. En adelante, prefirió la seguridad de Palermo. El día 8 entró en su puerto con Nelson a su lado. La reina subió a bordo con sus hijos y, por la tarde, todos desembarcaron bajo un estruendoso saludo de veintiuna salvas de cañón antes de ser conducidos, con toda la pompa de una comitiva real oficial, a la catedral para oír un solemne *Te Deum*. Durante los tres días siguientes, la ciudad estuvo de celebración, pues la festividad de su santa patrona, santa Rosalía, había sido pospuesta un mes hasta el regreso de su majestad.

Había llegado el momento de las recompensas. Para Emma, la reina tenía un collar de diamantes con su retrato en miniatura y la inscripción «*Eterna Gratitudine*», más dos carruajes llenos de magníficos vestidos para que reemplazara los que había perdido en su huida de Nápoles; para *sir* William, un retrato del monarca con joyas incrustadas. Nelson recibió el ducado siciliano de Bronte, que conllevaba una renta anual de unas tres mil libras, junto con la espada con empuñadura de diamantes que Luis XIV había regalado al abuelo de Fernando, Felipe V. Entre sus oficiales, se repartieron a manos llenas cajas de rapé, relojes y anillos de oro.

Para Fernando y María Carolina, para los Hamilton y para Nelson, la vida continuó ahora más o menos como antes, solo que no había ya ningún motivo razonable para permanecer en Palermo. La reina ansiaba regresar a Nápoles; pero el rey, por otra parte, había intensificado su disgusto hacia la ciudad hasta detestarla. Nunca, dijo, regresaría voluntariamente. Fue esto, más que ninguna otra cosa, lo que provocó un deterioro en las relaciones anteriormente cordiales entre Fernando y María Carolina. El rey también se volvió patológicamente avaro: apenas entregaba a su familia el dinero necesario para vivir y pagaba a su servicio con grandes reticencias. Su esposa, sin embargo, poseía una pequeña arma secreta. Sabía que su marido era notablemente susceptible a los brazos de una mujer, sobre todo si estaban cubiertos por guantes largos. Según el conde Roger de Damas, un emigrante francés que se había integrado en la corte napolitana,

su cerebro se exalta cuando ve un guante bien tensado sobre un brazo bello. Es una manía que siempre ha tenido y que nunca ha variado. ¡Cuántos asuntos de la mayor importancia he visto que solucionaba la reina poniéndose guantes en sus bonitos brazos mientras discutía sobre la cuestión que le preocupaba! He visto como el rey se fijaba en ello, sonreía y le concedía lo que deseaba.

A pesar de todo, era muy infeliz y pasaba el rato escribiendo interminables cartas en las que describía su situación dirigidas a todos sus conocidos.

Fue alrededor de este momento cuando Fernando otorgó a Sicilia el que sería su mayor regalo. En 1802, solo cuatro años después de que Edward Jenner hubiera publicado sus primeras observaciones sobre la vacunación, invitó a un médico inglés a la isla para que demostrara la nueva técnica. Tuvo tanto éxito que dio orden de que se abrieran centros médicos en todas las ciudades y de que la vacunación fuera obligatoria. De hecho, él mismo se vacunó, y se cantó un *Te Deum* en la catedral de Palermo cuando sobrevivió a la vacuna.

En apariencia, la vida en la corte era tan alegre como siempre, con bailes, conciertos y grandes cenas que eran casi siempre seguidas por partidas de cartas. Las apuestas eran elevadas, y Emma Hamilton se contaba entre los jugadores más atrevidos, con Nelson siempre a su lado y la mayor parte del tiempo más que medio dormido. Estas muestras públicas de devoción a menudo dejaban a los visitantes estupefactos; una de ellos, *lady* Elgin, comentó que, en su opinión, era hora de que aquel *ménage à trois* volviera a casa. «Es realmente humillante ver a lord Nelson —escribió—. Parece moribundo y, sin embargo, no piensa en otra cosa que no sea ella». A su marido, le pareció que Nelson estaba «muy avejentado, ha perdido sus dientes superiores, ve mal de un ojo* y tiene una película que le cubre ambos».

Aunque desde un punto de vista político, los Hamilton defendían el regreso del rey a Nápoles, se encontraban, de hecho, de lo más a gusto en Sicilia. *Sir* William estaba personalmente acreditado por Fernando, por lo que tenía que quedarse junto al monarca; además, es muy posible que Nápoles le despertara dolorosos recuerdos tras la pérdida de sus queridas antigüedades. Mucho más triste fue el destino de Nelson. Permanecería en tierra en Palermo hasta junio de 1800, diez meses en los que su enamoramiento de Emma Hamilton no solo minó su moral, sino que, al parecer, tuvo efectos negativos tanto en su conciencia como en su sentido del deber. Durante la primera mitad de ese período, fue comandante en jefe en funciones del Mediterráneo, pero dejó prácticamente todo el trabajo a cargo de sus subordinados. No estuvo presente para interceptar a Napoleón Bonaparte cuando huyó de Egipto; de haber hecho ese esfuerzo y tenido éxito, la historia podría haber seguido un rumbo muy diferente. Sus colegas estaban cada vez más preocupados por él e informes preocupantes empezaron a llegar a Londres, donde

---

* Había resultado herido de gravedad en el ojo derecho durante un enfrentamiento frente a Córcega en 1794. Al final, perdió completamente la visión.

el Almirantazgo comenzaba a perder la paciencia y el primer lord, lord Spencer, estuvo en un tris de relevarlo de su mando. En enero de 1800, su superior, lord Keith, regresó a su puesto y ordenó a Nelson que lo acompañara en una inspección del bloqueo de Malta, pero el almirante regresó casi de inmediato a Palermo, donde Emma —que mostraba sin tapujos su embarazo— lo recibió públicamente con los brazos abiertos.

Para María Carolina, la década de 1800 tuvo un inicio desastroso. Después de treinta y seis años en Nápoles y Palermo, *sir* William Hamilton fue llamado a Londres, mientras que el mando de Nelson en el Mediterráneo llegó también a su fin. Había poco que la pobre reina pudiera hacer respecto a Nelson, pero se negó a contemplar la perspectiva de quedarse en Palermo sin los Hamilton y determinó luchar por que se quedaran. En este sentido, recibió el entusiasta apoyo de Emma, que no tenía el menor deseo de abandonar el *glamour* de la corte y el sol casi perpetuo del Mediterráneo por la lúgubre Inglaterra, donde tendría que vivir sola con un hombre que le sacaba treinta y cuatro años. Aun así, la tarea no era en absoluto sencilla. Primero, había que lidiar con la actitud del rey. Aunque Hamilton le gustaba, no tenía a Emma en la misma estima, y se negó en redondo a intervenir. En segundo lugar, el sucesor de *sir* William ya estaba de camino.

El honorable *sir* Arthur Paget, tercer hijo de lord Uxbridge,* llegó a Palermo en marzo y fue recibido con manifiesta frialdad. Desde el principio, los Hamilton trataron de librarse de él, haciéndole la vida —e incluso la presentación de sus credenciales— tan difícil como pudieron. Según escribió al ministro de Asuntos Exteriores, lord Grenville,

> [...] tras esperar casi tres cuartos de hora, su majestad siciliana entró en la sala en la que yo estaba, acompañado por *sir* William y *lady* Hamilton, lord Nelson, etcétera, donde estaba toda la corte,

* Su hermano mayor, Henry, primer marqués de Anglesey, era el famoso «Viejo Cojo» que perdió la pierna en Waterloo, donde fue segundo del duque de Wellington.

y me dirigió una o dos frases. No lo mencionaría, milord, de no ser porque el ministro ruso, que había hecho lo mismo que yo, fue invitado a una audiencia privada que duró más de una hora. Esta circunstancia, que se suma a la forma muy despectiva en que la reina se ha dirigido a mí en toda ocasión, hace que imagine que hará cuanto esté en su poder para hacer que me sustituyan.

Solo tenía un amigo en la corte que parecía dispuesto a tratarlo con razonable educación: *sir* John Acton, que había hecho más que ningún otro por mantener el reino siciliano relativamente estable. Pero en 1799, Acton, que ahora tenía sesenta y cuatro años, se había casado —gracias a una dispensa papal especial— con su sobrina de trece años, y su dedicación al trabajo empezaba a resentirse. Por todas partes cundía el descontento. Los napolitanos exigían el regreso de su rey, pero Fernando se negaba categóricamente a volver. María Carolina había determinado viajar a Viena y Fernando había accedido, pues deseaba perderla de vista, pero Acton se oponía a la idea, tanto por el gasto que suponía como porque le preocupaba el daño político

El almirante lord Nelson, 1801, retratado por *sir* William Beechey.

que pudiera causar la reina, de la que no se fiaba ni un pelo. Al final, en cualquier caso, el rey y la reina se salieron con la suya. Paget nos explica lo siguiente:

> La reina de Nápoles va a viajar a Viena con total seguridad. Estas dos cortes están siempre enfrentadas entre ellas y va a tratar de reconciliarlas, pero me parece que quizá podría ahorrarse el trabajo, pues, según tengo entendido, M. de Thugut* no la soporta [...]. Se lleva con ella a dos o tres de sus hijas, para que sean vendidas al mejor postor.

Los preparativos llegaron a su fin. Nelson y los Hamilton acababan de regresar de un corto viaje a Malta, que había sido recientemente sometida a un bloqueo con éxito. La isla era ahora, por petición propia, territorio británico. Todos los esfuerzos de la reina por retrasar su partida habían fracasado, de modo que el 10 de junio zarparon todos en el *Foudroyant*, incluidos el príncipe Leopoldo, de diez años, y las princesas Cristina y Amelia, que tenían veintiún y dieciocho años respectivamente. Era inconcebible que la familia viajara hasta Viena sin escolta, así que se dio por supuesto que Nelson y los Hamilton viajarían con ellos y los acompañarían durante todo el trayecto. Llegaron a Livorno el día 14, pero entonces surgió un grave problema. Bonaparte —a estas alturas, primer cónsul— había invadido Italia de nuevo. El día antes de la llegada del *Foudroyant* se había encontrado con el ejército austríaco en Marengo. Los primeros informes de la batalla que llegaron a Livorno al día siguiente sugerían que los austríacos habían logrado una victoria decisiva. De haberlo hecho, aquello habría supuesto el final de la carrera de Napoleón, pero esa tarde, la aparición de seis mil soldados de refuerzos franceses, frescos y descansados, inclinó la balanza en su favor. Al anochecer, los austríacos se batían en retirada general.[†]

---

* El ministro de Asuntos Exteriores austríaco.

† Cuando las noticias llegaron a Roma, las celebraciones dieron paso súbitamente a las lamentaciones; lo que, por cierto, hace que el acto II de *Tosca*, de Puccini, sea todavía más conmovedor.

El viaje a Viena que tenían por delante la reina y sus hijos parecía ahora, como mínimo, peligroso. Esperaron en Livorno casi un mes, durante el cual María Carolina contempló con horror la posibilidad de volver a Palermo. Nelson, entretanto, mostró señales de insubordinación grave, pues se había negado a reunirse con la flota principal. Parecía desmoronarse rápidamente bajo la influencia de Emma. «Es realmente triste —comentó *sir* John Moore, que pasó casualmente por la ciudad en ese momento—ver a un hombre valiente y bueno, que ha hecho tanto por su país, reducido a una figura tan lamentable». Al final, lord Keith, su comandante en jefe, se dirigió a Livorno en persona «solo para encontrarse con que lord Nelson le pidió permiso para llevar a la reina a Palermo y a los príncipes y princesas a todas partes del mundo». *Lady* Hamilton, añadió lord Keith, ya había tenido el mando de la flota bastante tiempo.

Se decidió que el grupo viajara primero a Florencia y, luego, a Ancona, desde donde un barco los llevaría a Trieste. Se marcharon de Livorno el 13 de julio. Fue un viaje peligroso: muchas de las carreteras habían sido destruidas y, en varias ocasiones, tuvieron que pasar a pocos kilómetros de las fuerzas francesas. En Ancona encontraron transporte con un pequeño escuadrón ruso, por el que Nelson no pudo ocultar su desprecio; una fuerte ráfaga de viento, dijo, habría volcado y enviado al fondo todos sus barcos. Pero al fin llegaron a Viena y, después de tres semanas, Nelson y los Hamilton finalmente se despidieron de la reina e iniciaron su viaje de vuelta, que los llevó a Praga, Dresden, Dessau y Hamburgo. Desde allí, tomaron un paquebote hasta Great Yarmouth, donde desembarcaron el 6 de noviembre. Allí aguardaba a Nelson otra bienvenida de héroe, pero ahora debía enfrentarse al problema de su esposa, Fanny. Alrededor de Navidad, esta le dio un ultimátum: debía escoger entre Emma y ella. Como era inevitable, escogió a Emma.

El año 1801 empezó bien, con el nacimiento en enero de su hija Horatia. Pero muy poco después, Nelson fue llamado de nuevo a alta mar, primero a la flota del Canal y, después, al Báltico y a la batalla de Copenhague. A su regreso a Londres fue nombrado vizconde y compró una casa un tanto destartalada en Merton —que entonces era una parroquia aparte y hoy pertenece a Wimbledon—, donde el *ménage à trois* continuó hasta la muerte de *sir* William en 1803. Poco después, se reanudó la guerra con Francia y Nelson fue enviado otra vez al Mediterráneo. Pasarían dos años más antes de Trafalgar, pero nunca volvería a ver a su amante.

Pobre Emma: estuvo desesperadamente sola cuando enviudó. A pesar de la posición de su difunto esposo, las cuidadosas instrucciones que dejó Nelson para que se les diera a ella y a Horatia cuanto necesitaran se ignoraron y la exigua pensión que consiguió dejarle pronto se agotó. Tras su muerte, los pocos amigos que le quedaban se apartaron de ella; a ojos de la sociedad, era una mujer caída en desgracia. Se aficionó a la bebida y, en 1813, pasó un año con Horatia en la prisión por deudas de Southwark antes de mudarse a Francia para huir de sus acreedores. Allí vivió sus últimos años, en la miseria, hasta su muerte en Calais en 1815. Tenía cuarenta y nueve años.

12

José y Joaquín

Volver a su amada Viena supuso una gran alegría y un inmenso alivio para María Carolina. Habían pasado diez años desde que había visto a su hija mayor, María Teresa —que se había casado con el futuro emperador Francisco II en 1790—, y pudo conocer a sus primeros cinco nietos. Sin embargo, si había esperado influir en Francisco con respecto a su lucha contra Napoleón Bonaparte, se llevó una decepción. El emperador mantuvo las distancias; la situación era de por sí bastante mala sin que se entrometiera su suegra. Napoleón esperaba que firmara la paz tras el desastre de Marengo, pero recientemente había cerrado un tratado con Gran Bretaña por el cual, a cambio de un subsidio de dos millones y medio de libras, se había comprometido a no hacerlo antes de febrero de 1801. El resultado fue otra victoria, todavía más decisiva para los franceses, en Hohenlinden, a treinta kilómetros al este de Múnich, en diciembre de 1800, en la que los austríacos fueron rechazados y perdieron casi veinte mil hombres. En quince días, su ejército en retirada fue empujado más de trescientos kilómetros hacia Viena. En Navidad, un desesperado Francisco firmó un nuevo armisticio y cuando, en enero de 1801, otro ejército francés empezó a expulsar a los austríacos del norte de Italia, estaba más que listo para firmar la paz. Se demoró durante un par de semanas más en deferencia hacia los británicos y, el 9 de febrero, firmó el Tratado de Lunéville, que, a todos los efectos, sacaba a Austria de la guerra. Los franceses ganaron Bélgica, Luxemburgo y la orilla izquierda del Rin. Gran Bretaña y Nápoles —cuyos intereses habían ignorado por completo los austríacos en Lunéville— eran ahora las dos únicas naciones que seguían en guerra con Napoleón.

Mientras tanto, en Palermo, el rey Fernando estaba sometido a una presión cada vez mayor por parte de *sir* Arthur Paget y de sus súbditos napolitanos para que regresara a Nápoles. Se opuso con todas sus fuerzas; la mera idea de regresar le resultaba odiosa. Creía, o fingía creer, que su vida estaría en serio peligro en Nápoles. El hecho era que prefería infinitamente su tranquila vida en Sicilia, donde —especialmente ahora que la reina se había marchado— podía dejar todos los asuntos desagradables en manos de Acton y dedicarse a cazar hasta hartarse. Al final, decidió enviar a la península a su hijo, el príncipe heredero Francisco, junto con su esposa, María Clementina de Austria, la hermana del emperador. Ambos tenían veintitrés años y estaban locamente enamorados. «Su marido ejerce como marido dos o tres veces al día —escribió la reina—, la adora en todos los sentidos del término. Dice que la ama y, desde luego, ella muestra y exige muchas demostraciones de amor». Para los napolitanos —que albergaban la esperanza de que fuera su padre quien llegara a la ciudad— no eran más que una opción secundaria, pero, cuando la pareja real llegó el 31 de enero de 1801, recibieron una excelente bienvenida, y cuando la sonriente princesa se asomó al balcón de palacio y levantó ante su pueblo primero a su hijo y, luego, a su hija, tanto ellos como María Clementina fueron aclamados atronadoramente.

Pero no había celebración lo bastante grande como para ocultar el hecho de que Napoleón seguía en guerra con Nápoles y de que la ciudad estaba a su merced. Al final se firmó un tratado de paz, que se rubricó en Florencia el 28 de marzo. Nápoles fue obligada a ceder la isla de Elba y parte de la costa frente a ella, a retirar sus tropas de los Estados Pontificios, a cerrar todos sus puertos al comercio británico, a liberar a todos los prisioneros republicanos franceses y a permitir el acuartelamiento de tropas francesas, a su costa, en su territorio durante un año. Esta última provisión resultó en la llegada de diez mil hombres bajo el mando del general Jean-de-Dieu Soult, que ocupó los puertos de Otranto, Taranto y Bríndisi para mejorar sus comunicaciones con el ejército que Napoleón había abandonado en Egipto en 1799 y que seguía esperando la oportunidad de volver a casa. Finalmente, en mayo, un embajador francés, el barón Charles-Jean-Marie Alquier —que había sido, de hecho, miembro de la Convención que había votado la ejecución de Luis XVI— presentó sus credenciales al príncipe heredero. El resto del cuerpo diplomático —a excepción del ministro ruso— permaneció con el rey en Palermo. Gran Bretaña era ahora la única enemiga de Napoleón.

En noviembre de ese mismo desastroso 1801, fue testigo de la muerte de María Clementina, a la edad de solo veinticuatro años, probablemente a causa de la tuberculosis. Solo cuatro meses antes, su hijo pequeño había fallecido cuando faltaba poco para su primer cumpleaños. Su marido estaba destrozado, pero se le buscó rápidamente una nueva esposa. Se escogió a su prima María Isabel, hija de Carlos IV de España;* se acordó además que, en una ceremonia doble, el hermano de la novia, el príncipe de Asturias —el futuro Fernando VII— se casaría con la hermana del novio, la princesa María Antonieta. María Carolina montó en cólera ante la elección de esposa de su hijo; siempre había detestado a los Borbones españoles y esperaba que todos sus hijos se casaran con austríacos respetables. También estaba asombrada. «He visto escrito de su puño y letra al general [Acton] —escribió—, solo diez días después de la muerte de su virtuosa esposa, que su largo celibato le pesaba. Me avergüenzo de que sea mi hijo». Puede que se avergonzara todavía más profundamente al enterarse de que la esposa con la que se iba a casar tenía solo trece años.

Mientras Nápoles lloraba la muerte de la joven princesa, Napoleón trabajaba duro. No solo estaba reorganizando la república francesa, sino que también había tenido que establecer gobiernos efectivos en Italia, Holanda, Alemania y Suiza. En tales circunstancias, por el momento no podía continuar las hostilidades con Gran Bretaña. Las negociaciones fueron largas

* Al menos, en teoría. Muchos en España creían que su padre era Manuel Godoy, primer ministro entre 1792-97 y 1801-08 y amante de la reina María Luisa.

y duras, pero finalmente se rubricó un tratado de paz en Amiens el mes de marzo de 1802. Fue el único que se firmó jamás entre Gran Bretaña y Bonaparte, y duró solo un año; su principal disposición determinaba que Francia retiraría sus fuerzas del reino de Nápoles y Gran Bretaña, las suyas de Egipto. La isla de Menorca, que durante el pasado siglo había ido pasando de Gran Bretaña a España y viceversa, se convirtió en española de una vez por todas. Otra de las cláusulas, que Gran Bretaña abandonara Malta en tres meses y se la retornara a los hospitalarios, nunca se ejecutó por motivos que en breve quedarán claros.

Napoleón, como es natural, estaba deseoso de presentar bajo la mejor perspectiva posible la retirada de Nápoles, igual que había hecho en Egipto, y pintarla tanto como pudiera como una victoria. Astutamente, envió a su cuñado, Joaquín Murat, con el rango de embajador extraordinario para que supervisara la operación. Desde luego, no había nadie más adecuado para ese trabajo. Los napolitanos esperaban a algún republicano austero y tedioso; Murat —carismático, arrebatador y siempre resplandeciente en sus elegantísimos uniformes— no dejaba indiferente a nadie. Se le ofreció una magnífica recepción en el palacio real de Caserta, donde, con una elaborada ceremonia, regaló al príncipe heredero un par de pistolas fabricadas en Versailles. Tal fue el esplendor del espectáculo que muchos de los presentes concluyeron que los días de la república debían de estar tocando a su fin y que Francia volvería a ser en poco tiempo una monarquía. Lo que no alcanzaban a imaginar es lo pronto que la historia les daría la razón.

Con los franceses fuera del reino, ya no había ninguna razón plausible para que el rey Fernando permaneciera en Sicilia. Siguió demorando su partida cuanto pudo, pero, al final, tuvo que ceder. Tras una ausencia de más de dos años y medio, el 27 de junio de 1802 entró en Nápoles desde Portici a caballo. Se dice que la población de la ciudad casi se duplicó por las multitudes que acudieron desde todos los rincones de su reino a darle la bienvenida. No está del todo claro qué había hecho para merecer esa asombrosa popularidad, pero tenía algo que ver con la forma en que el *re lazzarone* se identificaba con los más humildes de sus súbditos. Los *lazzaroni* lo rodearon, lo ovacionaron durante cuatro horas seguidas y estuvieron a punto de derribarlo de su caballo con su entusiasmo. Al menos para el rey, su nueva vida en Nápoles prometía ser mucho más agradable de lo que había temido.

A la reina, sin embargo, aún le parecía una perspectiva espantosa, y, como era típico en ella, no mantuvo su descontento oculto. Tras verse obligada a permanecer en Viena para una dolorosa operación de hemorroides, finalmente llegó a Nápoles el 17 de agosto, casi en secreto. No compartía la popularidad de su marido y no hizo ningún esfuerzo por ganarse al pueblo que despreciaba. La cercana boda doble no le ofrecía ningún consuelo. Amaba a su hija Antonieta, que ahora partía rumbo a España, y temía no volver a verla nunca; por su hijo Francisco, que esperaba a su nueva esposa en Nápoles, solo sentía repugnancia. No parecía interesarle nada más que el sexo y nadie en la corte mostraba el menor interés por él.

El dormitorio de Murat en el palacio real de Caserta.

De hecho, ambos matrimonios resultaron mucho peor de lo que incluso María Carolina había temido. «Antonieta está desesperada —escribió—. Partió con unas expectativas muy optimistas, a las que ya no ha lugar. Su marido tiene un rostro horripilante, una voz que infunde pavor y es un perfecto idiota. La vida allí es abominable, como la de hace cinco siglos». A pesar de que había recibido instrucciones del embajador napolitano para que escribiera a casa solo cartas felices y con buenas noticias, la princesa confesó a su madre que habría preferido un convento. Todo esto ya era de por sí bastante malo, pero cuando la corte napolitana vio por primera vez a la novia niña del príncipe heredero, los cortesanos se quedaron colectivamente horrorizados. El rey la describió como «pequeña, y redonda como una pelota»; la reina, como era habitual, no se anduvo con rodeos.

No es ni siquiera una Borbón, sino blanca y roja, y tiene los ojos negros. Es muy corpulenta y robusta, y sus piernas son cortísimas. Y eso en cuanto al exterior. El resto no lo puedo describir, porque ni yo misma lo entiendo. Es una nulidad en todos los aspectos. Carece de conocimientos, ideas y curiosidad. Nada, absolutamente nada. Habla un poco de español, pero ni una palabra de italiano ni francés, y solo monosílabos, sí y no, indiscriminadamente. Sonríe todo el rato, esté complacida o no [...]. El hijo de Francisco, que tiene cuatro años, es mucho más inteligente. Es increíble. Francisco ha contratado maestros para que le enseñen italiano y los rudimentos de la geografía y la aritmética. No sabe nada excepto tocar un poco el piano. He intentado elogiarla e insuflarle un poco de vida, pero no siente nada; simplemente se ríe.

Pero ese es un juego al que pueden jugar más de uno. Para la reina María Luisa de España, su nueva nuera era «ese desecho de su madre, esa víbora venenosa, ese animal rebosante de bilis y veneno en lugar de sangre, esa diabólica serpiente».

Creía firmemente que María Carolina pretendía que su hija la envenenara y, cuando la pobre chica murió a los veintiún años —tras dos abortos—, corrieron maliciosos rumores que decían que había sido envenenada por su suegra. María Carolina, por supuesto, no tenía la menor duda de ello.

A finales de la primavera de 1803, el Tratado de Amiens estaba claramente en las últimas. Bonaparte se había anexionado el Piamonte y Elba y había ocupado Suiza; ¿adónde se dirigiría después? Un artículo reciente en el *Moniteur* francés firmado por un tal coronel Sebastiani afirmaba que seis mil soldados franceses bastarían para conquistar Egipto. El primer intento de Napoleón había acabado en un fracaso moderadamente humillante; ¿era plausible que se estuviera planteando un segundo? La mera probabilidad de que así fuera bastó para persuadir al Gobierno británico de no abandonar Malta. Las noticias de este cambio de postura hicieron que Napoleón montara en cólera. El francés rompía acuerdos y tratados cuando le convenía, pero no se toleraba el mismo comportamiento a otros. El 18 de mayo declaró la guerra a Inglaterra; el 31, notificó al Gobierno de Nápoles que iba a enviar un ejército de trece mil hombres para defender Apulia —cuyos gastos, huelga decir, pagarían los propios napolitanos— bajo las órdenes del general Laurent de Gouvion-Saint-Cyr. Esta vez, gracias en buena parte a los esfuerzos de su embajador, Charles-Jean-Marie Alquier, tenía una nueva razón para tratar el reino de la forma en que lo hacía: *sir* John Acton. Escribió las siguientes líneas a la reina.

> ¿Qué debo pensar del reino de Nápoles [...] cuando veo que encabeza toda su administración un hombre ajeno al país y que tiene concentradas en Inglaterra su riqueza y todos sus afectos? Mientras tanto, el reino está gobernado menos por la voluntad y principios de su soberano que por los de su ministro. Por ello, he decidido que lo prudente es considerar Nápoles un país gobernado por un ministro británico.

Irónicamente, la reina estaba de acuerdo con él, aunque, por supuesto, se cuidó mucho de decirlo. Odiaba a Acton y llevaba mucho tiempo intrigando contra él. Estaba convencida de que sin él podría manipular a su marido y gozar de nuevo de la influencia que tanto ansiaba. Pero Fernando se mantuvo firme. Si se obligaba a dimitir a su primer ministro, él mismo abdicaría de inmediato. Confiaba en Acton más que en ninguna otra persona viva —y, desde luego, mucho más de lo que confiaba en su esposa— y no estaba dispuesto a atender a críticas contra él, y menos aún si procedían de María Carolina.

Justo entonces llegó a Nápoles un nuevo embajador británico, Hugh Elliot.* Este hombre había navegado hasta Gibraltar con Nelson, que recientemente había sido nombrado comandante del Mediterráneo y que, sin duda, debió de brindarle la explicación más completa imaginable sobre lo que le esperaba, en la que seguramente no faltaron advertencias sobre la importancia de Sicilia. Nelson ya había escrito a Acton sobre la isla, que consideraba fundamental para la monarquía (más importante, incluso, que la propia Nápoles). El almirante defendía que, si la ciudad era conquistada, Sicilia aún podría salvarse; en cambio, la pérdida de la isla supondría el fin del reino. Así pues, Elliot tuvo las cosas muy claras desde el principio. Siendo como era un hombre de carácter, aceró todavía más la determinación de Acton. Si Napoleón insistía en sus exigencias de que los puertos napolitanos se cerraran al comercio británico, debía ser discretamente informado —y aquí vemos la influencia de Nelson— de que los británicos ocuparían Mesina. Era esencial, por otro lado, no precipitarse: Gran Bretaña no podría hacer nada si Saint-Cyr decidía marchar contra la capital. Mientras tanto, las defensas costeras de Sicilia y Calabria debían intensificarse y había que reunir cañoneros en Mesina para rechazar cualquier posible intento de invasión. Por último, el HMS *Gibraltar* permanecería en aguas napolitanas, para proteger —y si

---

* *Sir* Arthur Paget había sido trasladado a Viena. Elliot nunca recibió el acostumbrado título de caballero, pues había en su historial una mancha en los inicios de su carrera: un duelo con el amante de su esposa.

era necesario de nuevo, evacuar— a la familia real en caso de emergencia.

1803 dio paso a 1804 y Alquier y Saint-Cyr aumentaron la presión sobre la reina. No pasaba ni un solo día sin que el embajador protestara o presentara quejas o sin que se recibieran nuevos ultrajes por parte del general, que se estaba comportando como un dictador en Apulia, ignorando las disposiciones del Gobierno, alojando a sus tropas donde le daba la gana, vaciando los graneros e incluso ordenando la ejecución de ciudadanos napolitanos. Ambos siguieron pidiendo la destitución de Acton, quien —agotado por sus continuas provocaciones— finalmente presentó su dimisión. El rey, como era usual, se enfureció y amenazó con marcharse de inmediato a Sicilia; pero cuando le dijeron que Napoleón había decidido declararle la guerra a menos que el primer ministro saliera de la capital en cuestión de días, aceptó a regañadientes lo que se le ofreció como solución de compromiso: Acton se retiraría a Palermo con una generosa pensión y una gran finca en Módica, pero mantendría su cargo y se le enviarían todos los informes y despachos importantes. Sus supuestos sucesores serían meros subsecretarios.

Este acuerdo evitó tanto la humillación de Acton como, de hecho, la de la corte, pero era imposible que funcionara en la práctica. El ministro nunca había sido popular y no hizo ningún esfuerzo para congraciarse con la aristocracia local; la realidad era que había sido prácticamente omnipotente en el país durante un cuarto de siglo y se había vuelto irreemplazable. En adelante no habría nadie al timón; peor aún, no habría nadie que controlara a la reina. Esta escribió:

> El rey está en Belvedere. Viene aquí de vez en cuando durante unos pocos minutos. En otras ocasiones, voy yo allí, lo que me resulta agotador debido al horrible calor y al polvo. Estamos completamente separados y tenemos que escribirnos todo [...]. El príncipe asiste a los consejos en ausencia de su padre y yo asisto solo en nombre del rey [...]. Detesta la ciudad y anhela estar solo,

pues no puede ni adaptarse ni someterse a la supremacía de los franceses ni tolerar que ni ellos ni Bonaparte le digan lo que tiene que hacer. Solo anhela Sicilia, que le gusta más porque allí nunca le han ofendido ni insultado. De hecho, está constantemente furioso, cosa que me deprime. Está decidido a no aceptar las credenciales de Alquier, sino permitir que su hijo le represente [...] porque, según declara, si tuviera que hacerlo él, le acometerían convulsiones o una embolia, que lo mataría [...].

Hemos oído que el general Acton llegó a Palermo el 31 [de mayo de 1804]. Recibió allí una ovación y los sicilianos dicen de él que «un hombre perseguido por Francia debe de ser incorruptible».

Solo después de que Napoleón se coronara a sí mismo emperador el 2 de diciembre de 1804, María Carolina disfrutó de una pequeña compensación. En adelante, siempre que Alquier —el ferviente republicano que había votado a favor de la ejecución de Luis XVI— la llamaba, ella se deleitaba en subrayar su cambio de estatus, sonriendo con dulzura cuando las palabras «el emperador, *tu señor*» salían de su boca.

El 26 de mayo de 1805, Napoleón Bonaparte se coronó a sí mismo en la catedral de Milán, por segunda vez —en esta ocasión, con la corona de hierro de Lombardía—, y también rey de Italia. Para Fernando y María Carolina, ese acto suponía una amenaza directa a su propio título; aunque su posición era muy débil, exigieron una explicación. Napoleón, como era predecible, se lo tomó mal y se enfureció, máxime porque se enteró entonces de un reciente desembarco de un considerable contingente ruso en Corfú y de la llegada de los refuerzos británicos a Malta. En consecuencia, cuando el embajador napolitano, el amable príncipe de Cardito, se presentó ante él, le soltó el tipo de tremenda diatriba por el que también se estaba haciendo famoso. Acusó a María Carolina de ser lesbiana y la condenó

como «la peor Mesalina de esta era». Ese barco británico que seguía pululando por la bahía, dijo, no impediría que la destrona-
ran. Cuando estas palabras llegaron a oídos de la reina, esta concluyó que el ataque francés era inminente. Tenía dos aliados, los
británicos y los rusos, que habían prometido defender su reino
(los rusos habían llegado al extremo de enviar dos generales,
con los sorprendentes apellidos de Lacy y Oppermann, para que
investigaran en persona la situación militar). Ninguno de los
dos imponía demasiado respeto; al rey le parecían risibles y no
se esforzó en ocultarlo. Lacy era irlandés de nacimiento, aunque
era mucho más feliz conversando en ruso que en inglés, lengua
que hablaba con un cerrado acento irlandés. Era un nombre
muy viejo y tenía la costumbre de sacarse del bolsillo un gorro
de dormir, ponérselo y echarse una siesta durante las reuniones.
Oppermann era un alsaciano que no hacía más que quejarse de
todo. Era él quien tomaba todas las decisiones.

Con la ayuda un tanto a regañadientes de estos dos, la reina
—aunque sabía que no había esperanza alguna de repeler una
invasión a gran escala— cerró un segundo acuerdo en septiembre con el zar, según el cual este enviaría un ejército de tamaño
considerable que sería reforzado con seis mil soldados británicos procedentes de Malta. No obstante, este tratado quizá no
era tan favorable como parecía; con San Petersburgo tan lejos,
Nápoles quedaría totalmente a merced de los rusos sobre el terreno. Una semana o dos después, sin embargo, llegaron buenas
noticias de París: las tropas francesas abandonarían el reino en
una semana. A cambio, Fernando debía mantenerse estrictamente neutral y sus puertos debían impedir el acceso de barcos
de todas las naciones beligerantes. Tampoco debía entregar a
ningún *émigré* francés ni a ningún súbdito de ninguna potencia
hostil a Francia ningún cargo militar de importancia. Lo que
todo esto quería decir era que Napoleón creía que Saint-Cyr
y sus hombres serían más útiles en Lombardía que en Apulia,
pero, al menos, esta retirada permitió a Nápoles ganar un poco
de tiempo.

Y le hacía falta. El 19 de noviembre, entró en la bahía el
primer convoy ruso. Poco después, siete mil soldados británicos

desembarcaron en Castellammare —unos treinta y dos kilómetros al sureste de Nápoles— y unos trece mil rusos y albaneses en la ciudad propiamente dicha. El ejército napolitano, que no era para tirar cohetes, ascendía a poco menos de diez mil hombres, pero estaban desanimados y su disciplina era escasa. Una campaña de reclutamiento en el último momento se demostró poco menos que desastrosa, con hombres mutilándose a sí mismos para evitar ser llamados a filas. María Carolina dio la bienvenida a los recién llegados encantada de que la situación llegara al fin a un momento decisivo; Fernando, por una vez más sabio que su mujer, comprendió que su país estaba condenado. Ahora solo pensaba en regresar a Sicilia y se consolaba con la reflexión de que no había dejado ni un jabalí vivo en Nápoles para los franceses. Se cuenta que, un día, el rey se encontró por casualidad con un coronel albanés al volver de una cacería.

—¿Adónde vas? —le preguntó el rey.

—A los Abruzos —contestó el coronel.

—¿Para qué?

—Para entrar en la campaña.

—¿Contra quién?

—Contra los franceses, majestad.

—Que Dios te ayude —murmuró el rey mientras se alejaba en su caballo.

El 2 de diciembre de 1805, en una de las victorias más trascendentales de su carrera, el ejército de Napoleón, de 68 000 soldados, triunfó ante una fuerza conjunta de 90 000 austríacos y rusos en Austerlitz (Moravia). El Día de San Esteban (26 de diciembre), por los términos de un tratado firmado en Pressburgo (la actual Bratislava), Austria se vio obligada a retornar a Francia, entre otras cosas, todos los territorios venecianos que había adquirido en 1797 con el Tratado de Campo Formio, que pasaría a constituir, junto con las costas de Istria y Dalmacia, parte del nuevo reino napoleónico de Italia. El emperador se había negado a admitir en el tratado ninguna cláusula en nombre de Nápoles; es más, el día en que se firmó, declaró su intención de «quitar del trono a esa criminal que tan desvergonzadamente ha violado todo lo que es sagrado entre hombres». En una subsiguiente proclamación a su ejército, añadió: «¿Podemos fiarnos otra vez de una corte que carece de lealtad, honor y sentido común? ¡No, no! La dinastía de Nápoles ha cesado de reinar: su existencia es incompatible con la paz de Europa y el honor de mi Corona».

Parece que las noticias de la derrota en Austerlitz estuvieron a punto de generar pánico en los corazones y las mentes de los rusos, que decidieron retirarse inmediatamente a Calabria. El general británico, *sir* James Craig, no estaba de acuerdo con esa decisión, pero los siguió de todos modos. María Carolina estaba furiosa como solo ella sabía estarlo. Se había esperado algo así de los rusos, pero, en los británicos, esa conducta era imperdonable.

> El olor a pólvora hace enfermar los endebles órganos del general Craig, que, por lo tanto, desea evitar la ocasión de notar ni siquiera un indicio de ese olor en el aire. Espero que continúe por ese camino y se haga monje, después de haber deshonrado a su país y haber hecho que pierda toda su influencia en el comercio del Mediterráneo, el Levante y Egipto; los efectos del paso que ha dado se sentirán durante mucho tiempo. Me considero completamente desanglomanizada.

Entonces, el 10 de enero de 1806, los generales aliados cambiaron de opinión de nuevo. Después de todo, preferían no defender Calabria: optaron por volver a su casa directamente. Para el rey Fernando, esa fue la gota que colmó el vaso: ¿cómo iba Nápoles a resistir a un ejército que había derrotado al Imperio austríaco? El 23 de enero zarpó a Sicilia e hizo que la reina y el príncipe heredero se las apañaran como pudieran. Poco más de un par de semanas después, el príncipe anunció su propia partida a Calabria, «para coordinar todas las medidas posibles»; entonces, al fin, María Carolina comprendió que la partida estaba perdida y que ya no había nada que pudiera hacer en Nápoles. Acompañada por sus dos hijas solteras, su nuera —la princesa heredera—, sus dos nietas y once cortesanos embarcó la tarde del 11 de febrero en la fragata napolitana *Archimede* y puso rumbo a las miserias invernales de Palermo. Pero ni siquiera entonces se acabaron sus problemas. El tiempo no fue mucho mejor que el que había sufrido en su anterior travesía con Nelson y los Hamilton. Una violenta tormenta dispersó el convoy y veintiséis de los barcos de transporte fueron empujados a la costa, donde fueron o bien capturados por los franceses o se rindieron a ellos. Muchos perdieron cuanto poseían; todos los archivos del Gobierno cayeron en manos enemigas. Pasaron otros cinco horrendos días antes de que el *Archimede,* casi en solitario, echara el ancha en el puerto de Palermo.

La reina y su séquito se habían marchado justo a tiempo; en el tan poco apropiado Día de San Valentín, bajo una lluvia torrencial, una división francesa a las órdenes del general Louis Partouneaux entró en Nápoles. Era la vanguardia de un ejército de cuarenta mil hombres comandado por el mariscal André Masséna, a quien acompañaba el hermano mayor del emperador, José Bonaparte, como representante personal de Napoleón. No hubo resistencia. Si siete años antes los *lazzaroni* habían luchado con uñas y dientes y causado una enorme cantidad de bajas, ahora se mostraron indiferentes y apáticos, y ni

José Bonaparte, el hermano mayor de Napoleón.

siquiera protestaron cuando José hizo su entrada triunfal en la ciudad al día siguiente y estableció su residencia en el palacio real. Seis semanas después, el 30 de marzo, José fue proclamado rey. Lo que *sir* Harold Acton describe como «la aturdida y senil regencia» tuvo como único objetivo preservar la paz. Aunque había recibido perentorias instrucciones de no rendir ninguno de los tres principales castillos, entregó los tres de inmediato a los franceses, junto con las islas de Isquia y Prócida, para asegurarse de que fueran recibidos pacíficamente.

«Una vez capturado Nápoles, el resto caerá también», escribió Napoleón a José. No era la primera vez que subestimaba a su enemigo. Calabria resultó una empresa mucho más difícil. El 1 de julio de 1806, un contingente británico procedente de Palermo y consistente en 4800 soldados de infantería y 16 cañones desembarcó en la costa occidental; tres días después atacó a una fuerza francesa cerca del pueblo de Maida y, tras un salvaje asalto con bayonetas, la hizo huir. La victoria fue recibida con entusiasmo no solo a nivel local, sino también en Inglaterra, donde todavía se recuerda con el nombre de uno de los barrios de Londres, Maida Vale.* Hubo algunos que protestaron diciendo que, si Stuart hubiera continuado su marcha hacia el norte, «nada le habría podido impedir llegar a Nápoles», pero estos críticos tendían a olvidar que su pequeño ejército estaba agotado por el calor y la malaria. En cualquier caso, consiguió posponer indefinidamente la invasión de Sicilia que planeaban los franceses, lo cual, sin duda, es hazaña más que suficiente. Pero había que consolidar esa ventaja. Sicilia era ahora —aparte de Cerdeña— la única zona de Italia que no estaba bajo ocupación francesa y, obviamente, a los británicos les interesaba que siguiera siendo así. En consecuencia, la isla quedó bajo protección militar británica, con unos diez mil soldados distribuidos a lo largo de su extensión.

Por desgracia, la caída de la ciudad de Gaeta —tras una heroica resistencia que duró seis meses—, junto con la decisión de

* Hasta hace unos pocos años, había en el extremo sur de Maida Vale un *pub* llamado «Hero of Maida», que tenía como emblema un retrato del general Stuart.

Masséna de concentrar muchas más tropas contra él, obligó a Stuart a reembarcar a sus tropas en septiembre. En consecuencia, las guerrillas tomaron el relevo de la guerra contra los franceses y se sucedieron las habituales atrocidades por parte de ambos bandos. Los calabreses no sentían especial cariño por los Borbones, pero los preferían con diferencia a los invasores franceses; además, ¿acaso no se había negado el papa a reconocer a José Bonaparte como su rey? Eran gente del campo y, cuando empezaron a combatir, lo hicieron con tenacidad y contundencia.

En cuanto a Sicilia, una isla gobernada solamente por el rey Fernando y la reina María Carolina probablemente no habría supuesto un gran problema para Masséna. Nelson estaba muerto y, a su llegada a Palermo, la familia real había sido recibida con mucha más frialdad que en sus anteriores visitas. A estas alturas, los sicilianos ya conocían demasiado bien a su superior y eran plenamente conscientes del hecho de que, para Fernando, su isla no era más que un coto de caza y un refugio de emergencia. Incluso había destruido varios magníficos mosaicos del siglo XII simplemente para construir un acceso al edificio que le resultara más cómodo. Además, todos los puestos importantes de la administración habían sido ocupados por napolitanos, y muchos sicilianos —en particular, los hijos jóvenes de la nobleza— se encontraron sin empleo. En tales circunstancias, una invasión francesa se habría topado con considerablemente poca resistencia.

Pero la situación real era muy distinta. En primer lugar, Fernando había invitado a los británicos a hacerse cargo de la defensa de la isla —cosa que habrían hecho de todos modos— y el estrecho de Mesina estaba ahora constantemente patrullado por cañoneros británicos. En segundo lugar, los británicos se habían hecho cargo de mucho más que la mera defensa de Sicilia; a efectos prácticos, habían tomado el gobierno de toda la isla, con más de diecisiete mil soldados y unos treinta cónsules o vicecónsules civiles destinados en su territorio. Sicilia también disfrutaba de un subsidio directo de Gran Bretaña, por no hablar de un considerable número de préstamos y de una cantidad nada desdeñable de inversión privada; el impacto de todo esto en la otrora deprimida economía siciliana es fácil de imaginar.

La inversión trajo consigo una ola de anglofilia radical: en Palermo, aquellos que estaban más a la última fingían hablar el dialecto siciliano con un fuerte acento inglés.

El regreso de la familia real a Palermo fue bienvenido sobre todo por un hombre: *sir* John Acton. Había pasado ahora bastante más de un año desde su exilio a Sicilia y, para cuando llegó la reina, había recuperado toda la autoridad de la que había gozado antes. María Carolina siempre lo había detestado, y su reencuentro, escribió, fue «una escena de violentas recriminaciones y lágrimas». Acton, destacó, consideraba que la campaña calabresa era una pérdida de tiempo y dinero (aunque, gracias a la determinación de la reina, seguiría sin conseguir gran cosa durante otros cuatro años); estaba mucho más interesado en salvar Sicilia que en recuperar Nápoles. Gracias a él, las tropas británicas ya habían ocupado varios fuertes de los alrededores de Mesina y del noreste; también había escrito al almirante lord Collingwood —que había sucedido a Nelson como comandante en jefe del Mediterráneo— para pedirle que acudiera con una flota en defensa de la isla.

Collingwood tenía otro objetivo más importante en su punto de mira: impedir que la flota atlántica francesa entrara en el Mediterráneo. Pero envió a un sustituto muy notable. El contraalmirante *sir* Sidney Smith insufló nueva vida a la corte siciliana. Ya se jactaba de un espléndido historial de guerra, tras haber hecho sudar sangre a Napoleón durante el asedio de Acre en 1799, cuando había anclado sus barcos en las aguas poco profundas frente a la costa y los había usado para disparar andanadas contra el campamento francés. Smith, enérgico, exuberante y extremadamente ruidoso, se ganó al instante el favor de la reina, quien pensó que había encontrado a un nuevo Nelson. «Schmidt», como lo llamaba siempre, estaba decidido a no decepcionarla. El 11 de mayo, entró con su flota en la bahía de Nápoles. Obviamente, no deseaba bombardear la ciudad, pero capturó Capri y, poco después, la isla de Ponza, que pronto se convertiría en un hervidero de conspiraciones e intrigas monárquicas. También deleitó a la reina desembarcando en secreto a líderes de la guerrilla a lo largo de la costa de Calabria con proclamaciones que incitaban a la revuelta contra los franceses y enviando armas y provisiones a Gaeta, que aún resistía heroicamente. El 28 de junio, María Carolina lo invistió con autoridad suprema sobre todas las fuerzas napolitanas y sicilianas en tierra y mar; al aceptar el cargo, Smith le prometió que se «atrevería a más de lo que Bonaparte osaba imaginar».

Era, quizá, inevitable que *sir* Sidney no gozara de tanta popularidad entre sus colegas ingleses. La investidura de junio, celebrada sin previa consulta con *sir* John Stuart, hizo que este montara en cólera, como es comprensible. Por fortuna para todos los implicados, fue transferido enseguida y sucedido por el general Henry Fox, quien, dado que era un hombre enfermo, dejó que la mayoría de las decisiones las tomara su segundo al mando, *sir* John Moore, quien finalmente lo relevaría. Pero Moore consideraba que Smith era tan irritante como le había parecido a Stuart y, aún peor, creía que estaba causando un daño irreparable por

> [...] sus interferencias en Calabria, donde, en su imaginación, está dirigiendo las operaciones de ejércitos pero en realidad solo está fomentando los asesinatos y la rapiña e instigando entre elementos desagradables, a los que no tenemos ninguna intención de apoyar, un espíritu de revuelta que solo provocará una venganza más severa del gobierno francés. Mientras *sir* Sidney tuvo dinero, lo repartió a manos llenas y ahora, con el mismo escaso juicio, distribuye armas, municiones y provisiones.

Todos los cronistas coinciden en que los calabreses no necesitaban que *sir* Sidney los animase. Incluso sin su interferencia, la campaña seguía siendo más pesadillesca de lo que tales campañas son normalmente, con inefables atrocidades cometidas por ambos bandos seguidas por horrendas reprimendas; en la *piazza* de la pequeña ciudad de Cassano, por poner solo un ejemplo, cincuenta y dos italianos fueron fusilados por sus propios compatriotas. La mayoría, sin embargo, estaba completamente en contra de los franceses. Eran gente primitiva, apasionada y devota para la que la negativa del papa a reconocer a José Bonaparte como rey resultaba argumento más que suficiente para tomar bando. La subsiguiente supresión por parte de José de todos los monasterios y conventos de la región los confirmó en su animadversión hacia los invasores.

El relevo de *sir* Sidney en enero de 1807 supuso un inmenso alivio para todos sus compatriotas en Sicilia. Ahora la reina se quedó sola en su deseo de más acción. Este era el momento, creía ella, para lanzar un ataque a gran escala contra Nápoles. Todos sus asesores, británicos y sicilianos, intentaron persuadirla —con la mayor educación— de que estaba equivocada, pero ella se negó a escucharlos. Como había señalado Hugh Elliot, «su majestad siciliana [...], de temperamento susceptibilísimo y espíritu activo y emprendedor, no entiende, o quizá prefiere no entender, las dificultades que se interponen en la consecución de cualquiera de sus objetivos favoritos». Al final, debido exclusivamente a su persistencia, una fuerza de unos cuatro mil hombres a las órdenes del general Luis, príncipe de Hesse-Philippsthal —héroe del reciente sitio de Gaeta—, cruzó el estrecho de Mesina e inició el avance a través de Calabria; casi de inmediato, no obstante, la expedición acabó en desastre. En el curso de un solo enfrentamiento breve cerca de Mileto, el príncipe perdió 1633 hombres y 6 piezas de artillería. María Carolina se tomó las malas noticias como una tragedia —como hacía siempre—, sin embargo, se negó a reconocer que el fiasco fuera en modo alguno culpa suya. Su ardor guerrero no disminuyó ni una brizna.

En julio de 1807, *sir* Arthur Paget visitó brevemente Palermo de camino a su nuevo destino, en Constantinopla. Albergaba la esperanza de evitar a la reina, pero esta había sido informada de su llegada y lo convocó de inmediato a palacio. Lo abroncó durante dos horas, quejándose de los ingleses en general y de *sir* John Moore en particular. Después escribió las siguientes líneas.

En vista de todo esto, menos en lo que se refiere a poseer la isla, el propio Bonaparte difícilmente podría desear que la situación en ella fuera diferente [...]. Parece ser que tanto el general Fox como el general Moore están profundamente convencidos de que no se puede depositar ninguna fe en el Gobierno siciliano, por la forma en la que está administrado ahora y en tanto que la reina siga dirigiendo sus consejos. El ejército siciliano, si es dado llamarlo ejército, está en un estado tan lamentable que no se puede esperar razonablemente de él ninguna cooperación útil en las actuales circunstancias.

María Carolina también estaba profundamente conmocionada por el Tratado de Tilsit, que Napoleón y el zar Alejandro I habían firmado en julio de 1807 en una balsa sobre el río Niemen. El zar, su antiguo aliado, había accedido a reconocer a José Bonaparte como rey de Nápoles; «ya solo espero mi sentencia de muerte», escribió. La reina estaba todavía recuperándose de un golpe mucho más fuerte: dos meses antes, su hija mayor, María Teresa, esposa del emperador de Austria, había fallecido.* Cuando el emperador volvió a casarse solo ocho meses después —y echó sal en la herida al reconocer además a José Bonaparte—, los últimos vínculos emocionales con su anterior suegra se quebraron; en adelante, ambos se escribieron lo menos posible y, cuando lo hicieron, fue en los términos más formales.

Al menos por el momento, el Tratado de Tilsit había sellado el futuro de Europa oriental. Napoleón podía concentrarse ahora en Occidente, en la península ibérica. De Portugal se había encargado rápidamente; en otoño de 1807, cuando los portugueses se habían negado a cerrar sus puertos a los barcos británicos, había enviado allí un ejército de treinta mil hombres. La familia real portuguesa había huido al instante a Brasil y dejado todo el país en manos de los franceses. Buena parte del ejército invasor

* Había sido bautizada en honor de su abuela materna, la emperatriz María Teresa.

El cuñado de Napoleón,
el carismático y apuesto
Joaquín Murat.

se había trasladado entonces al norte de España, mientras, al mismo tiempo, el emperador enviaba a su cuñado Joaquín Murat a ocupar Madrid y a que trajera al rey de España, Carlos IV, y a su hijo Fernando para que se reunieran con él en Bayona. Allí, el 5 de mayo de 1808, Carlos y Fernando abdicaron simultáneamente de sus derechos al trono. A cambio, Napoleón prometió que España seguiría siendo católica e independiente bajo un gobernante que él mismo nombraría en breve. Y, efectivamente, poco después escogió para ese puesto a su propio hermano, José.

José había empezado con buen pie en Nápoles; siguiendo las órdenes de su hermano había iniciado un programa de desmantelamiento de las grandes fincas feudales y había hecho cuanto había podido para regularizar el sistema financiero, educativo y judicial. Pero nunca había sido feliz en Italia y, cuando Napoleón le ofreció la Corona de España, la aceptó encantado. Por desgracia, su nuevo reinado estaba destinado al fracaso desde antes de empezar. El 2 de mayo, incluso antes de la abdicación conjunta de sus monarcas, el pueblo de Madrid se había rebelado contra los invasores.* La rebelión fue sofocada con rapidez y brutalidad, pero otras insurrecciones provinciales estallaron

---

* El genial cuadro de Goya *Los fusilamientos del 3 de mayo* y su subsiguiente serie de grabados conocida como *Los desastres de la guerra* ilustran esta rebelión.

por toda España, cuyas gentes, como siempre, demostraron su excelente habilidad para la guerra de guerrillas. El 23 de julio, el general francés Pierre Dupont se vio obligado a rendirse con todo su ejército. Los rebeldes avanzaron sobre Madrid y expulsaron a José solo unas semanas después.

Por orden del emperador, Joaquín Murat reemplazó a José en el trono de Nápoles. Murat había albergado la esperanza de que le dieran España o, si eso no era posible, se habría contentado con que le dieran Polonia o Westfalia. Nápoles le parecía indigno de él y su esposa, Carolina —la hermana de Napoleón—, estaba de acuerdo; la corona napolitana, proclamó ella, era demasiado pequeña para su cabeza. En consecuencia, decidieron pasar el calor estival en los Pirineos y demoraron hasta septiembre la llegada a su nuevo reino. Entretanto, en junio, había desembarcado en Mesina el futuro «rey de los franceses», Luis Felipe, duque de Orleans, como pretendiente de la princesa María Amalia, que ahora tenía veintiocho años y era la única hija de la reina que no estaba casada.* Como hijo de «Felipe Igualdad» —que había abrazado de todo corazón la revolución antes de acabar él mismo en la guillotina—, intentaba desesperadamente redimirse; el matrimonio con una Borbón era exactamente lo que quería. Muchos años después, comentaría lo siguiente:

> El almirante Collingwood [...] tuvo a bien prevenirme: «Si va a Palermo, ¡Dios lo proteja de la reina Carolina! Es sin duda la mujer más malvada jamás creada por Dios». Es cierto que no era ningún ángel, pero, personalmente, me gustó [...]. Tan pronto como se anunció mi llegada, me esperó en las escaleras de palacio y, cuando me presenté, me tomó de la mano y, sin decir palabra, me llevó a sus aposentos. Allí, junto a una ventana,

---

* La penúltima en casarse, la princesa María Cristina, se había casado con el duque Carlos Félix, hermano y heredero del rey de Cerdeña, el año anterior. Harold Acton afirma que «pasaban más tiempo arrodillados en capillas que en el lecho nupcial». Desde luego, no tuvieron descendencia tras cuarenta y dos años de matrimonio.

me puso las manos en la cara y se me quedó mirando un rato sin hablar. «Debería odiarle —dijo al fin—, pues ha luchado contra nosotros: a pesar de eso, usted me gusta. Ha venido aquí a casarse con mi hija; bien, no me opondré a ello, pero dígame francamente qué papel jugó usted en la Revolución francesa. Le perdono de antemano, con la condición de saberlo todo».

Al parecer, el príncipe hizo exactamente lo que la reina le pidió. En 1791, a la edad de dieciocho años, había luchado con valentía contra austríacos y prusianos; pero con la llegada del Terror, había tomado la sabia decisión de huir. Había pasado los siguientes quince años en el exilio. Fiel a su palabra, María Carolina dio su bendición al matrimonio, que se celebró en un lugar tan poco adecuado como el dormitorio del rey, al que Fernando se había visto confinado tras caerse por las escaleras algunas semanas antes; no obstante, la ceremonia se repitió uno o dos días después en la esplendorosa Capilla Palatina. «La traviesa Amalia se ha casado con el duque de Orleans —escribió María Carolina—. No tienen ningún ingreso del que vivir, son pobres pero felices, y se quieren infinitamente». Y así era; el matrimonio se demostraría duradero y feliz y tendría diez hijos, y en 1830, María Amalia, como consorte de su marido, se convertiría en reina de los franceses. Para entonces, su madre llevaba tiempo muerta, pero sin duda aquello la habría hecho inmensamente feliz.

Tras la llegada de «Joaquín Napoleón, por la gracia de Dios y por la constitución del Estado, rey de las Dos Sicilias y gran almirante del Imperio» el 6 de septiembre de 1808, Nápoles empezó a parecerse incómodamente a Ruritania. Con los elegantes uniformes que él mismo diseñó, su extravagancia y su estilo, a los nuevos súbditos de Murat les costó resistirse a su carisma. Pronto olvidó sus reticencias iniciales y se lanzó en cuerpo y alma a la tarea de llevar a Nápoles al siglo xix. Reemplazó sus viejas leyes, un tanto laxas, por el riguroso *Code Napoléon*. Puede que su esposa, la hermana menor de Napoleón, dadas las circunstancias, no tuviese el nombre más adecuado, pero, al igual que su tocaya en Palermo, poseía una energía inmensa, era muy ambiciosa y estaba decidida a gobernar.

La isla de Capri no se considera normalmente un borrón en el paisaje. Para Joaquín y Carolina, sin embargo, eso es exactamente lo que era. Todavía en manos de los Borbones, parecía segura de que su situación continuaría así; al menos, esa era la convicción aparente del comandante de su guarnición, Hudson Lowe —que luego sería el carcelero de Napoleón en Santa Elena—, quien, a su llegada, había pedido «cuatro docenas de champán, tres docenas de borgoña de tres años, tres docenas de borgoña de cuatro años, seis docenas de los mejores vinos, como Frontignan, y cualquier otro que se pueda tener en buena estima». Por desgracia, no los disfrutaría. A principios de octubre de 1808, los franceses atacaron en Anacapri. Lowe, cuya guarnición estaba formada exclusivamente por corsos y malteses, resistió dos largas semanas, durante las cuales esperó a diario que apareciera el HMS *Ambuscade* o cualquier otro buque de guerra; pero no vino ninguno y, el día 16, sus provisiones —no su bodega— se agotaron y se vio obligado a rendirse.

La captura de Capri no supuso ningún cambio significativo de la situación política, más allá de permitir a Murat celebrarlo por todo lo alto, como solo él sabía hacerlo, y aumentar todavía más la furia que sentía María Carolina hacia los británicos. Nada iba a hacerla mudar su convicción de que Nápoles era un polvorín a punto de estallar. «No creo —escribió en abril de 1809— que la recuperación de Nápoles sea difícil… Toda Italia está lista para unirse y expulsar a los opresores». Dos meses después, quedaría claro hasta qué punto estaba equivocada, cuando una pequeña flota británica comandada por un extremadamente reticente *sir* John Stuart entró en la bahía de Nápoles y los napolitanos no mostraron ningún indicio de insurrección. En una de las batallas navales más pequeñas de la historia —en la que participaron solo una fragata francesa y una británica—, el barco británico se llevó la peor parte y las islas de Isquia y Prócida, capturadas durante un breve período de tiempo, se evacuaron rápidamente. La pequeña y triste expedición regresó a Sicilia.

13

El final de los Murat

María Carolina desarrolló un extraordinario cariño hacia su nuevo yerno. Era inteligente y vigoroso, por lo que contrastaba de forma llamativa con el curiosamente gris príncipe heredero —cuyo principal interés ya no era el sexo, sino las vaquerías—, y además se había demostrado imprescindible para suavizar las relaciones entre la reina y los barones sicilianos, de los cuales ella desconfiaba instintivamente. Incluso consiguió persuadirla para que dejara entrar a unos cuantos miembros de la nobleza local en el Gobierno. Pero con la edad —en 1810, tenía cincuenta y ocho años— se estaba volviendo cada vez más autocrática y suspicaz de cuantos la rodeaban. María Carolina, por su parte, no hacía ningún esfuerzo por ocultar que consideraba a Sicilia una mera escala, un lugar que había que soportar solo mientras Nápoles estuviera en manos enemigas; por otro lado, sabía perfectamente que sus viejos aliados, los británicos, habían perdido ahora interés en recuperar su capital perdida; lo único que querían era preservar la independencia de Sicilia, cosa que, en la práctica, significaba gobernar ellos mismos la isla. Era incapaz de aceptar que eran su único aliado y que, por lo tanto, mantener unas buenas relaciones con ellos era fundamental.

En cuanto a sus compatriotas, los austríacos, había perdido las esperanzas en ellos. Con el Tratado de Schönbrunn, firmado en octubre de 1809, habían reconocido las conquistas de Napoleón, un acto que, en opinión de la reina, «había destruido a la Casa de Austria». Pero lo peor estaba por llegar. Solo cinco meses después, Napoleón se había casado con su nieta mayor, la archiduquesa María Luisa. «Le he dicho adiós para siempre a mi tierra natal, a la que he amado tan profundamente —escribió—. Si el tirano y su concubina (pues no es más que eso) tienen el fin que acostumbran los tiranos, ¿qué quedará a los otros hijos del emperador sino la infamia de esta alianza?». Es indiscutible que su espanto era sincero, pero habría sido propio de ella, una vez pasado el pasmo inicial, intentar beneficiarse de ese matrimonio para sus propios fines y —no por primera vez— comunicarse en secreto, a través de su nieta, con Napoleón. De hecho, muchos sospechaban de ese tipo de contactos, y no solo los británicos: también Joaquín Murat, desde Nápoles, que se había opuesto al matrimonio, pues creía que impediría su prevista invasión de Sicilia, para la que los preparativos ya estaban avanzados. Informó de los «rumores» a su señor, quien —para su inmensa irritación— se negó a confirmarlos ni a desmentirlos.

De hecho, la invasión prevista resultó un fiasco. Y su fracaso no se debió en absoluto a las maquinaciones de María Carolina, sino a que el propio Napoleón estaba indeciso en cuanto a la empresa, pues temía que un ejército francés en Sicilia se viera bloqueado allí por la flota británica, que, desde Trafalgar, era mucho mayor que la francesa. Se rumoreaba incluso que el general Paul Grenier, el jefe de Estado Mayor de Murat, que comandaba dos divisiones en Calabria, había recibido órdenes estrictas —de París, no de Nápoles— de no cruzar el estrecho bajo ningún concepto. Por este motivo, cuando una sola división de tres mil napolitanos y corsos desembarcó justo al sur de Mesina el 18 de septiembre de 1810, no recibió ninguna asistencia desde la península y se apresuró a reembarcar, y dejó a ochocientos corsos atrás. Napoleón —que parece responsable de lo sucedido en último término— montó en cólera y culpó a su cuñado; Murat trató de defenderse en vano y, hacia final de año, las relaciones entre ambos estaban a punto de romperse.

Lo mismo podía decirse de la relación entre la reina y los barones sicilianos. También ellos eran plenamente conscientes del desprecio que María Carolina sentía hacia su isla. Ya el 28 de julio se habían dirigido estos al embajador británico en Palermo, lord Amherst, y le habían pedido ayuda para dar a Sicilia una constitución «tan similar como fuera posible a la de Gran

Bretaña». Su propia constitución habría bastado, señalaron, si se cumpliera; pero, como Amherst escribió al ministro de Asuntos Exteriores, lord Wellesley,

> [...] se quejan de que el rey ya ha cometido graves violaciones de las instituciones que están bajo la Corona y de que no tienen ninguna protección contra una tiranía que resulta totalmente repugnante a los habitantes de Sicilia. Anuncian su intención de presentar sus demandas al rey mediante el órgano legal que es su parlamento, pero prevén que el soberano se les oponga y que nada pueda hacerlo ceder si no intercede Inglaterra, y dicen que, si esta se niega a intervenir, tendrán que rebelarse y que, quizá, en último término caigan en brazos de Francia.

Puesto que él mismo había decidido dimitir, recomendó a Wellesley que se otorgaran poderes a su sucesor para controlar la influencia de la reina, exigir que el ejército napolitano quedara bajo el mando de un comandante británico e insistir que el Gobierno siciliano fuera administrado por sicilianos.

En este punto resulta difícil creer que María Carolina estuviera todavía completamente cuerda. Tanto el duque de Orleans como María Amalia le rogaron que se moderase y no condenara como jacobinos a todos aquellos que se atrevían a llevarle la contraria, pero, como siempre, se negó a escucharlos. En julio de 1811, cinco de los barones más destacados, entre ellos su principal portavoz, el príncipe de Belmonte, fueron arrestados y deportados a varias pequeñas islas «por prepararse para perturbar el orden público». Luis Felipe fue convocado a palacio, pero, temiendo que le esperara un destino similar, se negó a acudir. Dejó su caballo ensillado, por si tenía que salir al galope para refugiarse en el campo, aunque, por fortuna para él, esta precaución resultó al final innecesaria.

Pero entonces, la reina encontró al fin la horma de su zapato. Lord William Bentinck había llegado a Palermo cuatro días después de la detención de los barones, tanto como embajador en la corte siciliana como comandante en jefe de las fuerzas británicas en la isla. Bentinck, hijo del duque de Portland que fue tres veces primer ministro, había sido gobernador de Madrás a los veintinueve años de edad y, luego, había regresado a Europa y combatido en la guerra de la Independencia española, donde había alcanzado el grado de teniente general a los treinta y cuatro años tras la batalla de La Coruña. Ahora tenía treinta y seis. Amherst y otros le habían informado de cuanto sucedía en la isla y, decidido a no tolerar ninguna tontería, empezó como deseaba continuar. Pero parece que hasta él mismo se sorprendió ante la fortísima oposición de la reina a cuanto proponía. Al cabo de un mes de su llegada, ya estaba de vuelta en Londres para pedir que se le concedieran más poderes.

El 16 de septiembre, mientras Bentinck seguía fuera de Sicilia, la reina sufrió una apoplejía.* Cualquier otra mujer de su edad habría intentado pasar la convalescencia en paz y tranquilidad, pero ella, en cuanto pudo, regresó a su escritorio y se arrojó de nuevo a la batalla. Estaba sumamente débil, confundida por el opio y ya no era capaz de enfrentarse a Bentinck —que había regresado el 7 de diciembre— con la energía que había mostrado anteriormente; pero su determinación era tan férrea como antes y lord William decidió no perder más tiempo. Expuso con claridad sus exigencias a la reina, dejando claro que el subsidio anual que pagaban los británicos se interrumpiría hasta que todas ellas fueran satisfechas. La primera y más importante era el mando supremo de las fuerzas napolitano-sicilianas, que propuso asumir personalmente; entre el resto de demandas se contaba el retorno de Belmonte y sus colegas del exilio y la formación de un nuevo ministerio con el príncipe de Cassaro al frente. Ni el rey ni la reina participarían de la administración. Si había alguna objeción, Bentinck declaró que no dudaría un instante en meterlos a ambos —y, si era necesario, también al príncipe heredero— en un barco rumbo a Malta para, a continuación, instaurar en el trono al hijo de dos años

---

* Se cuenta que no le hizo efecto un emético y bebió veinticuatro vasos de agua.

del príncipe bajo la regencia del duque de Orleans. Por fortuna, esta última amenaza surtió efecto. Aun así, la reina se hizo de rogar. Bentinck ya había enviado órdenes a los destacamentos británicos de Mesina, Milazzo y Trapani para que marcharan sobre Palermo cuando, el 16 de enero de 1812, el rey transfirió formalmente su autoridad a su hijo.

El nuevo gobernante distaba mucho de ser ideal. Era ordenado, metódico y burocrático, un marido y padre diligente, y sin duda habría sido un director moderadamente competente de la sucursal local de un banco; pero de capacidad política, por no hablar ya de carisma, no tenía nada de nada. Su cautela, timidez y «pequeñez de mente» instintivas a menudo hacían desesperar a Bentinck; aunque, al menos por el momento, se podía trabajar con él.

Una de las primeras acciones del príncipe vicario —que es como llamaban ahora al príncipe hereditario, pues estaba en el trono como representante de su padre— fue traer de vuelta a los barones exiliados, tres de los cuales fueron inmediatamente elegidos miembros del nuevo gobierno, entre ellos el príncipe de Belmonte, a quien se otorgó el puesto de ministro de Asuntos Exteriores. La tarea más importante que tenían ante ellos, les insistió Bentinck, era redactar la nueva constitución, basada en el modelo británico, y abolir el feudalismo que durante tanto tiempo había sido el flagelo de Sicilia. Lo siguiente era librarse de la reina. En esos momentos, su salud se deterioraba rápidamente, pero seguía intrigando contra el nuevo gobierno con todas sus fuerzas. También estaba desarrollando una manía persecutoria. «El Gobierno francés asesinó a mi hermana —le dijo al cónsul británico, Robert Fagan—, y yo estoy convencida de que su gobierno pretende hacer lo mismo conmigo, probablemente en Inglaterra». Quizá por este motivo, estaba luchando como una jabata por permanecer en Palermo, y su marido e hijo se pusieron de su parte, no tanto porque no deploraran su actitud tanto como los demás, sino simplemente porque siempre se habían dejado llevar por ella y les resultaba muy difícil, por no decir imposible, romper el hábito de obedecerla.

En un momento dado, Bentinck decidió solicitar una audiencia a Fernando, con la esperanza de persuadirlo para que hiciera entrar en razón a su esposa y le explicara el grave daño que estaba causando con su actitud; simplemente, se le negó la audiencia con el rey. El único canal de comunicación que le quedó abierto fue a través del confesor real, el padre Caccamo, quien, con toda tranquilidad, reveló los auténticos sentimientos de Fernando hacia su esposa. Su majestad no hacía más que escribir a su esposa constantemente *«andate via, andate via!»** y había descrito su matrimonio de cuarenta y cuatro años como un «martirio». Pero, como decía el propio Fernando, «no tenía ni el corazón ni el valor para obligar a su esposa a marcharse de la isla». Su hijo, el príncipe vicario, sentía más o menos lo mismo.

No es que la relación del príncipe con su madre fuera buena, ni mucho menos; más bien todo lo contrario. María Carolina nunca le había perdonado que aceptara la regencia; lo había tachado de revolucionario y traidor; y cuando en la tarde del 26 de septiembre de 1812 él cayó súbita y gravemente enfermo, la primera reacción de su madre —antes de preocuparse por su salud— fue comunicarle que debía dimitir de inmediato. Los síntomas, como Bentinck informó al ministro de Asuntos Exteriores británico, lord Castlereagh, sugerían que se trataba de veneno y «las sospechas generales apuntan a la reina», unas sospechas que el propio príncipe era el primero en compartir. Cuando Bentinck sugirió a su médico que la enfermedad podría deberse quizá a un golpe de calor, el paciente, trémulo a causa de la fiebre, gritó: *«Ce n'est pas la chaleur, c'est ma mère, ma mère!»*.† Al final resultó que no se había tratado de un envenenamiento, pero el príncipe nunca se recuperó por completo; su enfermedad lo hizo envejecer prematuramente: su tez adquirió un tono grisáceo y caminaba encorvado y arrastrando los pies.

Mientras tanto, en julio de 1812, se promulgó la Constitución, redactada por el Gobierno. Sus quince artículos garantizaban al pueblo de Sicilia una autonomía como nunca había

---

* *«¡Lárgate, lárgate!».*

† *«¡No es el calor, es mi madre, mi madre!».*

disfrutado antes. Los poderes ejecutivo y legislativo fueron separados meticulosamente y las prácticas feudales que se venían observando desde hacía setecientos años se abolieron al fin. Todo esto, sin embargo, demostró ser una sorprendente buena noticia para los Borbones, al menos en Nápoles. En la ciudad había un creciente sentimiento antifrancés, pues Murat actuaba a todos los efectos como un dictador, mientras que Fernando —por difícil que resulte creerlo— era visto como un ilustrado monarca constitucionalista. En el campo, en cambio, la Constitución resultó mucho menos popular; la gente parecía simplemente incapaz de comprenderla. También muchos de los barones que habían votado a favor de ella quedaron horrorizados al ver que sus antiguos poderes y privilegios desaparecían para siempre.

El 5 de enero de 1813, María Carolina hizo un último y desesperado intento de salvar la monarquía tal y como ella la concebía. Se reunió en secreto con su marido en su pabellón de caza cerca de Ficuzza y le urgió a que anulara la nueva constitución, «una máquina ingobernable que lo privaba de su autoridad», y tomara de nuevo las riendas del Gobierno. Como siempre, Fernando era como arcilla en manos de su esposa y, cuando regresó a Palermo el 6 de febrero, ya había decidido obedecerla. A sus súbditos les encantó su proclamación. Leemos que, a pesar de la fuerte lluvia, más de cien carruajes salieron a recibirlo a cinco kilómetros de la ciudad y que una enorme multitud estaba esperándolo para aclamarlo en la plaza de palacio. El 9 de marzo anunció su intención de volver a asumir el gobierno de Sicilia y, tras la misa de acción de gracias de la mañana siguiente, la multitud intentó quitar el arnés a los caballos de su carruaje para tirar de él ellos mismos. Su pereza y sus interminables ausencias claramente no habían disminuido ni un ápice el amor que la gente sentía por él.

Pero ese amor ya no era bastante. A ojos de Bentinck, Sicilia se deslizaba rápidamente hacia el caos. Cuando visitó al rey dos días después, la etiqueta diplomática e incluso la buena educación salieron por la ventana. Enfadado, comunicó a Fernando que ahora lo consideraba a él un enemigo de Inglaterra, igual que a la reina. «Su majestad se arrepentirá de su conducta», tronó. Al rey, que odiaba las discusiones, pues lo alteraban muchísimo, le sobrevino un tremendo dolor de cabeza y se fue a echar a sus aposentos; en este punto, sin embargo, el gobernador de Palermo irrumpió en su dormitorio con alarmantes noticias: ocho mil soldados británicos habían entrado en la ciudad y controlaban todos los puntos estratégicos. Entretanto, los barones, comprensiblemente furiosos ante el cambio de chaqueta de Fernando, también amenazaban con rebelarse a menos que la reina abandonara Sicilia y el rey jurara respetar escrupulosamente la Constitución.

A estas alturas, Fernando estaba al borde del colapso. El 16 de marzo había mantenido una larga conversación con el duque de Orleans. Luis Felipe tampoco midió sus palabras. Recordó a su suegro que con Bentinck del humor que estaba corría un grave peligro personal. Si permitía que la actual situación degenerase en una guerra abierta, todos sus tratados con Inglaterra serían nulos de pleno derecho; las únicas leyes serían las leyes de la guerra y Sicilia sería tratada como cualquier otro territorio. El rey protestó diciendo que no se hacía ilusiones. La crisis había tenido un efecto desastroso en su salud; no podía ni comer ni dormir. «Quizá lord William está a punto de llegar con sus tropas, plantar sus cañones en la plaza y disparar metralla hacia mis ventanas. ¡Oh, Jesús y María! Yo no quiero que se produzca ningún cañonazo, ¿sabes? No quiero ningún cañonazo en absoluto».

Al día siguiente se rindió. En una carta a su hijo, restauró la vicaría y prometió no emprender ninguna acción independiente más sin consentimiento británico. Por otra parte, quedaba el asunto de la reina. Esta se había retirado a Castelvetrano, en el extremo oeste de la isla, donde, huelga decir, estaba tramando una nueva insurrección. Pero Bentinck se había hartado. Envió a su segundo al mando, el general Robert Macfarlane, a Castelvetrano con cinco mil hombres. María Carolina recibió al general con su usual invectiva, refiriéndose a Bentinck como «*quella bestia feroce*».[*] Macfarlane se quedó impresionado y luego remarcó que era una mujer terrible cuando montaba en cólera;

---

[*] «Esa bestia feroz».

pero la reina había perdido y lo sabía. Escribió a Bentinck una carta orgullosa y apasionada en la que le decía que había decidido ceder solo por el bien de su marido y de su familia y exigía generosas concesiones financieras que ascendían a un millón de libras esterlinas. Solo entonces, al fin, empezó los preparativos para su partida.

Ya había escrito algunos meses antes a su yerno, el emperador austríaco, pidiéndole permiso para regresar a Viena. La petición no había sido bien recibida. El príncipe Metternich, ministro de Asuntos Exteriores, se oponía ferozmente a ella, basándose en el hecho innegable de que era una intrigante compulsiva que solo iba a causar problemas, pero, aunque el emperador estaba de acuerdo con él, simplemente sentía que no podía negarse. Así pues, la reina viajó, según lo previsto, con su hijo, el príncipe Leopoldo, primero a Constantinopla, a bordo del HMS *Unity*, que Bentinck había puesto a su disposición junto con dos barcos de línea como protección frente a los piratas argelinos que infestaban el Mediterráneo central. El escuadrón zarpó de Mazara el 14 de junio. Hizo una escala de dos semanas en la isla jónica de Zante (también conocida como Zacinto) y finalmente llegó a Constantinopla el 13 de septiembre. Allí, la reina contrató un mercante hacia Odesa, donde fue retenida en cuarentena durante dos meses más.

Su viaje ya había sido muy largo y frustrante, pero lo peor estaba por llegar. A principios del siglo XIX, Europa oriental tenía muy pocas posadas y, ciertamente, ninguna adecuada para alojar a una reina y su séquito. Por fortuna, la aristocracia polaca pudo enjugar ese déficit durante buena parte del trayecto; después, sin embargo, se rompió un eje del carruaje real, que volcó, y las reparaciones todavía estaban en curso cuando el tiempo empeoró de repente. Al cabo de una o dos horas, la comitiva se vio atrapada en medio de una tremenda ventisca. Hallaron finalmente refugio en la choza de un campesino. «Solo la reina mostró serenidad y buen humor; bromeó sobre el accidente y [...] acarició a los niños de la casa mientras hacía a sus padres, a través de un intérprete, preguntas benevolentes», escribió un testigo.

Llegó a Viena el 2 de febrero de 1814. Metternich había ordenado que permaneciera al menos a diez kilómetros de distancia de la corte real, pero ella lo ignoró. «Veamos si son capaces de echar de Schönbrunn a la última hija de María Teresa», dijo. No lo fueron, y ella y Leopoldo se instalaron en Hetzendorf, a solo cuatro kilómetros del palacio. Nada de esto implicaba que hubieran mejorado las relaciones con su yerno, el emperador. Harto hasta el punto de saltársele las lágrimas de sus constantes quejas y su insondable autocompasión, la evitaba tanto como era humanamente posible, y no es que ella tampoco tuviera ningún deseo de ver al hombre que había reconocido a Murat como rey de Nápoles y se había comprometido a mantenerlo allí. Cuando su nieta María Luisa regresó a Viena en mayo —tras haberse negado a acompañar a su marido a Elba—, al principio la recibió con frialdad, no porque hubiera contraído matrimonio con Napoleón, sino porque lo había abandonado. Era muy consciente de los extremos a los que había llegado el padre de la chica para persuadirla de que no acompañara a Napoleón, pero, aun así, opinó que María Luisa debería haber vuelto con su esposo, si era necesario haciendo una cuerda con las sábanas y escapando disfrazada. «Eso es lo que yo habría hecho en su lugar —dijo—. Cuando una se casa, se casa para toda la vida».

Tras haberse librado tanto del rey como de la reina y haber otorgado a Sicilia su admirable nueva constitución, Bentinck —que jamás olvidó que, además, era un soldado— decidió obedecer un reciente llamamiento y unirse al ejército de Wellington en Cataluña. Su breve campaña allí no fue un éxito y, desde luego, no hizo nada por mejorar su reputación militar. El 12 de septiembre de 1813, fue derrotado por el ejército del mariscal Suchet y, poco después, fue obligado a renunciar al mando y regresar a Sicilia, donde llegó el 3 de octubre. Pronto se dio cuenta de que jamás debió haberse marchado. Como le escribió a Castlereagh:

Estoy convencido de que tal es la debilidad del príncipe heredero y tal será la incapacidad de cual-

quier grupo de hombres que se coloque a la cabeza
del Gobierno, y también el carácter tonto y depra-
vado del pueblo, que será imposible que la autoridad política británica se ausente jamás de aquí.

Se encontró la isla sumida en el caos una vez más. Había,
para empezar, violentas discusiones sobre la Constitución, cuyo
texto completo aún no se había publicado. Belmonte, a quien
en una ocasión él mismo había descrito como «la principal esperanza de este país», había roto con su tío y antiguo socio, el
príncipe de Castelnuovo, y causado un gran conflicto que había
dividido en dos su partido. En el Parlamento, mientras tanto,
los torpes intentos de controlar los precios estaban despertando
protestas muy contundentes que degeneraron en disturbios en
Palermo y muchos otros lugares. Por fortuna, las tropas británicas destacadas en la isla pudieron restaurar el orden: dos de los
cabecillas fueron ahorcados. Para colmo de males, la peste había
estallado en Malta y corrían oscuros rumores de que los ingleses
intentaban deliberadamente contagiar a Sicilia.

Bentinck vio que no tenía alternativa y volvió a asumir
poderes dictatoriales. No tenía especial querencia por el despotismo, anunció, pero era preferible a la anarquía. Aplazó el
Parlamento, que el príncipe vicario disolvió obedientemente,
nombró nuevos ministros y emitió una proclamación que decía
que todos aquellos que «perturbaran el orden público, asesinos y otros enemigos de la Constitución» recibirían un castigo
sumario mediante la aplicación de la ley marcial. Se embarcó
entonces en una larga gira por toda la isla —la primera que
hizo—, en la que visitó todas las ciudades y pueblos grandes
para explicar los inmensos beneficios que la Constitución traería a Sicilia. Por último, se dirigió a la península para hacerse
una mejor idea del problema que planteaba Joaquín Murat.

Este había tenido que tomar algunas decisiones difíciles.
Tras su derrota en Leipzig el 16 de octubre de 1813, era evidente que Napoleón había gastado su último cartucho; si Murat
deseaba mantener su reino —y lo deseaba profundamente—,
necesitaría un nuevo aliado, y no tenía muchas dudas sobre

quién podría ser. Se mostró encantado cuando, hacia finales
de año, el príncipe Metternich envió a un embajador, el conde
Neipperg, general del ejército, a debatir sobre el futuro con él y,
si era posible, negociar un tratado. El incentivo que ofrecía era,
desde luego, tentador: si Murat se unía ahora a los aliados, Austria no solo garantizaría su trono, sino que apoyaría su derecho
a ampliar su gobierno en Italia. La única persona que quizá podría haberse opuesto a este plan era su esposa, la reina Carolina,
ya que, después de todo, era la hermana de Napoleón. Por otra
parte, también había sido la amante de Metternich y sabía a la
perfección de qué lado soplaba el viento. Carolina dio su entusiasta aprobación al acuerdo y el 11 de enero de 1814 se firmó el
consiguiente tratado. En una cláusula secreta, Murat renunció a
todos sus derechos sobre Sicilia, mientras que Austria prometió
que haría cuanto pudiera por persuadir al rey Fernando para
que renunciara a sus derechos sobre Nápoles.

Fuera porque detestaba la idea de que hubiera presencia
austríaca en Italia o simplemente porque despreciaba a Murat
por su falta de lealtad, Bentinck proclamó en público su des-
dén hacia aquel tratado. Era lamentable, escribió, «ver que se
concedían tales ventajas a un hombre cuya vida entera había
sido un crimen, que había sido cómplice activo de Bonaparte
durante años y que ahora abandonaba a su benefactor por pura
ambición y presionado por la necesidad». Pero Castlereagh le
ordenó que negociara un armisticio entre Sicilia y Nápoles y no
tuvo más remedio que obedecer, aunque puso especial cuidado
en evitar cualquier formulación que pudiera interpretarse como
un reconocimiento de Joaquín Murat como rey. Lo cierto es
que lo más probable es que a Murat le importase un comino si
lo reconocía o no; ahora había fijado sus miras en un objetivo
mucho más alto: convertirse en gobernante de toda la península
itálica. Mientras marchaba al norte con su ejército para unirse
a los aliados, él y sus soldados repartieron panfletos por todos
los pueblos que atravesaron llamando al pueblo italiano a unirse
bajo su bandera. Mientras tanto, la reina Carolina, que se había
quedado en Nápoles como regente, se mostró mucho más an-
tifrancesa que su marido. Él evitaba cuidadosamente cualquier

enfrentamiento directo con el ejército francés; ella, por otra parte, expulsó a todos los oficiales franceses del reino y cerró los puertos napolitanos a los barcos franceses.

En este punto, Bentinck realmente perdió la cabeza. Abandonando cualquier semblanza de diplomacia, decidió apoyar la causa de la independencia italiana, desembarcó un considerable contingente anglosiciliano en Livorno y, allí, emitió una proclama que apremiaba a todos los italianos a reivindicar su derecho a la libertad. El 15 de marzo se enfrentó a Murat en Reggio Emilia. Si Murat no retiraba inmediatamente sus tropas de la Toscana, le amenazó, las echaría él —Bentinck— personalmente, restauraría al gran duque Fernando III e invadiría Nápoles bajo la bandera de los Borbones. Antes de que Murat tuviera tiempo de responder, marchó con su ejército por la costa hasta Génova, donde la guarnición francesa se rindió enseguida. Según cuenta él mismo, restauró allí la vieja república; según los genoveses, lo hicieron ellos mismos. En cualquier caso, otro pedazo del Imperio napoleónico se desmoronó.

A estas alturas, los acontecimientos empezaron a sucederse muy rápido. El 31 de marzo, los aliados entraron en París; el 2 de abril se publicó la *Acte de déchéance de l'Empereur*, que declaró a Napoleón oficialmente depuesto. Ese mismo día, abdicó en favor de su hijo, todavía un bebé, con María Luisa como regente; sin embargo, los aliados se negaron a aceptarlo y, dos días después, ofreció su abdicación incondicional. El 23 de abril, María Amalia escribió en su diario la siguiente entrada:

> Mi marido entró de súbito en mis aposentos al grito de: «¡Bonaparte está acabado! Luis XVIII ha sido restaurado en el trono y yo me marcho en este barco que ha venido a llevárseme». Me desmayé en sus brazos.

Luis Felipe se apresuró a contarle las noticias a su suegro. Fernando se echó a llorar de alegría y agradecimiento. Ya empezaba a verse de vuelta en Nápoles. Fue Belmonte quien había sugerido que, con la caída de Napoleón, ya no había ningún motivo que impidiera que el rey volviera al trono. Consciente de que el año anterior había prometido no hacer nada semejante sin el consentimiento de los británicos, Fernando ofreció un gran espectáculo a la hora de solicitar permiso a Bentinck. Este lo absolvió en persona de su promesa y, el 4 de julio, regresó a su capital, donde fue recibido, como siempre, por una multitud jubilosa. Lord William Bentinck no estaba entre los presentes. Su conducta en los últimos meses no había pasado desapercibida para el Gobierno británico. Solo doce días después, abandonó Sicilia para siempre.

María Carolina, como es lógico, enloqueció de alegría al enterarse del triunfo de su esposo. A pesar de los horrores de su viaje a Viena, determinó apresurarse a volver a Sicilia para compartirlo; se arregló que un barco zarpara de inmediato a Trieste para recogerla. Ese barco, por desgracia, navegó en vano. Justo antes de la medianoche del 7 de septiembre de 1814, su criada creyó que había oído a su señora llamarla y entró en su dormitorio. Encontró a su señora inconsciente, con la mano tendida hacia la cuerda de la campanilla. Había sufrido otra embolia, que, esta vez, había resultado fatal. Tenía sesenta y dos años.

Las reacciones a la muerte de la reina en Viena y Palermo dibujan un interesante contraste. En Viena, el gran congreso estaba ya en marcha; había bailes casi cada noche. La corte guardó luto, pero nadie más lo hizo. El ministro de Asuntos Exteriores francés, Talleyrand,* escribió a Luis XVIII: «Poca gente llora a

---

* Charles-Maurice de Talleyrand-Périgord, que tenía entonces sesenta años, había tenido una carrera asombrosa. Entró primero en la Iglesia, donde ascendió hasta convertirse en obispo. Después había representado a su gobierno en Londres, donde había trabajado muy duro para mejorar las relaciones anglofrancesas; pero, tras la ejecución de Luis XVI y María Antonieta, había buscado refugio en Estados Unidos, donde había permanecido dos años. Al regresar a París, fue nombrado ministro de Asuntos Exteriores bajo el directorio y pronto se convirtió en el principal asesor de Napoleón en política exterior; al final, sin embargo, disgustado por la insaciable ambición del emperador, empezó a planear en secreto la restauración de los Borbones. Con la subida al trono de Luis XVIII en 1814 se encontró de nuevo como ministro de Asuntos Exteriores.

la reina de Nápoles. Parece que su muerte le ha quitado un peso de encima al señor Metternich». En Palermo, en cambio, todos los teatros cerraron durante un mes y el luto oficial continuó otros seis. Se celebraron misas de réquiem en todas las iglesias de la ciudad. En Nápoles, los Murat llegaron al punto de suspender una recepción oficial cuando recibieron las noticias. El propio rey Fernando, por otra parte, dio un ejemplo mucho menos edificante. El 27 de noviembre, a la edad de sesenta y tres años —menos de tres meses después de la muerte de su esposa—, se casó con la que era su amante desde hacía mucho tiempo, la princesa de Partanna, de cuarenta y cuatro años, que ahora se convirtió, según la incomprensible moda siciliana, en la duquesa de Floridia. A pesar de los siete hijos que había dado a su difunto marido, se rumoreaba en Palermo que había distribuido sus favores con inusual generosidad; el príncipe heredero, en particular, no ocultó su desaprobación, con lo que se ganó la célebre réplica de su padre: *«Penza a mammeta, figlio mio, penza a mammeta!».*[*] En cualquier caso, fue un cambio bienvenido después de María Carolina, pues siempre estaba alegre y sonriente, carecía por completo de interés por la política y —como era patente para todo el mundo— hacía absolutamente feliz a Fernando.

Cuando, a finales de febrero de 1815, Napoleón escapó de Elba, fue un mal momento para todo el mundo, incluidos los que estaban en el Congreso de Viena. Napoleón formó un ejército compuesto en su mayor parte por las fuerzas que Luis XVIII había enviado a detenerlo y marchó triunfalmente sobre París. Uno de los que no se horrorizó fue Joaquín Murat, que aprovechó la oportunidad para ponerse inmediatamente de parte de su antiguo jefe y vio (o creyó ver) en la situación una oportunidad para crear una Italia unificada, con él mismo, casi huelga decir, como líder. Con un ejército de unos cuarenta mil soldados avanzó hacia Milán, de nuevo llamando a todos los patriotas italianos a que se unieran a su bandera. Por desgracia para él, no hubo respuesta a este llamamiento. La gente estaba

---

[*] «¡Piensa en tu mamá, hijo mío, piensa en tu mamá!».

harta de guerra. Uno o dos lo saludaron amistosamente con la mano por el camino, pero eso fue todo. Los austríacos, al principio, se retiraron, pues tenían pocas tropas en la región, pero en abril pasaron a la ofensiva y el 3 de mayo, en Tolentino, en Las Marcas, se enfrentaron a él en una batalla campal. Él combatió —como siempre había hecho— con valentía ejemplar, pero los austríacos lo superaban abrumadoramente en número, así que, tras perder cuatro mil hombres y toda su artillería, no tuvo más opción que retirarse. Dos semanas después regresó, exhausto, a Nápoles.

Su esposa, Carolina, había retenido la ciudad lo mejor que había podido. Igual que a él, la falta de coraje no fue nunca su problema. Una flota anglo-siciliana bajo el mando del comodoro *sir* George Campbell estaba anclada en la bahía, amenazando constantemente con la posibilidad de un bombardeo, mientras los *lazzaroni* de la ciudad empezaban a mostrarse cada vez más inquietos, pues ansiaban el regreso de un rey que hablaba su lengua y que era, a sus ojos, uno de ellos. Carolina, sin embargo, se había negado a marcharse, y se hizo llevar en carruaje todos los días por las calles de la ciudad para mostrar que estaba todavía al mando y proyectar confianza. Pero lo cierto es que sabía, igual que lo sabía su esposo, que su gran aventura había terminado. Lo único que podían esperar ahora era un acuerdo con los aliados que les permitiera salvar la dignidad que les quedaba. Este acuerdo se firmó en Casalanza, cerca de Capua, el 20 de mayo. En él se establecía el regreso al trono de Nápoles del rey Fernando, que perdonaba a sus antiguos enemigos, militares y políticos, y reemprendía su reino haciendo *tabula rasa* del pasado.

Murat no fue uno de los signatarios del compromiso. Se había quitado su espléndido uniforme y, en modesta ropa civil y acompañado solo por un puñado de oficiales y su criado, se había marchado de la ciudad el día anterior. Para entonces, su esposa, con sus cuatro hijos y dos institutrices inglesas, se había embarcado con el comodoro Campbell en el HMS *Tremendous* rumbo a Trieste. Según una de las institutrices, la señorita Catherine Davies, se le «permitió coger cuanto consideró apropiado de palacio y llevárselo consigo». Entre lo que se llevó, había «una de sus vacas favoritas, con un solo cuerno, llamada Carolina en su honor, para que tuviera leche para sus hijos durante el viaje». La antigua reina tendría que sufrir una última humillación antes de salir de las aguas napolitanas: pasó ante el barco del rey Fernando cuando estaba a punto de entrar en la bahía. Campbell no hizo ningún intento de ocultárselo y le explicó que debía disparar un saludo de veintiún cañonazos al cruzarse con Su Majestad. «Una ceremonia —comentaría ella luego— que nos podríamos haber ahorrado perfectamente».

Mientras tanto, todo Nápoles era una fiesta. El príncipe Leopoldo llegó el día 22 desde Viena; cuando fue a dar gracias al patrón de la ciudad, san Genaro —cuya sangre, como era predecible, se licuó exactamente entonces—, la multitud que acudió a verlo se quedó atónita ante la sencillez de su atuendo, acostumbrados como estaban al esplendor casi de ópera bufa de los uniformes de Murat. Su asombro fue compartido por la corte entera cuando vieron la transformación que había sufrido el palacio real a manos de la reina Carolina. Ahora estaba lleno de muebles y cuadros que había traído del palacio del Elíseo en París y que había dejado atrás sin pensárselo dos veces.[*]

El 7 de junio, Fernando desembarcó en Portici, después de haber superado una fuerte tormenta que atribuyó en broma a Carolina. Estaba acelerado como un crío, reía y lloraba sucesivamente e hizo voto de construir una nueva gran iglesia dedicada a san Francisco de Paula, que había cruzado milagrosamente el estrecho de Calabria a Sicilia tendiendo su manto sobre el mar y navegando por encima de él.[†] Su entrada formal en Nápoles fue igual de emotiva y grandes multitudes lo saludaron y vitorearon mientras a él se le saltaban las lágrimas de emoción y alegría. Su sencillez y su evidente felicidad impresionaron más a los napolitanos que todos los vestidos elegantes de Murat; allí estaba de

[*] Se dice que el príncipe Leopoldo exclamó, dirigiéndose al rey: «Oh, mi querido padre, ¡ojalá hubieras tardado diez años más en volver!».
[†] La iglesia sigue en pie, en el lado oeste de la piazza del Plebiscito. Fue originalmente planeada por Murat como monumento de homenaje a Napoleón, pero Fernando continuó su construcción como una iglesia.

nuevo, al fin, su rey legítimo, al que habían querido y amado durante más de medio siglo. Poco menos de dos semanas después, el día 19, su aparición en el palco real en la ópera de San Carlo, especialmente decorada e iluminada para la ocasión, fue motivo de una ovación todavía más magnificente y prolongada.

La alegría que sentía habría sido aún mayor si hubiera sabido lo que había sucedido el día anterior. Napoleón Bonaparte había sido derrotado en Waterloo. Solo quedaba una desagradable sombra napoleónica: Murat, que había huido a Córcega. A principios de octubre, desembarcó en Calabria, en el pequeño puerto de Pizzo. Nunca lograremos comprender cómo seguía creyendo que le bastaría con aparecer en un lugar para ganar inmediatamente el apoyo de cuantos lo rodearan; pero allí, en Pizzo, a las once de la mañana de un domingo, desembarcó vestido con su uniforme más elegante y llamó a la gente a seguirlo. El intento fue, como era predecible, un desastre. Fue arrestado, retenido durante algunos días en el castillo aragonés que domina la ciudad, juzgado en consejo de guerra por el cargo de incitar a la guerra civil y alzarse en armas contra el legítimo rey y, el 13 de octubre, fusilado en el salón principal del castillo. Se enfrentó a la muerte, según se nos dice, con ejemplar valentía, negándose a aceptar la venda en los ojos o una silla, y dando él mismo la orden de fuego.

14

Los carbonarios y el *quarantotto*

El regreso definitivo del rey a Nápoles le permitió concentrar su atención en la cuestión de su título. Había sido Fernando III de Sicilia, pero Fernando IV de Nápoles, lo cual resultaba complicado y confuso para la gente. El 8 de diciembre de 1816, asumió formalmente el título de Fernando I de las Dos Sicilias. Como hemos visto, no había nada nuevo en este concepto, originalmente debido a la insistencia de Carlos de Anjou en continuar reclamando el título de rey de Sicilia, incluso después de perder la isla ante el reino de Aragón tras la guerra de las Vísperas sicilianas. Además, en el Congreso de Viena se había decidido que las Dos Sicilias continuaran siendo un solo reino. No obstante, era difícil que el decreto no resultara impopular en la propia isla. Implicaba el fin, tras solo cuatro años, tanto de su constitución como de su teórica independencia; y la condenaba a ser en el futuro —como ya le había sucedido en otras ocasiones— poco más que una provincia de Nápoles. La partida de la corte de Palermo también había supuesto un duro golpe financiero para la isla. El comercio se había expandido en ambas direcciones, mientras que había aumentado progresivamente el número de empresas extranjeras, la mayoría de ellas británicas. Ahora, muchas de estas empresas se trasladaron a la península. En adelante, la influencia comercial británica sobrevivió principalmente en solo dos industrias clave: el comercio vinícola en el oeste de Sicilia, centrado alrededor de la ciudad de Marsala, y las minas de azufre, que se estaban volviendo cada vez más importantes a medida que avanzaba la Revolución industrial.

A finales de abril de 1819, el emperador y la emperatriz de Austria llegaron a Nápoles para una visita oficial. Francisco I tenía ahora cincuenta y un años.[*] Su segunda esposa, María Teresa —la hija mayor de Fernando y María Carolina—, había fallecido en 1807, tras haberle dado a su marido doce hijos;[†] la actual emperatriz era su cuarta esposa, la hija del rey de Baviera; llevaban casados solo dos años y medio. Con ellos, como siempre, se encontraba su ministro de Asuntos Exteriores, el príncipe Metternich. Fernando —con su hijo Leopoldo, ahora príncipe de Salerno, que había tenido la desacertada idea de casarse con su sobrina, María Clementina,[‡] nieta del emperador—, recibió a sus huéspedes en el puerto de Gaeta; el antiguo príncipe heredero y su esposa, ahora el duque y la duquesa de Calabria, los esperaron en palacio. Hubo extravagantes celebraciones en su honor: se dice que la enorme cena para más de mil personas en Capodimonte fue superior a cualquier cosa que celebraran los Murat. Otras atracciones incluyeron el ascenso en un globo de una chica de catorce años, *mademoiselle* Cecilia, que no fue un éxito total; al final la hallaron a varios kilómetros de distancia, medio asfixiada por el humo. (Por fortuna, no se registró el resultado del salto en paracaídas de lo que *sir* Harold Acton describe como «un pequeño cuadrúpedo no identificado»).

Aparece en este punto de nuestro relato la figura de un gran general calabrés llamado Guglielmo Pepe. Nacido en 1783, Pepe había combatido primero contra los *sanfedisti* del cardenal Ruffo en 1800. Capturado y obligado a exiliarse en Francia, allí se había unido al ejército de Napoleón y había demostrado ser un bonapartista de tomo y lomo, combatiendo tanto para José Bonaparte como para Joaquín Murat y comandando una brigada napolitana durante la guerra de Independencia en España. Luchó con valentía por Murat en Tolentino y había acepta-

---

[*] Había sido Francisco II del Sacro Imperio Romano Germánico, disuelto en 1805 tras la victoria de Napoleón en Austerlitz. Ahora se había convertido en el emperador Francisco I de Austria.

[†] También hubo varios bastardos. La cuenta final no acabó lejos de la veintena.

[‡] Un hecho que la pobre chica jamás llegó a aceptar del todo.

do a regañadientes el tratado de Casalanza, según los términos del cual conservaba el rango que había alcanzado en el ejército. Pero había pasado toda su vida luchando contra los Borbones, y era demasiado tarde para cambiar de lealtades. Ahora, mientras luchaba, aparentemente contra los bandoleros en la Capitanata, se dedicó a arengar a la masa un tanto indefinida de italianos descontentos que se conocía como los *carbonari* —literalmente, los 'carboneros', aunque se ha acuñado la palabra «carbonarios» para referirse a ellos— y a formarlos para convertirlos en una milicia nacional.

Los *carbonari* estaban organizados, si es que lo estaban de algún modo, siguiendo el modelo de la masonería: se dividían en pequeñas células secretas dispersas a lo largo y ancho de la península. Ni siquiera tenían unos objetivos homogéneos: algunos eran republicanos a ultranza, mientras que otros preferían la monarquía constitucional; lo que los unía es que todos odiaban el absolutismo, a los Borbones, a los Austrias y el papado. Y todos, o casi todos, soñaban con una Italia independiente, liberal y unida. En 1814, habían luchado por la Constitución siciliana y el papa los había ilegalizado por ello; en 1817, habían instigado sublevaciones en los Estados Pontificios. Según sus memorias —que quizá no sean del todo fiables—, Pepe había planeado aprovechar una revista militar de cinco mil hombres celebrada en honor al emperador en Avellino para secuestrar a los emperadores, los reyes y a sus principales cortesanos, y pedir un rescate por ellos. Es muy difícil imaginar cuál habría sido el resultado de semejante acción de haber sido capaz de realizarla con éxito; por fortuna, el emperador y el rey fueron prevenidos en el último momento (no de la conspiración, sino simplemente de que el camino a Avellino estaba en pésimas condiciones y podría resultar intransitable). Ante esa posibilidad, descartaron de inmediato la idea de asistir al pase de revista y regresaron a Nápoles.

Desde hacía algún tiempo, los *carbonari* habían aumentado rápidamente de número; según Pepe, eran ya más de un cuarto de millón solo en Italia, y podemos estar seguros de que Sicilia —con su larga historia de subversión y bandidaje— debió de contribuir con buena parte de ellos. Había una sensación general de anticlímax tras las guerras napoleónicas. Los ejércitos, en particular, estaban aburridos; no tenían gran cosa que hacer y los ascensos en tiempos de paz eran lentos. No es sorprendente que tantos de ellos acabaran en las logias de los *carbonari*. Poco a poco, el movimiento se decantó y sus objetivos quedaron algo más claros; y el primero de estos objetivos era obligar al rey a otorgar una constitución. No sería nada fácil en aquellas circunstancias; el embajador británico *sir* William A'Court informó de que «Nápoles estaba avanzando lenta y silenciosamente hasta un nivel de fuerza e importancia que jamás ha tenido antes»; uno de los principales generales de Fernando, Pietro Colletta, que había servido a las órdenes de Murat pero a quien, al igual que a Pepe, se le había permitido conservar su rango, fue incluso más allá.

> Los gobernantes eran benevolentes, la economía prosperaba, se emprendían obras de caridad y utilidad pública y el Estado florecía; el presente era feliz y el futuro parecía felicísimo, Nápoles se contaba entre los reinos mejor gobernados de Europa y preservó una cantidad mayor del patrimonio de nuevas ideas por las que tanta sangre se había derramado.

Podría decirse que ninguno de estos dos hombres era objetivo, pero tampoco lo era la mayoría de los *carbonari*. A buen seguro, Nápoles no era precisamente el paraíso terrenal, pero poseía una ventaja fundamental para una monarquía absoluta: un rey amado por su pueblo. Como un posterior jefe de policía apuntó de inmediato, los conspiradores probablemente se habrían limitado a dar unos cuantos discursos y colgar unos cuantos carteles provocadores de no haber sido por España; sin embargo, este reino dio un nuevo impulso.

Fuera o no hijo del rey Carlos IV o del amante de su madre, Manuel de Godoy, el rey Fernando VII de España había resultado un desastre. Napoleón le había obligado a abdicar, junto a su padre, en mayo de 1808,* pero en diciembre de 1813 —cuando el emperador todavía se tambaleaba por la derrota que había sufrido en Leipzig dos meses antes—, Fernando firmó el Tratado de Valençay, que le permitía regresar a España. Casi de inmediato, abolió la Constitución y dirigió el país con una pequeña camarilla de favoritos, cambiando a sus ministros cada pocos meses. «El rey —escribió el estadista alemán Friedrich von Gentz en 1814— entra personalmente en las casas de sus primeros ministros, los arresta y los entrega a sus enemigos». Seis semanas después, añadió: «El rey se ha rebajado hasta tal punto que ya no es más que el principal agente de policía y carcelero de este país».

Hacia 1820, su país se hartó de él. El 1 de enero de ese año, el ejército se amotinó liderado por uno de sus comandantes, Rafael del Riego. La revuelta, que se inició en Galicia, se extendió rápidamente por toda España. El 7 de marzo, las tropas rodearon el Palacio Real de Madrid y, el día 10, Fernando capituló. Los amotinados deberían haberse librado de él en ese mismo momento y lugar, pero cometieron la insensatez de darle otra oportunidad. Permanecería en el poder hasta 1833; para entonces, había añadido a su cuenta de vilezas un inmediato reinado del terror de tres años que conmocionó y aterrorizó a sus súbditos. Entre sus víctimas se contó Riego, a quien mandó ahorcar en la plaza de la Cebada. Los últimos diez años de su reinado no fueron mejores. Se conocen como la «Década Ominosa», durante la cual se implantó una censura muy estricta, se reorganizó la universidad de acuerdo con una estructura prácticamente medieval, se suprimió toda oposición y se restauró la versión más reaccionaria del absolutismo.

El motín, en breve, no fue un éxito. Pero animó a los *carbonari* italianos. A pesar de ello, estos se tomaron su tiempo; hubo que esperar hasta el 1 de julio para que una pequeña revuelta —organizada por apenas algo más de un centenar de hombres— estallara en Avellino. Las noticias llegaron a Nápoles justo cuando el duque de Calabria y su esposa regresaban de Palermo,

* Ver página 291.

donde el duque había ejercido con diligencia como virrey desde 1815 y se había ganado el respeto de sus administrados. El rey, que siempre estaba contento cuando se encontraba rodeado por sus hijos, no pareció alarmarse demasiado, aunque se negó —resultó que muy acertadamente— a enviar al general Pepe a sofocar la sublevación, como le sugirieron sus ministros. Pepe, de hecho, permaneció en Nápoles hasta el día 5, cuando salió de la ciudad a la cabeza de media compañía de infantería y setenta dragones y, en cuanto llegó a Avellino, asumió al instante el mando del ejército rebelde. Luego emitió una proclamación que declaraba que ni él ni sus hombres depondrían las armas hasta que el rey firmara la Constitución. Como en ese momento no había ninguna Constitución redactada que firmar, se escogió al azar la española como modelo; al parecer, el hecho de que nadie la hubiera leído no se consideró relevante.

La misma noche en que partió Pepe, un grupo de cinco *carbonari* llegó a medianoche al palacio real y exigió ver al rey. Al final, aceptaron ver en su lugar a su secretario, el duque de Ascoli, quien les aseguró que su majestad ya había decidido concederles una constitución. Luego insistieron en que tenía que hacerlo antes de dos horas. Puesto que en ese momento era la una de la mañana, parecía una petición un poco irracional, pero, a primera hora de la mañana siguiente, el rey emitió su propia proclamación, que declaraba que accedía a un Gobierno constitucional cuyos detalles se publicarían en menos de una semana. Pero, ay, eso no era lo bastante rápido. Los rebeldes querían la Constitución española, y la querían ya. Se emitió un nuevo decreto, que el monarca firmó, y se formó un nuevo gobierno, varios de cuyos miembros habían sido parte de los gobiernos de Murat.

Según el príncipe Jablonowski, el ministro austríaco, antes habría esperado una revolución en la luna que en Nápoles; en palabras de A'Court, «un reino que está floreciendo en grado sumo, vive feliz bajo el más amable de los gobiernos y que bajo ningún concepto está oprimido por impuestos altos, se desmorona ante un puñado de insurgentes que medio batallón de buenos soldados habrían aplastado en un instante». «No han pasado ni dos semanas —añadió— desde que el general Nugent* y el propio rey me aseguraron que se podía confiar en el ejército, desde el general hasta el último de los soldados».

El siguiente en mover ficha fue Pepe, que anunció que realizaría su entrada triunfal en Nápoles el 8 de julio. Fue, de hecho, el 9 cuando desfiló frente a catorce mil hombres a través de la ciudad hacia el palacio: primero, las tropas regulares, y luego los *carbonari*. Richard Keppel Craven, un inglés que estaba en Nápoles en ese momento y lo presenció, nos ha dejado esta descripción:

> El espectáculo que ofrecieron las bandas de la milicia provincial fue en extremo singular, pues, aunque estaban formidablemente armados, sus armas variaban tanto como sus atuendos: una pequeña proporción de ellos lucía uniformes militares, pero la mayoría vestía según las diferentes modas de sus respectivas localidades, lo que a su vez les confería un aspecto muy belicoso. Debe reconocerse que las cartucheras, las sandalias, las anchas dagas y cortos trabucos y los gorros grises y puntiagudos, a los que suelen recurrir los pintores para representar a los bandidos, parecían concurrir aquí para hacer realidad todas las ideas que los habitantes del norte se han hecho de tales maleantes; y la tez morena, el cabello enmarañado y los bigotes de los que llevaban el mencionado atuendo, contribuían a hacer que la semejanza fuera todavía mayor […].
>
> Casi todas estas personas llevan ausentes de sus hogares nueve días, durante los cuales no han dormido en una cama ni bajo techo, pero todos

---

* Un irlandés con el insólito nombre de Laval Graf Nugent von Westmeath. Había nacido en Praga, donde su padre era gobernador. Tras veinte años en el ejército austríaco, había pasado a comandar el ejército napolitano en 1817, un indicio más de la sumisión de Fernando a Austria en aquella época.

parecían de muy buen humor y con la moral muy
alta y como si todas las penurias que habían sufrido hubieran valido la pena por el éxito que las
había seguido.

El rey, mientras tanto —como hacía en momentos de crisis—
se había retirado a la cama, aunque esto no le evitó una visita del
general Pepe, marcada, hasta donde sabemos, por cierto grado de
frialdad por ambas partes. A pesar de todo, el 13 de julio, el rey
consiguió levantarse y, en la capilla real, juró la Constitución.

Las noticias de todos estos acontecimientos se recibieron con
alarma en Viena. Era bien sabido que tales revueltas eran conta-
giosas; ¿acaso no era la de Nápoles una segunda infección con-
tagiada desde España? ¿Es que no existía el grave riesgo de que
se extendiera todavía más si no se actuaba con decisión para
prevenirlo? Así lo creía, al menos, el príncipe Metternich, por
lo que el 25 de julio anunció su intención de sofocarla, incluso
mediante el uso de las fuerzas armadas, si era necesario. El zar
ruso Alejandro I estaba completamente de acuerdo con él; el resultado fue una conferencia entre los aliados de Austria —en la
que participaron, además de los citados, Gran Bretaña, Francia
y Prusia— que se reunirían en el octubre siguiente en Troppau,
en Silesia.* En Gran Bretaña, lord Castlereagh estaba en contra
de cualquier principio que convirtiera a los aliados en «los guar-
dianes armados de todos los tronos»; Francia estaba indecisa;
por ello, al final fueron solo los tres poderes autocráticos de Europa oriental los que firmaron el resultante protocolo. Antes de
marcharse, sin embargo, acordaron volver a reunirse en enero
en Laibach, hoy más conocida como Liubliana (Eslovenia); y
esta vez decidieron invitar también al propio rey Fernando. Esa
invitación, según creían, le daría una oportunidad de escapar.

Desde luego, en esos momentos el rey Fernando no era nada
feliz. Nápoles seguía alborotada. El general Pepe, según explica
A'Court, desfilaba constantemente por la ciudad «al frente de una

* Actual Opava, en la República Checa.

inmensa masa de gente armada con escopetas, cuchillos, palos, mazas, espadas, etcétera, mientras ondea una bandera tricolor [...] y provoca disturbios en las calles y cambia el grito de "rey y constitución" por el de "libertad o muerte"». En agosto se recibieron informes de una conspiración para asesinar al monarca; Fernando estaba aterrorizado —la valentía física nunca había sido su fuerte— y la duquesa de Floridia había pedido en secreto a A'Court que llamara a uno o dos barcos británicos que estuvieran listos para rescatar a su marido, a ella misma y a su familia si las cosas llegaban a ese punto. Cuando las dos fragatas aparecieron obedientemente en la bahía a principios de octubre, los *carbonari*, como era de esperar, montaron en cólera, y el ministro de Asuntos Exteriores, el duque de Campochiaro, recibió órdenes de exigir su retirada. Estaba obligado a obedecer las instrucciones que le habían dado, pero, mientras lo hacía, murmuró a A'Court: «Por el amor de Dios, ignore las notas que me obligan a escribirle sobre su escuadrón. Si se marcha de la bahía, estamos perdidos».

¿Cómo, podría preguntarse, se recibieron en Sicilia las noticias de la adopción en Nápoles de la Constitución española? Pues los sicilianos se sintieron ultrajados. En primer lugar, no habían sido consultados; en segundo lugar, ellos ya tenían una constitución propia perfectamente válida. Y, además, ¿qué tenían que ver ellos con Nápoles? No estaban dispuestos a aceptar nada menos que la independencia total. Estallaron disturbios, que llevaron a algo que empezaba a parecerse peligrosamente a una guerra civil. En Nápoles, el Gobierno actuó con rapidez y envió a Sicilia todos los hombres de los que pudo prescindir bajo el mando del general Florestano Pepe, el hermano de Guglielmo, que era mucho más de fiar que él. Se sitió Palermo, se le cortó el suministro de agua y su gente se murió de sed hasta que, el 5 de octubre, se acordó una capitulación. Según los términos del acuerdo, Nápoles se quedaría con todos los fuertes y bastiones y se aceptaría la Constitución española, al menos de momento. Se convocaría al Parlamento para que decidiera sobre la cuestión de la unidad o la independencia. No es que pudiera esperarse gran cosa del Parlamento, cuyos miembros, escribió A'Court, «no se ocupan de nada excepto de los temas realmente importantes. La semana pasada debatieron largo y tendido y sometieron a votación si Dios era o no el legislador del universo. La cuestión se decidió finalmente a favor de la deidad por una pequeña mayoría».

A Fernando le costó lo suyo conseguir permiso para salir de Nápoles, pero al final lo obtuvo, y el 13 de diciembre subió a bordo del HMS *Le Vengeur* con enorme alivio. El tiempo era pésimo, pero cualquier cosa era mejor que los *carbonari*. Al final, desembarcó en Livorno el 21 de diciembre y pasó la Navidad en Florencia con su sobrino, el gran duque de Toscana. Su esposa, la duquesa, viajó por separado, pero llegó poco después; permanecería en Florencia esperando su regreso. Alrededor de una semana después, Fernando se puso en marcha de nuevo y pasó por Bolonia, Módena y Vincenza antes de girar hacia el este. Hacía muchísimo frío y se le llenaron las manos de sabañones, pero no pareció importarle: de hecho, los prefería al intenso y sofocante calor de las estufas austríacas que le esperaba en Laibach y que no le dejaba dormir.

El Congreso se inauguró el 26 de enero de 1821. El emperador Francisco y el zar Alejandro asistieron personalmente; Prusia envió un embajador plenipotenciario. Una vez más, Gran Bretaña se mantuvo al margen, representada sencillamente por su embajador en Viena, lord Stewart, que estaba allí más como un observador que como otra cosa. Francia también recelaba del encuentro. Fernando no causó una gran impresión. En dos ocasiones había jurado defender una constitución; ahora mantenía que lo había hecho bajo coacción y que, por tanto, sus juramentos debían considerarse nulos y sin efectos. No puso ninguna objeción cuando Metternich sugirió enviar un ejército imperial a Nápoles; ninguna otra cosa le daría el valor necesario para regresar.

La conclusión fue —como todo el mundo imaginaba desde el principio— prácticamente la misma a la que se había llegado en Troppau: se envió un mensaje al regente para comunicarle que la revuelta de los *carbonari* ponía en peligro la paz de Europa y que, en consecuencia, un ejército austríaco, con pleno apoyo de Rusia, estaba ya en camino hacia el asediado reino: acudía como amigo, si el reino retornaba a su antiguo régimen; como enemigo, si persistía en continuar en su actual y desastroso camino. El regente contestó que la elección entre esas dos alternativas correspondía al Parlamento, que las debatiría con urgencia.

Y el Parlamento votó en favor de la guerra. Si se hubiera dado el lujo de decidir utilizando el sentido común en lugar de empujado por «una alegre ráfaga de entusiasmo belicoso»,* habría comprendido fácilmente lo disparatado del rumbo que había elegido. Solo seis años antes, en Tolentino, los austríacos habían destruido al ejército de Murat, comparado con el cual el ejército de los *carbonari* era una muchedumbre indisciplinada e ingobernable. Guglielmo Pepe, que había combatido en Tolentino, debía saber perfectamente mientras marchaba hacia los Abruzos que no tenía ninguna posibilidad de conseguir la victoria, una certeza que quedó demostrada cuando, el 7 de marzo, decidió enfrentarse a las avanzadillas austríacas en Rieti. Antes de que se disparara un solo tiro, sus tropas se disolvieron sin más. Tras esta desbandada, todo se resolvió muy rápido. El día 15, regresó a Nápoles y se encontró con que el Parlamento ya había cambiado de opinión y estaba decidido a someterse al rey. Una semana después, los austríacos entraron en Nápoles. La mayoría de los líderes carbonarios había puesto pies en polvorosa y el regente había dejado que se marcharan encantado. Pepe se dirigió a Londres —estaría de vuelta en Nápoles para los acontecimientos de 1848—, como hicieron también varios de sus antiguos colegas, a los que A'Court entregó de buen grado pasaportes para perderlos de vista.

El rey Fernando había disfrutado mucho su viaje a Laibach y, luego, se había reunido con su esposa, la duquesa, en Florencia, como estaba previsto. Mientras tanto, desde allí, a distancia segura, nombró un gobierno provisional. Cuando el duque de Calabria mostró la lista de sus integrantes a A'Court, el embajador quedó consternado. «¡Jamás se ha visto un grupo así! —se mofó—. ¡No hay ni uno que tenga menos de setenta años ni el talento o la capacidad para gobernar ni tan siquiera una aldea!». Ante la presión de Metternich y otros, se nombró a un formida-

* Acton.

ble jefe de policía, el príncipe de Canosa, que distribuyó castigos a discreción —a menudo en la forma de azotes públicos— a todos aquellos de los que sospechaba tendencias carbonarias. Hacia finales de la primavera, el rey consideró que era seguro regresar. Lo hizo el 15 de mayo de 1822, y fue recibido con el mismo entusiasmo de los viejos tiempos. Cuando le presentaron una lista de treinta republicanos condenados a muerte, perdonó a veintiocho de ellos. Siempre había sido amado por su pueblo, pero ahora había algo más: tenía setenta y un años —era un hombre anciano para lo habitual en la época— y se había convertido en una institución. Tras sesenta y dos años en el trono, pocos de sus súbditos —que no tenían un buen recuerdo de las interrupciones de José Bonaparte y Murat— recordaban los días de su predecesor.

Todavía tenía una tarea pendiente: una visita al Congreso de Verona al octubre siguiente. No le confirió demasiada importancia; de hecho, retrasó su partida de Nápoles hasta el 22 de octubre, dos días después de que el Congreso hubiera empezado. El tema principal eran los acontecimientos que habían tenido lugar en España. En lo que concernía a su reino, se acordó que el ejército austríaco de ocupación se redujera a 35 000 hombres —no se sabe con seguridad de cuántos soldados constaba al inicio—, «que permanecerían en el país hasta que la tranquilidad hubiera sido restaurada por completo y se hubiera podido reorganizar el ejército napolitano». Desde Verona, viajó a Viena, donde pasó el invierno a pesar de que fue uno de los más fríos de los últimos años. Allí, su carácter sencillo —en ocasiones casi como el de un campesino— se ganó el aprecio de todo el mundo. «Parecía disfrutar enormemente aquí», escribió la baronesa du Montet.

> Su estampa es patriarcal y muy digna sin ser majestuosa; su alta estatura, su cuidado cabello blanco y sus pronunciadas y venerables facciones le habrían granjeado respeto independientemente de la clase social en la que hubiera nacido. En la cabaña de un campesino o en la casa de un humilde pescador, uno lo habría honrado igualmente

como a un noble anciano. Habla en un tono de voz muy alto y se ríe con carcajadas atronadoras; en el teatro, y especialmente en la ópera italiana, aplaude y vitorea estentóreamente y sigue el ritmo con vigor contra la baranda de su palco; en una representación de *El barbero de Sevilla*, gritó: «*Bravo, lazzarone, bravo!*», presa del entusiasmo por Lablache, que cantaba una de las piezas de manera asombrosa.

[...] El rey de Nápoles es muy devoto; ayuna con extremo celo, dice el rosario cada día y a menudo escucha los sermones. Ha traído con él a su confesor. Este es un venerable y también muy atractivo capuchino que rechazó los aposentos que le habían preparado en la Corte y prefirió alojarse en una celda del convento capuchino. El rey fue a la cripta de esta iglesia para visitar la tumba de la reina, su esposa [...]. Se levanta muy temprano por la mañana, oye misa, dice un buen número de plegarias, almuerza a mediodía, se echa una siesta y luego juega a cartas por sumas altísimas con sus favoritos, a quienes exige pago puntual en veinticuatro horas, sin ningún aplazamiento.

Siempre envió a su duquesa una parte de sus ganancias.

Fernando regresó a Nápoles el 6 de agosto de 1823, después de haber estado fuera casi nueve meses seguidos. Se encontró el reino todavía bajo ocupación austríaca, aunque, por lo demás, próspero y contento. *Lady* Blessington, que llegó a la ciudad prácticamente al mismo tiempo, a pesar de que compartía por completo la ideología bonapartista de su amante, el conde d'Orsay, se vio obligada a confesar: «Se nos dice que los italianos se marchitan bajo el despotismo de sus gobernantes, pero en ningún otro lugar he visto rostros más felices. Hombres, mujeres y niños; da la impresión de que todos sienten la influencia de la deliciosa atmósfera en la que viven, una atmósfera que parece excluir las preocupaciones y las penas».

El 2 de enero de 1825, el rey salió a cazar como hacía a menudo. Al día siguiente, se quejó de que estaba un poco resfriado y no salió al exterior; en su habitual partida de *piquet** con la duquesa casi no fue capaz de mantenerse despierto y parecía que le costaba un poco hablar y arrastraba las palabras. Se negó en redondo a que lo sangraran y pidió solamente que no lo despertaran a las seis de la mañana, como era habitual. Su criado, pues, esperó hasta las ocho para entrar en el dormitorio. Encontró a Fernando muerto en la cama, víctima de una apoplejía, como le había ocurrido a su esposa María Carolina poco más de once años antes. Le faltaba solo una semana para llegar a su septuagésimo quinto cumpleaños.

El rey Francisco I de las Dos Sicilias, antiguo duque de Calabria, siempre había sido un personaje curiosamente gris. Se señalaba a menudo que nadie se apercibía de su presencia, excepto, se supone, sus dos esposas y sus muchas amantes. Había amado sinceramente a su primera esposa, María Clementina de Austria, y se le rompió el corazón cuando esta murió en 1801. Su segunda esposa, María Isabel de España, era —si hemos de creer a su madre, María Carolina— casi tan aburrida como él. Su reinado de cinco años transcurrió sin pena ni gloria. En su juventud, las pocas ideas que tuvo sugerían que quería mostrarse como un gobernante bastante más liberal que su padre; pero se fue volviendo cada vez más conservador a medida que envejeció. También compartía con su padre su indolencia y una incorregible reticencia a tomar parte activa en el gobierno de su país. Sus ministros no eran mucho más eficientes que él, aunque su ayuda de cámara y la camarera personal de la reina, que entre ambos amasaron una fortuna en sobornos, fueron adquiriendo considerable influencia política. Esencialmente, el reino estaba gobernado por la policía y el ejército, y pobres de aquellos que cayeran en desgracia con la una o el otro. El ejército, en concreto, se quedaba con la mayor parte de los ingresos: san Ignacio de Loyola, fun-

---

* Juego de cartas para dos jugadores creado a principios del siglo xvi y que todavía goza de popularidad. El juego se menciona por escrito por primera vez en *Gargantua y Pantagruel,* de Rabelais, en 1535. *(N. del T.)*

dador de los jesuitas, fallecido en 1556, estaba registrado como mariscal de campo a sueldo completo; lo que no está claro es adónde iba su salario. Así sucedió que en el marco de este corto y profundamente anodino reinado, Francisco I pudo jactarse de un único logro que supuso un auténtico beneficio para Nápoles: la retirada en 1827 del ejército austríaco de ocupación, cuyo mantenimiento había supuesto una pesada carga para el Tesoro. Por lo demás, vivió su vida en estricta reclusión —sufría un miedo patológico a que lo asesinaran—, rodeado por sus soldados, favoritos y amantes. Como es lógico, no disfrutó de la popularidad de su padre y murió en 1830 sin que nadie lo lamentara.

Al principio, parecía que el hijo y sucesor de Francisco, Fernando II de las Dos Sicilias, era una astilla del mismo palo. Como su abuelo, se sentía a gusto entre los *lazzaroni,* hablaba su dialecto y se encariñó con su manera relajada de hacer las cosas. También los sicilianos estaban dispuestos a recibirlo bien, pues había nacido en Palermo, en 1810, mientras su padre era gobernador, y haría no menos de cuatro visitas a Sicilia durante los primeros diez años de su reinado. En consecuencia, acabó por conocer la isla mucho mejor que la mayoría de los sicilianos. También fue muy popular su decisión de nombrar gobernador de la isla a su hermano menor, Leopoldo, que también había nacido en Sicilia. El edicto que publicó nada más asumir el cargo, en el que prometió una administración de justicia imparcial y justa y una reforma de las finanzas del Estado, hizo que muchos albergaran esperanzas. Llamó la atención sobre la corrupción y los muchos abusos que tanto tiempo habían sido el flagelo del reino y se comprometió a no escatimar esfuerzos para ponerles fin de una vez por todas. Su objetivo a largo plazo, concluyó, era gobernar su reino de tal manera que pudiera generar la mayor felicidad posible al mayor número posible de sus súbditos, respetando además, naturalmente, los derechos de los otros monarcas y los de la Iglesia católica.

Estos eran sentimientos muy nobles, desde luego, pero Sicilia y los sicilianos resultaron demasiado para él. El número de crímenes seguía ascendiendo rápidamente; la presencia primero de las tropas británicas y, luego, de las austríacas había ofrecido innumerables oportunidades de robar armas y munición. Los bandoleros habían llegado a las mismísimas murallas de Palermo, Mesina, Catania y otras grandes ciudades. En consecuencia, había proliferado otra práctica que se convertiría en una especialidad siciliana, el pago por protección: la gente pagaba un buen dinero para que no le cortaran el suministro de agua, robaran o mataran el ganado o quemaran sus minas de azufre. Aquellos en cuyas casas robaban eran a menudo informados discretamente de cómo, mediante el pago de una considerable tasa, podían recuperar sus posesiones. También se pusieron de moda los secuestros, no solo de niños, sino también de ciudadanos notables. Aquí, en definitiva, estaban ya todos los ingredientes de la mafia moderna. Solo le faltaba el nombre.

Había poca cosa que el Gobierno pudiera hacer contra abusos a tal escala. En la isla existían unos veinticinco cuerpos distintos de policía, que en conjunto sumarían unos trescientos o trescientos cincuenta hombres. Estos hacían lo que podían, incluso de vez en cuando detenían a alguien; pero cuando se llevaba al delincuente a juicio, un pequeño y discreto soborno garantizaba su absolución casi con toda seguridad. La mayor parte de las veces, el juez había comprado su cargo, por lo que le parecía entonces lógico recuperar su inversión de la forma en que pudiera. Desesperado, el rey Fernando intentó crear un cuerpo de jueces honestos de Nápoles, pero el experimento no fue un éxito. En primer lugar, el dialecto local les resultaba incomprensible; no entendían a nadie y nadie les entendía a ellos. En segundo lugar, quedaron horrorizados; según un juez napolitano destinado en Trapani, «aquí casi no puede encontrarse a un funcionario que no se arrodille ante la aristocracia y que no trate de enriquecerse gracias a su cargo».

Desde luego, la aristocracia no tenía ningún motivo de queja, pero todos los demás sí. Sicilia estaba más atrasada que nunca; no ofrecía ninguna salida a nadie con una mínima ambición. Por poner solo un ejemplo, el compositor Vincenzo Bellini —igual que Alessandro Scarlatti ciento cincuenta años antes— se vio obligado a labrarse su fama fuera de la isla; de haber optado por permanecer en su Catania natal, se habría visto condenado a una oscura existencia. Mientras tanto, para los ciudadanos y campesinos más humildes, la situación se volvía desesperada; muchos de estos últimos ya estaban luchando contra el hambre. Tampoco había ninguna expectativa de mejora; parecía que las cosas solo irían a peor. En circunstancias como estas, ¿no era solo cuestión de tiempo que se produjera algún tipo de revolución o levantamiento social?

Nadie era más consciente de que Sicilia era una herida abierta que el rey Fernando II, pero no podía hacer nada para remediarlo. Como lamentó un embajador extranjero, «aunque el rey y sus ministros conocen a la perfección los problemas que hay en Sicilia, no poseen ni el suficiente talento ni bastante energía como para enfrentarse a ellos, y dejan que las cosas sigan su curso». No es cierto que Fernando no tratara de cambiar las cosas, pero tras cinco años sin conseguir que mejoraran, en 1835 abandonó todo intento de mejoras legislativas y, al respirar la revolución en el ambiente, recurrió a la represión. Se prohibieron los libros extranjeros y se instauró una estricta censura. Medidas desesperadas como estas tienden a ser, en la mayoría de las ocasiones, contraproducentes; y solo dos años después, una breve pero importante revuelta constituyó un aviso de los acontecimientos más graves que estaban por venir.

Empezó en 1837 con un súbito estallido de cólera, una enfermedad hasta entonces desconocida en Europa occidental. De algún modo, se extendió el rumor de que el Gobierno había introducido deliberadamente la infección. Esta idea ahora nos parece absurda; sin embargo, según se nos dice, la compartían varios profesores de la Universidad de Palermo e incluso el propio arzobispo. A medida que hombres, mujeres y niños morían a miles, el pánico se apoderó de toda la isla. En esta ocasión, una relativa tranquilidad reinó en la propia Palermo; Siracusa, en cambio, se vio afectada por unos disturbios terribles, en el curso de los cuales se perdieron los últimos resquicios del respeto a la ley y del orden y murieron varios cientos más de personas. La reacción más notable fue, no obstante, la de Catania, donde las manifestaciones se convirtieron de súbito en protestas que exigían la independencia de Sicilia. No obstante, como era habitual, la falta de disciplina, cohesión y de una planificación adecuada resultó letal para los rebeldes. Tras algunas detenciones y unas cuantas ejecuciones, Sicilia retornó a sus viejas costumbres.

Fernando regresó a la isla el año siguiente. Hizo cuanto pudo para mejorar la situación. Reestableció la Universidad de Mesina, para aumentar el número de personas cualificadas para convertirse en administradores y funcionarios de alto rango; y se abandonó la práctica según la cual esos puestos se habían reservado hasta entonces para sicilianos, lo que resulta muy significativo. El propio Fernando estaba convencido de que esa era la única forma de acabar con la corrupción y el nepotismo que azotaban Sicilia. La medida fue aceptada con muchas reticencias; los intentos de reforma agraria, sin embargo, enseguida toparon con una fortísima oposición. Por supuesto, cualquier reforma conllevaría la reducción de las enormes propiedades de la aristocracia feudal y, por lo tanto, una reducción de su influencia, y esta consecuencia era más peligrosa porque la impopularidad de los Borbones crecía cada vez más en los círculos aristocráticos, que empezaron a arrepentirse de la supremacía de Nápoles y a defender la causa de la independencia. Entretanto, otra idea comenzó a emerger lentamente: ¿no había llegado quizá el momento de un realineamiento político radical? La antigua influencia española estaba desapareciendo; Francia era ahora, como mínimo, igual de importante, e Inglaterra, gracias a sus grandes intereses económicos en la isla, todavía más. Pero ¿qué decir, por otra parte, de Italia? Por toda la península, el llamamiento a la unidad de Italia cobraba cada día más fuerza: si esta unión se hacía realidad, ¿no debía Sicilia formar parte de ella?

Cuando el miércoles 12 de enero de 1848 —el día del trigésimo octavo cumpleaños de Fernando II— el pueblo de Palermo se sublevó contra sus amos borbónicos, no tenía ni idea de lo que estaba iniciando. Como hemos visto, las rebeliones en el reino no eran nada nuevo, pero todas habían podido controlarse con relativa facilidad. Lo que sucedió en 1848 —el *quarantotto*, según lo recuerda Italia— fue algo totalmente distinto. Se produjo una revolución, y a finales de año, la habían seguido muchas otras. Solo en Italia, estallaron revoluciones en Nápoles, Roma, Venecia, Florencia, Lucca, Parma, Módena y Milán; en el norte y centro de Europa, también sucedió lo mismo en París, Viena, Cracovia, Varsovia y Budapest.

Ya a principios de año, los disturbios entre los estudiantes habían llevado a las autoridades a cerrar la Universidad de Palermo; varios ciudadanos destacados cuyas opiniones liberales eran conocidas habían sido arrestados y había circulado un manifiesto no firmado que llamaba a un alzamiento el día del cumpleaños del rey. Cuando llegó ese día y dieron comienzo las manifestaciones, las calles se vaciaron, los comercios cerraron y las casas se protegieron con barricadas. Un gran número de los insurgentes eran bandoleros de las montañas o sencillos campesinos, pocos de los cuales debían de saber por qué luchaban; pero les impulsaba la alegría de haber roto la barrera de las costumbres y el entregarse al saqueo. Muchos de los pueblos y ciudades pequeñas fueron arrasados, al igual que buena parte del campo.

Los Borbones tenían unos siete mil soldados en la guarnición de Palermo, pero se demostraron prácticamente inútiles. Las comunicaciones eran pésimas, las carreteras, execrables, y no podían estar en todas partes a la vez. Desesperados, decidieron bombardear la ciudad (una decisión que pronto tendrían motivos para lamentar, cuando uno de los proyectiles destruyó la casa de préstamos municipal, de la que dependían muchas familias, tanto aristocráticas como plebeyas). La muchedumbre enfurecida se lanzó contra el palacio real, lo saqueó —aunque respetaron, por fortuna, la Capilla Palatina— y prendieron fuego a los archivos estatales. Mientras tanto, cientos de presos fueron liberados de la cárcel. La guarnición se retiró y pronto regresó a Nápoles. En los días siguientes se formó un comité de gobierno bajo la presidencia del patriota siciliano de setenta años (y anterior ministro napolitano de la Marina) Ruggiero Settimo; al tiempo, la revuelta se extendió a todas las ciudades principales —excepto a Mesina, que se abstuvo por llevar la contraria a Palermo— y a más de cien pueblos, donde se garantizó el apoyo de los campesinos con generosas promesas de tierras. No hubo en ninguna parte resistencia digna de ese nombre.

A finales de mes no quedaban prácticamente tropas reales en la isla y, el 5 de febrero, Settimo anunció que «los desastres de la guerra habían cesado y que, en adelante, había empezado una época de felicidad para Sicilia». No mencionó que la ciudadela de Mesina seguía en manos de los Borbones; a pesar de ello, era evidente que el rey Fernando estaba entre la espada y la pared. Debido a las casi continuas manifestaciones en Nápoles en imitación de las sicilianas, el 29 de enero ofreció una constitución liberal a ambas partes de su reino, en la que se establecían dos cámaras legislativas y se extendía moderadamente el derecho al voto. «Se acabó el juego —escribió el horrorizado embajador austríaco, el príncipe Schwarzenberg—. El rey y sus ministros han perdido completamente la cabeza». Metternich se limitó a anotar al margen: «Difícilmente los ministros han podido perder aquello que nunca poseyeron».

Las noticias que llegaron al rey a finales de febrero debieron de preocuparlo todavía más. En París, su tío, Luis Felipe, el Rey Ciudadano, había sido derrocado el día 24 y se había proclamado una república. Entonces empezó el alud. Fernando, que había disfrutado de un breve repunte de popularidad después de haber concedido una constitución, fue ahora vilipendiado más que nunca. Parecía que las constituciones liberales ya no eran suficiente. Los sicilianos, mientras tanto, habían rechazado su oferta. «Sicilia no necesita nuevas instituciones, sino la restauración de los derechos que ha poseído durante siglos», le informaron con frialdad. En Palermo, el 14 de abril, se proclamó su derrocamiento y la bandera borbónica fue reemplazada por la tricolor revolucionaria y el trisquel de tres piernas.

Sicilia era ahora verdaderamente independiente. El problema era que carecía de una maquinaria de autogobierno. Sin una mano experimentada al timón, el viejo caos y la tradicional confusión regresaron con más fuerza que nunca. El comercio se desplomó, el desempleo se disparó y el sistema legal prácticamente se desmoronó. Hacia finales de agosto, Fernando envió una fuerza militar terrestre y naval de unos veinte mil soldados bajo el mando del príncipe Carlo Filangieri como mariscal de campo con órdenes de restaurar el orden en la isla. Durante septiembre se produjo un ataque terrestre y naval contra Mesina. Fue entonces cuando la ciudad sufrió un intenso bombardeo durante ocho horas... después de haberse rendido. Los rebeldes contraatacaron y el odio sempiterno entre napolitanos y sicilianos dio lugar a atrocidades en ambos bandos, hasta el punto en que los almirantes francés e inglés en aguas sicilianas, horrorizados por el derramamiento de sangre y la brutalidad, convencieron a Fernando de que concediera un armisticio de seis meses. Uno pensaría que esta era una oportunidad de salir de aquel callejón sin salida, pero los rebeldes rechazaron de plano todas las ofertas de acuerdo que propuso el monarca. Si hubieran estado dispuestos a negociar, puede que hubieran podido salvar algo del naufragio; pero, dado que se negaron, más y más de sus antiguos seguidores —por pura voluntad de salvarse a sí mismos— regresaron al bando de los Borbones. En consecuencia, Filangieri capturó Taormina el 2 de abril de 1849 y Catania cinco días después. El 15 de mayo, sin muchas dificultades, entró en Palermo.

Con su ineficacia, su falta de unidad y su negativa a pactar, los sicilianos habían demostrado a la perfección cómo no debía conducirse una revolución.

Cuando el humo de la batalla se dispersó, Filangieri fue nombrado gobernador de Sicilia. Pocas tareas eran más ingratas, pero se desempeñó lo mejor que pudo en el cargo. Fernando —a quien tras los bombardeos tanto de Palermo como de Mesina se le conocía como «Rey Bomba»— había perdido completamente el coraje. La revolución lo había asustado y ya no deseaba tener nada que ver ni con Sicilia ni con las nuevas ideas liberales y nacionales que, evidentemente, se propagaban en su país. De nuevo, se cerró en banda, y la isla se convirtió a todos los efectos en un estado policial. La libertad de movimientos se redujo considerablemente, se estableció una censura todavía más estricta y las autoridades podían detener a cualquiera por meras sospechas y enviarlo, tras un juicio que era poco más que un trámite, a las instituciones penitenciarias de Lampedusa u otras islas.

Cuando William Ewart Gladstone visitó Nápoles en 1850-51 y descubrió que entre los disidentes encarcelados por el Gobierno se encontraba el asesor legal de la embajada británica, la situación empezó a preocuparle seriamente; y cuando, en febrero de 1851, se le permitió visitar las prisiones, lo que vio lo escandalizó. Poco después, publicó un demoledor ataque contra lo que describió como «la negación de Dios erigida en sistema de gobierno». Su escrito causó un daño inmenso a la reputación del reino; como era inevitable, se lo comparaba con su homólogo del norte de Italia, el reino del Piamonte, que defendía el liberalismo, el progreso y la unificación italiana. No salía ganando en la comparación.

En 1856, Fernando fue víctima de un intento de asesinato perpetrado por uno de sus propios soldados. El intento fracasó, pero la herida que le hizo aquel hombre con su bayoneta, relativamente leve, se infectó, y muchos creyeron que nunca se recuperó de ella por completo. Vivió otros tres años, pero cuando murió, en mayo de 1859, aún no había cumplido los cincuenta años. Durante la primera etapa de su reinado había gozado de popularidad. Había intentado mejorar la situación de Sicilia en la medida de lo posible y, aunque no había sido bastante, es difícil defender que otro gobernante pudiese haberlo hecho mucho mejor. Por otra parte, había establecido comunicaciones telegráficas entre Nápoles y Palermo. Su armada tuvo el primer barco a vapor de toda Italia y también construyó el primer ferrocarril. Cierto, al principio solo cubrió los diez kilómetros entre el centro de Nápoles y Portici, pero pronto se prolongó hacia el sur, y demostró que Fernando era mucho más progresista que su contemporáneo, el papa Gregorio XVI, para quien los ferrocarriles eran *chemins d'enfer* y estaban prohibidos en los territorios papales. Tras 1848, sin embargo, su reputación se hundió. Para sus súbditos, sería el Rey Bomba durante el resto de su vida.

Su hijo, Francisco II, lo sucedió a la edad de veintitrés años. El reinado de Francisco, como veremos, sería dramático y extremadamente corto. No podría ser de otro modo, pues el *Risorgimento* estaba a la vuelta de la esquina.

---

* En francés, ferrocarril es *chemin de fer* ('camino de hierro'). *Chemins d'enfer* significa 'caminos de infierno'.

15

Risorgimento

¿Había sido en vano el *quarantotto?* Desde luego, para cuando
llegó el otoño de 1849, así lo parecía. Los austríacos estaban de
vuelta en Venecia y Lombardía; Pío IX —que había huido a
Gaeta el año anterior— había regresado a Roma, ahora ocupada
por los franceses; en Nápoles, el tristemente recalcitrante Rey
Bomba había derogado la Constitución y ejercía de nuevo el
poder absoluto; Florencia, Módena y Parma, todas bajo protección de Austria, estaban más o menos en el mismo estado. En
toda la península, solo el Piamonte seguía siendo libre. Su rey,
Víctor Manuel II, era bajito, achaparrado e inusualmente feo,
y sus principales intereses —o, al menos, eso parecía— eran la
caza y las mujeres. Pero era mucho más inteligente de lo que
parecía; a pesar de que era tímido y se sentía incómodo en público, en el campo de la política se las sabía todas. Es difícil
imaginar el *Risorgimento* sin él.

Pero puede que incluso Víctor Manuel hubiese fracasado
de no ser por su primer ministro, Camillo Cavour, quien llegó
al poder en 1852 y se mantuvo en el cargo, con muy pocas
interrupciones, durante los siguientes nueve años, que fueron
cruciales para Italia. El aspecto de Cavour, como el de su señor,
era engañoso. Retaco y barrigón, con cabello ralo, una tez sal-
picada de manchas y una barba que evitaba cuidadosamente su
labio superior, se vestía de forma casi andrajosa y, desde luego,
ofrecía una pobre primera impresión. Su mente, por otra parte,
era letal como una espada ropera y, una vez empezaba a hablar,
pocos podían sustraerse a su encanto. Su objetivo político era
muy sencillo: una Italia unida, con Piamonte a la cabeza. Para

ello, el primer requisito era librarse de Austria, y ahora empezaba a albergar la esperanza de que el cometa más reciente de la escena internacional, el emperador Napoleón III, pudiera ayudarle a hacerlo.

Luis Napoleón, sobrino de Napoleón I, se había convertido en heredero de la dinastía Bonaparte tras la muerte de su primo exiliado —el llamado Napoleón II, duque de Reichstadt— en Viena en 1831. Tras la revolución de 1848, fue el primer presidente electo de la república francesa y, luego, el 2 de diciembre de 1851, dio un golpe de Estado, un año después del cual exactamente se hizo coronar emperador. Hacia 1858, sin embargo, era consciente de que su prestigio y popularidad cotizaban a la baja. Necesitaba desesperadamente una guerra —y una victoria— para recuperarlos, y Austria era el único enemigo potencial disponible. En julio, Cavour y él se reunieron en secreto, y prometió enviar un ejército a Italia a cambio de la cesión del condado de Saboya y la ciudad de Niza. La primavera siguiente, envió 120 000 soldados a Italia, comandados por él mismo en persona. Se produjeron dos tremendas batallas, y venció en ambas. La primera tuvo lugar en mayo en Magenta, un pequeño pueblo al oeste de Milán. Ambos bandos sufrieron muchas bajas, y estas habrían sido todavía mayores si los piamonteses no hubieran llegado —por desgracia— después de que terminara la batalla. La segunda fue un mes más tarde en Solferino, justo al sur del lago de Garda, donde se enfrentaron más de doscientos cincuenta mil hombres. Fue la mayor batalla desde Leipzig, en 1813, y la última en la historia en la que todos los ejércitos estuvieron bajo el mando personal de sus monarcas: Napoleón III, Víctor Manuel y el emperador Francisco José de Austria. Fue, sin embargo, una victoria pírrica; los franceses y piamonteses perdieron casi tantos hombres como los austríacos y el estallido de fiebres —probablemente, tifus— que se produjo tras la batalla provocó miles de muertes más en ambos bandos.*

---

* La carnicería que se presenció en esta batalla causó una profunda impresión a un joven suizo llamado Henri Dunant, que organizó un sistema de ayuda de emergencia para los heridos. Cinco años después, como consecuencia directa de esta experiencia, fundó la Cruz Roja.

Dos semanas después, Napoleón firmó la paz por separado con Austria y, el 11 de julio de 1859, los dos emperadores se reunieron en Villafranca, cerca de Verona, y decidieron el futuro del norte y centro de Italia en menos de una hora. Austria conservaría Mantua y la ciudad fortaleza de Peschiera, en el extremo sur del lago de Garda; cedería el resto de Lombardía a Francia, que se lo pasaría al Piamonte. Se establecería una confederación italiana con el papa como presidente honorífico. Aunque serían miembros de la confederación, Venecia y el Véneto permanecerían bajo soberanía austríaca. A principios de 1860, Cavour llegó por su parte a un acuerdo con Napoleón; el Piamonte se anexaría la Toscana y cedería Saboya y Niza a Francia. Unos plebiscitos celebrados poco después confirmaron la sabiduría de estas decisiones: en Saboya, por ejemplo, el resultado de la votación fue 130 500 frente a 235. Aun así, no todo el mundo estaba a favor del acuerdo, y quizá el más iracundo oponente de todos fuera el más grande de los patriotas italianos, Giuseppe Garibaldi (quien, dado que había nacido en Niza, se encontró de súbito con que era francés).

Garibaldi tenía ahora cincuenta y tres años. Había empezado su carrera profesional como marinero mercante; en 1834, había participado en un motín y se había emitido una orden de

El rey Víctor Manuel II, rey de Piamonte y primer rey de Sicilia, c. 1870.

detención contra él. Justo a tiempo, había escapado a Francia;
mientras tanto, en Turín, fue sentenciado a muerte *in absentia*
por el cargo de alta traición. Tras un breve período en la Marina
mercante francesa, se unió a la armada del bey de Túnez, que
le ofreció el puesto de capitán general. Rechazó el cargo y, en
diciembre de 1835, navegó como segundo de a bordo en un
bergantín francés rumbo a Sudamérica. Allí permaneció durante los siguientes doce años, los cuatro primeros luchando por un
pequeño estado, hoy olvidado, que trató —sin éxito— de escapar del dominio de Brasil. En 1841, él y su amante brasileña
viajaron a Montevideo, donde pronto fue puesto al mando de
la Armada uruguaya y también de una legión de exiliados italianos, la primera en llevar las famosas camisas rojas que quedarían
para siempre unidas a Garibaldi. Tras su heroica victoria en la
pequeña batalla de San Antonio en 1846, su fama se extendió
rápidamente por Europa. A estas alturas, se había convertido en
un rebelde profesional, cuya experiencia en la guerra de guerrillas le sería muy útil en los años venideros.

En cuanto Garibaldi recibió noticia de las revoluciones de
1848, reunió a sesenta de sus camisas rojas y tomó el primer barco rumbo a Italia, donde luchó su propia guerra privada contra
Austria y, luego, al oír que el papa había huido de Roma,* fue
elegido para formar parte de la nueva asamblea reunida allí; fue
él quien propuso formalmente que la ciudad se convirtiera en
una república independiente. En junio de 1849, sin embargo,
los franceses invadieron Roma y, tras una heroica resistencia
que duró casi un mes, los defensores no tuvieron más opción
que capitular. Alrededor de mediodía del día 30, Garibaldi apareció ante la Asamblea cubierto de polvo y con su camisa roja
empapada de sangre y sudor. La rendición, declaró, está fuera
de toda consideración. Debían marcharse a las colinas: «*Dovun-
que saremo* —declaró—, *colà sarà Roma*».† Pero no se siguió su
consejo. Con su esposa, Anita, y unos pocos seguidores, zarpó

---

* El papa Pío IX había huido a Gaeta en noviembre de 1848, como resultado de su insensata «Alocución», en la que se opuso violentamente a la
idea de una Italia unida.
† «Allí donde estemos, será Roma».

hacia Venecia, el único Estado italiano en el que una república de reciente creación continuaba luchando por su supervivencia, pero su barco fue interceptado por un buque de guerra austríaco y se vieron obligados a desembarcar en una remota franja de la costa donde, poco después, su amada Anita falleció en sus brazos. Durante un tiempo, el abatimiento se apoderó de él. De nuevo se marchó de Italia. Embarcó hacia Nueva York e inició su segundo período de exilio en Estados Unidos.

Uno de los socios políticos más cercanos a Garibaldi era un abogado siciliano y feroz defensor del republicanismo llamado Francesco Crispi. Había sido sentenciado a muerte por su participación en los acontecimientos de 1848, pero había conseguido escapar y, en 1859, tras un largo exilio en Londres, había visitado su isla natal disfrazado y con un nombre falso. Esta visita le había convencido de que Sicilia estaba al borde de la revolución. Los Borbones eran universalmente detestados y la pobreza estaba tan extendida que la mayoría tenía poco o nada que perder. Lo único que hacía falta era una pequeña expedición armada que prendiera la mecha, y toda la isla se alzaría en armas. La cuestión era ¿quién podía liderarla? El nombre de Garibaldi le vino de inmediato a la cabeza. Este acababa de regresar de Estados Unidos en 1854, tras recuperar su antiguo ardor y entusiasmo, y había combatido magníficamente en Solferino. Pero Garibaldi vacilaba. Todavía estaba furioso por lo acontecido en Villafranca y su sueño era algo distinto: la captura de Niza y su devolución a Piamonte.

Pero pronto pospondría indefinidamente sus anhelos de recuperar Niza. Los sicilianos nunca habían aceptado la pérdida de su Estado; se habían rebelado en 1820, en 1837 y en 1848; y el 4 de abril de 1860, se produjo otra insurrección popular en Palermo. Si todo hubiera salido de acuerdo con el plan, la habría acompañado una rebelión simultánea de toda la aristocracia, pero, como siempre ocurría en Sicilia, algo salió mal. Las autoridades napolitanas habían sido informadas del complot y los insurgentes se vieron rodeados en cuanto salieron de sus casas. Todos aquellos que no murieron allí mismo fueron ejecutados poco después. La operación había resultado un rotundo fracaso, pero fue una chispa que encendió otros fuegos por todo el norte de Sicilia, y las autoridades no dieron abasto a apagarlos todos. Tampoco pudieron contener el rumor que corría como la pólvora por la isla y avivaba las llamas de la sublevación: Garibaldi estaba en camino.

En aquellos momentos, no era más que un anhelo; Garibaldi estaba, de hecho, ocupado con la recaudación de fondos para comprar «un millón de rifles» —el coronel Samuel Colt ya le había enviado cien de sus excelentes revólveres desde Nueva York como muestra de apoyo—, pero cuando recibió noticias de la insurrección, actuó de inmediato. Víctor Manuel le denegó su petición de que le cediera una brigada del ejército piamontés aduciendo que no estaba en guerra con Nápoles, pero, en menos de un mes, Garibaldi —ahora en Génova— había reunido un formidable contingente de voluntarios. Se los conocería después como «los Mil», aunque, de hecho, embarcaron 1162 de ellos. Estos constituían una amplia muestra de la sociedad italiana. Más o menos la mitad de ellos eran profesionales liberales —había unos doscientos cincuenta abogados, cien médicos, cincuenta ingenieros, unos cuantos profesores universitarios y un puñado de sacerdotes—, mientras que la otra mitad procedía de la clase obrera. Entre ellos había una mujer —la esposa de Crispi, Rosalia— disfrazada de hombre. Algunos eran todavía republicanos en teoría, pero su líder les dejó claro que no solo luchaban por Italia, sino también por el rey Víctor Manuel, y aquel no era un momento para ponerse a discutir.

Para Víctor Manuel, la situación era, por decirlo suavemente, muy delicada. Deseaba de todo corazón que Garibaldi tuviera éxito; de hecho, simpatizaba mucho más con él que con Cavour, que nunca logró superar su desconfianza hacia alguien tan aventurero y temerario. Pero el rey sabía que hacer públicas sus simpatías sería muy peligroso. Por fortuna, tenía un excelente motivo para no renegar públicamente de Garibaldi: el hombre ya era un héroe, con gran diferencia la persona más popular de Italia. Aun así, si se diera el lujo de apoyarlo en público, no solo Nápoles, sino también Francia y Austria le declararían la guerra de inmediato. En estas circunstancias, mientras Garibaldi reclutaba a sus hombres y preparaba su expedición, todo lo que las autoridades podían hacer era suplicarle que tratara de no llamar demasiado la atención mientras hacían la vista gorda.

Garibaldi había conseguido alquilar dos barcos de vapor, el *Piemonte* y el *Lombardo*. A las ocho y media de la tarde del sábado 5 de mayo, vestido con su habitual camisa roja, un poncho sudamericano y una bufanda de colores y armado con un sable, una daga y uno de los revólveres del coronel Colt, subió a bordo del *Piemonte* en Génova y navegó hasta el vecino puerto de Quarto, donde aguardaban sus seguidores. Entonces, y solo entonces, envió un mensaje al rey:

> He escuchado los gritos de dolor de Sicilia, que nos han conmovido a mí y a unos pocos cientos de mis camaradas de armas. No he instigado a mis hermanos sicilianos a la insurrección, pero, puesto que se han alzado en nombre de la unidad de Italia, la cual encarna vuestra majestad, contra la más infame tiranía de nuestra época, no he dudado en aceptar el liderazgo de la expedición.

Los dos barcos partieron al amanecer del día siguiente.

Preocupado por escapar a las atenciones de la armada borbónica y, al mismo tiempo, deseoso de evitar ofender a Víctor Manuel invadiendo sus aguas territoriales en los alrededores de la isla de Cerdeña, Garibaldi se dirigió hacia el oeste durante muchos kilómetros, hasta el punto de que buena parte de sus seguidores pensaron que ponía rumbo a Túnez o Malta en lugar de a Sicilia; pero, al fin, viró al sur y —tras un momento peligroso en que ambos barcos casi se embistieron en la oscuridad— llegó a Marsala la mañana del 11 de mayo. No contaba con ninguna defensa, así que sus seguidores pudieron pasar una noche tranquila en la ciudad antes de seguir adelante al día siguiente. El día 14, en Salemi, se dirigió al pueblo y asumió formalmente el cargo de dictador de Sicilia en nombre del rey. Su discurso, según se nos dice, recibió un estruendoso aplauso. Fue al día siguiente, en una colina conocida como Pianto Romano, justo en las afueras de Calatafimi y solo a dos o tres kilómetros del templo de Segesta, donde él y sus hombres encontraron al ejército borbónico esperándolos.

La batalla se libró el 15 de mayo y duró varias horas, la mayoría de ellas en combate cuerpo a cuerpo, con bayonetas más que con rifles. Garibaldi sabía que su ejército era inmensamente inferior en número; aunque, por otra parte, contaba con una gran ventaja psicológica. Para todo italiano, su ejército de camisas rojas —con su cadena de victorias en Sudamérica y en Italia— había alcanzado una fama casi legendaria y los campesinos a menudo creían que sus miembros eran invulnerables a las balas. Las tropas borbónicas estaban asustadas y no tenían ganas de combatir: los Mil defendían un ideal en el que todos ellos creían apasionadamente, bajo un líder cuyo extraordinario carisma era una inspiración constante. Si podían ganar esta primera batalla, les dijo Garibaldi, existía una gran posibilidad de que la oposición se disolviera sin más; luego, en solo una o dos semanas, serían señores de Sicilia.

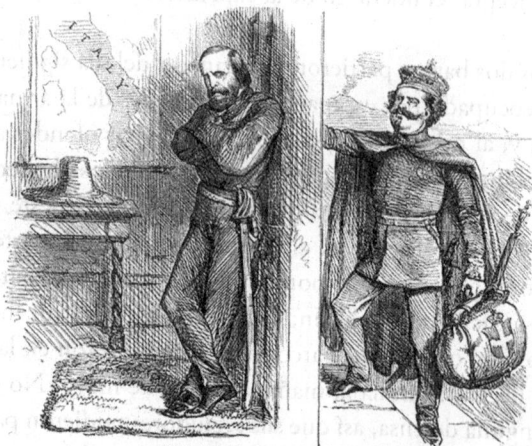

THE MAN IN POSSESSION.
V—a E—u—l. "I WONDER WHEN HE WILL OPEN THE DOOR."

Se viviría un momento muy peligroso en el *Risorgimento* cuando Garibaldi eclipsó por completo al rey Víctor Manuel (aunque esto preocupó a Cavour más que al rey). Ilustración de *Punch*, 6 de octubre de 1860.

Desde un punto de vista militar, fue un enfrentamiento muy igualado: murieron treinta y dos insurgentes y treinta y seis napolitanos, y hubo alrededor de ciento cincuenta heridos en cada bando. Moralmente, sin embargo, no cabía ninguna duda de quién había ganado. Y se demostró que Garibaldi estaba en lo cierto. No se toparon con ningún obstáculo más hasta Palermo; al contrario, miles de sicilianos se unieron a su causa, mientras que el ejército borbónico tuvo que abrirse paso combatiendo de vuelta a la capital a través de un campo que ya estaba rebelándose. En Partinico, necesitaron cuatro horas de combate —y utilizar la artillería— para cruzar la ciudad. Los soldados abatidos eran luego descuartizados por la muchedumbre.

Pero Palermo seguía defendida por veintiún mil soldados, incluido un considerable número de mercenarios austríacos y bávaros. Aunque Garibaldi contaba con que la población se alzara contra ellos, las posibilidades de victoria eran casi nulas. Los Mil se habían quedado ahora en setecientos cincuenta y los nuevos voluntarios, en su mayoría campesinos, que se unían a ellos a diario, eran indisciplinados y carecían del adiestramiento necesario para ser útiles. Un ataque frontal era claramente una locura, así que se acercó dando un rodeo a través de las cercanas

Templo dórico de Segesta, 420-30 a. C. Aunque nunca se terminó, es quizá el templo griego más perfecto que existe en la actualidad.

montañas y entró en las afueras de Palermo el 26 de mayo. Los mandos militares borbónicos, que esperaban que atacara a lo largo de la carretera de Monreale, habían desplegado casi todas sus tropas al norte y al oeste de la ciudad, así que, al acercarse, como lo hizo, por el sureste, no encontró oposición. Para su sorpresa, fue recibido por tres oficiales navales británicos y dos estadounidenses de los barcos que estaban por casualidad en el puerto y por el corresponsal húngaro del *Times* de Londres, que escribía artículos a diario sobre sus avances.

A estas alturas, la expedición de Garibaldi había captado el interés del mundo. Especialmente en Inglaterra, la emoción que despertaba y la simpatía hacia su causa aumentaban día tras día. Se lanzaron campañas para recaudar fondos en su nombre; Charles Dickens y Florence Nightingale se contaron entre aquellos que contribuyeron a ellas. La Real Fábrica de Armas Cortas de Enfield envió un cañón gratis. En Francia, se publicaron extractos de las memorias de Garibaldi en *Le Siècle* después de que el propio Alejandro Dumas* las editara cuidadosamente. En Estados Unidos, *The New York Times* comparó a Garibaldi con Washington, mientras que el *New York Daily Tribune* publicó un devastador ataque contra los Borbones firmado por el corresponsal del periódico en Londres, Karl Marx. En Rusia, Garibaldi no solo despertó el interés de la *intelligentsia* de Moscú y San Petersburgo; Mijaíl Bakunin, que estaba en ese momento exiliado en Siberia, informó que la marcha de los Mil se estaba siguiendo con apasionado interés en Irkutsk.

En 1860, Palermo tenía una población de unos 160 000 ciudadanos. En los últimos meses, Sicilia había sido a todos los efectos un Estado policial; al principio, los palermitanos siguieron asustados y con miedo a mostrarse. Pronto, sin embargo, en cuanto oyeron tañer las campanas de celebración, emergieron a las calles y empezaron a erigir barricadas; al fin, estalló una insurrección que prometía acabar con los Borbones para siempre. Los combates duraron dos o tres días, durante los cuales los barcos napolitanos en el puerto sometieron a la ciudad a un intenso

---

* Cuando completó este trabajo, Dumas se apresuró a viajar en su yate a Palermo, donde arribó a principios de junio.

bombardeo. El 28 de mayo, dos mil prisioneros escaparon de la prisión de Vicaria. Algunos, sentenciados por delitos políticos, se dirigieron directamente a las barricadas, pero la gran mayoría de ellos eran criminales peligrosos. Garibaldi ejerció su potestad como dictador legítimo y decretó que todo robo o saqueo sería castigado con la muerte.

La mañana del día 30, el general Ferdinando Lanza, de setenta y tres años y al mando de las fuerzas napolitanas, invitó a Garibaldi a reunirse con él a bordo de un buque británico, el HMS *Hannibal*. Ambos acordaron un alto el fuego inmediato, que se prolongó durante los días siguientes, mientras continuaban las negociaciones. Durante este período, según se cuenta, los Borbones planearon asesinar a Garibaldi y se trasladó para tal propósito a Palermo a un bandido calabrés. Pero el general Lanza quedó tan impresionado por el carisma de aquel hombre, tan cautivado por su encanto, que se abortó la operación. Cuando al fin se llegó a un acuerdo, Crispi lo firmó en nombre de los insurgentes como «secretario de Estado del Gobierno provisional de Sicilia», un reconocimiento muy importante. No se recibieron más instrucciones de Nápoles y, el 6 de junio, Lanza capituló. Dos semanas después no quedaba un solo soldado napolitano en Palermo. En poco menos de un mes, un puñado de hombres mal armados y, en su mayoría, sin adiestramiento, habían doblegado a una de las casas reales más importantes de Europa.

Tras la victoria de Palermo, ese puñado eran unos pocos cientos de hombres exhaustos y armados solo con rifles anticuados para los que tenían una cantidad seriamente escasa de munición. Por fortuna, más armas y munición estaban en camino. El 7 de junio, 1500 rifles nuevos y abundantes municiones llegaron desde Malta; diez días después, tres vapores estadounidenses atracaron en Castellammare con 3500 voluntarios, otros 8000 rifles y 400 000 cartuchos de munición. Otros 2000 hombres desembarcaron el 6 de julio. La única gran decepción que se llevó Garibaldi fue con los propios sicilianos. A su llegada a Palermo, emitió enseguida una proclamación llamando al alistamiento a todos los hombres jóvenes o de mediana edad,

pero los Borbones habían eximido a la isla de participar en re-
clutamientos, la cosecha se acercaba y muy pocos respondieron.

Por otra parte, ahora estaba —por primera vez en su larga
carrera— en solitario al mando de un ejército; y ese ejército
tenía trabajo que hacer. Los Borbones se habían retirado de Palermo, pero no se habían rendido; seguían teniendo dieciocho
mil hombres en Mesina, y guarniciones más pequeñas en Milazzo, Augusta y Siracusa. Garibaldi salió de Palermo a mediados
de julio y cruzó la isla con sus tropas hasta Milazzo, donde, el
viernes 20 de julio, asaltó la ciudad. Su ejército contaba con casi
5000 hombres; el de los Borbones, quizá con 4700, una unidad
de caballería y ocho cañones.

La batalla fue larga y terrible, y se libró bajo un calor asfi-
xiante. Alrededor del mediodía, Garibaldi escapó a duras penas
de la muerte cuando un capitán de caballería intentó alcanzarlo
con su sable; por fortuna, el caballo del hombre fue abatido justo a tiempo; Garibaldi desvió el golpe y mató al jinete. Ambos
bandos estaban a punto de derrumbarse por puro agotamiento,
pero la batalla todavía no se había decantado. A media tarde,
Garibaldi comprendió lo que tenía que hacer. En un fondeade-
ro cercano se encontraba su único buque de guerra, *Veloce*, la
corbeta a vapor de diez cañones que había desertado de la flota
de los Borbones y había sido rebautizada como *Tüköry*, en honor a un héroe húngaro que había muerto en las barricadas de
Palermo. Corrió a la playa, saltó a un bote y remó hacia la nave
que, siguiendo sus órdenes, bombardeó a las tropas napolitanas.
La sorpresa hizo que cundiera el pánico entre los soldados borbónicos, que corrieron en desbandada a refugiarse en el antiguo
castillo. Acto seguido, la ciudad quedó indefensa y fue arrolla-
da por los insurgentes. Garibaldi entró a lomos de su caballo,
Marsala; luego, desmontó junto al jardín de una iglesia, colocó
su silla de montar en el suelo, a modo de almohada, y se quedó
dormido de inmediato.

El castillo no era muy grande y, desde luego, no podía aco-
modar a más de cuatro mil hombres en pleno verano siciliano
con una escasez de agua y alimento. Cuando el 23 de julio un
escuadrón naval napolitano apareció en la costa, Garibaldi se

preparó para resistir, pero pronto recibió el mensaje de que el comandante había venido a negociar la rendición del castillo y a repatriar a los soldados que había en él. Al día siguiente, se llegó a un acuerdo. Los hombres liberados del castillo estaban exhaustos y muertos de sed, pero se arrastraron como pudieron a los barcos, y la escuadra regresó a Nápoles. Garibaldi se quedó con sus cañones, municiones, caballos y con la mitad de los mulos.

En términos de soldados, las pérdidas de los insurgentes fueron mucho mayores que las del ejército borbónico —ochocientas frente a ciento cincuenta—, pero el hecho era que los Borbones habían perdido Sicilia. Al fin, la isla era libre. Sin embargo, necesitaba ser gobernada; y Garibaldi, con sus poderes temporales como dictador, siempre se cuidó de subrayar que pronto ocuparía su sitio como parte de una Italia unida. No obstante, era más un general que un estadista y, por ello, tuvo suerte de contar con Francesco Crispi a su lado. Crispi era un abogado siciliano y un hombre de brillante inteligencia; nadie comprendía la isla mejor que él. Ya tras la batalla de Calatafimi había nombrado a un gobernador para cada uno de los veinticuatro distritos en los que se dividía Sicilia, con poderes para reorganizar las administraciones locales de la manera que consideraran necesaria. Cuando el 2 de junio Garibaldi formó un gobierno regular con seis ministerios, Crispi ocupó dos de los más importantes, el de Interior y el del Tesoro. Sicilia confirmó su independencia enviando misiones diplomáticas a Turín, París y Londres.

El propio Garibaldi se concentró en ganarse el apoyo popular. Organizó el pago de indemnizaciones por los daños causados por bombas y puso en marcha un sistema para que se adoptara a los huérfanos de guerra y para que se ofrecieran ayudas financieras regulares a las familias más pobres. Mostró un respeto casi exagerado por la Iglesia, visitando conventos y monasterios, besando crucifijos y asistiendo, el 15 de julio, al festival de la patrona de la ciudad, santa Rosalía, en la catedral. Vestido con su camisa roja, se sentó en el trono real y asumió de ese modo el cargo de legado apostólico, prerrogativa tradicional de los reyes de Sicilia. Durante la lectura del evangelio, sostuvo su espada desenvainada como símbolo de su disposición a defender a la Iglesia.

¿Cuál debía ser ahora el próximo paso? ¿Cuándo iba Sicilia a ser formalmente anexionada al reino de Víctor Manuel, que tan rápido estaba creciendo? Para Cavour, cuanto antes, mejor; pero Garibaldi y Crispi se opusieron fervientemente a esta idea. A todos los efectos y propósitos, argumentaron, Sicilia ya formaba parte del reino. Los sicilianos, ciertamente, así lo asumían y los largos y tediosos tecnicismos legales sin duda podían esperar a que acabasen el resto de los combates. Les preocupaba, además —aunque se cuidaron de mencionarlo— que, si la isla era absorbida legalmente por Italia, Cavour pudiera utilizar su nueva autoridad sobre Sicilia para prohibirles utilizarla como cabeza de puente para avanzar contra Nápoles, Roma y Venecia.

No eran miedos infundados, ni mucho menos. El 1 de agosto de 1860, Cavour escribió desesperado a su *chef de cabinet* y buen amigo Constantino Nigra:

> Si Garibaldi puede pasar a la península y adueñarse de Nápoles como ha hecho de Sicilia y Palermo, se convertirá en el amo absoluto de la situación [...]. El rey Víctor Manuel pierde casi todo su prestigio; para la mayoría de los italianos es simplemente el amigo de Garibaldi. Es probable que mantenga la corona, pero esa corona brillará solamente con la luz reflejada que ese heroico aventurero decida lanzar hacia ella [...]. El rey no puede tomar la corona de Italia de manos de Garibaldi; una corona obtenida así se tambalearía inestable sobre su cabeza [...].
>
> Debemos asegurarnos de que el Gobierno de Nápoles caiga antes de que Garibaldi ponga pie en la península... En cuanto el rey se haya ido, debemos tomar el Gobierno en nuestras manos en nombre del orden y la humanidad y arrebatarle a Garibaldi la dirección suprema del movimiento italiano.

Esta medida valiente y, según podrías argumentar, incluso audaz, provocará gritos de horror en Europa y causará graves complicaciones diplomáticas; quizá incluso nos meta en algún momento posterior en una guerra con Austria. Pero salvará nuestra revolución y preservará para el movimiento italiano esa cualidad que es a la vez su fuerza y su gloria: la cualidad de nación y monarquía.

Existían más complicaciones. La primera era política: los Borbones habían retirado sus tropas de Sicilia, pero todavía reclamaban la isla como territorio suyo. El 25 de junio, el rey Francisco restauró la Constitución que había otorgado su padre en 1848 y prometió a Sicilia nuevos avances políticos y económicos. Incluso intentó abrir negociaciones con el reino de Cerdeña, aunque Víctor Manuel, como era de esperar, respondió con evasivas. La segunda complicación era doméstica: estaba a punto de producirse una revuelta campesina. Garibaldi y sus seguidores —con la única excepción de Crispi— habían asumido que los problemas que afectaban a Sicilia y al *mezzogiorno** eran los mismos que afligían al norte; no acertaban a comprender por qué lo que ellos veían como una campaña para la unificación de Italia se había convertido en una lucha de clases. Pero así había ocurrido. En palabras de un joven fraile, la libertad no basta para quienes no tienen pan; esta era una guerra de oprimidos contra opresores, que no se encontraban solo en la corte, sino en todas las ciudades y pueblos. Era necesario algo más que la mera caída de los Borbones. El campesinado ya estaba ocupando por la fuerza algunos de los grandes latifundios; ese verano, Garibaldi recibió una petición del cónsul británico de Mesina para que enviara un destacamento militar a proteger las grandes haciendas de Bronte, que todavía eran propiedad de los descendientes de lord Nelson. Garibaldi envió a los soldados sin titubear y se efectuaron una serie de detenciones y ejecuciones masivas.

* Literalmente, el 'mediodía', este es el término habitual en italiano para referirse al sur de Italia.

Cavour ya había persuadido a Víctor Manuel para que escribiera oficialmente a Garibaldi y le pidiera que no invadiera la península. El rey lo había hecho, pero era mucho más optimista sobre el posible resultado de una invasión de ese tipo que su primer ministro y, al parecer, también le preocupaba bastante menos que a aquel la supuesta pérdida de prestigio personal que podía crearle. Por lo tanto, después de su carta oficial, envió otra, personal a Garibaldi, en la que le venía a decir que quizá lo más útil sería ignorar las instrucciones que le había dado oficialmente. Esta carta privada contenía, al menos en el borrador de su redacción, el siguiente párrafo:

> El general debe responder que siente la mayor devoción y reverencia por el rey y que nada le gustaría más que seguir sus consejos, pero que su deber hacia Italia no le permite garantizar que no ayudará a los napolitanos cuando le pidan que intervenga para librarlos de un gobierno en el que ni los hombres leales ni los buenos italianos pueden confiar. Así pues, sintiéndolo mucho, debe reservarse una completa libertad de acción.

Garibaldi, en efecto, contestó en esos términos. Utilizando su línea secreta directa con el rey, le informó, a finales de julio, de que había decidido cruzar el estrecho el 15 de agosto o incluso antes, y le pidió que le enviara diez mil rifles, con bayonetas, antes de su partida. El rey —que cada día era más optimista— ordenó que se hiciera todo lo posible para satisfacer la petición del general. También aconsejó a Garibaldi que mantuviera al ejército napolitano intacto, de modo que pudiera unirse al de Piamonte si los austríacos intentaban recuperar Lombardía. Se debía permitir a Francisco II abandonar Nápoles sano y salvo.

El estrecho de Mesina solo tiene tres kilómetros de anchura, pero representaba un obstáculo formidable. El ejército borbónico —que seguía intacto— constaba de ochenta mil hombres, dieciséis mil de los cuales estaban desplegados a lo largo de la costa calabresa; y la marina de guerra borbónica dominaba por completo el mar. Un intento de cruzar el estrecho la noche del 8 de agosto acabó en un fracaso estrepitoso, e incluso tras la llegada, unos pocos días después, de otros dos barcos a vapor y dos mil voluntarios más procedentes de Génova, a muchos les parecía que la expedición había llegado al final de su trayecto. Garibaldi, sin embargo, concibió un plan: se debía evitar por completo el estrecho. Sus dos buques de guerra fueron, en consecuencia, enviados a la bahía de Giardini-Naxos, a unos cincuenta kilómetros al sur de Taormina, donde estaban frente a mar abierto. Cuando llegó la tarde del día 18, Garibaldi encontró a 4200 voluntarios ya a bordo. Una pequeña vía de agua en uno de los barcos se reparó rápidamente tapándola con estiércol de vaca y la expedición zarpó esa misma noche. Al amanecer, estaban en Calabria.

Lo óptimo habría sido que hubieran podido iniciar de inmediato su larga marcha, pero los hombres necesitaban descansar desesperadamente. Aquellos que habían llegado directos desde Génova no habían dormido en tres días y la falta de espacio a bordo les había obligado a estar de pie toda la noche. Se tendieron exhaustos en la playa y fueron, por lo tanto, presa fácil para los dos buques de guerra borbónicos, que, alertados por telégrafo, aparecieron frente a la costa y abrieron fuego de inmediato. Muchos resultaron muertos o heridos y cuando, en la tarde del 19, el ejército se puso en marcha, solo le quedaban unos 3600 soldados. Ese, sin embargo, fue el último de los desastres. Marcharon sin ningún otro incidente los treinta kilómetros que los separaban de Reggio, que tomaron tras una breve pero enconada batalla. A medida que avanzaron por Calabria, la oposición borbónica se desmoronó. Hay una maravillosa crónica que habla de cómo Garibaldi paseaba entre los humillados soldados napolitanos, recordándoles que también ellos eran italianos e invitándolos a unirse a él. Entretanto, la flota napolitana había abandonado el estrecho de Mesina, y eso permitió que todavía más voluntarios cruzaran directamente desde Sicilia. A estas alturas, estallaron rebeliones en Potenza, Foggia y Bari. No es que el avance fuera fácil: había más de trescientos kilómetros de caminos en mal estado desde Reggio a Nápoles, los hombres estaban exhaustos, el calor era implacable y escaseaba el agua.

Pero al menos no hubo más combates. El rey Francisco estaba aterrorizado. El diplomático británico Odo Russell, que en esos momentos servía en una misión en Nápoles, informó de que cuando Garibaldi entró en Palermo, el rey «telegrafió cinco veces en veinticuatro horas para pedir la bendición del papa». Francisco sabía que su ejército era incapaz de oponer resistencia a los camisas rojas, aparentemente invencibles, y que él mismo era incapaz de insuflarle moral; la única alternativa era huir. El 6 de septiembre embarcó hacia Gaeta.

Ese mismo día, Garibaldi llegó a Salerno, a unos cien kilómetros de Nápoles. Allí recibió una invitación para entrar en la ciudad, entregada en persona por el alcalde y el comandante de la guardia nacional. La aceptó de inmediato. Era plenamente consciente de que quizá tendría que lidiar con unos pocos miles de soldados leales a los Borbones que permanecieran atrincherados en fortalezas y barracones, pero ese era un riesgo que estaba dispuesto a correr: no confiaba ni un pelo en Cavour y temía que pudiera lanzar un ataque preventivo.

Llegó a Nápoles, sorprendentemente, en el ferrocarril del Rey Bomba. Desde su inauguración en 1839, se había extendido la línea hacia el sur y ahora llegaba hasta Vietri, en la costa, cerca de Amalfi. Garibaldi requisó todos los trenes que encontró de inmediato y subió a ellos a su ejército. Él mismo, con seis de sus compañeros, subió a un coche abierto de un tren que avanzó lentamente entre la multitud que rodeaba las vías. Cuando el tren llegó a Portici, le aconsejaron que no continuara; se creía que los cañones de los fuertes ya apuntaban a la estación de tren. Él se negó a escuchar y, a la una y media del 7 de septiembre, su tren entró traqueteando en Nápoles. Esa noche se dirigió desde el balcón del palacio real al pueblo que lo vitoreaba y dio gracias a los napolitanos «en nombre de toda Italia, que, gracias a su cooperación, se ha convertido al fin en una nación». Era una mentira descarada —los napolitanos no habían movido un dedo—, pero, sin duda, Garibaldi debió de pensar que un poco de adulación en esos momentos no podía hacer daño. Se celebró una misa de Acción de Gracias en la catedral —en la que brilló por su ausencia el cardenal, un ferviente partidario de los Borbones—, tras la cual Garibaldi se desplazó en carruaje al Palazzo d'Angri, a su disposición durante todo el tiempo que necesitase. Aun así, la multitud siguió vitoreándolo desde la calle hasta que, al final, uno de sus oficiales salió a un balcón y les dijo que el gran hombre agradecería que lo dejaran dormir un poco.

No hizo el menor intento de trasladarse al palacio real, sino que se quedó en el *palazzo*, donde ocupó una pequeña habitación del último piso con un sencillo camastro de hierro y donde, entre las diez y las once de la mañana, recibía visitas de todos aquellos que quisieran hablar con él. Muchos de sus visitantes eran periodistas extranjeros, pues se había convertido en un héroe para toda Europa. Solo en Londres, se vendieron medio millón de grabados con su retrato y, ya en 1861, Messrs. Peek Frean de Bermondsey lanzó su nueva empresa con la galleta Garibaldi —más conocida como la «mosca aplastada»— que todavía es popular en la actualidad.

Durante los siguientes dos meses, Garibaldi gobernó en Nápoles y Sicilia como dictador. En el ínterin, planeó su siguiente paso: marchar lo antes posible sobre Roma y los Estados Pontificios. Pero no llegó a ejecutar estos planes. Después de no haber podido evitar la invasión de la península y perfectamente consciente de que —con un ejército francés todavía ocupando Roma— permitir que Garibaldi continuase implicaba la guerra contra Francia, Cavour estaba ahora decidido a detenerlo a toda costa. Actuaba también por interés propio: aquellos camisas rojas habrían descubierto que las bien entrenadas tropas francesas eran un enemigo muy distinto a aquellos contra los que se habían enfrentado hasta entonces y era muy posible que, en ese enfrentamiento, Italia perdiera todo cuanto había ganado en los últimos dos años. Por último, todavía estaba preocupado por su prestigio personal. Garibaldi era ahora muchísimo más popular que el propio Víctor Manuel y siempre estaba al acecho el peligro de que lo persuadieran de abandonar al rey de Cerdeña y abrazar la causa republicana.

Garibaldi, por supuesto, era perfectamente consciente de la hostilidad de Cavour, del mismo modo que sabía que contaba con el apoyo tácito del rey. Poco después de su arribada a Nápoles había llegado al extremo de pedir en público la dimisión del primer ministro, pero, con ello, sobreestimó su influencia. Víctor Manuel comprendió que no podía seguir jugando a enfrentar a aquellos dos hombres uno contra el otro y le pareció más prudente aceptar la política de su Gobierno. Nada de esto, no obstante, ni tampoco el gran número de cartas —instigadas por Cavour y escritas por distinguidos extranjeros que iban desde el patriota húngaro Lajos Kossuth al reformista social británico lord Shaftesbury— disuadió a Garibaldi de su idea de marchar sobre Roma. Lo único que podía convencerlo de abandonar sus planes era un caso de fuerza mayor, y eso fue precisamente lo que sucedió.

Poco después de que Garibaldi saliera de Nápoles, en el primer tramo de la prevista marcha hacia Roma, se encontró dos formidables ejércitos formados contra él: el piamontés y, sorprendentemente, el napolitano. A pesar de sus recientes reveses en Sicilia y Calabria —que se habían debido mucho más a la incompetencia de los generales que a los defectos de las propias tropas, que habían luchado con gran valentía en Calatafimi y Milazzo—, el ejército del rey Francisco se mantenía, esencialmente, todavía intacto. Muy pocos de sus soldados habían desertado para sumarse a los insurgentes y el rey había podido reclutar más tropas durante su autoimpuesto exilio en Gaeta. Ahora estaban ocupando la ciudad fortificada de Capua, a unos cincuenta kilómetros al norte de Nápoles; Garibaldi, en consecuencia, estableció su cuartel general en Caserta, a solo once o doce kilómetros de distancia. Sabía que se encontraba en una posición delicada y que tendría que moverse con cautela.

Precisamente en este momento estalló una disputa en Sicilia sobre la cuestión de la anexión de la isla. El 19 de septiembre, Garibaldi tuvo que emprender un rápido viaje a Palermo y uno de sus generales, un húngaro llamado Stefano Türr vio (o creyó ver) su oportunidad. Marchó sobre Capua y envió un destacamento de trescientos hombres para ocupar la pequeña

El conde Camillo Cavour y Giuseppe Garibaldi se aborrecían. Para Cavour, Garibaldi era un aventurero sin principios en el que no confiaba ni un ápice, mientras que Garibaldi nunca perdonó a Cavour que entregase su lugar de nacimiento, Niza, a los franceses.

ciudad de Caiazzo, en la cima de una colina junto al río Volturno. El ejército borbónico rechazó su avance sobre Capua con
facilidad y luego, dos días después, con sus aproximadamente
siete mil hombres, lanzó su propio ataque sobre Caiazzo, a la
que Garibaldi —que acababa de regresar de Sicilia— había enviado otros seiscientos hombres. Caiazzo cayó. Garibaldi, que
combatió, como siempre hacía, en primera línea, perdió doscientos cincuenta hombres entre muertos, heridos y prisioneros
del enemigo, una cifra que difícilmente podía permitirse. Los
Borbones habían conseguido su primera victoria. Quizá el péndulo había empezado a cambiar de sentido al fin.

El primer día de octubre, no obstante, pudo cobrarse la
venganza. Conocida hoy por el nombre del río Volturno, la
batalla se libró justo frente a Capua, alrededor de la pequeña
aldea y abadía de Sant'Angelo in Formis, en la falda del monte
Tifata.* Fue una victoria muy cara —unos mil cuatrocientos
muertos o heridos—, pero salvó a Italia. De nuevo, la derrota
del ejército borbónico se debió a la ineptitud de sus generales.
Como Garibaldi explicó en el subsiguiente análisis de la batalla,
de haber adoptado una estrategia distinta, podían haber llegado
a Nápoles con muy pocas bajas y haber desbaratado buena parte, si no todo, lo que había conseguido hasta entonces.

Mientras tanto, un segundo ejército estaba en marcha.
Cavour, decidido a recuperar la iniciativa, había lanzado una
invasión por su cuenta de los territorios papales de Umbria y
las Marcas. Al dejar Roma intacta, evitaba cuidadosamente una
provocación a Francia y, posiblemente a Austria; también había abierto el camino hacia el sur, adonde podía acudir amparándose en que los piamonteses eran urgentemente necesarios
para salvar Nápoles de las fuerzas de la revolución. Y, lo más
importante de todo, había eliminado, al menos parcialmente,
la barrera que suponían los Estados Pontificios, que, mientras

---

* Es un milagro que la iglesia de Sant'Angelo no fuera destruida. Es el
monumento más espectacular de toda la Campania. Sus paredes interiores
están cubiertas de frescos del siglo XI elaborados por artistas griegos de
Bizancio y por sus discípulos italianos. Todos se han conservado asombrosamente bien.

existieran, dividirían a Italia en dos partes e imposibilitarían la unificación. La campaña en sí misma fue muy poco espectacular, aunque muy efectiva. Los piamonteses se impusieron a los animosos defensores de Perugia, consiguieron una victoria modesta sobre el ejército papal cerca del pueblo de Castelfidardo, cerca de Loreto, y, luego, una mucho mayor cuando, tras cinco días de combates, tomaron Ancona e hicieron siete mil prisioneros, entre ellos el comandante de las fuerzas papales, el general francés Christophe de Lamoricière. Ese fue el fin del ejército papal, que, en adelante, no daría más problemas.

Acompañado por la que era su amante desde hacía tiempo, Rosina Vercellana —vestida, se nos dice, para matar—, Víctor Manuel llegó para hacerse con el mando nominal de su ejército. Desde ese momento, la estrella de Garibaldi empezó a apagarse. La batalla del Volturno ya le había persuadido de que una marcha sobre Roma era imposible y, ahora, con el propio rey en camino, comprendió que su gobierno del sur tenía que terminar. Se celebraron plebiscitos en el reino de Nápoles y en Sicilia, en Umbria y en las Marcas, donde los votantes optaron por que sus países entraran a formar parte de Italia bajo Víctor Manuel. Los votos a favor de la unidad constituyeron una mayoría apabullante. En Sicilia, 432053 personas votaron a favor y solo 667 en contra.

Evidentemente, este resultado, casi unánime, no necesita mucha explicación. Pocos de los votantes tenían la menor idea de qué estaban decidiendo y no había tiempo ni existía la tecnología necesaria para informarles. Aquellos que estaban en contra de la moción fueron sometidos a una presión casi intolerable para que se abstuvieran de votar. Muchos campesinos temieron que los buscaran para realizar el servicio militar y huyeron de inmediato a las colinas cuando se acercaron los funcionarios; otros pensaban que solo se les estaba pidiendo que expresaran su admiración por Garibaldi. Pero nada de esto importa. Los oficiales y funcionarios entendieron perfectamente qué resultado se esperaba y se encargaron de que se produjera.

Cuando se comprendió que el efecto del referéndum había sido terminar la dictadura de Garibaldi y transferir todos sus poderes al Gobierno de Turín, muchos sicilianos, que lo consideraban un héroe y un libertador, no ocultaron su descontento. Todavía peor fue cuando, en lo referente a la importantísima cuestión del autogobierno regional, Cavour se retractó de lo prometido. Al parecer, después de todo, no habría ningún tipo de autonomía para Sicilia. Pero él era un hombre del norte de cabo a rabo y no conocía —ni mucho menos comprendía— las costumbres e instituciones del sur. Al ver Sicilia —donde no había estado nunca— desde la seguridad de la distancia que la separaba de Turín, a unos mil kilómetros a vuelo de pájaro, concluyó que lo que la isla necesitaba era una buena dosis de disciplina norteña. Los años siguientes demostrarían cuán equivocado estaba.

Garibaldi, por su parte, cedió el poder con elegancia. El día 26, se reunió con el rey en Teano y, el 7 de noviembre, ambos entraron juntos en Nápoles en el carruaje real. Solo pidió un favor: que le permitieran gobernar Nápoles y Sicilia durante un año como representante del rey. Pero esta petición le fue denegada. Al fin y al cabo, no era sino un radical peligroso y anticlerical que todavía soñaba con arrebatar Roma al papa y convertirla en la capital de Italia. En un intento de dorarle un poco la píldora, Víctor Manuel le ofreció el rango de general y una espléndida hacienda, un barco y toda una serie de privilegios, pero Garibaldi lo rechazó todo. Seguía siendo un revolucionario, y mientras Austria ocupase Venecia y el Véneto —y el papa fuese el gobernante temporal de Roma—, estaba decidido a conservar su libertad de acción. El 9 de noviembre navegó hacia su granja en la diminuta isla de Caprera, frente a la costa de Cerdeña. Se llevó con él muy poco dinero —y prestado, porque no había ganado nada durante sus meses en el poder—, unos cuantos paquetes de azúcar y café y una bolsa de semillas para su jardín.

El 17 de marzo de 1861, Domingo de Pasión, Víctor Manuel II fue proclamado rey de Italia. Se dice que, al enterarse de las noticias, el viejo Massimo d'Azeglio, predecesor de Cavour como primer ministro, declaró: *«L'Italia è fatta: restano da fare gli italiani».*[*]

---

[*] «Italia está hecha; ahora tenemos que hacer a los italianos».

Pero aunque la primera mitad de esa frase era cierta —la nación italiana, desde luego, había empezado a existir aunque no estuviera todavía completa—, la segunda mitad era más cierta todavía. Francisco II seguía resistiendo; el país había estado dividido desde el final del Imperio romano y pocos de los veintidós millones de habitantes de Italia se consideraban a sí mismos italianos. El norte y el sur no tenían prácticamente nada en común, empezando por un nivel de vida completamente distinto, como sigue sucediendo hoy. Tenían que construirse nuevas carreteras y ferrocarriles con urgencia. Había que crear de algún modo un ejército y una armada nacionales, junto con un sistema legal, una administración civil y una moneda común unificados. Mientras tanto, no había más opción que adoptar las instituciones piamontesas; pero esta «piamontización» forzosa generó mucho resentimiento y no contribuyó a fomentar la causa de la unidad. Incluso la decisión del rey de seguir denominándose a sí mismo «Víctor Manuel II» se consideró ofensiva. Como el primer rey de una Italia unida, sin duda tenía que ser Víctor Manuel I; ¿era el *Risorgimento* de verdad el renacimiento de Italia o era simplemente la conquista de Italia por parte de la casa de Saboya?

Menos de tres meses después de la proclamación real, Cavour falleció. Había pasado sus últimas semanas en un furioso debate sobre el futuro de Roma (en la que, debe recordarse, jamás había puesto pie). El resto de ciudades italianas, argumentó, habían sido municipios independientes, y cada una de ellas había luchado por sus propios intereses desde su rincón; solo Roma, como sede de la Iglesia, había permanecido por encima de tales rivalidades. Pero, aunque debía pedirse al papa que renunciara a su poder temporal, la independencia papal se debía garantizar a toda costa: lo que hacía falta era «una Iglesia libre en un Estado libre». Se topó con mucha oposición; la más ácida, por parte de Garibaldi, que salió de Caprera en abril, se plantó ante la Asamblea de Roma vestido con su camisa roja y su poncho gris y lanzó una tremenda invectiva contra el hombre que, atronó, había vendido la mitad de su país a los franceses y hecho todo lo posible para prevenir la invasión de las Dos Sicilias. Pero, ay, lo único que consiguió fue confirmar la opinión general de que, por brillante que fuera como general, ciertamente no era un estadista; Cavour ganó con facilidad la moción de censura subsiguiente. Aquella fue su última victoria política. Murió de forma súbita el 6 de junio de 1861 tras sufrir una tremenda embolia. Tenía solo cincuenta años.

Si Camillo Cavour hubiera vivido solo una década más, habría sido testigo de cómo encajaban las dos últimas piezas del rompecabezas italiano. En lo que a Roma se refiere, Garibaldi no contribuyó a mejorar la situación con su ligeramente ridículo intento de repetir, en 1862, el triunfo que había conseguido dos años antes. Tras adoptar el lema «¡Roma o muerte!», reclutó a tres mil voluntarios en Palermo, con los que se hizo con una Catania que lo recibió complaciente; luego, en agosto, tras haber requisado un par de barcos a vapor locales, cruzó con sus hombres hasta Calabria e inició otra marcha sobre Roma. Esta vez, sin embargo, las tropas gubernamentales estaban listas para recibirlo. Había llegado solo al macizo del Aspromonte, en el extremo sur de Calabria —la punta de la bota italiana— cuando atacaron. Temiendo una guerra civil, Garibaldi ordenó a sus hombres que no devolvieran el fuego; aun así, hubo algunas bajas, y él mismo acabó con el tobillo derecho destrozado. Fue detenido y enviado en un cañonero a Nápoles, donde enseguida quedó en libertad. Después de todo, seguía siendo un héroe. El Gobierno no se atrevió a presentar cargos contra él.

La historia se puede acabar de explicar con rapidez. En 1866, el canciller prusiano Otto von Bismark decidió que Austria era un obstáculo importante para conseguir su objetivo de reunificar todos los Estados alemanes en un único imperio. Por lo tanto, forjó una alianza con el nuevo reino de Italia: los dos atacarían a Austria simultáneamente en dos frentes. En caso de victoria, la recompensa para Italia sería Venecia y el Véneto. Una sola batalla fue suficiente. Se libró el 3 de julio en Sadowa —también conocida por su nombre alemán, Königgrätz—, a unos cien kilómetros al noreste de Praga, y en ella combatió el mayor número de tropas jamás reunidas en un campo de batalla europeo: 330 000 soldados. La victoria prusiana fue absoluta;

hizo que el emperador Francisco José se quedara en quiebra y sin recursos militares, y despejó el camino a Viena. El armisticio resultante concluyó con la cesión de los territorios prometidos. Venecia ya no era la república independiente que había sido, pero al menos era una ciudad italiana en lugar de austríaca; e Italia podía jactarse de un nuevo y valiosísimo puerto en el norte del Adriático.

La unidad de Italia, no obstante, no era posible sin Roma; y Roma también fue adquirida por cortesía de Bismarck, que había atraído astutamente a Francia a una guerra con su amenaza de poner a un príncipe de la casa reinante en Prusia, los Hohenzollern, en el trono de España, algo totalmente inaceptable para los franceses, que se habrían visto rodeados por completo por Alemania. Francia —y no Prusia— fue, pues, quien declaró la guerra el 15 de julio de 1870. Sería un conflicto durísimo; Napoleón III necesitaría a todos sus soldados para la lucha que tenía por delante. Así, hacia finales de agosto, no quedaba ni un solo soldado francés en Roma. El papa Pío IX quedó indefenso. La derrota de Napoleón en Sedán el 1 de septiembre puso fin al Segundo Imperio; y el 20 de septiembre, el ejército italiano entró en la Ciudad Santa. El papa se retiró tras las murallas del Vaticano, donde permanecería los últimos ocho años de su vida. El plebiscito que se celebró poco después registró 133 681 votos a favor de la incorporación de Roma al nuevo reino y 1507 en contra. Ahora, Roma formaba parte de Italia, no por derecho de conquista, sino por la voluntad de su pueblo;[*] y el reino de Italia, bajo su soberano, el rey Víctor Manuel II, finalmente ocupó su sitio entre las naciones de Europa.

* La Ciudad del Vaticano solo ha sido un Estado independiente desde 1929. Deberíamos, quizá, también mencionar a la todavía independiente Serenísima República de San Marino, que ocupa solo sesenta y un kilómetros cuadrados y cuenta solo con treinta mil ciudadanos pero que fecha su inicio en el año 301 d. C. y es, pues, en teoría, el Estado soberano más antiguo del mundo. Durante el *Risorgimento* sirvió de refugio para muchos de los perseguidos por su apoyo a la unificación, en agradecimiento a lo cual Garibaldi le concedió su petición de no ser incorporada al nuevo Estado italiano.

16

La mafia y Mussolini

A ojos de los sicilianos, por culpa de los errores cometidos desde Turín, la unificación de Italia había empezado con muy mal pie. El nuevo Gobierno italiano era odiado en toda la isla, más incluso que el de los Borbones que lo había precedido. El pueblo siciliano no solo estaba dolido porque se les negaba la autonomía que se les había prometido, sino también por el despido sumario de Garibaldi, sin apenas palabras de agradecimiento tras sus asombrosos logros. La desconfianza que sentía Cavour hacia el intrépido héroe le había llevado a sabotear su reputación utilizando todos los medios a su alcance. El gobierno de la isla había quedado en manos de hombres a los que Garibaldi había despreciado; sus muchas y extremadamente razonables recomendaciones se ignoraron deliberadamente.* Parece que Cavour había olvidado la extraordinaria popularidad de aquel hombre: es más, no había logrado comprender que los sicilianos creían que habían sido *ellos* quienes, el 4 de abril de 1860, habían dado el primer paso hacia la liberación y la unificación de Italia. ¿Iba a ser la anexión —y al Piamonte, para colmo— su recompensa por ello?

También los funcionarios enviados desde Turín para poner en orden Sicilia quedaron desilusionados ante lo que encontraron. Esperaban una versión más triste y pobre del Piamonte, pero hallaron otro mundo, que hablaba otra lengua y operaba de acuerdo con un sistema totalmente diferente. Ni siquiera compartía los mismos valores morales que el norte. El nepo-

---

* Por ejemplo, había recomendado la creación de una asamblea regional para Sicilia. Ochenta y cinco años después, esta asamblea se hizo realidad.

tismo, por ejemplo, no se consideraba ni mucho menos algo malo; al contrario, era el deber de todo hombre respetable hacer cuanto pudiera por su familia y amigos.* El patronazgo también era algo bueno y natural que afectaba a todas las transacciones y acuerdos, y se extendía en una amplísima red de un extremo a otro de la isla. Y existían, además, otros problemas: el poderoso y profundamente reaccionario clero, por ejemplo, muchos de cuyos miembros ansiaban la restauración de los Borbones; o esos grupos potencialmente peligrosos de revolucionarios que soñaban con una república siciliana independiente. En tales circunstancias, una administración justa y eficiente era claramente imposible; los desventurados burócratas cuyo trabajo era intentar crearla se limitaron a encogerse de hombros y, en cuanto pudieron, pedir un traslado.

Tras 1870, toda la amargura y el resentimiento que se habían acumulado en Sicilia contra Piamonte se redirigieron hacia el reino de Italia y, en particular, contra las dos odiadas instituciones que fundamentalmente representaba para la mayoría de los sicilianos: los impuestos y el reclutamiento forzoso. Sobre los impuestos no había nada nuevo; siempre habían existido, aunque en Sicilia, evitarlos se había convertido en una forma de arte. Los impuestos locales estaban casi por completo bajo el control de los jefes locales; los amigos y parientes del alcalde solían estar exentos. Se aplicaban impuestos al mulo del campesino, pero no al ganado del terrateniente. El reclutamiento forzoso era algo más serio. Los Borbones jamás se atrevieron a imponerlo; cuando los piamonteses lo hicieron, estuvieron a punto de provocar una revolución de inmediato. Sicilia era, casi en su totalidad, una sociedad agraria; y era, además, una sociedad en la que las mujeres permanecían en casa. Nunca, en ningún lugar de la isla, se las veía trabajando en los campos y apenas se aventuraban a salir a la calle. De ello se seguía que, si un hombre era reclutado, habría un par de manos menos para arar el suelo, sembrar o recoger la cosecha. Para evitarlo, se tomaban medidas auténticamente desesperadas: los hijos no iban

---

* En 1875, casi todos los empleados municipales de Monreale eran parientes del alcalde.

a la escuela, se registraba a niños como niñas o se linchaba a los oficiales de reclutamiento. De los desventurados que, aun así, se veían obligados a incorporarse a filas, la mitad desaparecían antes de llegar a los barracones.

En breve, Sicilia —y, en particular, el oeste de Sicilia, donde había menos grandes haciendas y la pobreza era mayor— se estaba volviendo más que nunca un lugar caótico y sin ley. No existía allí ninguna vergüenza asociada a ser un gandul, ni siquiera un desertor, puesto que nadie sentía la menor lealtad hacia el nuevo Estado. El hecho de que el Gobierno italiano fuera más liberal que el de los autocráticos Borbones simplemente lo hacía más fácil de manipular, o de ignorar por completo. El Gobierno había dividido la isla en seis provincias y había establecido cuatro fuerzas policiales, entre las que existía una intensa rivalidad. Los criminales no tenían ninguna dificultad en escapar de una jurisdicción a la contigua. Las guerras entre bandas estaban fuera de control: en Palermo, secuestraron al cónsul británico y, en una sola noche, doce personas fueron asesinadas a puñaladas. En general, la tasa de homicidios de la isla era diez veces más elevada que en el Piamonte o la Lombardía.

¿Qué podía hacerse al respecto? El Gobierno italiano optó por la única solución que estaba realmente a su alcance: responder a la fuerza con la fuerza. El general Giuseppe Govone tenía un destacado historial militar. Se había distinguido en la batalla de Magenta y, lo que quizá sea más sorprendente, en la guerra de Crimea, donde, en Balaclava, había presenciado la Carga de la Brigada Ligera.* Aunque aún no tenía cuarenta años, en 1862 fue nombrado gobernador plenipotenciario de Sicilia, con poder incluso de vida o muerte; a todos los efectos, podía hacer cuanto quisiera. Lo que sucedió a continuación fue sospechosamente parecido a un reinado del terror. Se arrestó y encarceló a hombres durante años sin juicio; se tomaron rehenes, que, a menudo, fueron ejecutados; se cortaron suministros de agua y se aplicó la tortura de forma generalizada. El Gobierno devino más detesta-

---

* La participación del reino de Cerdeña en la guerra de Crimea se ha olvidado hoy. Su ejército combatió solo en un pequeño enfrentamiento y sufrió veintiocho bajas.

do que nunca, y el propio Govone no aumentó su popularidad al afirmar ante el Parlamento que otros métodos no tendrían éxito «en un país que todavía no ha completado el ciclo que lleva de la barbarie a la civilización». El resultante clamor condujo a una investigación parlamentaria, dimisiones en el Gobierno y varios duelos entre los diputados. Govone fue absuelto de todos los cargos, pero se consideró más seguro que regresara a la península. De nuevo, Sicilia se había demostrado ingobernable.

En 1863, se produjo una obra de teatro, ambientada en Ucciardone, la principal prisión de Palermo. Tuvo un enorme éxito. Su título era I Mafiusi della Vicaria, y aportó una nueva palabra al siciliano y, de ahí, al italiano. Como las páginas anteriores deberían haber dejado claro, la mafia en sí no tenía nada nuevo, excepto la denominación; sus nebulosos orígenes se remontaban a los tiempos de Sicilia como colonia española. Después de 1860, sin embargo, cobró una dimensión totalmente nueva. En aquellos primeros tiempos no era en absoluto monolítica: sus cosche* individuales estaban muy a menudo en guerra entre ellos, pues cada uno luchaba por extender su territorio y su esfera de influencia. Juntas, sin embargo, dominaban la mayor parte de la isla, especialmente la parte oeste. En las primeras elecciones parlamentarias, celebradas en enero de 1861, ya estaban trabajando a pleno rendimiento. Hubo un escaso recuento de votos, si es que lo hubo; el electorado total —que estaba limitado a los que sabían leer y escribir— constituía poco más del uno por ciento de la población; los resultados fueron los inevitables.

Cinco años después, en septiembre de 1866, tuvo lugar otra insurrección en Palermo, la cuarta en medio siglo. Claramente, estuvo organizada con la mafia, lo que significó que no tuvo líderes obvios y no se dejó nada por escrito. (En cualquier caso, la mayoría de los miembros de la mafia eran analfabetos). Pero se corrió la voz de antemano y se ordenó al populacho que saliera en masa cuando empezaran los tiroteos. El principal propósito

* La palabra siciliana cosca se refiere a cualquier planta, como una alcachofa, con hojas muy juntas; simbolizan la cercanía entre los miembros individuales del grupo.

de la sublevación no era derrocar al Gobierno; los sublevados no llevaban pancartas ni cantaban ningún lema. El único motivo del alzamiento era demostrar el poder de sus organizadores y causar problemas, e hizo ambas cosas espléndidamente. Se vaciaron los arsenales, los edificios del Gobierno y los tribunales fueron saqueados y los archivos penales quedaron destruidos. Por supuesto, la rebelión se volvió más incontrolable con el paso del tiempo y la masa vio más oportunidades de saqueo y destrucción; sus inicios, sin embargo —la aparición simultánea de varios cientos de hombres marchando por la carretera de Monreale sobre la ciudad y su perfecta concentración en lo que debieron ser objetivos fijados de antemano— delataban indicios clarísimos de una cuidadosa planificación. Uno de esos objetivos fue la prisión de Ucciardone; si los insurgentes hubieran conseguido tomarla y liberar a dos mil quinientos prisioneros, los efectos de la sublevación habrían sido mucho peores de lo que fueron. Por suerte para el Gobierno, la corbeta a vapor *Tancredi* llegó justo a tiempo y bombardeó a los atacantes con metralla y granadas. El combate, empero, continuó. Se movilizó a cuarenta mil soldados y, aun así, pasó una semana hasta que la Armada italiana sometió a Palermo con sus bombardeos.

El mensaje estaba claro: la mafia había demostrado que había que tomársela en serio. Pero ¿qué era exactamente? ¿Era solo una manifestación de la mentalidad siciliana, nacida de una tradición de siglos de anarquía que se remontaba, quizá, incluso a los invasores árabes un milenio atrás? ¿Era simplemente el nombre colectivo de un puñado de bandas criminales, cada una de las cuales trataba solo de sacar el máximo partido? ¿O era una organización, una fraternidad de criminales jurados, con un jefe y cierto número de lugartenientes? Esto último, desde luego, era en lo que iba a convertirse; pero se tomó muchísimas molestias para ocultarlo: uno de los principales motivos de su éxito a largo plazo fue su capacidad para hacer creer a mucha gente que, en realidad, no existía.

Pero no todo el mundo se tragó esa idea. El alcalde de Palermo en esa época, el marqués de Rudinì, había sido nombrado por el rey y era un hombre honesto. Había combatido con valentía durante la insurrección, primero desde el ayuntamiento y, luego, desde el palacio real, donde Rudinì fue el principal responsable de que se salvara de la destrucción la mayor joya de Palermo, la Capilla Palatina. En mayo de 1867, cuando una comisión parlamentaria llegó desde Roma y le hizo unas preguntas, no midió sus palabras.

La mafia es poderosa, quizá incluso más de lo que la gente cree. Descubrirla y castigarla es, muy a menudo, imposible, pues no hay pruebas ni de los crímenes ni de a quién hay que culpar de ellos [...]. Nunca hemos podido reunir las pruebas suficientes para preparar un juicio y llevarlo a una conclusión satisfactoria.

Solo aquellos a los que la mafia protege se pueden mover con libertad por el campo [...]. La falta de seguridad ha creado la siguiente situación: cualquiera que quiera ir al campo y vivir allí debe convertirse en un bandido. No hay alternativa. Para defenderte a ti mismo y a tus propiedades, tienes que obtener protección de los criminales, lo que, en cierto modo, te ata a ellos.

El Ucciardone —la cárcel de Palermo— es una especie de gobierno. Desde allí se emiten las leyes y órdenes. En el Ucciardone lo saben todo, lo que nos llevaría a pensar que la mafia tiene jefes formalmente reconocidos. En el campo de los alrededores de Palermo, las bandas de criminales están por todas partes y hay muchos jefes distintos; pero a menudo actúan en desacuerdo unos con otros y recurren al Ucciardone en busca de liderazgo.*

* Citado en John Dickie, *Blood Botherhoods*. Pero no fue hasta 1992 —ciento veinticinco años después— cuando la Corte de Casación (el Tribunal Supremo italiano) confirmó por primera vez que la mafia no era una agrupación de diversas bandas locales, sino una sola organización, unida por un juramento de lealtad hasta la muerte.

La Cosa Nostra, en otras palabras, había llegado para quedarse.

Quizá la legislación del Gobierno italiano que más influencia tuvo y más cambios generó a finales del siglo XIX solo puede llamarse la disolución de los monasterios. Esta no se llevó a cabo con el mismo grado de meticulosidad con el que se había actuado en Inglaterra unos trescientos cincuenta años antes, pero, a medida que el siglo llegaba a su fin, se respiraba en el ambiente un mayor anticlericalismo. En Alemania, durante el mandato de Bismarck; en Francia, bajo Gambetta —y, desde luego, en el Piamonte de Cavour—, la Iglesia estaba sometida cada vez a una mayor presión hostil. Sicilia amenazaba con ser un hueso más duro de roer: primero porque era Sicilia; segundo, porque en una tierra ya dominada por la superstición, el clero tendía a ser más popular. El hecho era que un diez por ciento de la isla seguía perteneciendo a la Iglesia, mientras que el número de catedrales, iglesias, monasterios y conventos era desproporcionado respecto a la población. Caccamo, por ejemplo, tenía una catedral, veintinueve iglesias y nueve monasterios. Su población de laicos era de seis mil personas.

Hacía tiempo que Garibaldi había propuesto que gran parte de las tierras de la Iglesia se distribuyeran entre los campesinos sin propiedades para crear así una nueva clase de pequeños propietarios de tierras que, en adelante, tendría algo por lo que vivir; pero esta admirable idea, huelga decir, se rechazó. Se decidió, en cambio, que las tierras fueran subastadas y vendidas en unidades mucho más grandes de lo que Garibaldi había contemplado y al mayor precio posible. Inevitablemente, la mafia intervino; los subastadores fueron víctimas de intimidación o sobornos, o ambas cosas; grupos de compradores conspiraron para mantener los precios bajos y librarse de competidores indeseados; el Gobierno perdió hasta el noventa por ciento del valor de las tierras, y los ricos se hicieron mucho más ricos. Monjes y monjas, por otra parte, junto con buena parte del clero, se quedaron en la calle, sin techo; unos quince mil laicos que trabajaban para ellos perdieron de pronto sus empleos; para colmo, las incontables escuelas para pobres, hospitales, orfanatos y comedores de beneficencia, que habían hecho la vida soportable para los pobres de las ciudades, se vieron obligados a cerrar sus puertas. Como última consecuencia, el Gobierno se granjeó algo que no podía permitirse: la implacable hostilidad de la Iglesia, que, con el tiempo, recurriría cada vez a la mafia en busca de apoyo.

El Gobierno tenía otros enemigos: aquellos que soñaban con el regreso de los Borbones y aquellos que ansiaban autonomía dentro del reino de Italia o incluso soñaban con la independencia fuera de él (existía un grupo notable de nacionalistas sicilianos para los que Italia era «el extranjero» y que se negaban incluso a hablar italiano). El único grupo del que resultaba difícil encontrar a un representante eran aquellos que estaban a favor del rey. De hecho, el monarca gustaba tan poco y se lo ignoraba y desobedecía hasta tal punto que, según un testigo de la insurrección, cualquier país extranjero que hubiera intentado conquistar Sicilia habría sido recibido en la isla con el mismo apoyo entusiasta que Garibaldi había encontrado contra los Borbones.[*]

Diez años después de la insurrección de Palermo, se publicó un informe sobre la situación en Sicilia, escrito por dos barones toscanos, Leopoldo Franchetti y Sidney Sonnino, medio galés. Este es, con gran diferencia, el más perspicaz y completo de todos los informes sobre la isla que se hicieron tras su incorporación al Estado italiano, y sus conclusiones son bastante pesimistas. Según confirma este informe, la corrupción estaba por todas partes, en todos los ayuntamientos y oficinas del Gobierno. El dinero de los impuestos que no acababa en el bolsillo de alguien se gastaba fundamentalmente en sobornos y lo que quedaba tendía a gastarse en edificios públicos, sobre todo en teatros. (Palermo tuvo varios de los teatros más grandes de Europa antes de contar con un hospital digno de ese nombre). En cuanto a la «Honorable Sociedad» —como la mafia gustaba de llamarse a sí misma—, simplemente ocupaba el vacío que quedaba donde debía de haber estado el Gobierno. El crimen era

* Giacomo Pagano, *Avvenimenti del 1866: sette giorni d'insurrezione a Palermo* (Palermo: 1867). Citado en Denis Mack Smith, *Modern Sicily After 1715.*

el medio por el cual conseguía sus fines, y estos eran el respeto, el poder y el dinero. El crimen, sin embargo, se respetaba en sí mismo: muchos criminales —incluso asesinos— eran protegidos por miembros de la alta sociedad palermitana. Si los terratenientes del oeste de Sicilia realmente lo desearan, el bandidaje desaparecería de inmediato; por desgracia, como uno de ellos admitió, «no hay ni un solo propietario vivo en estas tierras que no trate directamente con los bandidos». De esta forma, criminales de poca monta estaban a menudo vinculados con poderosos barones, cosa que los hacía prácticamente inmunes a las detenciones o una condena.

Así pues, ¿qué podía hacerse, si es que se podía hacer algo? Francamente, muy poco. Si se nombraba a sicilianos honestos para los principales puestos de la administración, no tendrían la menor oportunidad de éxito; si se traía a extranjeros, por otra parte, los sicilianos los engañarían constantemente, los confundirían y los ridiculizarían. El problema, en breve, no tenía solución. Pero Sicilia no era estable. A pesar de dos primeros ministros sicilianos consecutivos en Italia —Francesco Crispi y Antonio di Rudinì, cuyos nombres ya han aparecido antes en estas páginas— quienes, con una breve interrupción, mantuvieron el poder entre 1887 y 1898, la vida en la isla para los granjeros y los campesinos era cada vez más dura. En palabras de un cónsul británico, escritas en 1891, «el precio del trabajo no ha subido durante los últimos veinte años, mientras que el coste de la vida se ha multiplicado por dos».

Por otra parte, la alfabetización iba en aumento y, gracias al reclutamiento militar obligatorio, muchos más jóvenes sicilianos que nunca antes habían viajado por Italia —y, en ocasiones, más allá— y habían regresado con nuevas ideas. Alrededor de 1890, pequeños grupos conocidos como *fasci* o «haces» empezaron a formar un embrionario movimiento sindical y se prepararon para ir a la huelga para exigir una mejora de las condiciones laborales. En mayo de 1893, se celebró un congreso regional socialista en Sicilia; en julio, hubo un congreso al que acudieron varios cientos de campesinos. Estas reuniones llevaban inevitablemente a manifestaciones y las manifestaciones, a disturbios.

Para los terratenientes y las autoridades civiles, estaba claro que las cosas pintaban muy mal.

En diciembre de 1893, Francesco Crispi regresó al poder como primer ministro. Había pasado algún tiempo desde que se había puesto a pensar en su isla nativa, pero, ahora, sin embargo, actuó rápido. Declaró el estado de emergencia en toda Sicilia. Sin la menor prueba, acusó a los *fasci* de conspirar, con la ayuda de Francia y Rusia, para separarse de la Italia peninsular. La flota italiana se reunió frente a la costa; en paralelo, cuarenta mil soldados fueron enviados a restaurar el orden, cosa que hicieron con brutalidad, efectuando, literalmente, miles de detenciones y ejecutando a algunas víctimas allí donde las atrapaban. El 16 de junio de 1894, el propio Crispi estuvo cerca de la muerte cuando un anarquista intentó asesinarlo, tras lo cual se promulgó una serie de leyes antianarquistas. Finalmente, aprovechó la oportunidad para celebrar nuevas elecciones para beneficio propio y de su gobierno, después de eliminar a cientos de sus oponentes del registro electoral —incluido más de un profesor universitario al que acusó de analfabetismo— y de liberar a convictos a cambio de que apoyaran a los candidatos del Gobierno. En palabras de Giuseppe de Felice Giuffrida, un socialista de Catania a quien le había retirado recientemente el voto, Francesco Crispi era el peor mafioso de todos.

En 1896, Crispi fue sucedido, por segunda vez, por el también siciliano marqués de Rudinì; y fue este quien experimentó por primera vez con la concesión de cierto grado de autonomía a la isla. Actuó con extrema cautela y, desde luego, no estaba preparado para ir tan lejos como para crear una asamblea local, como Garibaldi había propuesto; en cambio, nombró un comisionado regional especial, un parlamentario llamado Giovanni Codronchi. El experimento no fue un éxito por razones con las que, a estas alturas, ya estamos familiarizados. En primer lugar, Codronchi era norteño (de Imola) y la gente, el idioma y las costumbres de Sicilia lo desconcertaron. Al fijar su residencia en Palermo, suscitó el antagonismo de Mesina al instante. Al ver que todos sus esfuerzos se frustraban de forma sistemática y sentirse completamente saboteado, intentó ganar a los sicilianos en su propio juego

y amañó las elecciones de una forma tan descarada y desprovista de escrúpulos como Crispi había hecho antes que él, hasta el
punto de que, a pesar de sus muchos años como parlamentario,
Felice Giuffrida fue descalificado como votante por ser demasiado joven. Pero no sirvió de nada. Sicilia volvió a ganar.

Al final, alrededor de finales de siglo, las cosas empezaron a mejorar en el este de la isla. Las condiciones de vida allí nunca
habían sido tan nefastas como en Palermo y en el oeste. Mucha
gente atribuía la diferencia al hecho de que el oeste había sido
en el pasado mayoritariamente árabe, mientras que el este había
sido mayoritariamente griego; o quizá era solo que Mesina y
Catania estaban físicamente más cerca de la península que Palermo o Trapani. Fuera cual fuera la razón, las comunidades comerciales del este eran mucho menos susceptibles a la influencia
de la mafia que los grandes latifundios del oeste, y donde había
bandidos, estos eran perseguidos activamente. En toda la isla, la
provincia donde más se respetaba la ley era la de Siracusa, que
también se jactaba de contar con las mejores comunicaciones.

La constante mejora de las condiciones sociales en el este,
sin embargo, tendía a invitar la comparación con el oeste, donde se experimentaba un continuo deterioro. Allí, en las pro-

Giuseppe «Joe» Petrosino,
del Departamento de Po-
licía de Nueva York, asesinado en Palermo en 1909
mientras investigaba actividades criminales entre
Estados Unidos e Italia.

vincias de Palermo, Trapani, Caltanissetta y Girgenti,* la mafia cometía muchos más crímenes que los que había cometido cuarenta años antes; la tasa de asesinatos en Caltanissetta era casi diez veces más alta que la de Mesina (uno de los motivos era que muchos mafiosos habían pasado algunos años en Nueva York, donde la delincuencia era considerablemente más refinada y sofisticada). Allí, los bajos fondos sicilianos estaban dominados por una organización conocida como la Mano Negra. En 1909, el teniente Giuseppe «Joe» Petrosino, un miembro del Departamento de Policía de Nueva York nacido en Salerno que en los últimos cuatro años había detenido o repatriado a más de seiscientos mafiosos italianos, fue enviado a Palermo para investigar la red de actividades ilegales entre Estados Unidos y Sicilia. Una noche de marzo, mientras estaba bajo el monumento del busto de Garibaldi de la Piazza Marina esperando a un par de informantes potenciales, se le acercaron dos hombres y lo ejecutaron a tiros. El principal sospechoso fue el primer *capomafia* de Sicilia, don Vito Cascioferro, un hombre de inmensa influencia y poder en Palermo. Muchos años antes, en Nueva York, el mismo Cascioferro había sido arrestado por Petrosino, acusado de asesinato; lo habían absuelto, pero había decidido que lo mejor era volver a Sicilia. Sobra decir que tenía una coartada sólida: Domenico de Michele, un parlamentario siciliano, juró que Cascioferro estaba en su casa en el momento del asesinato. A nadie pareció preocuparle que De Michele fuera hijo del «barón» Pietro de Michele, un conocido asesino y violador que había sido jefe de la mafia en Burgio, cerca de Agrigento; su testimonio fue aceptado sin cuestionarlo. (De hecho, es muy posible que fuera cierto: sin duda, don Vito utilizó sicarios a sueldo en lugar de cometer el asesinato con sus propias manos).†

Dada la hostilidad entre las dos ciudades principales de Sicilia, es poco probable que el teniente Petrosino encontrara a

* Que cambió su nombre por Agrigento en 1927.

† Según el informe de la policía, Petrosino «se había detenido para satisfacer una necesidad personal». Como era típico, estos criminales mafiosos escogieron deliberadamente ese momento para infligir la máxima humillación a la víctima.

Palermo muy consternada, pero debería haberlo estado. Poco más de un año antes de su llegada, a las 05.20 del 28 de diciembre de 1908, Mesina sufrió el desastre natural más letal de la historia de Europa: un terremoto con una magnitud de 7,1 en la escala Richter, seguido por un tsunami de doce metros a lo largo de las costas cercanas. Más del noventa por ciento de sus edificios fueron destruidos y entre setenta mil y cien mil personas perdieron la vida. Cientos de personas acabaron enterradas vivas, en algunos casos durante una semana o incluso más, puesto que todas las líneas de comunicación terrestres quedaron destrozadas; pasaron varios días antes de que la Cruz Roja y otras organizaciones de socorro llegaran a la ciudad. La mayoría de los archivos municipales se perdieron, motivo por el cual gran parte de la historia moderna de Sicilia a menudo tiene que contarse desde el engañoso punto de vista de Palermo.

El terremoto de Mesina provocó un enorme aumento de los índices de emigración. Los sicilianos ya estaban abandonando su isla antes de la catástrofe en un porcentaje superior a cualquier otro pueblo europeo. Al principio, muchos de ellos hacían un viaje relativamente corto a Túnez, que entonces era un protectorado francés; pero, hacia 1900, la gran mayoría viajaba a Estados Unidos. En el inicio de la Primera Guerra Mundial, el número de emigrantes sumaba no menos de un millón y medio. Tras perder prácticamente a todos sus varones, algunos pueblos simplemente desaparecieron del mapa. En ello se puede observar una terrible condena de la forma en que la isla había sido gobernada durante tanto tiempo; por otra parte, muchos de los emigrantes que prosperaron enviaban dinero a las familias que habían dejado atrás con regularidad, y las noticias de su prosperidad contribuyeron a alimentar las ambiciones de la generación más joven de conseguir una mejor educación y alfabetización. Además, la escasez de trabajadores resultante de la emigración llevó a un gran aumento de los sueldos agrícolas.

La guerra en sí misma creó nuevos problemas. Los mercados de exportación de Sicilia, de los que la isla dependía, se cerraron durante casi toda la duración del conflicto. Las industrias bélicas existentes en el resto de Italia eran claramente inadecuadas en una región en la que no había trabajadores cualificados ni transporte eficiente. El Gobierno, que necesitaba desesperadamente alimento barato, fijó precios impracticablemente bajos para la harina; en consecuencia, la producción de trigo declarada oficialmente se redujo cerca de un treinta por ciento durante los años de la guerra. Los precios en el mercado negro se dispararon. Para la mafia, fueron unos años fantásticos. Aquí, el villano era el notorio don Calogero Vizzini, que, de algún modo, logró escapar del servicio militar y amasó una gran fortuna gracias a las escaseces provocadas por la guerra. En 1917, resultó necesario aprobar una ley contra el robo de animales; debido a los altos precios y a los controles del Gobierno, rebaños enteros desaparecían de la noche a la mañana. Cierto, se ofrecieron algunas compensaciones: los hombres que fueron a combatir al norte regresaron con nuevas habilidades y nuevas aspiraciones, pero también con nuevas ideas políticas. Durante los años de la guerra, Sicilia viró sin cesar hacia la izquierda.

Finalmente, en la posguerra, más y más emigrantes regresaron a sus antiguos hogares tras jubilarse, a menudo con considerables ahorros, y llevaron con ellos toda su experiencia del

El rey Víctor Manuel III y la reina Elena visitan Mesina tras el terremoto, diciembre de 1908.

Nuevo Mundo. Algunos, desde luego, importaron también las tácticas más modernas del gansterismo, pero fueron solo una pequeña minoría; quizá el resultado más importante de los años pasados en el extranjero fue la aparición de un renovado respeto hacia sí mismos y, con él, la incapacidad de seguir aceptando el viejo modo de relación sumisa, con la gorra en la mano y la cabeza gacha, con los terratenientes. Poco a poco, el pueblo de Sicilia aprendió a mirar a sus señores directamente a los ojos.

Por motivos geográficos evidentes, los sicilianos siempre se habían sentido próximos al norte de África, por lo que se alegraron cuando en 1911 Italia se anexionó Libia tras arrebatársela al tambaleante Imperio otomano, con la intención de que aquello marcase el inicio de un imperio africano propio. De hecho, la ocupación italiana de Libia duraría solo treinta y un años y se demostraría un desperdicio enorme de dinero. La guerra contra Turquía que permitió adquirir el país italiano fue rápidamente seguida por la Primera Guerra Mundial. Esto no ayudó nada a Sicilia, pues llevó a un florecimiento del mercado negro y creó las condiciones ideales para que la mafia prosperara. Y lo más irónico de todo: el primer ministro que gobernó el país hasta el final de la guerra era, según él mismo se definía, un mafioso, aunque, todo hay que decirlo, tenía, o decía tener, un punto de vista sobre la Honorable Sociedad muy distinto del de la mayoría de sus contemporáneos. Nacido en Palermo y en representación de la cercana Partinico, donde contaba con el apoyo del jefe Frank Coppola —que había sido deportado a Italia desde Estados Unidos—, Vittorio Emanuele Orlando había tenido vínculos con la mafia durante toda su vida. En 1925 informaría al Senado italiano de lo siguiente:

> Si con la palabra «mafia» expresamos un sentido del honor elevado a su máximo exponente; una negativa a tolerar la prominencia o el comportamiento abusivo de nadie [...], una generosidad de espíritu que, aunque hace frente a la fuerza con la fuerza, es indulgente con los débiles y leal con los

amigos […], si tales sentimientos y tal comportamiento es lo que la gente quiere decir cuando
habla de la «mafia» […], entonces estamos en realidad hablando de las especiales características del
alma siciliana, y yo declaro que soy un mafioso y
estoy orgulloso de serlo.

Este fue el hombre que representó a Italia durante la mayor
parte de la Conferencia de Paz de París de 1919, aunque no fue
uno de los signatarios del tratado final, pues se vio obligado a
dimitir unos pocos días antes de la firma. Fuera o no mafioso,
Orlando se llevó bien con todo el mundo en la conferencia —excepto con el presidente Wilson—, aunque el hecho de no hablar inglés lo obligó a dejar la mayoría de las conversaciones en
manos de su arisco y anodino ministro de Asuntos Exteriores,
Sidney Sonnino.* Jamás se molestó en ocultar sus emociones;
cuando comprendió que Italia no iba a recibir el puerto de Fiu-
me (la actual Rijeka) como parte del acuerdo de paz, estalló
en lágrimas. Clemenceau lo llamaba *le Pleureur,* 'el Llorón'; el
secretario del Gabinete británico, *sir* Maurice Hankey, subrayó
que, de haber sido su hijo, le habría dado unos azotes por ofrecer un espectáculo tan lamentable.† Pero claro: Orlando no era
ningún escolar inglés, sino un siciliano; y, aunque puede que
Hankey no se acordara de ello en ese momento, había dirigido
con éxito a su país durante una guerra mundial.

La llegada del fascismo en 1922 y el ascenso de Benito Mussolini dejó indiferente a Sicilia. La isla siempre se había considerado la parte menos fascista de Italia; en las elecciones de 1921,
el Partido Nacional Fascista no consiguió ningún diputado allí.
Solo en 1924, cuando *il Duce* ('el Líder') —como le gustaba
que lo llamaran— estaba firmemente asentado en el poder, se

---

* A pesar de su falta de carisma, Sonnino era un hombre notable. Nacido
en Egipto de un empresario judío italiano y de su esposa galesa, había sido
educado como creyente de la Iglesia de Inglaterra, fue en dos ocasiones
primer ministro de Italia, escribió apasionadamente sobre la Beatrice de
Dante y, en 1909, voló con Wilbur Wright.
† Margaret MacMillan, *Paris 1919,* p. 279.

eligieron fascistas en Sicilia: treinta y ocho de cincuenta y siete representantes. Ese año, sin embargo, sucedió algo que infligió un daño inmenso a la reputación del fascismo. Un joven y valiente parlamentario llamado Giacomo Matteotti llevaba algún tiempo haciendo pública su oposición al Partido Fascista y a todo lo que ese partido representaba; y a principios del verano de 1924 publicó un libro titulado *Los fascistas expuestos: un año de dominación fascista*. El 10 de julio fue secuestrado por un grupo de matones, que lo metieron en un coche y lo apuñalaron en repetidas ocasiones con una lima de carpintero mientras él luchaba por escapar. El país entero se escandalizó; quizá, si en ese momento el rey y los políticos liberales más destacados hubieran tenido el valor de actuar con decisión, podrían haber derrocado a Mussolini de una vez por todas. Pero vacilaron demasiado tiempo; y mientras dudaban, la democracia murió.

El cuerpo de Matteotti se encontró diez semanas después. La implicación personal del Duce en su muerte se debatió durante mucho tiempo, pero al final se estableció más allá de toda duda razonable, y varios distinguidos sicilianos —entre ellos, el viejo Orlando— rompieron toda relación con él por esta causa. El dramaturgo siciliano Luigi Pirandello,[*] que estaba a punto de unirse al partido en el momento en que ocurrió el asesinato, dudó sobre si debía hacerlo, aunque finalmente decidió apuntarse de todos modos. Tardaría otros tres años en romper en pedazos furiosamente el carné del partido frente a un horrorizado secretario general. Desde entonces y hasta su muerte en 1936, la policía secreta de Mussolini lo mantuvo bajo estrecha vigilancia.

En la propia Sicilia, Mussolini consiguió sorprendentemente poco. Era por naturaleza un publicista y un hombre al que gustaba dar espectáculo, por lo que le agradaba salir en los titulares; comparado con el pujante Imperio italiano de ultramar o con los dramáticos desarrollos industriales del norte, la isla ofrecía pocas ocasiones para su particular tipo de exhibicionismo. En un momento dado, se jactó de que había solucionado todos

---

[*] Había nacido en 1867 en un pueblo con el profético nombre de Kaos, en las afueras de Agrigento.

los problemas de Sicilia; una revista titulada *Los problemas de Sicilia* fue obligada subsiguientemente a cambiar de nombre. En la península, todos los ferrocarriles estaban electrificados y una red de carreteras surcaba todo el país, mientras que en África la construcción de nuevas vías continuaba a buen ritmo. Mientras tanto, muchos pueblos sicilianos continuaban conectados unos con otros del mismo modo que lo estaban desde hacía siglos: solo por el lecho seco de un río.

El 3 de enero de 1925, el Duce se proclamó dictador. Ahora, al menos ya estaba listo para enfrentarse a la mafia. No era el tipo de hombre que tolerase ningún desafío a su autoridad, y mucho menos procedente de una organización tan misteriosa y poderosa. Además, durante sus dos visitas a Sicilia, se había percatado de que los jefes locales eran muy poco propensos a mostrarle el respeto al que estaba acostumbrado. En una de estas visitas se ofendió mortalmente cuando el jefe de Piana dei Greci, don Ciccio Cuccia, proclamó públicamente que su visitante no necesitaba escolta, puesto que la presencia del propio Cuccia ofrecía protección de sobra. A estas alturas, la Honorable Sociedad había adquirido fama internacional. En breve: estaba claro que Sicilia no era lo bastante grande para Mussolini y la mafia. Su autoestima necesitaba erradicar a aquella organización. Hizo llamar a Cesare Mori.

Mori era norteño. Había nacido en Pavía y ya andaba por la mitad de la cincuentena. Había crecido en un orfanato y estudiado en la academia militar de Turín. Después de haberse unido a la policía, realizó dos períodos de servicio en Sicilia, el primero en Castelvetrano —donde se había distinguido capturando al notorio bandido Paolo Grisalfi—, y el segundo en 1919, en Caltabellotta, donde en una sola noche efectuó más de trescientos arrestos. Se dice que, durante esa noche, hizo el siguiente comentario a uno de los miembros de su equipo.

> Esta gente todavía no ha comprendido que los bandidos y la mafia son dos cosas distintas. Hemos asestado un golpe a los primeros, que sin duda son el aspecto más visible de la criminalidad

siciliana, pero no el más peligroso. El verdadero golpe letal a la mafia se le infligirá cuando podamos hacer redadas no solo entre higueras, sino en las prefecturas, cuarteles de policía, mansiones de los empresarios y ¿por qué no?, en algunos ministerios.

En 1924, fue nombrado prefecto de Trapani, pero su poder sobre Sicilia comenzó de verdad el 20 de octubre de 1925, cuando Mussolini lo transfirió a Palermo con poderes especiales sobre toda la isla. Se le comunicó cuál sería su tarea en términos muy sencillos: erradicar a la mafia. El telegrama con su nombramiento lo dejaba muy claro.

> Su excelencia tiene carta blanca; la autoridad del Estado debe ser restablecida en Sicilia de forma absoluta, repito: absoluta. Si las leyes vigentes le resultan un obstáculo, eso no representará un problema: haremos leyes nuevas.

Mori empezó pisando fuerte. En sus primeros dos meses efectuó quinientas detenciones y, en enero de 1926, actuó contra el pequeño pueblo de Gangi, que estaba en una colina. Lo rodeó, cortó todas sus comunicaciones con el mundo exterior, llevó a cabo otros cuatrocientos cincuenta arrestos más y sacrificó todo su ganado en la plaza del pueblo. Esto marcaría la pauta de los siguientes tres años y medio, a lo largo y ancho del oeste de Sicilia. «El Prefecto de Hierro», que era el sobrenombre con el que lo bautizaron, combatió a ultranza a la mafia y no tuvo escrúpulos en usar métodos mafiosos para ello. Ordenó sin remordimientos torturas cuando las consideró necesarias y no se lo pensó dos veces antes de retener a mujeres y niños como rehenes hasta que sus hombres se rendían.

Este lúgubre trabajo seguía en proceso cuando, el 26 de mayo de 1927, Día de la Ascensión, Mussolini se dirigió a la Cámara de Diputados para informarles de los progresos tras cinco años de gobierno fascista. El discurso fue, como no podía ser de otro modo, muy autocomplaciente: bajo su dirección, proclamó, Italia era ahora mucho más grande de lo que había sido desde tiempos del Imperio romano. Buena parte de su discurso lo dedicó a la operación que estaba llevando a cabo Mori en Sicilia, donde los asesinatos habían bajado de 675 en 1923 a 299 en 1926. ¿Cuándo —preguntó retóricamente— llegará a su fin la lucha contra la mafia? «No solo cuando ya no quede ningún mafioso, sino cuando los sicilianos ni siquiera recuerden la mafia».

Pasaron otros dos años antes de que Mori fuera llamado de vuelta a Roma. Tras bastante más de once mil detenciones, había dejado al sistema judicial una inmensa tarea. Los subsiguientes juicios a la mafia —en los que hubo cuatrocientos cincuenta acusados— continuarían hasta 1932. Mientras tanto, Mori publicó unas memorias en las que declaró que la mafia había sido finalmente destruida y que Sicilia había ganado definitivamente la batalla contra el crimen organizado.

Estaba equivocado, por supuesto. Había infligido graves daños a la Cosa Nostra, desde luego, pero no estaba muerta, ni mucho menos.

En 1937, Mussolini visitó Sicilia por tercera vez. Para entonces, tropas italianas habían invadido y ocupado Etiopía, que, conjuntamente con las ya existentes colonias de Eritrea y la Somalia italiana, constituían una formidable cantidad de territorio en África; y Sicilia, que estaba más cerca de África que ninguna otra parte de Italia, había ganado con ello una nueva importancia; «desde luego —declaró el Duce—, es el centro geográfico del Imperio». Tenía la intención, prosiguió Mussolini, de inaugurar una de las épocas más felices de los cuatro mil años de historia de la isla. Y para dar paso a esta época, en primer lugar se demolería el gran barrio de chabolas en las afueras de Mesina, habitado por los miles que se habían quedado sin casa tras el terremoto. (Sería comprensible que muchos de los afectados se preguntasen por qué se habían dejado pasar veintinueve años antes de tomar ninguna medida para ayudarlos). Todo el *latifondo* —esas grandes extensiones de tierras (latifundios)

Cesare Mori. En 1925, Mussolini le encomendó la tarea de acudir a Palermo para «erradicar a la mafia».

con propietarios ausentes que aún se conocían como «feudos» y continuaban cultivándose, si es que se cultivaban, siguiendo métodos medievales y feudales— sería liquidado; y todos los sicilianos se alojarían en adelante en casas dignas y adecuadas. Para ello, se construirían nuevos pueblos por toda la isla.

Parecía que Italia era incapaz de aprender. Uno de esos pueblos se llegó a construir cerca de Acireale, pero los campesinos locales se negaron a mudarse de sus cabañas de una sola habitación en las que siempre habían vivido en compañía de su ganado, y hubo que importar a toda una compañía de campesinos toscanos para llenar las nuevas casas. Como eso no bastó para aprender la lección, se construyeron ocho pueblos más, que corrieron una suerte similar. Se celebraron varias reuniones para decidir sus nombres, pero ninguna, que nadie recuerde, para hablar de cómo se les haría llegar el agua o la electricidad.* Pero, llegados a este punto, el Gobierno tenía otras cosas en la cabeza. Había empezado la Segunda Guerra Mundial.

* El suministro de electricidad en Sicilia en 1939 alcanzaba a solo un diez por ciento de la media en toda Italia.

17

La Segunda Guerra Mundial

Cuando Alemania invadió Polonia el 1 de septiembre de 1939, Mussolini declaró su apoyo a Hitler, con quien había concluido el llamado Pacto de Acero unos cuatro meses antes. No declaró inmediatamente la guerra, pues el jefe de Estado Mayor, el mariscal Pietro Badoglio, le había advertido de que Italia simplemente no tenía los tanques, vehículos blindados y aviones suficientes para hacerlo. Entrar en el conflicto europeo a estas alturas, le había dicho Badoglio, sería un suicidio. Nueve meses después, sin embargo, la situación había cambiado dramáticamente. Noruega, Bélgica y Holanda habían sido invadidas; Francia estaba a punto de caer. El 10 de junio, Italia declaró la guerra. Mussolini había esperado adueñarse de Saboya, Niza, Córcega, Túnez y Argelia, que estaban en manos de los franceses, pero se llevaría un chasco. Alemania firmó un armisticio y estableció en Francia un gobierno colaboracionista bajo el mariscal Pétain, con capital en Vichy, y este gobierno retuvo el control del sur de Francia y todas sus colonias.

En lo que concernía al norte de África, solo quedaba Egipto y, en septiembre de 1940, el Duce ordenó que un nutrido ejército italiano lo invadiera cruzando la frontera desde Libia. Las fuerzas británicas destacadas en Egipto se vieron al principio desbordadas por la superioridad numérica del enemigo, pero su contraataque se demostró mucho más exitoso de lo que ellos mismos habían esperado y les granjeó una enorme cantidad de prisioneros. Tan decisiva fue la derrota italiana que Hitler se vio obligado a enviar a su Afrikakorps, a las órdenes del general Erwin Rommel, para evitar la expulsión de los italianos de

África. Solo entonces los británicos perdieron la iniciativa, que en último término recuperaron de nuevo tras la batalla de El Alamein, en octubre-noviembre de 1942.

La historia de la Guerra del Desierto no nos corresponde aquí, pero ejemplifica la serie de humillaciones sucesivas que sufrió Italia entre 1940 y 1943. La invasión de Grecia por parte de Mussolini obligó de nuevo a Hitler a enviar tropas para rescatarlo del atolladero en que se había metido y, a principios de 1943, el desastre lo amenazaba desde todas direcciones. La mitad de las tropas italianas que combatían en Rusia habían sido aniquiladas y sus aventuras en el norte de África y en los Balcanes habían resultado fracasos rotundos. Los italianos estaban hartos. Entonces, en julio de 1943, los Aliados lanzaron una operación que, además de abrirles una cabeza de puente en Europa, prometía apartar a Mussolini del escenario para siempre: invadieron Sicilia.

Para esta, hasta entonces, la guerra había resultado desastrosa. Como isla, había sufrido todavía más que el resto de Italia. Los transbordadores hacia la península no podían navegar con regularidad y el mercado para sus exportaciones había desaparecido, mientras que las importaciones se habían vuelto irregulares e inciertas; en ocasiones, los sicilianos se encontraban que no tenían nada que comer excepto las naranjas que ellos mismos cultivaban. El sistema de racionamiento era un chiste; el mercado negro era el rey. Para la mafia, en cambio, las condiciones no podrían haber sido mejores. Con bastante ayuda de sus ramas de Nueva York y Chicago, había empezado a recuperarse rápidamente del reinado de terror de Mori en los últimos años de paz y, hacia 1943, aunque Mussolini dijera o creyera lo contrario, estaba en auge.

Los oficiales de inteligencia estadounidenses, mejor informados que el Duce, comprendieron que, para que la prevista invasión de Sicilia fuera un éxito, era de vital importancia que la mafia estuviera por completo de parte de los Aliados. Por lo tanto, realizaron una cuidadosa aproximación al jefe principal del crimen organizado en Estados Unidos, un siciliano llamado Salvatore «Lucky» Luciano. De hecho, llevaba en prisión desde 1936 acusado de prostitución forzada, pero seguía al mando de la organización criminal. A finales de 1942, tras largas discusiones, se alcanzó un acuerdo entre ambas partes. Se conmutaría la sentencia a Luciano; a cambio, prometió dos cosas. La primera era que su amigo, Albert Anastasia, que dirigía el tristemente célebre Murder Inc. y también controlaba los muelles de Estados Unidos, protegería el litoral y garantizaría que no habría huelgas de estibadores mientras durasen las hostilidades. La segunda era que él, Luciano, establecería contacto con sus amigos de Sicilia, quienes, a su vez, se asegurarían de que la invasión se produjera en las mejores condiciones posibles.

Aún existía, de hecho, mucha oposición al plan siciliano.[*] Muchos generales estadounidenses aconsejaban no emprender ninguna gran iniciativa en el Mediterráneo; argumentaban que todo el poder de los Aliados debía concentrarse en Gran Bretaña y utilizarse para preparar la gran invasión a través del canal que —al menos, en teoría— les llevaría directamente a Berlín. Otros —incluido el jefe de Operaciones Navales, el almirante Ernest J. King— creían que todas las tropas disponibles eran necesarias en el Lejano Oriente. Al final, Winston Churchill convenció a los escépticos durante unas conversaciones celebradas en Washington en mayo de 1943. El primer objetivo, les dijo, era sacar a Italia de la guerra; la toma de Sicilia aportaría bases aéreas para ataques aéreos contra la península y quizá contra otros lugares de la Europa ocupada; cabía incluso la posibilidad de que se pudiera persuadir a Italia de denunciar entonces el Pacto de Acero. El segundo era obligar al Eje a desviar parte de sus tropas de Rusia. «No olviden nunca —bramó— que hay 185 divisiones alemanas luchando contra los rusos [...]. Ahora mismo, nosotros no estamos en contacto con ninguna».

La Operación Husky se concibió a gran escala. Conllevaba nada menos que el desembarco de dos ejércitos en la costa sureste de Sicilia, ejércitos que recuperarían para los Aliados la primera área significativa de Europa desde el principio de la guerra. Para ello, sería necesario reunir más de tres mil barcos

* Debo agradecer mucha de la información de las páginas siguientes a la excelente crónica de la operación siciliana que hace Rick Atkinson en *El día de la batalla*.

de todos los tamaños y formas. En palabras del almirante Henry Kent Hewitt, al mando de la Octava Flota estadounidense, sería «la flota más gigantesca de la historia del mundo». En primera instancia transportaría al Séptimo Ejército estadounidense, comandado por el célebre general George S. Patton, que lucía sus famosos revólveres, y el Octavo Ejército británico, a las órdenes del general (y, luego, mariscal de campo) *sir* Bernard Montgomery. Este último incluía también a la 1.ª División del Ejército canadiense y un cuerpo polaco. Cada uno de los dos ejércitos principales contaría con unos ochenta mil soldados, aunque estos números aumentarían pronto. Se creía que la isla estaba defendida por unos trescientos mil soldados del Eje; por fortuna, sin embargo, la mayoría de ellos eran italianos, que a estas alturas tenían pocas ganas de seguir luchando.

Es difícil que dos generales aliados se odiaran más que Patton y Montgomery. A ambos, cada uno a su manera, les encantaba ser el centro de atención, pero ahí se acababan sus similitudes. Patton amaba la guerra; Monty se amaba a sí mismo. Patton era un hombre visceral, cuya filosofía se resume a la perfección en su famoso discurso al Tercer Ejército de Estados Unidos justo antes de los desembarcos de Normandía.

> No solo vamos a disparar a esos hijos de perra, vamos a arrancarles las tripas y utilizarlas para engrasar las cadenas de nuestros tanques. Vamos a matar a esos cabrones hunos a docenas [...]. Los nazis son el enemigo. Chapotead en ellos, derramad su sangre o ellos derramarán la vuestra [...]. Cuando estallen proyectiles a vuestro alrededor, os limpiéis la tierra de la cara y os deis cuenta de que no es tierra, sino las tripas y la sangre del que era vuestro mejor amigo, sabréis lo que tenéis que hacer [...].
>
> Está bien, hijos de perra. Ya sabéis lo que pienso. Estoy orgulloso de ir con unos tíos maravillosos como vosotros a la batalla en cualquier momento y en cualquier lugar. Eso es todo.

Montgomery era muy distinto. Medía solo un metro setenta y, a primera vista, parecía, según un periodista canadiense, más bien «un vendedor de paños sin mucho éxito». Prefería sentarse solo en la parte de atrás de su coche «para que no quede ninguna duda de quién soy yo». En el momento en que empezaba a hablar, todas las dudas al respecto se despejaban. La historia más reveladora sobre él dice que, «cuando iba en un gran vehículo de mando», se detuvo ante una unidad canadiense y les dijo:

¿Sabéis por qué nunca me derrotan? Bueno, os lo contaré. Mi reputación como gran general significa muchísimo para mí [...]. Y no puedes ser un gran general si sufres derrotas [...]. Así que podéis estar seguros de que, cada vez que os envío a la batalla, estáis destinados a ganar.

No hay duda de que era un magnífico líder, amado —casi adorado— por sus hombres; de vez en cuando incluso podía mostrar algún indicio de genio. Pero era engreído e insufriblemente arrogante, siempre insistía en que las cosas se hicieran a su manera y rara vez salía de sus labios una palabra generosa dedicada a sus colegas generales. «Debemos recordar —murmuró

Sir Bernard Montgomery y George S. Patton, Sicilia, 1943. Los dos generales aliados se detestaban profundamente.

uno de sus comandantes— que no es precisamente un caballero». En más de una ocasión, durante la campaña siciliana, puso toda la operación en grave peligro.

Había otro comandante aliado que merece mencionarse aquí, y no solo porque detestara a Patton —que era su superior directo— y a Montgomery por igual. Se trataba del teniente general Omar Nelson Bradley. La Operación Husky no empezó nada bien para él; acababan de operarlo de urgencia de hemorroides, conocidas en el ejército de Estados Unidos como «amígdalas de caballería» y se sentía, según confesó, peor de lo que se había sentido en toda su vida. Para colmo, se mareó durante el trayecto y, cuando llegó a tierra, el aro de goma sobre el que tenía que sentarse para mitigar el dolor fue otro golpe más a su dignidad. Pero, a diferencia de sus dos colegas, a Bradley no le importaba lo más mínimo su imagen. Odiaba la extravagancia de Patton tanto como el egoísmo de Monty; según el famoso periodista Enrie Pyle, «no tenía manías ni supersticiones ni pasatiempos». Era un soldado, y eso le bastaba.

Como comandante del II Cuerpo, Bradley se encontró con que tenía que lidiar con un problema inesperado: el alud de prisioneros italianos. Durante una sola semana en Sicilia, el número de estos prisioneros excedió con diferencia el total capturado durante toda la Primera Guerra Mundial. Muchos de ellos estaban, según las descripciones contemporáneas, «de un humor festivo [...] y sus carcajadas y canciones inundaban el aire». Algunas unidades estadounidenses se vieron obligadas a colgar carteles que decían «No se aceptan prisioneros» o a pedir a aquellos que querían rendirse que volvieran otro día.

Desde el principio, el plan descarriló. La intención original de Eisenhower era que los británicos invadieran por el sureste y capturaran Augusta y Siracusa, mientras los estadounidenses desembarcaban en el oeste y ocupaban Palermo. Como era predecible, este plan no satisfizo a Montgomery, que afirmó que dividir las fuerzas disponibles de ese modo resultaría en «un desastre militar de primer orden». Por el contrario, afirmó que los dos ejércitos debían atacar por el sureste y permanecer cerca para darse apoyo mutuo. De ello se desprende que lo ideal sería que estuvieran bajo el mando de una sola persona: él mismo. «*Yo* —muchísimas de sus frases empezaban de esa manera— debería dirigir Husky», escribió en su diario. Monty tenía una opinión muy pobre de la capacidad de combate de los estadounidenses y, en consecuencia, mucho antes de que la flota de invasión se hiciera a la mar, él ya gozaba de muchísima impopularidad en el Estado Mayor General estadounidense. Como era habitual, la disputa se zanjó con un nuevo compromiso: los ejércitos permanecerían más cerca de lo previsto originalmente, pero, aun así, a una distancia notable uno del otro. Los británicos desembarcarían entre el cabo Passero —en el extremo sureste de la isla— y Siracusa, con la 1.ª División canadiense anclando su ala izquierda en la península de Pachino. Al mismo tiempo, el desembarco estadounidense se produciría en el golfo de Gela, a unos cincuenta y seis kilómetros al oeste.

Pero los dioses estaban enfadados. Hay pocos lugares en el mundo en los que uno pueda estar tan seguro de que el tiempo estará en calma como en la costa sur de Sicilia durante el mes de junio. El jueves 8, sin embargo, quedó claro que 1943 sería una excepción a la regla. Al llegar el viernes por la tarde se levantó un fuerte viento del noroeste que se aproximó rápidamente a una galerna, con olas tan altas que los barcos más pequeños perdían regularmente el contacto visual con la flota. El desembarco estaba programado a primera hora de la mañana del sábado. Por fortuna, el viento dejaría de soplar con tanta fuerza poco después de medianoche; no obstante, para muchos de los presentes —horriblemente mareados y, para colmo, muertos de miedo—, la noche del 9 de julio fue la más terrible de sus vidas.

Al atardecer del primer día, los Aliados habían desembarcado a ochenta mil hombres en la costa, entre Licata y Siracusa, y tomaron a los alemanes prácticamente por sorpresa; la Operación Mincemeat, mediante la cual se había dejado el cuerpo de un supuesto oficial de la Marina Real frente a la costa de España con planos falsos que sugerían que la invasión real tendría como objetivos Cerdeña y Grecia, había engañado a todo el mundo, de Hitler para abajo. De todos modos, había dos divisiones alemanas adjuntas al Sexto Ejército italiano y los combates fueron terribles. No es fácil establecer si la ayuda de la mafia fue determinante o no; la resistencia a los invasores fue ciertamente mayor en el este, donde la Honorable Sociedad era menos poderosa. Pero en ningún lugar de la isla los Aliados pudieron avanzar con facilidad y las continuas discusiones entre los dos comandantes sobre el terreno no facilitaron las cosas.

El término «discusiones», de hecho, define de forma muy benevolente su enfrentamiento. Ya el 13 de julio, después de haber tomado Siracusa y tras encontrar una tenaz resistencia al sur de Catania, Montgomery había dividido arbitrariamente sus fuerzas en dos; parte de ellas avanzaba por la costa mientras el resto se dirigían al oeste hacia Enna. Como Montgomery sabía perfectamente, esta ciudad se encontraba en lo más profundo del sector estadounidense; al dar una orden así, estaba de hecho cortando directamente la línea de avance de Patton. Solo informó a su superior, el general *sir* Harold Alexander, el adjunto de Eisenhower, cuando la orden ya había sido emitida. Sin apenas oponer resistencia, Eisenhower le permitió continuar y ordenó a Patton que se quitara de en medio. Eisenhower, que no quería oír ninguna crítica de los británicos, se negó a intervenir, pero el resto del alto mando estadounidense, como era previsible, montó en cólera. Bradley condenaría más adelante la acción como «el movimiento más arrogante, prepotente, egoísta y peligroso de todas las operaciones conjuntas de toda la Segunda Guerra Mundial». Patton estaba tan furioso que casi no podía hablar.

El sábado 17 de julio por la mañana, Patton voló a Túnez, donde Alexander tenía su cuartel general, para quejarse. ¿Era realmente el trabajo que querían que hiciera —exigió saber mientras golpeaba el mapa con un dedo—, no hacer nada más que proteger la retaguardia del Octavo Ejército? Para proteger a Montgomery, sin duda la mejor táctica sería dividir la isla en dos, atacar con su Séptimo Ejército hacia el noroeste y tomar Palermo. Alexander dudó, pero finalmente le dio la razón. Patton, pensó, ya había sufrido bastante y había llegado el momento de permitir que se soltara un poco. Fue una suerte que decidiera dejarle hacer, porque, aunque Alexander no lo sabía, el día anterior un destacamento del Séptimo Ejército ya había marchado sobre Agrigento, la había capturado prácticamente sin encontrar resistencia y había hecho seis mil prisioneros. Los estadounidenses, pues, ya estaban adelantados en el camino hacia Palermo.

El jueves siguiente se encontraban en las colinas que dominaban Palermo, pero Patton prohibió cualquier otro avance hasta que llegaran los tanques. No había ninguna necesidad de utilizarlos, pero sabía que su entrada triunfal en la ciudad tendría un efecto mucho mayor con ellos. Tampoco es que quedara mucha ciudad; un mes de bombardeos aliados se había cobrado su precio. Aun así, la entrada formal y la rendición oficial de la ciudad tuvieron lugar esa misma tarde, y el victorioso general se instaló en el palacio real, construido unos ocho siglos antes por los normandos sobre los cimientos de su predecesor árabe. La operación había resultado un éxito, no quedaba ninguna duda: se habían matado o herido a 2 300 soldados del Eje y se habían capturado no menos de 53 000, casi todos ellos italianos. Las bajas estadounidenses estaban ligeramente por debajo de las trescientas. El este de Sicilia, sin embargo, continuaba resistiendo, y a Patton se le metió en la cabeza una nueva meta: estaba decidido a llegar a Mesina antes que Monty.

Tres días después de que Patton entrara en Palermo, el domingo 25 de julio, Benito Mussolini recibió una citación del rey Víctor Manuel III. A estas alturas, el Duce era una pálida sombra de lo que había sido tan solo un año antes. Mussolini, lánguido y apático, apenas había reaccionado cuando el 24 de julio el Gran Consejo Fascista se había reunido en Roma y el conde Dino Grandi —quien, hasta 1939, había sido el embajador de Italia en Gran Bretaña— había presentado una moción para pedir al rey que reasumiera su plena autoridad constitucional, lo que, en la práctica, apartaba a Mussolini del poder. Al día siguiente, Víctor Manuel le informó de que el mariscal Pietro Badoglio lo sustituiría en el gobierno. El Duce era ahora, le explicó su majestad, «el hombre más odiado de Italia»; lamentablemente, no había alternativa a la destitución. Fue arrestado al salir del palacio, lo metieron sin ceremonias en la parte de atrás de una ambulancia y lo condujeron a una comisaría de policía en la calle Legnano. Cuando la noticia corrió por Roma, una muchedumbre jubilosa se echó a la calle al grito de «*Benito è finito!*». Hubo grandes celebraciones y bailes en las calles. Todos los símbolos del fascismo desaparecieron como por arte de magia. En palabras de Badoglio, «cayó como la pera podrida que era».

Entre las tropas británicas y estadounidenses, en cambio, los ánimos no eran festivos. Tenían demasiadas cosas en las que pensar. Las muertes, las espantosas heridas, las imágenes, los sonidos y los olores inseparables de cualquier campo de batalla ya eran de por sí lo bastante horribles, pero en Sicilia eran solo el principio. Allí tenían que enfrentarse también a un calor implacable, al dengue, la fiebre pappataci y la brucelosis; una diarrea que afectaba a prácticamente todas las tropas; enfermedades venéreas, que eran más comunes en Sicilia que en ningún otro teatro de la guerra, y —quizá lo peor de todo— a la malaria, que provocó diez mil bajas en el Séptimo Ejército y casi doce mil en el Octavo. Los hospitales militares, como es lógico, estaban desbordados de trabajo.

Fue uno de estos hospitales —el 15.º Hospital de Evacuación cerca de Nicosia, en Chipre— el que visitó el martes 3 de agosto George S. Patton. El general se detuvo ante un joven soldado que padecía una psiconeurosis aguda y le preguntó dónde le habían herido. El chico respondió que en ninguna parte; «supongo que no puedo soportarlo», añadió. Para el asombro de cuantos lo presenciaron, Patton le dio una bofetada, lo agarró por el cuello de la camisa y lo sacó a patadas de la tienda. «No admitan a este hijo de perra —rugió—. No quiero que otros cobardes hijos de perra como él escondan su asqueroso miedo aquí ni contaminen este lugar de honor. Envíenlo de vuelta con su unidad de inmediato». Una semana más tarde, en otro hospital, se produjo un suceso similar. En esta ocasión, Patton desenfundó uno de sus revólveres y lo blandió ante la cara del joven soldado antes de asestarle un golpe con él en la sien.

No pasó mucho tiempo antes de que informes detallados de estos dos incidentes acabaran sobre la mesa de Eisenhower. El comandante en jefe se encontró ante un dilema. Golpear a un subordinado era un delito castigado con un consejo de guerra. Escribió a Patton: «Debo cuestionar seriamente tu buen juicio y tu autocontrol hasta el punto de que tengo serias dudas sobre tu utilidad en el futuro [...]. Ninguna de las cartas que he tenido que escribir en toda mi carrera militar me ha causado más angustia mental que esta». Finalmente, se ordenó a Patton que se disculpara personalmente con los dos hombres y que hiciera cinco declaraciones públicas ante varias secciones del ejército expresando su profundo arrepentimiento. Su contrición, sin embargo, fue puramente superficial. «Si tuviera que hacerlo otra vez —escribió a un amigo—, no cambiaría absolutamente nada de lo que hice».

Uno puede imaginar la satisfacción de Montgomery al enterarse de las tribulaciones de su rival, pero también su frustración al ver que Patton había entrado en Palermo y al imaginar su avance hacia Mesina. Su flanco derecho estaba todavía bloqueado por una fuerte resistencia alemana en Catania, mientras que el resto de su ejército seguía atascado en las colinas al suroeste del monte Etna. Entonces, durante los primeros días de agosto, cambiaron las tornas. Los estadounidenses tardaron casi una semana en capturar Torina; al mismo tiempo, las fuerzas alemanas que habían resistido en Catania se retiraron hacia el norte. A estas alturas los alemanes no se hacían ninguna ilusión sobre sus posibilidades de retener la isla y empezaban a replegarse hacia la península. Al fin, el Octavo Ejército entró en Catania, donde se encontró con que solo el veinte por ciento de los edificios eran habitables.

El 11 de agosto, los alemanes iniciaron la evacuación de Sicilia. Sorprendentemente, se les permitió continuarla. Hasta donde se ha podido saber, no existió ningún plan coordinado para bloquear el estrecho de Mesina ni antes de la Operación Husky ni durante su desarrollo. Parece que la idea no se le ocurrió a Eisenhower ni a Alexander ni, de hecho, a nadie. En consecuencia, cuarenta mil alemanes y setenta mil italianos pudieron escapar de la isla, junto con diez mil vehículos y cuarenta y siete tanques, lo que equivalía a cuatro divisiones enteras, que en los meses siguientes se cobrarían la vida de muchos soldados aliados.

Pero a Patton no le preocupaban los alemanes que huían. Solo pensaba en llegar a Mesina antes que Montgomery. Sus hombres estaban exhaustos y muchos de ellos, gravemente deshidratados por el calor, que alcanzó los 35 °C. Él mismo tenía una temperatura de 39,4 °C a consecuencia de la fiebre pappataci, pero eso no le impidió seguir avanzando de forma implacable. Aunque ahora también avanzaba a gran velocidad, Montgomery no tenía ninguna posibilidad de alcanzarlo, y así fue como, la mañana del martes 17 de agosto, Patton llegó con su vehículo de mando a las colinas que dominaban Mesina. Cierto número de sus avanzadillas ya había entrado en la ciudad la noche anterior, con órdenes de «asegurarse de que los británicos no nos quitaban la ciudad», pero el general estaba, como siempre, decidido a hacer una entrada formal. Hubo que ignorar los esporádicos disparos y cañonazos de los alemanes en retirada durante la ceremonia en la que el alcalde capituló oficialmente y entregó a Patton lo que quedaba de su ciudad. Alexander fue informado de inmediato y envió el siguiente telegrama a Churchill: «Hacia las 10.00 de esta mañana, el último soldado alemán ha sido expulsado de Sicilia y toda la isla está en nuestras manos».

Su conquista no había sido barata —12 800 bajas británicas y 8 800 estadounidenses, frente a 29 000 soldados del Eje muertos y heridos—, pero, a cambio, había entregado a los Aliados el control del Mediterráneo, junto con más de 25 000 kilómetros cuadrados de valioso territorio, sobre el cual, en los meses siguientes, surgirían como setas incontables aeródromos. La pérdida de Sicilia, además, había hecho caer a Mussolini y había contribuido a aliviar de forma importante la presión sobre el frente ruso, puesto que se habían tenido que traer urgentemente tropas alemanas para defender Italia y los Balcanes. Finalmente, había enseñado a los Aliados una serie de valiosas lecciones. En África, habían combatido en desierto llano; en Sicilia, se habían encontrado por primera vez con colinas agrestes y habían descubierto que habían subestimado peligrosamente las dificultades de ese tipo de terreno. También había habido problemas de comunicación, muchos de los cuales habían resultado desastrosos. La infantería, artillería o las fuerzas navales o aéreas no estaban muy a menudo seguras —y, en ocasiones, no tenían ni idea— de lo que estaban haciendo los demás. Para los aviones aliados, por ejemplo, resultaba tan peligroso sobrevolar los barcos aliados que tuvo que incrementarse la altitud recomendada de cinco mil a diez mil pies. En el transcurso de una operación concreta, veintitrés aviones estadounidenses fueron destruidos y otros treinta y siete resultaron gravemente dañados, todos ellos a consecuencia de fuego amigo, lo que resultó en la pérdida de más de cuatrocientas vidas, uno de los peores incidentes de ese tipo que se registran en la historia de la guerra moderna.

Los cuarenta días y cuarenta noches de la Operación Husky también estuvieron marcados por una tendencia que causó a Eisenhower —y sospechamos que también al propio Winston Churchill— una profunda preocupación: un notable deterioro de las relaciones angloestadounidenses. Parte de la culpa la tenía la actitud y conducta de Montgomery, sin duda; muchos de sus colegas estadounidenses —que nunca lo habían visto ni oído entre sus tropas— deseaban perderlo de vista y no alcanzaban a comprender por qué Eisenhower lo toleraba ni cómo podía haber aceptado la invitación de Monty a almorzar en Taormina a finales de agosto. Pero las diferencias eran más profundas: en el bando británico, las alimentaban los celos de la comparativamente superior riqueza de sus aliados, de la superioridad de su comida y cigarrillos así como de su equipo militar; en el estadounidense, una vaga sensación de que se los subestimaba, se los trataba con condescendencia y, en ocasiones, incluso se reían de ellos en privado. Tras la invasión de la península italiana, la situación mejoró, especialmente tras la partida de Montgomery en diciembre; pero en Sicilia llegó a ser grave y ominosa para el futuro de la guerra.

Epílogo

Los ejércitos aliados fueron recibidos con entusiasmo en Sicilia, y por buenos motivos. Llevaron la liberación de una dictadura y, lo que era más importante todavía, comida y medicamentos para controlar la malaria, que se estaba cobrando un número terrible de vidas al año en la isla. La confusión política reinante también ofreció a los sicilianos oportunidades para la autodeterminación. La noción del separatismo llevaba muchos años flotando en el ambiente y ahora pasó de nuevo a un primer plano; ahora, en la Conferencia de San Francisco, se presentó una petición para que, en adelante, Sicilia fuera una república independiente.*

La mafia, mientras tanto, se había beneficiado enormemente de su cooperación con los servicios de inteligencia estadounidenses. Por ejemplo, para muchos fue sorprendente ver en 1944 al mafioso Vito Genovese, amigo de Lucky Luciano, buscado por el FBI por varios cargos (entre ellos, el de asesinato), vestido con un uniforme estadounidense y haciendo de intérprete. Cuando pocos meses después se descubrió que Genovese dirigía una gran operación de mercado negro que implicaba robar camiones pesados del ejército de Estados Unidos, el oficial que investigaba el caso tuvo que soportar meses de evasivas de las autoridades militares antes de que le permitieran, con gran reticencia, enviarlo a Estados Unidos para que fuera juzgado (cosa que, al final, tampoco sirvió de nada, porque en junio de 1946, todos los cargos contra él se retiraron por falta de pruebas, en gran parte debido al hecho de que los dos principales testigos de la acusación habían sido asesinados, uno de ellos en la celda de la prisión donde estaba custodiado para su protección).

* Se celebró de abril a junio de 1945 con el objetivo de preparar el establecimiento de las Naciones Unidas en octubre.

En este momento, se designaron a demasiados jefes de la mafia para puestos de responsabilidad en la administración simplemente porque no había nadie más. Sus predecesores fascistas —varios miles de ellos— habían huido; los Aliados se vieron obligados a encontrar sustitutos y, en muchas ocasiones, actuaron siguiendo los no siempre fiables consejos de sus intérpretes y oficiales de enlace con los sicilianos. Así fue como personajes tan infames como don Calogero Vizzini —descrito por los medios como «el capo de todos los capos»— y don Genco Russo alcanzaron en la posguerra posiciones de confianza e incluso se distinguieron en ellas.* Por supuesto, siempre existe la posibilidad de que a las fuerzas de ocupación todo esto no les importara demasiado; su objetivo era mantener Sicilia tranquila mientras ascendían por el resto de la península itálica, y si la mafia podía hacerlo mejor que nadie, pues tendría que trabajarse con la mafia.

En febrero de 1944, los Aliados entregaron Sicilia a las autoridades italianas, y tal era la fuerza del sentimiento separatista que el Gobierno italiano al final dio el paso que mucha gente creía que debería haber tomado casi un siglo antes: concedió a la isla un grado de autonomía notablemente grande, con la esperanza de que esa medida no solo apaciguara a los separatistas, sino que también infundiera a los sicilianos un nuevo sentido de responsabilidad política. Se estableció una asamblea legislativa en el palacio real de Palermo, con su propio gabinete de ministros y una legislatura de cinco años para los diputados. Se concedió a esta asamblea un control casi completo sobre la industria, la agricultura y la minería, así como una considerable autoridad sobre cuestiones de orden público y comunicaciones. Todo aquello fueron noticias fantásticas para la gente de Palermo; su ciudad volvía a ser una capital administrativa, en la que de repente se crearon cientos de nuevos puestos de trabajo. El Gobierno italiano, además, reconoció finalmente que Sicilia

---

* Cuando don Calogero murió el 10 de julio de 1954, a su funeral asistieron varios miles de campesinos vestidos de riguroso luto, además de políticos, sacerdotes y otros jefes de la mafia. Se informó de su muerte en *The New York Times* y el cuartel general cristianodemócrata local cerró durante una semana.

no podía continuar siendo la vergüenza que había sido durante tanto tiempo y votó en favor de la concesión de un subsidio importante. Eso subió la moral de los sicilianos y, con ello, llegó también el orgullo cívico, de un tipo que hasta entonces había brillado por su ausencia. Esta descentralización de poderes acabó, además, con el sentimiento separatista; hacia 1950, el partido separatista prácticamente había dejado de existir.

La mafia, por otra parte, continuó su existencia como siempre. Al entender la potencial amenaza para sus intereses que suponían los comunistas y los socialistas —cuyos números estaban en aumento—, su alineamiento político pasó a ser firmemente cristianodemócrata, lo que explica por qué durante sucesivos gobiernos cristianodemócratas tantos líderes sindicales acabaron muertos y por qué, a pesar de que en repetidas ocasiones se traía a colación hacer algo al respecto, no se tomó nunca ninguna acción firme contra este problema. Las fuerzas del orden prefirieron concentrarse en otra de las lacras de Sicilia: el bandolerismo y el bandidaje. Los bandidos y bandoleros a veces eran mafiosos y otras no, pero tendían a operar fuera de los perímetros normales de la mafia, persiguiendo solo sus intereses personales. Y el más grande de todos ellos —un hombre que se convertiría en leyenda y cuyo nombre todavía hoy es recordado mucho más allá de las costas de Sicilia— era Salvatore Giuliano.

En septiembre de 1943, los *carabinieri* descubrieron a Giuliano, que tenía entonces veinte años, cargando dos sacos de grano del mercado negro. Durante la discusión que se produjo, uno de los agentes sacó una pistola; Giuliano lo mató de un tiro y huyó a las montañas. Al enero siguiente, organizó la huida de prisión de ocho paisanos de su mismo pueblo, seis de los cuales se le unieron, y con ellos inició una campaña de bandidaje, extorsiones y secuestros. Aunque Giuliano no era un mafioso, la mafia, y en particular la *cosca* de Monreale,* lo protegía. Había

---

* Monreale, conocida por la mayoría de nosotros solo por su catedral y sus magníficos mosaicos, siempre ha sido territorio de la mafia. Estando como está sobre Palermo, puede cortar el agua que fluye a los *giardini* —los huertos— y también vigilar todas las mercancías que llegan a la capital desde el interior.

algo de Robin Hood en él: aunque, desde luego, robaba a los ricos mucho más de lo que daba a los pobres, parecía disfrutar administrando justicia privada (por ejemplo, asesinando a tiros al jefe de correos de su pueblo natal, Montelepre, que estaba robando los paquetes que llegaban de Estados Unidos para los vecinos). Era, además, asombrosamente atractivo. Las revistas de Europa y Estados Unidos le dedicaron páginas y páginas cuando irrumpió en casa de la duquesa de Pratameno: le besó la mano y le mostró todo el respeto que merecía su rango, pero eso no evitó que le pidiera todas sus joyas y que, cuando ella se negó, la amenazara con secuestrar a sus hijos. Pero ni siquiera esto era tan malo como parece, al menos si hemos de creer lo que dice la leyenda de Giuliano: que los niños que secuestraba eran cuidados con todo mimo, que se los alimentaba con lo mejor que tenía la tierra y que se les daban las medicinas adecuadas en caso de ser necesarias. Y, si se aburrían, sus captores, según se dice, incluso les leían cuentos... aunque, considerando que pocos bandidos sicilianos sabían leer, no es fácil imaginar cómo lo hacían.

Una carrera así no podía durar mucho tiempo. Giuliano debería haber acabado cosido a balazos por la policía. Sin embargo, fue la mafia quien decidió librarse de él, aunque el modo exacto que emplearon está, en la mejor tradición mafiosa, abierto a interpretación. En el transcurso de un juicio un tanto ridículo celebrado en Viterbo en 1951, su antiguo mejor amigo y colega de fechorías, Gaspare Pisciotta, confesó que lo había drogado el 5 de julio de 1950 y que, luego, lo había matado a tiros mientras dormía. Esto es, casi con toda seguridad, falso, pero nunca lo sabremos a ciencia cierta porque, poco tiempo después, Pisciotta, mientras cumplía una condena de cadena perpetua en la prisión de Ucciardone —donde, por cierto, compartía celda con su padre—, fue envenenado con veinte gramos de estricnina; suficiente, según se nos dice, para matar a cuarenta perros. Por increíble que parezca —o, al menos, sería increíble si hubiera sucedido en cualquier otro lugar—, el envenenador nunca fue llevado ante la justicia. La mafia guarda sus secretos celosamente; tanto que durante más de veinte años después de

El célebre bandido Salvatore Giuliano con don Vito Genovese (ataviado con el uniforme del Ejército de Estados Unidos), que hacía las funciones de intérprete. El FBI había emitido una orden de busca y captura de Genovese por diversos delitos, entre ellos el de asesinato.

la muerte de Giuliano, todos los que estuvieron envueltos en ella fueron asesinados cuando salieron de la cárcel.*

El brevísimo resumen de la vida del más notorio pero más querido —a pesar de sus más de cuatrocientas treinta víctimas— bandido siciliano que hemos visto debe servir como epílogo de este libro. Obviamente, la historia de Sicilia no terminará hasta que la isla entera desaparezca bajo las olas; pero mientras que una narración de un período específico puede llevarse a una conclusión elegante y redonda, una que toma como protagonista a una región del mundo, debe, por fuerza, terminar de forma arbitraria, y este libro ya es lo bastante largo.

De hecho, aparte del descubrimiento de petróleo en 1953, la historia reciente de Sicilia ha sido relativamente tranquila; estoy convencido de que el lector medio —si es que existe tal cosa— encontrará en estas páginas la mayoría de lo que desea saber. Con un poco de suerte, esta lectura le impulsará a reflexionar. ¿Por qué esta isla de belleza sobrecogedora ha sido siempre tan infeliz? Hablé de la tristeza de Sicilia en el primer párrafo de mi introducción y la describí lo mejor que soy capaz, aunque en realidad no aporté ninguna respuesta a esa pregun-

* La crónica más completa en inglés de las circunstancias de la muerte de Giuliano se encuentra en *Mafioso*, de Gaia Servadio.

ta. Vuelvo ahora a ella, una vez terminado mi trabajo, y me encuentro todavía perdido. Y se me plantean otras preguntas. ¿Hay en todo el mundo otro estrecho de menos de tres kilómetros que haya tenido un efecto tan extraordinario como el que ha tenido el de Mesina? Si Sicilia no hubiera sido una isla, su historia habría sido muy distinta. Aunque sospecho que pocos sicilianos desearían que el mapa fuera distinto de como es.*

No obstante, a pesar de su difícil historia, Sicilia sigue siendo una joya. En ninguna otra parte del mundo se encuentra una riqueza semejante de monumentos de una serie tan variada de civilizaciones —griegos, romanos, bizantinos, árabes, normandos, alemanes, franceses, españoles y napolitanos— reunidos en un espacio muy reducido y combinados con mucho de lo que es propio de Sicilia: el deslumbrante barroco, por ejemplo, de Noto, Ragusa y Módica, las esculturas de escayola de Giacomo Serpotta, casi de otro mundo, e incluso el tradicional teatro de marionetas, que, aparte de su muy considerable valor como entretenimiento, ayuda inmensamente a comprender al pueblo siciliano tanto actual como pasado.

Pues es este el auténtico héroe de esta historia. Unos pocos, por supuesto, siempre han sido ricos, y habitualmente han conseguido con el paso de los años acumular una gran plétora de títulos que reflejan su riqueza. Como todas las aristocracias europeas, han cuidado de sí mismos lo mejor que han podido, pero, antes de criticarlos demasiado, haríamos bien en leer *El gatopardo*. De todas formas, son relativamente pocos. Son, siempre, los pobres, aquellos a los que ha tocado la pajita más corta en la lotería de la vida, los que constituyen la gran mayoría y a los que la historia —en gran parte, por falta de pruebas y registros

---

* Sucesivos gobiernos italianos han considerado desde hace tiempo la construcción de un gran puente colgante para coches y ferrocarril sobre el estrecho. Para facilitar la navegación, debería ser el más alto del mundo y cada uno de sus dos pilares de apoyo debería ser más alto que el Empire State Building de Nueva York. El proyecto tiene, sin embargo, otros problemas, entre ellos la propensión de Sicilia a sufrir fuertes terremotos. Durante el gobierno de Berlusconi se empezaron los trabajos preliminares de construcción, pero, en febrero de 2013, el proyecto fue abandonado por falta de fondos.

escritos— tiende a olvidar. Los pobres de Sicilia han soportado mucho a lo largo de los tiempos; han conocido la esclavitud y muchos siglos de debilitante miseria. Incluso el sol, por el que los norteños los envidiamos instintivamente, es para ellos tanto enemigo como aliado. Han soportado como han podido las incontables dificultades a las que han tenido que enfrentarse y si, en ausencia de un gobierno efectivo o remotamente comprensivo se han visto obligados a desarrollar soluciones propias…, bueno, es difícil culparlos por ello.

No obstante, en el siglo pasado, las cosas han cambiado infinitamente a mejor. Puede que Sicilia no sea una nación independiente —esa es una distinción que la elude desde tiempos de los normandos—, pero, dentro de la república de Italia, disfruta ahora de su propio gobierno y su propia asamblea regionales con noventa miembros, así como de su propio presidente, a lo que se suma un grado considerable de autonomía local. En consecuencia, como mencioné en la introducción a este libro, espero y creo que ahora es más feliz de lo que ha sido en los últimos ochocientos años. Le deseo que esa felicidad continúe mucho mucho tiempo.

Los espectáculos de marionetas dan vida a la misma tradición.
Los visitantes de la isla no deben perdérselo bajo ningún concepto.

Agradecimientos

Georgina Laycock, en Londres, y Mika Kasuga, en Nueva York, han pasado su fino peine sobre este texto; mi hija Allegra Huston lo ha corregido como solo ella sabe hacer; mi esposa, Mollie, me ha hecho valiosísimas sugerencias. Estoy inmensamente agradecido a todas ellas.

Gracias de corazón, también, a Juliet Brightmore por las ilustraciones y a Cohen Carruth Inc. por el índice onomástico.

Quiero dedicar un agradecimiento muy especial, por último, a mis agentes, Felicity Bryan y Michele Topham. Me han dirigido a través de más libros de los que puedo recordar; y ¿quién sabe?, quizá su trabajo no haya acabado todavía.

Créditos de las imágenes

Página 18: Wikimedia Commons; página 31: Wikimedia Commons/© Giovanni Dall'Orto; página 81: Wikimedia Commons/© Andrea Schaffer; página 83: Wikimedia Commons/© Andrew Malone; página 101: Wikimedia Commons; página 107: Wikimedia Commons/© Carlo Pelagalli; página 109: Wikimedia Commons/© Mathias Süßen; página 113: Wikimedia Commons/© Andrea Schaffer; página 116: Wikimedia Commons/© Mathias Süßen; página 133: Wikimedia Commons/© José Luiz Bernardes Ribeiro; página 135: Wikimedia Commons;

página 171: Wikimedia Commons; página 181: Wikimedia Commons; página 219: Wikimedia Commons/© Robur.q; página 221: Alamy Stock Photo/© directphoto.bz; página 229: Alamy Stock Photo/© Interphoto; página 233: Alamy Stock Photo/© Heritage Image Partnership Ltd; página 239: Alamy Stock Photo/© World History Archive; página 241: Wikimedia Commons/© Agustín Esteve; página 245: Wikimedia Commons; página 269: Alamy Stock Photo/© Heritage Image Partnership Ltd; página 277: Wikimedia Commons/© Sailko; página 285: Wikimedia Commons/© Thomas Gun; página 291: Wikimedia Commons; página 333: Wikimedia Commons/© Tim Ross; página 337: Alamy Stock Photo/© World History Archive; página 339: Wikimedia Commons/© Rabe!; página 349 (arriba): Wikimedia Commons; página 349 (abajo): Biblioteca del Congreso de Estados Unidos; página 367: Departamento de Policía de Nueva York; página 369: Alamy Stock Photo/©Classic Image; página 375: Wikimedia Commons; página 381: Wikimedia Commons; página 393: Wikimedia Commons; página 395: Wikimedia Commons.

Bibliografía

Acton, sir Harold, *The Bourbons of Naples, 1734–1825,* Londres, 1956.

Al Idrisi, Abu Abdulá Muhammad, *Géographie d'Edrisi,* traduccción de A. Jaubert, 2 vols., París, 1836.

Allsop, K., *The Bootleggers: The Story of Chicago's Prohibition Era,* Londres, 1961.

Amari, M., *History of the War of the Sicilian Vespers,* 3 vols., Londres, 1850.

———, *Storia dei Musulmani di Sicilia,* 3 vols., Florencia, 1854–72.

Atkinson, R., *El día de la batalla: la guerra en Sicilia y en Italia, 1943–1944,* traducción de Teófilo de Lozoya, Efrén del Valle y Joan Rabasseda, Barcelona, 2008.

Beevor, A., *La Segunda Guerra Mundial,* traducción de Teófilo de Lozoya y Joan Rabasseda, Barcelona, 2012.

Blanch, L., *Scritti storici, a cura di Benedetto Croce,* Bari, 1945.

Blessington, condesa de, *The Idler in Italy,* París, 1839.

Cambridge Medieval History, 8 vols., Cambridge, 1911–36.

Campolieti, G., *Il Re Bomba,* Milán, 2001.

Caven, B., *Dionysius I: War-Lord of Sicily,* New Haven y Londres, 1990.

Chalandon, F., *Histoire de la Domination Normande en Italie et en Sicile,* 2 vols., París, 1907.

Cicerón, *Selected Works,* ed. M. Grant, Londres, 1960.

Collison-Morley, L., *Naples Through the Centuries,* Londres, 1925.

Constantine, D., *Fields of Fire: A Life of Sir William Hamilton,* Londres, 2001.

Craven, R. Keppel, *A Tour Through the Southern Provinces of the Kingdom of Naples*, Londres, 1821.

Cronin, V., *The Golden Honeycomb*, Londres, 1954.

Damas, conde Roger de, *Mémoires, publiés et annotés par Jacques Rambaud*, París, 1912.

Davis, J. A., *Naples and Napoleon: Southern Italy and the European Revolutions, 1780–1860*, Oxford, 2006.

Dickie, J., *Blood Brotherhoods*, Londres, 2011.

Diodoro Sículo, *Biblioteca histórica*, traducción de Francisco Parreu y Juan Torres, Madrid, 2001–2006.

Eggenberger, D., *A Dictionary of Battles*, Londres, 1967.

Enciclopedia italiana.

Finley, M. I., *A History of Sicily: Ancient Sicily to the Arab Conquest*, Londres, 1968.

Fraser, F., *Beloved Emma: The Life of Emma, Lady Hamilton*, Londres, 1986.

Freeman, E. A., *A History of Sicily*, 4 vols., Londres, 1891–94.

Grady, E., *Blue Guide to Sicily*, London and New York, 2006.

Henderson, N., «Charles III of Spain», *History Today*, noviembre de 1968.

Johnston, R. M., *The Napoleonic Empire in Southern Italy*, Londres, 1904.

———, ed., *Mémoire de Marie Caroline reine de Naples, intitulé «De la Révolution du Royaume de Sicile, par un Témoin Oculaire»*, Cambridge (Massachusetts) y Londres, 1912.

Knight, C., *Autobiography*, Londres, 1861.

La Lumia, I., *Studi di storia siciliana*, 2 vols., Palermo, 1870.

Livio, Tito, libros 1–22, traducción de B. O. Foster, Londres y Nueva York, 1919–29.

———, libros 23–30, traducción de Frank Gardener Moore, Londres y Nueva York, 1940–50.

Mack Smith, D., *A History of Sicily*, 2 vols., Londres, 1968.

MacMillan, M., *Paris 1919: Six Months That Changed the World*, Nueva York, 2002.

Maquiavelo, N., *El príncipe*, traducción de Francisco Javier Alcántara, Barcelona, 2010.

Montet, baronesa de, *Souvenirs, 1785–1866*, París, 1914.

Mori, C., *The Last Struggle with the Mafia,* Londres, 1933.

Norwich, J. J., *The Normans in the South,* Londres, 1967.

—————, *The Kingdom in the Sun,* Londres, 1970.

—————, *El Mediterráneo,* traducción de Emilio Muñiz Castro, Barcelona, 2018.

Oxford Classical Dictionary, The, Oxford, 1949.

Pace, B., «I barbari e i bizantini in Sicilia», *Archivio Storico Siciliano,* vols. 35–36, Palermo, 1911.

—————, *Arte e Civiltà della Sicilia antica,* 4 vols., Roma y Nápoles, 1936–49.

Pagano, G., *Avvenimenti del 1866: sette giorni d'insurrezione a Palermo,* Palermo, 1867.

Pepe, Guglielmo, *Memorie intorno alla sua vita,* París, 1847.

Petrie, *sir* Charles, *King Charles III of Spain: An Enlightened Despot,* Londres, 1971.

Plutarco, *Vidas paralelas,* traducción de vv. tt., Barcelona, 2008.

Polibio, *Historia,* traducción de Manuel Balasch, Barcelona, 2007.

Riall, L., *Sicily and the Unification of Italy: Liberal Policy and Local Power, 1859–66,* Oxford, 1998.

—————, *Garibaldi: Invention of a Hero,* New Haven, 2007.

—————, *Under the Volcano: Revolution in a Sicilian Town,* Oxford, 2013.

Romano, S. F., *Breve storia della Sicilia: momenti e problemi della civiltà siciliana,* Turín, 1964.

Runciman, S., Las vísperas sicilianas, traducción de Alicia Bleiberg, Madrid, 2009.

Scirocco, A., Garibaldi, *Citizen of the World,* traducción de A. Cameron, Princeton, 2007.

Servadio, G., *Mafioso: A History of the Mafia from Its Origins to the Present Day,* Nueva York, 1976.

Stefano, A. de, *Federico III d'Aragona, Re di Sicilia, 1296–1337,* Palermo, 1937.

Tucídides, *La guerra del Peloponeso,* traducción de Juan Torres, Barcelona, 2007.

Touring Club Italiano: Sicilia, Milán, 1953.

Trevelyan, Raleigh, *Princes Under the Volcano,* Londres, 1972.

————, *The Companion Guide to Sicily*, Londres, 1996.

Wheatcroft, A., *The Habsburgs: Embodying Empire*, Londres, 1996.

Whitehouse, H. R., *The Collapse of the Kingdom of Naples*, Nueva York, 1899.

Woodhead, A. G., *The Greeks in the West*, Londres, 1962.

Índice onomástico y de materias

Los números en cursiva hacen referencia a notas al pie.

Ático de los Libros le agradece la atención
dedicada a *Sicilia*, de John Julius Norwich.
Esperamos que haya disfrutado de la lectura
y le invitamos a visitarnos
en www.aticodeloslibros.com,
donde encontrará más información
sobre nuestras publicaciones.

Si lo desea, puede también seguirnos
a través de Facebook, Twitter o Instagram y
suscribirse a nuestro boletín utilizando su teléfono
móvil para leer los siguientes códigos QR: